全国应用型人才培养工程指定教材

经济管理类

商务秘书

经济管理类教材编写组　组编

白　皓　孟海利　主编

北京航空航天大学出版社

内容简介

本书由九章组成，内容包括商务秘书概述、商务秘书的综合素养与道德规范、商务秘书日常事务的管理、商务秘书办会工作、商务秘书文书的拟写与处理、商务秘书的信息与档案工作、商务秘书与公共关系、商务秘书与谈判、商务秘书工作相关知识。书中全面介绍了商务秘书人员必须具备的秘书基础知识、现代企事业经营管理理论和经济法规等。

本教材以案例教学为辅助，以商务秘书工作程序为主线，各章均以本章导读及知识要点开篇，逐层深入地讲解各项秘书业务的工作程序和技能要点。各章篇末的练习题除一般简答题外，部分章节还有案例分析、角色模拟等技能训练题，以帮助学生加深对理论知识的理解，提高学生的综合应用能力。

本书既可作为高职高专文秘专业、商务秘书专业、商务英语专业和相关专业的教材，亦可作为商务秘书从业人员及商务秘书资格考试人员的参考书籍。

图书在版编目(CIP)数据

商务秘书/白皓，孟海利主编. —北京：北京航空航天大学出版社，2009.12

ISBN 978-7-81124-944-6

Ⅰ.商… Ⅱ.①白…②孟… Ⅲ.商务—秘书—教材 Ⅳ.F715

中国版本图书馆 CIP 数据核字(2009)第 190197 号

商务秘书

经济管理类教材编写组 组编

白 皓 孟海利 主编

责任编辑 周华玲

*

北京航空航天大学出版社出版发行

北京市海淀区学院路 37 号(100191) 发行部电话：(010)82317024 传真：(010)82328026

http://www.buaapress.com.cn E-mail：bhpress@263.net

涿州市新华印刷有限公司印装 各地书店经销

*

开本：787×1 092 1/16 印张：18.25 字数：467 千字

2009 年 12 月第 1 版 2009 年 12 月第 1 次印刷 印数：4 000 册

ISBN 978-7-81124-944-6 定价：33.00 元

全国应用型人才培养工程
指定教材编委会

丛书前言

社会要发展，人才是关键。随着知识经济时代的到来，人才资源在经济发展中的地位和作用日益突出，已经成为现代经济社会发展的第一资源。目前，国内各行业对于应用型人才的需求日益迫切，无论是IT技术、工程制造领域，还是经济管理，甚至社会科学领域，都是如此。

全国应用型人才培养工程是由中外科教联合现代应用技术研究院组织开展的面向现代企业用人需要的人才工程。工程坚持“职业能力为导向，职业素质为核心”的课程设计原则，重点突出“职业精神、职业素质、职业能力”的培养，以提高学员的职业能力为目的，弥补技术人才与岗位要求的差距，提高学员的从业竞争力，培养适应现代信息社会需要的高技能应用型专业人才。

全国应用型人才培养工程包括培训、测评和就业三大部分。以企业对特定岗位的实际技术要求以及对从业人员的职业精神和素质要求为依据，通过课程嵌入或者集中培训的方式解决企业在岗前培训设置方面的诸多问题。人才工程还集合各专业、各方向社会普遍认可的考核、评测体系，通过整合及学分互认等方式，实现国家认证、国际学历的有益结合；实现职业资格、职业能力、专项技能和人才资格等多种认证的有益互补；实现紧缺人才库入库、技能大赛选拔以及人才择优推荐的有益支持，从而实现始于培训、专于认证、达于就业的完整的人才培养和服务体系。

全国应用型人才培养工程培训课程包括IT技术类、工程制造类、经济管理类和社会科学类4大类，13个专业方向，共100多门课程。

为了更好地配合全国应用型人才培养工程在全国的推广工作，我们专门成立了教材编写组，负责指定教材的编写工作。在编写过程中，依照人才工程所开设课程的考核标准，设定教材的编写纲目，分解知识点，选择常用经典实例，组织知识模块。

本套指定教材的特点体现在以下几个方面。

1. 行业特点

人才工程标准教材根据全国各级院校的专业教师、大中型培训机构培训师和企业相关技术人员提出的对新世纪本、专科学生培养的明确目标而设定内容，因此具备了明显的符合当前行业细分原则的侧重点与方向，更加符合企业用人的技术要求。

2. 内容侧重

人才工程主要解决当前本、专科学生所学知识内容与企业实际需要之间的差距问题；人才工程的指定教材则以企业对用人的实际技能需求为设定依据，按照“理论够用为度”的原则，对各个专业的核心课程进行了梳理整合，并以实训内容为侧重点编写。因此，本套教材不仅适用于人才工程培训，亦适用于普通的本、专科院校。

3. 编写团队

全国应用型人才培养工程教研中心负责标准教材的组织和编写工作。本套教材由教研工作经验较为丰富的专业团队负责编写，既可以解决教学实践与工程案例的接口问题，也可以有效地提高实训教材的实用性。

4. 编写流程

注重整体策划。本套教材在策划以及编写过程中，严格按照“岗位群→核心技能→知识点→课程设置→各课程应掌握的技能→各教材的内容”的编写流程，保证了教学环节内容的设定和教材的编写与当前企业的实际工作需要紧密衔接。

为了方便教学，我们免费为选择本套教材的教师提供部分专业的整体教学方案以及教学相关资料：

◇ 所有教材的电子教案。

◇ 部分教材的习题答案。

◇ 部分教材的实例制作过程中用到的素材。

◇ 部分教材中实例的制作效果以及一些源程序代码。

本套教材的编写是在教育部、中国科学院、工业和信息化部、人力资源和社会保障部众多领导和专家的支持和帮助下才顺利完成的，在此我们表示衷心的感谢。同时，我们也欢迎读者朋友们能够对于本套教材给予指正和建议。来信请发至 napt. untis@gmail. com。

全国应用型人才培养工程指定教材编委会

2009 年 7 月

前　言

随着市场经济的发展，商务秘书工作性质与内容有了很大的变化，呈现出与以往截然不同的发展特点。现代的商务秘书应该熟练掌握办公管理、商务知识和办公自动化技能，具有较强的业务能力，能够在现代商务环境下利用现代信息技术从事办公事务及管理。

本教材秉承着理论与实际相结合的传统，着力反映占我国秘书队伍中绝大多数的商务秘书的职业环境、基本职能和各项业务工作的基本技能，力求培养全国应用型人才培养工程需求型人才。

本书由九章组成，内容包括商务秘书概述、商务秘书的综合素养与道德规范、商务秘书日常事务管理、商务秘书办会工作、商务秘书文书拟写与处理工作、商务秘书的信息与档案工作、商务秘书与公共关系、商务秘书与谈判、商务秘书工作相关知识。

在内容的设计上，突出了商务秘书知识和商务知识的两重性和共性，注重理论与实务的有机结合，清楚地反映了对商务秘书的职能界定，全面介绍了商务秘书人员必须具备的秘书基础知识、现代企事业经营管理理论和经济法规等。在内容安排上，从商务秘书职务起点的前台文员工作谈起，由浅入深，进而论及行政主管或办公室主任这样角色的工作方法和思维方法，进一步展开商务秘书日常办公、办文等工作事项研讨。在教材体例上，本教材以案例教学为辅助，以商务秘书工作程序为主线，各章均以本章导读及知识要点开篇，逐层深入地讲解各项秘书业务的工作程序和技能要点。各章篇末的练习题除一般简答题外，部分章节还有情景演示、角色模拟等技能训练题，以帮助学生加深对理论知识的理解，提高学生的综合应用能力。

本书既可作为高职高专文秘专业、商务秘书专业、商务英语专业和相关专业的教材，亦可作为商务秘书从业人员及商务秘书资格考试人员的参考书籍，在教学中可根据专业对象的不同安排 50～70 学时不等。

本书在编写过程中，集中了编写者的教学心得，亦参考了秘书学界同仁的研究成果和秘书类书刊及网络上发表的文章。由于篇幅关系以及网络信息出处复杂等原因，除在“主要参考文献”和书中批注中标注外，还有未能在书中一一注明之处，在此谨向这些作者和版权所有者深表感谢。

本书的第一、二、三、六、九章执行为白皓；第四、五、七、八章执笔为孟海利。另外，胡颖、康冰等人为各章的编写提供了大量资料并做了大量辅助性工作。值此教材出版之际，谨向有关领导和参与教材编写人员表示感谢！

由于时间仓促，水平有限，书中难免存在偏颇、遗漏等不足之处，恳请专家学者和广大读者不吝赐教。

编　者

2009 年 11 月

前言

[illegible]

2009 年 11 月

目　录

第一章 商务秘书工作概述

本章导读

随着现代社会的进步与发展，秘书成为人类社会生活特别是现代经济社会中一种特有的职业。而在数以百万计的庞大秘书队伍中，商务秘书约占百分之七十以上，成为各类秘书岗位的一个重要分支。他们提高着企业管理效率，影响着企业活动节奏。本章主要讲述了商务秘书的界定、商务秘书的工作及商务秘书职业的现状等内容。

知识要点

★ 了解商务秘书和商务秘书部门的基本内涵；

★ 掌握商务秘书的基本职责；

★ 掌握商务秘书工作的基本内容；

★ 掌握商务秘书工作的特性和基本要求；

★ 了解商务秘书职业的状况。

第一节 商务秘书及商务秘书部门

秘书工作是一项有着悠久历史的工作。但是秘书作为一门职业，在中国有明显的现代特色。尽管研究中国秘书发展史的学者将秘书的起源定位在约4000年前，但是客观地讲，那只是历代各级胥吏僚佐所从事的文牍性很强的有秘书工作特色的工作，他们不是今天职业意义上的秘书。

现代的秘书工作与自20世纪20年代初中国共产党成立以来的党务秘书工作有较大的继承性，但是相当一部分党政秘书工作前辈不是职业秘书，而是职业革命家。秘书作为一门职业，在我国，是20世纪80年代初改革开放以后蓬勃兴起的。随着人们对管理水平的要求越来越高，在管理活动中不可或缺的秘书岗位也越来越受到重视。各国有企业、民营企业、外商独资企业、合资企业中的总裁秘书、总经理秘书岗位乃至各种文员岗位纷纷成为求职者追逐的对象。这些在工商企业活动中起着承上启下、沟通内外作用的秘书人员就是本书的“主角”——商务秘书。

一、商务秘书

（一）商务秘书的界定

关于“秘书”一词的含义，古今有所不同。据古代文献记载，“秘书”一词最初是指具有秘密性质或神秘色彩的图书。《汉书·刘向传》记载:“诏向领校中五经秘书,讲六艺、传记、诸子、诗赋、数术、方技,无所不究。”这里的“秘书”都是指帝王宫禁内收藏的各种经典文献。

由“秘书”作为秘密藏书这一原义引申,后人便将掌典图书、著书立说的官署和官职称之为“秘书寺”、“秘书省”和“秘书监”、“秘书郎”及“秘书令”等。这些“秘书”官职或机构的主要职责是掌管国家典籍,与今天的“秘书”含义仍有较大的差异。

真正使秘书这一职业在我国具有了现代意义开端的是孙中山领导的中华民国临时政府。当时中华民国临时政府实行总统制,下设秘书处,设秘书长一人,秘书若干人,政府各局、部也设有秘书室、秘书科和秘书官。各省都督府也设立了秘书员。这时的秘书,彻底摆脱了与“秘密藏书”含义的联系,由指物转变为专指担任某职务的人,同时,作为一种特定的职务,秘书也不再以掌管一般意义上的图书典籍为主要职责了。但是这个时候的“秘书”,主要是政务秘书,还不能等同于今天的职业秘书。

当代对于“秘书”定义的探讨,是从20世纪80年代开展秘书学研究时开始的。王千弓先生在1985年主编的《秘书学与秘书工作》一书中界定秘书“是社会主义国家工作人员职务名称之一。其职责是协助领导综合情况,研究政策,密切各方面工作的联系,办理文书、档案、人民来信来访、会务工作以及其他日常行政事务和交办事项。在党政机关、企业事业单位从事这一类工作的干部,统称为秘书工作人员,或简称为秘书。”同一时期袁维国先生的《秘书学》一书中同样认为:“秘书,在我国现代主要指党和政府机关、企事业单位、社会团体、军队、院校内的一种行政职位。其主要职责是辅助管理,综合服务;主要工作是撰拟文稿、管理文书、接待来访、组织会议、调查研究、处理信息、备供咨询、办理事务、联络协调、催办查办等。”

两位学者是在秘书学研究中较早对“秘书”进行界定的。他们首先把握住了当时我国秘书的归属性问题,这实质上是认识到了秘书的从属性;其次,准确地概括了秘书的职责,这一观点在后来秘书学研究中被广泛认同;再次,对秘书的主要工作内容做出了较全面的概括。但是,无论是“职务名称”还是“行政职位”,都体现了在当时历史背景下对计划经济体制、行政管理工作方式的秘书特点的把握,主要体现的是以党政秘书为主的公务秘书特色。相比较而言,张家仪先生在1986年第3期《秘书》中撰文《也谈‘秘书’的定义》更准确。张家仪指出:“秘书是身处领导机构或附着个人,撰制掌管文书、辅助决策并处理日常事务的服务人员。而秘书从事的工作也就是秘书职业,秘书职业也是服务性的。所以,秘书决对不是一种职务,而是一种职业名称。”在这个观点中,比较明确地提出秘书是一门职业,是比“职位”、“职务”更为准确的界定。张先生还提出秘书可以是“附着个人”,虽然并没有很明确提出“私人秘书”,在当时容易被理解为是指某位领导同志身边的秘书,但是毕竟把秘书的归属范围从“组织”扩大到了“个人”,为后来“私人秘书”的提出开拓了思路。

1990年侯玉珍老师在其主编的《秘书实务》一书中,对“秘书”有如下概括:“现代‘秘书’的含义是指:直接协助各级领导机构和领导干部以及私人撰制掌管文件,辅助决策及处理日常事务的执行和承办人员。”“私人秘书”的提出,不仅进一步明确了秘书是一门职业,而且间接反映了当时我国社会体制从计划经济向市场经济转化的现实。

整个20世纪90年代,随着秘书学研究的深入,明了了秘书人员的服务领域、服务对象、工作内容和工作范围,又从广义上说明了秘书是人类社会生活特别是现代经济社会中一种特有的职业,这对完善整个社会经济生活中的办公管理环节、提高办公管理效率具有不可低估的影响和职业认知引导作用。定义我国的“秘书”,主要应当从三个方面把握:

首先，明确秘书是一门社会职业；

其次，明确秘书的职业岗位归属；

再次，明确秘书的工作内容和职责。

综上所述，秘书是在各种社会组织中为领导者或私人办文、办会、办事的参谋和助手。我国劳动和社会保障部 2003 年 3 月重新修订的《秘书国家职业标准》中，明确指出秘书的职业含义是："从事办公室程序性工作、协助上司处理政务及日常事务并对决策及实施提供服务的人员。"

随着社会政治、经济发展的多层次化，社会专业分工的细密化必然导致秘书分类的多元趋势。从秘书的来源与服务对象划分，可分为公务秘书和私人秘书两大类；从秘书的业务内容划分，可分为行政秘书、机要秘书、事务秘书；从秘书的活动领域又可划分为党政秘书、企业秘书、商务秘书。在本书里我们所讲的即为商务秘书。

商务秘书是指在各种工商企业中从事秘书工作的一类人员的总称。在当今社会中，商务秘书已成为各类秘书岗位的一个重要分支，其队伍庞大，人数众多，远远超过党政秘书队伍的数量，成为市场经济条件下新兴的社会职业群体，是商务活动中重要的、不可缺少的辅助力量。

2005 年 10 月，全国商务秘书专业资格考试办公室在其组织编写的《商务秘书岗位资格培训》教材的"序言"中这样论及："商务秘书是在工商企业中从事文字处理、行政事务，为管理者提供商务性质辅助工作的人员，其承担着为领导和管理层决策服务的重要职责。"这一定义从一般意义上概括了商务秘书的特征，指出了商务秘书有别于党政秘书的特定工作环境、服务对象，同时也概括了商务秘书辅助性、服务性、事务性的基本性质，应是目前为止所见到关于商务秘书的比较精练、准确的定义。

此外，在诸多与商务秘书相关的教材中还有对商务秘书定义的广义和狭义的两种说法。从广义而言，一般认为，商务秘书是指在各种从事商务活动的组织中协助领导机构或领导者处理各种商务性事务，负责处理行政和日常事务，辅助领导做好决策的工作人员；而从狭义上讲，商务秘书只是各型各类秘书人员职务称呼中的其中一种职务名称。

尽管在不同的教材中对商务秘书的定义会有一些差异，但在一些关键点上大体都是一致的。商务秘书的工作环境是在各型各类的工商企业中或从事商务活动的一些临时性机构（如会展的组委会）中，商务秘书的服务对象是企业的各级管理者，商务秘书的工作内容虽由于所在企业的规模、性质和其所处的层次不同会有区别，有些甚至会有相当大的差异，但商务秘书的工作性质仍具有与一般秘书相同的辅助性、服务性、事务性这样一些基本特征。

（二）商务秘书的类别

1. 按商务秘书对企业领导或领导层的影响力和辅助作用划分

商务秘书由于其所在企业的体制、规模和管理模式的不同，也由于其所处层面的差异，会呈现出不同的形态。如上市公司的董事会秘书，即俗称的"董秘"，是《公司法》等相关法律明文规定的岗位。其职责也有相关法律条文予以明确，其地位和薪酬从理论上讲应在企业高管之列，其任用条件也非一般意义上的秘书所能比拟。而企业前台文员则是商务秘书行列中的入门级岗位，许多新上岗的商务秘书都是从这里开始自己职业生涯的。由此可见，商务秘书的职务跨度很大，其工作职责和所处层面有相当大的不同。一般认为，商务秘书按其对企业领导或领导层的影响力和辅助作用可分为初、中、高三个层次。

（1）初级商务秘书指从事一般日常行政事务的工作人员，主要办理接待、联络、值班、文书的印制收发、会务服务等，他们不一定有秘书的职称，但通常也被称为秘书工作人员。

（2）中级秘书一般指分管文字、信息工作的秘书。他们主要负责起草文稿、办理公文、调查研究、整理信息等，其工作成效会影响领导工作的推进，起着一定的直接辅助作用。

（3）高级秘书指秘书机构的领导。这一级别的秘书职责基本是参与政务、管理事务两个方面，有的本身就是企业高管，他们不仅是组织和机构中领导的重要助手，同时也可能是领导中枢的成员。高级秘书的工作综合性强，知识能力要求全面，常被认为是企业的“内部总管”。

2. 按商务秘书的素质、能力和职责划分

在商务秘书的群体中，由于各自工作岗位的层面和工作侧重点不同，对商务秘书会有不同的素质和能力的要求。也有人据此将商务秘书划分为参谋型、秀才型、公关型、技能型。以此标准划分，各型商务秘书的素质特征和职责分别是：

（1）参谋型。指那些思维活跃，善于分析和综合问题，既有广博才学又有思想深度的商务秘书人才。主要为领导提供参谋性服务和辅助领导决策。

（2）秀才型。指那些具有一定理论基础和政策水平、文字表达能力强、通称为“笔杆子”的商务秘书人才。其主要职责是起草文件、审核文稿，与一般含义上的文字秘书相似。

（3）公关型。指那些具有相当的公关知识和公关能力、处事外圆内方、善于沟通协调的商务秘书人才。其主要职责是对外交往、公务接待，搞好组织与内外部公众的关系。

（4）技能型。指那些精通现代化办公技术、具有娴熟的办公设备操作技能的商务秘书人才。其主要职责是熟练运用现代办公设备，高效优质地完成商务秘书部门的各项文字、图像信息的处理及相关工作。

这种划分并不意味着任何一个企业都有以上四种类型的商务秘书人员。在一些较大规模的企业中，企业秘书部门人员齐备，大多会从分工上去划分秘书级别，以形成一个优化的商务秘书群体，从而最大限度地发挥其整体效能。例如，按其责任的大小和能力、素质的高低分为助理级、文书级、执行级和行政级秘书。

（1）助理级秘书是具有见习性的秘书，其主要工作内容是办公管理的初级业务，如文字录入、接待、办公用品与办公环境整理等；

（2）文书级秘书其主要工作内容是负责起草文稿、处理文件、完成上司临时交办的事项。负责会议的记录，拟撰报告，制订旅游计划，一般档案资料管理等；

（3）执行级秘书在一些企业中被称为助理、专员、专务等，主要是协助上司做办公室和业务部门有关的管理工作，侧重于组织内部的协调、沟通联络和公关工作；

（4）行政级秘书包括办公室主任、行政经理、经理私人助理等，其工作内容主要包括参与策划、监督检查、辅助管理、帮助上司协调组织内纵向、横向的关系以及组织外部的各种关系，落实各项决策，负责秘书的选聘、培养和调配工作。

但多数中小型企业秘书部门人员精干，一两个商务秘书人员要承担企业商务秘书部门的全部职责，这就更要求商务秘书人员要努力提高自身的素质，使自己尽可能具备与工作要求相符的各项工作能力，才能胜任企业商务秘书岗位的职责，才能够充满信心地迎接未来工作的挑战。

此外，许多秘书教材和论著习惯于按秘书所服务的对象和经济来源的性质将其划分为公务秘书和私人秘书两大类。有人沿用这种分类方法对商务秘书进行分类，但实际上这种划分由于工作经常互相参杂，没有太大的意义。

（三）商务秘书的显著特征

我们研究秘书工作的特征，既要认识秘书工作的外在特征，更要透过秘书工作的外部特征去把握具有决定意义的内在属性。

1. 商务化

满足商业运营活动的需要，是商务秘书存在的基本价值。商务秘书与其他秘书的不同之处具体在于其主要职责是协助公司、企业的领导处理各类商业性事务，例如，起草合同、联络客户、收发商务电函，参与项目考察、商务洽谈、商务谈判、商业决策、落实商业活动计划等。

2. 从属性

商务秘书是企业领导根据商务活动的需要而设置的，是从属并服务于公司企业领导工作的，他不能脱离领导的工作需要而独立存在。商务秘书的岗位设立处于领导者和领导机关周围，根据领导工作的需要开展工作，可以向领导提出建议，但在行动上必须绝对服从领导安排，不得我行我素，更不能代替领导做出决定或做出与领导意图相悖的决定。商务秘书必须主动地适应领导的工作要求，及时请示与汇报，根据工作需要调整好自己的工作状态。

3. 机要性

商务秘书工作的机要性，源自于商务活动本身所包含的各种信息的特殊性质和要求。商务秘书工作内容会接触到企业的利益核心及要害部门，经过他们所处理的文件信息资料、协助企业领导制定的商业运营策略以及他们经手的一切与商务活动和客户相关的信息情报，都带有机密性。这要求商务秘书必须维护企业的利益，既要有信息的敏感性，又要严守商业秘密。

4. 事务性

为领导者办事是商务秘书的基础职能。商务秘书工作带有明显的事务性特征，要求必须做好大量程序性、非程序性、临时性工作，把小事也要当成大事来办，把繁杂的事理清头绪、办得有条不紊，把服务理念贯穿始终。

5. 性别化

女性化是通常的秘书职业特征。这从秘书主体的角度来看与西方的商务秘书具有明显的共性特征。女性所具有的耐心细致、聪慧敏捷的性别特征都更加适合条理化、程式化的商务秘书工作。同时，女性也容易与男性领导融洽共事，实现性别互补。

随着经济的发展，秘书服务工作也呈多元化趋势，一部分男性秘书工作者进入秘书岗位，也把诸如保安、驾驶等技能要求逐步带入秘书岗位。这表明，秘书职业的性别与技能要求必然随着经济社会的发展不断充实和变化。

二、商务秘书部门

（一）商务秘书部门的设置状况

从管理的角度看，商务秘书部门是工商企业的中枢机构，也即是公司企业秘书部门，是企业管理构成中的综合性辅助管理部门，其地位的重要性不言而喻。但是企业不同于党政机关，党政机关的机构组成是由相应的组织法规予以确认的，在一般情况下其差异性不会太大。而现实工作中，各型各类工商企业的体制、规模和管理模式千差万别，因而其机构设置也并非是有一定之规。况且企业的管理机构组成和人员配置主要取决于企业经济活动的需要，即使一些大型国企，其机构设置受党政机关影响比较明显，在国企体制改革后，其机构也大多进行了调整。更何况大量出现的民营企业，其机构设置都是以效益为基础。在这种情况下，企业领导人的领导风格和工作习惯都在很大程度上影响着机构的设置。因此，各型各类工商企业的商务秘书部门设置和人员配置不可能是整齐划一的。

即便如此，在稍具规模的企业中仍设有商务秘书机构。这些机构有的与党政机关相似，称为办公室，有的则称为行政事务部或行政部，还有的企业规模不大，将人事、财务与商务秘书事务合并在一起，统称为综合管理办公室，或简称为综合办。

总体上归纳起来，秘书部门大体有五种形式：

(1) 综合性的秘书部门。这类秘书部门多是在国有大中型企业、国有公司等带有行政机关管理特色的公司、工矿企业和商业企业，也是企业为减少非生产人员、克服分工过细的弊病所设置的"一揽子"秘书部门。特点是秘书部门对领导中枢集体负责，全面掌管企业内部的行政管理事务，同时负责对外宣传、联络、开展公共关系事务，甚至涉及辅助业务领导的工作。为董事长、厂长、经理个人配备的秘书，也同时隶属于行政办公室。这类秘书部门多被称为"公司办公室"、"集团办公室"。

(2) 职能性的秘书部门。这类秘书部门多是在公司企业作为行政办公室，与营销办公室、技术办公室、公关外联部等办公室并立。因为有其他办公室的分工，这类秘书部门的工作比较集中，内容主要是担负包括单位内部行政事务和其他事务性、临时性工作任务，包括协调各个职能部门之间关系的工作；有时也需要与其他部门合作展开工作，例如，与营销办公室和公关外联部携手举办企业对外的公关宣传活动等。这类秘书部门也称为"经理办公室"、"厂长办公室"。

(3) 专业性的秘书部门。主要指人员设置比较少的秘书部门。这类秘书部门一般设置在人员规模比较小的公司企业中，被称为"文秘室"、"值班室"，主要负责单位文书信函的撰写、制发，管理文件档案，接打电话、接待来客以及单位领导临时交办的各种工作。

(4) 由一两名秘书承担的秘书办公室。多存在不设秘书部门的单位内。这类公司企业规模更小，因此只设一个值班秘书的办公席位，有的称为"前台"，有的就定位为"总经理秘书"。尽管单位规模小，但是工作所涉及的范围不小，秘书一般要求全时在岗，负责电话接听、文电处理、文稿制作、来客接待等。

(5) 股份制企业集团中的秘书部门。我国股份制企业实行的是董事会领导下的经理负责制，是独立经营实体，要求企业产权明晰、权责明确、政企分开、管理科学。所以，股份制企业秘书部门的设置遵循分级分类管理、精简合理高效、整体效益的原则，在工作中仍然具备辅助管理、综合服务的基本职能。

(二) 商务秘书部门的职能

商务秘书部门的职能是商务秘书部门各项具体职责的高度概括，也是其在职责范围内各项活动所产生的整体功能。但是商务秘书部门的职能与商务秘书部门的设置一样，也会因企业的体制、模式和管理风格不同而有差异。在有些企业里，商务秘书部门还会因为主要领导人的授权不同而有相当大的区别。一般而言，工商企业商务秘书部门的基本职能大体可概括为处理文书、管理信息、督促检查、综合协调、办理事务和定制制度这六大职能。

1. 处理文书的职能

处理文书是秘书部门的传统职能，也是一项经常性的工作。商务秘书部门虽然较之行政事业单位的秘书部门而言，处理文书的工作量要少一些，但是利用公文传达指令、沟通联络仍然是企业在管理过程中一种有效的工作手段。商务秘书部门这一职能还可大致作如下分解：

（1）按照领导意图撰制各类公文。

（2）文书处理工作，包括收文处理和发文处理。

（3）企业综合档案的管理工作。

（4）与文书处理相关的制度建设和工作指导。

2. 管理信息的职能

商务秘书部门的信息管理职能是指商务秘书部门要根据企业领导和相关部门的需要，及时、准确、全面地提供信息，为领导把握全局、正确决策提供服务。商务秘书部门全面管理和组织好信息工作是辅助企业领导实施管理的基本方式，它包括对信息的搜集、整理、传递、存贮和检索利用等工作内容。

3. 督促检查的职能

督促检查是一个重要的领导环节和领导方法，是领导决策部署能否得以贯彻落实的关键所在。商务秘书部门依据企业领导的授权进行督促检查，这是企业领导赋予商务秘书部门的一项重要职能。对商务秘书部门来说，要辅助领导，当好助手，必须认真做好督促检查工作，以充分发挥这项职能。

督促检查工作要紧紧围绕企业的中心任务，虽然不具体担负某一项工作，但要对办公室每一项工作做到心中有数。抓住重点进行督促检查，不仅要检查决策部署是否实施与落实，而且要了解与掌握决策实施中的新情况、新问题，以便企业领导能及时对决策进行调整与完善。

4. 综合协调的职能

综合协调职能是所有秘书部门的一项主要职责，商务秘书部门也不例外。任何一个企业为实现既定目标，都需要各职能部门分工协作，各司其职。有分工，必有综合协调。企业各部门上上下下，离开综合协调，就无法形成合力，难以有序运转。商务秘书部门作为企业综合性的办事部门，应认真做好协调工作，充分发挥其综合协调的职能。

商务秘书部门作为企业的中枢部门，负责联系、保持和协调组织内外的各种关系。负责协调各职能部门与领导的关系、各职能部门之间的关系以及部门内部工作人员之间的相互协作关系。有意识地引导和促成组织内部和谐健康的工作氛围，化解工作中出现的矛盾，以统一各部门的步调行动，建立和保持组织与社会的良好关系，保证各项工作的顺畅运转，并随时把握组织内外环境的变化及发展趋势，将其提供给领导，以供决策参考。

5. 办理事务的职能

商务秘书部门作为企业综合性办事机构，为企业和企业领导人办理日常行政事务也是一项重要职能。这项职能包含以下两个方面：

一是企业日常行政事务的管理工作。包括日常公务接待，印信管理，车辆管理，环境卫生，办公器材选购，办公用品的购买、管理和发放，有些企业的商务秘书部门还要代管企业职工宿舍和食堂、负责企业安全保卫等工作。

二是负责企业领导的交办事项。这项职能所包含的工作小到购买机票，大到代表企业法定代表人出庭诉讼，其工作的伸缩余地很大，而全面履行这项职能的难度也同样很大。在各型各类企业中，商务秘书部门的职责范围可以有很大差异，但所有企业的商务秘书部门职责中的最后一条却几乎都是一样的——“完成总经理交办的其他工作”。这也从另一侧面反映了商务秘书部门在为企业领导拾遗补阙，完成一些临时性、突击性工作中的重要作用。

6. 制定制度

办公室主任必须以科学化的管理方式，顺利地开展工作。“没有规矩，不成方圆”，管理中最重要的就是制定工作制度。

办公室的制度建设包括五个方面：一是议事制度。主要是解决领导决策方面的制度，包括领导集体的议事规则、表决程序等。二是办事制度。主要是解决决策之后的执行和落实问题，包括办文、办会、办事等方面的工作程序、工作规范。三是协调制度。要协调组织行为，就要建立科学系统的组织结构和联系制度，如部门组织系统及分工、联席会议制度、情况通报制度、信息汇总方法等。四是约束制度。是指对组织和个人行为应建立的行为规范和管理办法，如：职业道德规范、文明办公规范、办公室工作制度等。五是保证制度。包括思想政治工作制度、后勤管理制度、监督检查制度等。

第二节　商务秘书工作

一、商务秘书工作的特性

商务秘书工作从整体上讲是一种服务性工作。与其他服务性工作不同，商务秘书工作有自己特有的本质属性。概括起来，商务秘书工作的特性是辅助性、综合性、事务性和政策性。

（一）辅助性

工作的辅助性，是秘书工作的基本属性。秘书只有通过有效地沟通，才能使自己好的建议、正确的意见为上司所接受，并以上司的名义或者组织的名义贯彻执行，从而发挥其应有的作用。

这种辅助性的表现形式，是秘书由工作的服务型和从属性决定的。商务秘书工作从整体上说是被动的，这是由其从属地位所决定的。商务秘书工作围绕着企业领导工作的需求而运转服务，企业领导的指令与授权，是商务秘书工作的主线和核心。无论是办文、办会、办事，商务秘书工作都无法离开企业领导的意愿自行决定工作的部署和行动。特别是在集权意识比较明显的企业里，商务秘书除了要根据企业领导直接授权授意、对上次拍板决定的事项必须毫无保留、不折不扣地执行，并同时代行处理一些综合性的事务外，还要选择合适的场合和时机，提出自己的见解和建议，提醒上司慎重决策；还要完成不少领导直接交办的临时性、应急性的任务，被动性十分明显。

（二）中介性

商务秘书是处于决策部门和执行部门、本职能部门和其他协作部门、本公司和外部公司之间沟通和协调位置的辅助管理人员。

秘书工作，就是起着承上启下、联系左右、沟通内外的作用。所以，在公司的运作过程中，秘书工作的内容，就好像一个中介公司，随时发挥着桥梁、纽带、媒介的作用。只有这样，秘书工作的成效才能体现出来。

（三）综合性

秘书部门，在日常生活和工作过程中，被很多人称之为“不管部”。就是说，凡是没有人过问的事情，都属于秘书部门的工作对象，因此，秘书部门的工作纷繁复杂，包罗万象。在具体工作过程中，秘书工作就充分体现出全面性、多样性和系统性三大特点。

凡是涉及公司运作的一切事务，秘书部门和秘书人员都有责任承担起来，要有"先办好事情，再理顺关系"的牺牲精神。

对于公司在运作过程中出现的新问题、新事务、新情况，以及需要协调解决的问题，秘书部门都要参与，责无旁贷。

（四）政策性

商务秘书部门既要负责制定企业的各项规章制度，又要监督各种政策的履行情况；要负责处理企业的各种公文，还要负责接待企业的四方宾客。这些工作都要求商务秘书人员具备很强的政策性，在各项工作中严格按照国家的法规、上级主管部门的相关政策和本企业的规章制度办事。

商务秘书工作的政策性还体现在对自身工作人员的严格要求上。商务秘书部门既是企业管理制度的制定者，又是制度的监督和落实部门，许多企业的部门职责中都明确规定秘书部门要"监督各项规章制度的执行，并做到以身作则"。商务秘书人员要在日常处事、言行中做执行企业各项规章制度的表率，要时刻记住自身严谨的作风和良好的工作习惯都直接影响着企业的形象。

二、商务秘书工作的职责

由于企业的体制、规模和管理模式及商务秘书所处层面的差异，商务秘书工作的职责会各有侧重，不尽一致。

如一家中型企业前台文员的工作职责如下：

(1) 负责公司来客来访的接待工作；

(2) 负责公司总机的接听与转接工作；

(3) 配合其他部门做好来电、来访的咨询、解释工作；

(4) 完成办公室主任交办的其他任务。

该公司行政秘书的工作职责如下：

(1) 负责总经理办公室文件的起草、校对和印制工作；

(2) 负责公司文件的收发和登记工作，并负责办公室文件的传递和催办工作；

(3) 参加公司有关会议，做好会议记录并整理会议纪要；

(4) 负责公司领导外出的行程安排，并负责预订机票、车票和酒店等工作；

(5) 负责公司的日常接待和来访客户的就餐及住宿安排；

(6) 负责受理公司各部门提出的公用设施的使用申请；

(7) 配合其他部门做好有关工作，完成办公室主任交办的其他工作。

该公司办公室主任的工作职责如下：

(1) 负责公司行政规章制度的制定、修改、完善、监督和执行工作；

(2) 负责公司与当地政府的工商部门、基建项目报批部门、车管部门等日常公关事务的联络工作；

(3) 负责公司公共环境、员工宿舍安全、卫生管理，协助工会部门办好员工娱乐活动，营造良好的生产、生活环境；

(4) 负责对下属人员（总务、保安、办公文员、网络管理员等）进行定期考核培训及工作安排；

(5) 负责公司各类会议组织筹备工作及会议结果追踪、检查、落实工作；

(6) 管理公司图书、磁盘、非技术性光盘及相关资料；

(7) 负责公司固定资产的购买、发放、管理及维修，员工劳动保护用品与出国工装的选购，公司车辆的统一安排、调度及使用；

(8) 负责公司领导及员工出国护照、签证与机票的办理；

(9) 完成总经理交办的其他工作。

以上三个不同岗位所处层面不同，职责各异，但将其工作汇总起来，就可看出商务秘书工作的总体范围。但由于各型各类企业之间的差异很大，不少商务秘书部门(企业行政办公室)还代管着许多其他职能部门不管或无法管的事务，如企业的安全保卫工作，网络信息设施的管理工作，车队、食堂、职工宿舍管理工作，以及物业维修工作等。在有些企业里，因群团工会等组织不健全，所以商务秘书部门还要组织一些员工集体活动。在有些注重形象宣传的企业里，企业内部报纸或刊物的组稿、编排、印制、发行等工作也往往归在商务秘书部门代管。所以有许多商务秘书的负责人总是感叹这项工作千头万绪，琐碎繁杂。这也是为什么商务秘书部门又往往被称为“不管部”的原因。

不过凡是秘书工作总有其共性，简单归纳起来，商务秘书的工作内容应该包括以下三个方面：

(一) 常规性事务工作

所谓常规性事务工作，就是在没有上司指示、授意和监督下，秘书本人自主开展的常规性工作。

(1) 文书管理：包括收发、登记、拟办文件或者电子邮件，催办、督办和查办具体事项，文件的立卷归档等。

(2) 时间管理：登记上司预约申请表，拟定上司工作日程及会见约见时间安排表，为上司提供来访者的信息资料和洽谈事项大纲，管理上司的工作日志和单位的大事记。

(3) 办公室管理：设计并印刷上司对外沟通的名片，记录上司口述的文稿并完善修订印制成文，收集各类综合信息并定期提交专题工作报告，能够熟练操作和简单维护各种办公软件，随时做好上司办公室环境卫生，随时检查会议室和会客室的现状。

(4) 信访管理：接待来访人员，接收并拟办各种来信，协调相关部门落实信访事项并编写信访工作报告，接听电话并做好电话内容等级，及时向上司汇报并拟定反馈意见。

(二) 指派性工作

所谓指派性工作，就是上司临时交办的工作。这些工作大多数都是临时出现的工作，预先没有安排，也就是不能按照原计划实施。这些工作时间紧、要求高，同时也没有惯例可循，综合性强。

一般来说，汇总临时指派的工作，主要包括以下几个方面：

(1) 上司临时要求的文件、文稿、函件(包括信函、电子邮件、快递传送等)；

(2) 客户临时索要的相关资料，同时也要及时回答客户提出的各种询问；

(3) 接待临时来访的客人；

(4) 督促下属落实上司的各种指令，并及时向上司反馈重要事项的进展情况；

(5) 根据公司的相关规定和自己的权限，妥善处理各种突发事件；

(6) 根据上司的要求，做好临时会议的准备工作；

(7) 根据上司的要求，临时编制一份商业运作计划；

(8) 根据上司的要求，临时制定出差计划，并准备出差所需要的相关资料；

(9) 根据上司的要求，购买馈赠礼品；

(10) 根据上司的指令，组织或者参加各种社交活动；

(11) 及时向上司通报得到的重要信息；

(12) 帮助上司办理财务事项（包括存取款、验证到账款项、办理汇票、纳税等）；

(13) 准备相关资料等备立各项报告专家的评审工作，并提前进行相关咨询，弄清楚基本程序和要求；

(14) 上司临时交办的其他事项。

一个优秀的秘书，就是要在上司交代工作的同时，同步领会上司的真实意图，明确工作的具体要求和时间限制（如果没有听清楚，就一定要再一次向上司进行求证，绝对不能有丝毫的马虎），分清事情的轻重缓急，很快在脑里面形成一个理想的工作程序，然后根据 ABCD 四级的工作方法（ABCD 等级工作方法见表 1－1），统筹兼顾，合理安排，准确、高效地完成任务。

表 1－1　ABCD 等级工作方法

先后顺序	重要程度	紧迫程度
A　率先办理	非常重要	非常紧急
B　接着办理	非常重要	不很紧急
C　第三层次	不很重要	非常紧急
D　酌情处理	不很重要	不很紧急

（三）自主独创性的工作

所谓自主独创性的工作，就是指秘书充分发挥自己的主观能动性，采取灵活机动的工作方法，以积极的态度，在更大的程度上协助上司开展工作，以达到最佳效果。

这些工作，主要包括以下几个方面：

(1) 各种类型的调查研究；

(2) 各种信息的收集和分析整理；

(3) 协调各种关系，处理工作中的各种矛盾；

(4) 协助上司妥善处理外来的各种纠纷，让上司尽快脱身；

(5) 加强和各部门的沟通，使上司的指令能够尽快落实，并及时反馈。

三、秘书工作的基本要求

商务秘书工作的基本要求可以概括为“高效、务实、保密”。

1. 高　效

是指商务秘书工作既要迅速及时，又要准确可靠。高效是速度、质量、效果的统一，是高效率和高质量的统一。商务秘书工作的任何拖拉延误，都会直接贻误企业领导的全局工作。因此，企业必然要求商务秘书工作要做到高质量、高效率。

商务秘书部门要健全岗位责任制，完善目标管理和业绩考核办法，调整运行机制，引入先进的管理理念和办公技术，提高工作的效率和质量，以适应企业对商务秘书工作的高效要求。

2. 务　实

是指商务秘书工作办事风格要踏实，反映情况要真实，切忌虚夸浮躁、哗众取宠。务实还要求商务秘书工作一切从实际出发，实事求是地处理问题，说实话，报实情，办实事。

3. 保　密

是指商务秘书部门在日常工作中应该有保密意识、保密制度、保密措施。保密是企业内部科学管理的需要，也是商业竞争的需要，更是一名合格的秘书人员应具备的基本品质。

秘书，尤其是商务秘书，处在一个非常敏感的职位和环境中，经常出现在决策者或者领导者身边，正好是一个中枢环节，这就决定了秘书工作中的相当一部分，既是上司的辅助者，也是公司决策过程的参与者。无论是企业的内部机构变动酝酿，还是人事奖惩的初步方案；无论是公司未来的产品开发计划，还是商业运作设计等，所有这些，都是决策层掌握的事情，作为秘书，就必须守口如瓶。

商务秘书在日常工作中保密的重点主要有：口头保密、文件保密、会议保密、各种信息资料的保密、领导活动的保密、涉外工作的保密、档案保密、计算机和各类通信设备的保密等。

第三节　商务秘书职业状况

有人估计，在数以百万计的庞大秘书队伍中，商务秘书约占百分之七十以上。这一估计虽难以得到证实，但至少表明商务秘书队伍的庞大是人所共知的。有统计显示，截至2006年底，全国共有各类企业861.8万户，包括内资企业339.6万户，外商投资企业27.5万户，私营企业494.7万户。其中10%具有规模的企业中，即使每个企业平均只有1～2名商务秘书人员，这支队伍的规模也应在百万之众。这支庞大的商务秘书队伍，在各型各类企业中默默从事着辅助企业领导的工作，为企业的发展作出了自己的贡献。

在这支庞大的商务秘书队伍中，既有居于企业高管的如董事会秘书，也有位于入门级岗位的如前台文员，更多的是从事着繁杂琐碎事务的如行政文员、行政助理、总经理秘书等人员。他们的名称在不同的企业中或许会有一点差异，但名称的差异并不影响他们的工作性质，他们都属于辅助企业领导工作的商务秘书人员。他们没有如行政机关那样明确的等级序列，直到2003年国家劳动与社会保障部在设立国家职业秘书资格证书时才有了国家职业标准，2006年版《秘书国家职业标准》再次确认这一职业划分为四个职业等级，分别为五级秘书、四级秘书、三级秘书、二级秘书。2005年全国商务秘书专业资格考试又将商务秘书认证等级分为初级商务秘书、商务秘书和高级商务秘书三种。这种划分只是在专业水准上的区分，并不是从任职层次上的划分。有人对商务秘书职业道路上的任职阶梯从狭义上作了一番描述：

前台文员—行政文员—行政助理—行政主管(或办公室主任)—总经理助理

这种描述之所以称为狭义的，是因为真正从前台文员一直在商务秘书部门任职的人并不多，许多商务秘书的任职起点就是行政文员，并且在这一职业岗位任职一段时间后，会因工作需要调离而从事其他部门的工作，如在业务部门担任部门经理的助理或直接从事业务工作。他们的职业道路就有可能是：

行政文员—总经理秘书—部门主管(或部门经理)

另外，不同的企业在任职岗位的设置上也不一样，不完全是以上所述职务阶梯的层次。如有的企业办公室主任就是总经理助理，也有的企业并不设总经理助理这一职务。概括地说，企业情况不同，岗位设置会有区别；个人情况不同，发展道路也不一样。

自从20世纪80年代初我国高等教育中有了秘书专业以来，秘书队伍的专业培训逐步开始规范化。但直到90年代，这种培训仍以党政机关秘书为主，直到近年来，商务秘书的专业培训才越来越受到重视。从商务秘书整体队伍来看，其专业素质正在逐年提高，特别是大批受过专业训练的大学毕业生补充进这支队伍里来，使商务秘书队伍的整体素质发生了很大的改观。他们中的一些优秀分子脱颖而出，被任命为企业秘书部门的负责人，成为企业管理团队的中坚力量，有的甚至走上了企业的领导岗位。

习　题

1. 商务秘书可以从哪几个方面分类？具体分为哪些类型？
2. 商务秘书部门一般具备哪些职能？
3. 商务秘书工作有哪些特性？并详细说明。
4. 商务秘书工作的基本职责包括那几个方面？具体有哪些方面的工作？
5. 商务秘书工作的基本要求是什么？简单说明该如何去做？

第二章　商务秘书的综合素养与道德规范

本章导读

本章重点讲述商务秘书的职业形象、综合修养、素质及商务秘书应遵守的道德规范，强调商务秘书在工作中首先应学会树立自己的职业形象，以维护企业良好形象。同时每一位准备走上商务秘书岗位的在校学生应努力学习、严格训练，以提高商务秘书的职业素养。

知识要点

★ 把握商务秘书仪容仪表的修饰技巧；

★ 掌握商务秘书举止谈吐方面的基本要求；

★ 领会商务秘书职业道德规范的内容；

★ 掌握商务秘书综合素养的要求。

第一节　商务秘书的职业形象

商务秘书在工作中要接待内外宾客，还可能跟随领导出席各种正式场合，也有可能代表企业外出办理公务，其言谈举止都无不与企业形象相关，因此，商务秘书在工作中首先要注意自己的职业形象。商务秘书应培养自己高尚的情趣、优雅的气质、潇洒的风度，再辅之以端庄的举止、得体的服饰，以塑造良好的个人形象，同时也是为树立良好的企业形象服务。

一、商务秘书的仪容仪表

商务秘书应注重自己的仪容仪表，这关系着个人形象给人的第一印象。虽然在日常生活中我们常说不应“以貌取人”，但是人们在现实生活中，在与陌生人交往时，往往最初的一眼看法会留下很深的印象。或许这种印象不一定是最终的结论，但却是赢得对方好感的基础。商务秘书应高度重视仪容仪表，使自己在各种社交场合中能给人留下良好的第一印象，从而为自己和自己所代表的企业与对方进一步联系沟通，为发展关系创造条件。如图 2-1 所示即为商务秘书仪容仪表的参照。

（一）仪　容

仪容不仅是指人的外貌长相，也包括化妆修饰、卫生习惯和内在修养。商务秘书的仪容修饰要把握“洁、雅”二字，即洁净、优雅。商务秘书要养成良好的卫生习惯和审美意识，既不要油头粉面，也不要蓬头垢面。女士在出席重要场合时，作适当的化妆更显得庄重。

图 2-1　商务秘书职业形象

表 2-1 所示为商务秘书仪容自测表，商务秘书可参照修饰。

表 2-1　商务秘书仪容自测表

头发　不遮掩面孔，发型好；头发清洁，无头屑；修剪鼻毛和耳毛； 耳朵　清洁； 眼镜　合适，镜片干净；胸前不要挂眼镜； 牙齿　光亮、洁白整齐； 口气　清新(无异味)； 指甲　干净； 体味　香水、须后水等用量适当。	
男　士	女　士
面部清洁	口红不要粘到牙齿上
不留胡须	化妆恰到好处，不浓妆艳抹
裤子拉链拉好	指甲油光洁不剥落，色泽大方

（二）服　饰

商务秘书无论是在日常工作中，还是在出席重要活动时，都应适当讲究服饰。得体的服饰既能体现个人的气质修养，也能给人良好的印象，一定程度上甚至还能代表企业的风采和形象。商务秘书的服饰应讲究场合，合乎礼仪规范，衣着穿戴要适合个人的特点，如年龄、体型，尽量做到衣着和谐得体。商务秘书的职业性质决定其衣着服饰选择的标准是整洁、美观、大方、得体，而不应过分追求款式新颖、造型奇特、色彩艳丽、时尚华贵。

二、商务秘书的举止谈吐

商务秘书除了要注意仪容仪表，还应特别注意自己的举止谈吐。一个仪表堂堂的人，若举手投足显得猥琐，一开口就粗话连篇该是多么大的反差。仪容仪表虽也能体现人的精神风貌，而举止谈吐则更是人内在素质的综合体现。

商务秘书的举止谈吐总的要求是文明大方。这里借用国外秘书教材中的一段话来说明对商务秘书举止谈吐的要求：

态度方面——在态度方面，有下列三项必须注意的重点。但是，如果只是知道而不去实行，就没有什么意义；应该确实地在每天的工作场合或家庭实行才是。

（一）表　情

以眼、口来表示。一个人的表情，会使对方感受到他的心意。因此，二人相处时，应该先让对方感到自己的温和、热诚，以便进行接下来所要商讨的事项。

（二）姿　态

不可忽视。散漫的坐姿；总是低着头，无精打采似的站姿；靠在椅子上，漫不经心地与人谈话等，都会令人产生不良的印象。因此，有良好的姿态，也是身为一位成功秘书的武器之一。姿态包括：站姿、坐姿、走姿、气质和风度等。

1. 坐　姿

坐姿是一种静态造型，其包容的信息也非常丰富。生活中无论是伏案学习，参加会议，还是会客交谈、娱乐休息都离不开坐。坐作为一种举止，同样有美有丑、优雅与粗俗之分。不正确的坐姿会显得懒散无礼，正确的坐姿能给人一种安祥端庄的印象。

正确的坐姿是腰背挺直，双肩放松，两膝并拢。女士穿裙装入座，应用手将裙后摆稍稍拢一下，再慢慢坐下，切忌风风火火地一屁股坐下。

下面介绍几种常见的坐姿：

（1）正坐。两腿并拢，上身挺直坐正，小腿与地面垂直，两手放在双膝上。

（2）侧坐。坐正。女士双膝并紧，上身挺直，两脚同时向左放或向右放，双手叠放，置于左腿或右腿上。

（3）开关式坐姿。坐正，女士双膝垂紧，两小腿前后分开，两脚前后在一条线上。

（4）重叠式坐姿。腿向正前方，而将两脚交叉放或翘起一条腿架在另一条腿上，但要尽力使上面的小腿收回平行直下，脚尖屈向下。

（5）交叉式坐姿，两腿前伸，一脚置于另一脚上，在踝关节处交叉成前交叉坐式，也可小腿后屈，脚前掌着地，在踝关节处交叉或采用一脚挂于另一脚踝关节处成后交叉式坐姿。

无论哪种坐姿都要注意不要弯腰驼背，女士坐下不要叉开双腿，起立时，可一只脚向后收半步，而后站起。图 2－2 所示的为几种商务秘书常见的坐姿。

坐　姿	
宜	忌
坐直	东歪西靠
两腿在脚踝处交叉	两膝分开太远或翘着二郎腿
身体微微前倾	双脚不停抖动

正坐姿

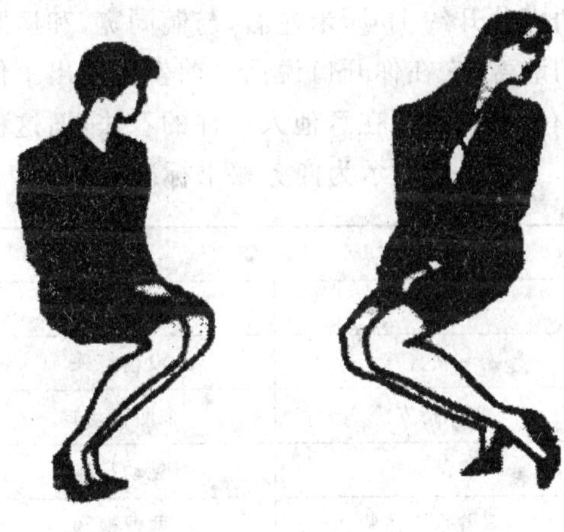

侧坐姿

图 2－2　几种常见的秘书坐姿:稳重、端正

开关式坐姿

图 2-2　几种常见的秘书坐姿:稳重、端正(续)

2. 站　姿

最容易表现姿势特征的是人处于站立时的姿势。

基本站姿为:头整,颈直,两眼平视前方,嘴微闭,肩平并保持放松,收腹挺胸,两臂自然下垂,手指并拢自然微屈,中指压裤缝,两腿挺直,膝盖相碰,脚跟并拢,两脚尖张开夹角成 45 度或 60 度,身体重心落在两脚正中,从整体上产生一种精神饱满的体态。

应注意避免的是头下垂或上仰,收胸含腰,背曲膝松,臂部后突,手插在衣裤口袋里或搓脸,弄头发,脚打拍子,身靠柱子、餐桌、柜台或墙歪斜。

站立时,也可以保持两脚分开约 15 厘米左右,与髋同宽,和肩膀平行。

请记住,姿态是无声的语言,它在你开口说话之前就传递出了信息,使人对你产生印象,你的姿态表明你是否对他人有兴趣,是否在意他人对你的看法,而这种态度对于仪态优雅和事情是否成功也是至关重要的。图 2-3 所示为商务秘书标准的站姿。

站　姿	
宜	忌
站直	没精打采
脚保持安静	来回移动脚
肩部放松	晃动身体
双臂垂于体侧	两臂抱胸
头和下颌抬起	低头

3. 走　姿

最能体现一个人精神面貌的姿态就是走姿。从一个人的走姿就可以了解它的欢乐或悲痛,热情而富有进取精神或失意而懒散,以及是否受人欢迎等。正确的走路姿势还有助于健美。

走路的基本姿态:走路时目光平视,头正颈直,挺胸收腹两臂自然下垂,前后自然摆动,前

图 2－3　站姿:精神、挺拔

摆稍向里折,身体要平稳,两肩不要左右晃动或不动,或一只手摆动另一只手不动,走路出步和落地时,脚尖都应指向正前方,由脚跟落地滚动至前脚掌,脚距约为自己的 1.5～2 个脚长。

走路的姿态:走路姿态应该是优雅、自然而且简洁的。同时要保持身体挺直,不要摇晃。女士要款款轻盈,显出阴柔之美。穿裙子或旗袍时要走成一条直线,使裙子或旗袍的下摆与脚的动作显示出优美的韵律感;穿裤装时,宜走成两条直线,步幅稍微加大,显得活泼潇洒。

走路忌走八字步,也不要多人一起并排行走,不要搂肩搭背。在狭窄的通道,如遇领导、尊者、贵宾、女士,则应主动站立一旁,以手示意,让其先走;上下楼梯时,不要弯腰弓背,手撑大腿,不要一步踏两三步梯;若遇尊者,则应主动将扶手的一边让给尊者。

走路的步伐:走路的步伐要坚定有力。

图 2－4 所示为商务秘书的走姿。

走　姿	
宜	忌
行走有目的性	脚步拖拉
步伐坚定	步履沉重迟缓
弯腰捡东西时屈膝	八字脚

（三）动　作

说话、打招呼、应对等,都会左右对方对自己的印象。在执行章程时要严守规则,但行为要自然、大方、不做作,还要令对方对自己产生非常细心谨慎的感觉。要做到这些,并非一朝一夕

图 2-4　走姿:轻松、敏捷

可以实现的,而是时时刻刻记挂在心上并且反复练习才行。如图 2-5 所示为秘书的待人接物。

图 2-5　秘书待人接物

(四)谈吐方面

对年轻的你而言,措辞可能是最头痛的一件事吧!秘书所接触的对象大都是访客、上司,或地位高、有名望的长辈,因此,措辞也是一件重要的大事。

(1) 声音。稳重、温和的声音，是给人好印象的首要条件。这需要相当时间的练习才能做到。可以依照发声练习的录音带反复练习，直到自己认为满意为止。

(2) 语言正确、易懂，这是谈话的基本条件。把谈话内容重点式地明列出来，并清楚地表达出来，不给人暧昧的感觉。能够做到这点，就可放心地进入下一步骤了。

(3) 敬语不可弄错对象。对年轻的对象，不要太拘谨，谈话轻松、自然即可。而对尊敬语、谦让语、叮咛语都要有相当的了解。至于小节，就要事先请教上司。要做到这一点也许很难，但从一句话，就可能让对方清楚自己的教养，因此，对上待下的措辞仍是要认真学习。

(4) 谈话要简洁。二人谈话，无论如何要以倾听对方讲话为重，自己的话，可减至最少量。发觉对方话语有误时，也不要在中途打断。

第二节　商务秘书的道德规范

职业道德是同人们的职业活动紧密联系的符合职业特点所要求的道德准则、道德情操与道德品质的总和。每个人不论是从事哪种职业，在职业活动中都要遵守职业道德，这是实现职业活动有序化的基础。

秘书人员的职业道德是规定秘书人员在职业活动中应该遵守的行为规范总和。它体现了秘书工作者对社会所承担的道德责任和义务，它不仅调节组织内部的人际关系，而且还可以调节工作人员与服务对象之间的关系，有助于维护和提高行业的信誉。

优良的职业道德是秘书人员从事快节奏、高效率工作的动力，是现代秘书自我完善的必要条件，也是秘书职业活动与评价的指南。秘书人员职业道德的修养，主要涉及到职业责任、职业纪律、职业情感以及职业能力的修养。

作为商务秘书，激烈的竞争环境和复杂的人际关系所要求的职业道德应更高出一筹。

一、商务秘书职业道德行为规范的具体内容

每种职业都担负着一种特定的职业责任和职业义务。由于各种职业的职业责任和义务不同，从而会形成各自特定的职业道德的具体规范。商务秘书的职业道德修养，包括道德意志和道德行为的修养。2001 年 9 月 20 日中共中央印发的《公民道德建设实施纲要》通知中提出，要在全社会大力倡导“爱国守法、明礼诚信、团结友善、勤俭自强、敬业奉献”的基本道德规范，以爱岗敬业、诚实守信、办事公道、服务群众、奉献社会为主要内容的各行业必须遵守的职业道德规范，不仅是每个公民，同时也是秘书工作者首先必须遵守的道德规范。商务秘书工作者更应结合秘书的职业特点和所在行业的特点使之内容具体化。因此，秘书职业道德规范的具体要求可以表述为：

(一) 文明礼貌

第一，仪容仪表，整洁端庄。

第二，仪态举止，优美自然。

第三，谈吐文明，诚恳亲切。

第四，讲究礼节，恰如其分。

英国哲学家约翰·洛克说过这样一句话：“礼仪是加在他的一切别种美德之上的一层藻饰，使它们对他具有效用，为他去获得一切和他接近的人的尊重和好感；没有良好的礼仪，其余

一切就会被人看成是骄傲、自负、无用和愚蠢。”因此，作为商务秘书，要想获得一个好的评价，首先应该注重的是个人礼仪道德。

（二）爱岗敬业

爱岗敬业作为基本的职业道德规范，是对人们工作态度一种普遍的要求。爱岗与敬业总的精神是相通的，但是二者还有一些区别。爱岗，是指对自己所从事的职业岗位具有高度的珍重与热爱之情。敬业，是指对自己所从事的职业有着无限的忠诚、神圣的使命感与责任心和忘我投入的热情。爱岗是敬业的前提，不爱岗就谈不上敬业；敬业是爱岗的延伸，一个热爱本职工作的人，必然会兢兢业业地工作并做出真诚的奉献。

（三）诚实守信

诚实守信作为职业道德的一个基本要求，就是要使每个从业者都能做到实事求是，不讲假话。

诚实守信作为职业道德与讲职业良心是联系在一起的。做人要讲良心，职业道德中有职业良心。要做到诚实守信，从职业道德的角度看，很重要的一点就是要靠职业良心来实现监督。

（四）办事公道

办事公道、秉公执法、公正无私、出于公心、一视同仁等用语，含义大致相同，都是说我们在办事情、处理问题时，要站在公正的立场上，对当事双方公平合理、不偏不倚，不论对谁都是按照同一个标准办事。

怎样才能做到办事公道呢？有几个重要原则是必须遵守的：

第一，热爱真理，追求正义。办事公道是一种比较高的人格修养。要想做到办事公道，平时就要有意识地培养自己热爱真理、追求人格正直的品格。

第二，坚持原则，不徇私情。所谓徇私情就是屈服于私人情感，把保持、维护私人关系看得比捍卫国家、人民的利益还重要。因为“抹不开面子”、“有碍于脸面”而屈从于私人利益就无公道可谈。

第三，不谋私利。要想做到办事公道，就不能凭借权力谋私利。俗话说，“拿了人家的手短，吃了人家的嘴软”，是说只有自己清白，办事才可能公正。

第四，不计较个人得失，不畏惧权势。不计个人得失、不惧怕权势的前提就是为了维护国家、人民的利益，为了维护社会主义事业的利益。“心底无私天地宽”是这种品格的真实写照。

第五，具有较高的是非识别与判断能力。办事能否公道，主要与品德有关，但也有认识和判断能力的问题。如果连是非都分辨不清楚，就很难做到办事公道。

（五）勤俭节约，消费有度

坚持勤俭节约，爱护公共财物和单位公共设施，自觉树立成本意识，树立合理的消费观念，抵制腐朽生活方式的影响，是一个优秀的秘书应该自觉贯穿于工作始终的准则。

（六）遵纪守法

遵纪守法是秘书人员职业活动能够正常进行的重要保证。遵纪守法指的是秘书人员要遵守职业纪律和与职业活动相关的法律、法规，在职业活动中坚持原则，不得利用职务之便越权、擅权、以权谋取私利，要以国家、人民和本单位整体利益为重。努力学习、熟知和运用相关的法律法规，例如，公司法、外商投资企业法、合同法、劳动法、知识产权法以及世界贸易组织法等。

（七）团结协作，互助友爱

团结协作、互助友爱是集体主义原则和团队精神在职业活动中的具体体现，也是秘书职业活动正常进行的重要基础。秘书工作是单位对外联系的窗口，也是部门间构成协作的纽带。它要求秘书识大体、顾大局、自觉维护集体中同事间的团结与和谐，在职业工作中能主动与他人沟通、配合，虚心学习他人的长处，努力处理好人际关系，严于律己，宽以待人。

（八）实事求是，勇于创新

秘书人员要坚持实事求是的工作作风，一切从实际出发，理论联系实际，坚持实践是检验真理的唯一标准。秘书工作的各个环节都要求准确、如实地反映客观实际，从客观存在的事实出发。秘书人员无论是搜集信息、汇报情况、提供意见、拟写文件，都必须端正思想，坚持实事求是的原则。在工作中，切忌主观臆断、捕风捉影，分析问题必须从客观实际出发。

勇于创新就是要破除旧的观念，勇于开创新的工作局面。作为领导的助手，秘书人员更应具有强烈的创新意识和精神。要求不空谈、重实干，在思想上是先行者，在实践中是实干家，在不断提出新问题的同时，也要研究和提供解决问题的新方法。

二、涉外商务秘书的职业道德与行为规范

改革开放以及我国加入 WTO 后，秘书职业也在适应对外开放新形势和三资企业对人力资源的需求，逐步融入涉外办公管理的领域之中，商务秘书更是如此。许多秘书和办公室管理者在不断学习、了解外企商务办公规则和要求的同时，形成了涉外商务秘书这一秘书行业中的特殊群体。

涉外商务秘书的工作和服务对象不同于以往做外交、外事工作的机关秘书。在三资企业中，现代秘书工作的单位在国籍、民族、信仰、供职部门等各方面呈现错综复杂的关系，因此，对这部分秘书群体的道德行为、自律必然会有更高的要求。除了上面提出的秘书职业道德一般要求外，涉外商务秘书的工作原则和涉外商务秘书人员职业行为守则都是涉外秘书必须熟知和遵守的。涉外秘书的工作原则和涉外秘书人员职业行为守则可以概括如下。

（一）涉外秘书的工作原则

第一，了解“和平共处”五项原则。

第二，坚持“不卑不亢、内外有别”的原则。

第三，坚持“维护民族尊严、维护国家荣誉”的原则。

第四，坚持“严格执行外事纪律”的原则。

（二）涉外秘书人员在工作中应该注意遵守的道德行为守则

第一，忠于祖国、忠于人民、忠于事业。涉外秘书既要维护祖国的尊严和利益，又要兼顾供职部门和外方的利益，摆正中方、外方与秘书三者的关系，自觉维护祖国的荣誉、民族的尊严和人民的利益。要有民族自尊心、自信心和自豪感。在对外交往中，既不夜郎自大，也不崇洋媚外。在任何情况下都不做有损国家、民族利益的事，不做丧失民族尊严、丧失国格、人格的事。虚心学习别国的长处，对外国朋友一视同仁，以礼相待。

第二，注意学习、贯彻执行党和国家的方针政策，尤其要注意贯彻党和国家的对外经济政策，自觉遵守国家的各项法律法规。

第三，保守国家秘密，认真执行保密法规。保守职业秘密，讲究职业道德，遵守职业纪律。

第四，忠于职守，尽职尽责，不做超越权限的事。

第五，保持中华民族的优秀传统和行为美德，吸收和借鉴国外的文化传统精华。

第六，与外方人员私人交往有度、有节，遇事要向有关部门请示、报告。

第七，尊重交往和服务对象的风俗习惯，注意跨文化交往中可能遇到的各种问题。

涉外秘书人员在工作中既有经济，又有外事；既是经济工作，又是政治性很强的工作；既面向国内生产企业，又面向国际市场；既同钱物打交道，又同资本家打交道；既受到社会上错误思想和非法活动的冲击，又面对复杂的国际经济、政治斗争，而且关系到我国的对外声誉和国际影响，其一切言行、办事能力，往往代表整个中国。因此，注意对涉外秘书的培养与训练，注意提高这个群体的整体素质，是秘书职业发展的重要内容。

第三节　商务秘书的综合素质要求

商务秘书从事的是一项要求很高的工作，其地位的特殊性和工作的复杂性，决定了商务秘书要具备较高的综合素质。这一综合素质包括职业品德、作风、知识、能力、心理等若干方面，以下重点介绍商务秘书必须具备的职业道德和对职业能力方面的要求。

一、商务秘书的职业能力

商务秘书的职业能力可分为表达能力，办事能力，沟通协调、处理人际关系的能力及现代办公设备的操作能力。

（一）表达能力

具备良好的表达能力是对商务秘书最基本的要求。表达能力分为口头表达能力和书面表达能力。商务秘书虽不会像领导那样经常去作长篇报告、即兴演讲，但在日常工作中却要经常上传下达、接打电话、汇报情况、接待来访，因此，要求具有良好的口头表达能力。商务秘书还经常要承担企业的计划、总结、报告、请示等各种文稿的起草工作，因此还必须具备良好的书面表达能力。

良好的口头表达能力需要口齿伶俐，但条理清晰的口头表达首要的是要有清晰的思维。汇报情况或拨打电话前要先理清头绪，打好腹稿；要说的话，要叙述的事情，都要做到条理清晰，分清层次，突出重点；无论事情大小、缓急，讲述应答时都应举止沉稳，语气平和，口齿清晰。

商务秘书要努力提高自己的理论水平，提高观察问题、分析问题的能力，要善于学习他人的谈话和写作技巧，多看、多写、多思考，不断总结口头和书面表达的经验和教训，尽快提高表达能力。

（二）办事能力

办事是秘书工作的办文、办事、办会三大项工作的重要组成部分，也是商务秘书重要工作之一。商务秘书的办事，小到在前台接待访客，大到对危机事件的处理，都是对商务秘书能力的检验。

要办好事情，首先要迅速而准确地领会交办者的指令，特别是上级领导交办的事情，更要正确、全面地领会其意图，这是办好事情最重要的基础。

要办好事情，应该具备一定的分析综合能力，要把手中事情的千头万绪合理归类，理清头绪，分清轻重缓急、难易远近，然后才以先急后缓或先易后难的次序分别解决。

要办好事情，还要具有一定的应变能力。在办事过程中，预先设想的方案、计划，往往会与现实条件不尽相符，需要重新调整甚至推倒重来。这就需要商务秘书既要有原则性，又要有灵活性，在不违反原则的前提下，作变通处理。

在商务秘书的办事中，难度最大的，也是最考验工作能力的是处理应急突发事件。

对于企业的商务秘书部门而言，无论是前台文员，还是行政主管，随时都有可能遇到一些应急突发事件，因此要有处理这些紧急情况的充分的心理准备。

应急突发情况虽然具有突然性，但在商务秘书心中并不等于没有思想准备。商务秘书部门要在总结经验教训的基础上，对一些可能出现的应急突发情况做好处理措施的预案，定期或不定期地还要对这些应对突发情况的预案进行演练，使每一位工作人员不仅要有危机意识，而且还要让其对处理突发情况的这些预案烂熟于心。

（三）沟通协调、处理人际关系的能力

商务秘书部门地处枢纽，商务秘书负有承上启下、沟通内外、联系左右的责任，所以沟通协调、处理人际关系的能力十分重要。

商务秘书涉及的沟通协调的关系一般包括上下关系沟通协调及内外关系沟通协调，即使在企业内部各部门之间，也还有横向关系协调的问题。例如，在企业工作中常会碰到这样的情况：在领导部署组织的活动中，有关的职能部门往往会在职权分工上产生分歧，而且各执一端，互不相让。这时就需要秘书部门协助领导出面沟通协调，化解矛盾，明确分工，使职能部门各司其职，相互合作，把工作做好。在有些企业中，机构设置不尽合理，权责不明，类似的情况时有发生，沟通协调就显得尤其重要。

商务秘书由于其地位的特殊性，人际关系显得特别复杂，处理好这些关系特别重要。对于商务秘书而言，人际关系越融洽和谐，工作就会越顺利；相反，如果人际关系紧张，工作就很难开展。显然，一个经常与同事闹矛盾，与领导赌气的商务秘书绝不可能做好工作。所以有人说，成功的人际关系是工作的润滑剂，是事业的催化剂。

在企业，商务秘书处于人际关系的敏感中心，除了应重视人际关系外，还应有适当的方法处理好与各方面的关系。

(1) 商务秘书应以真诚给他人良好的第一印象。真诚体现在发自内心地关心他人，帮助他人，急他人之所急，想他人之所想，热忱地对待别人的请求；真诚也体现在当同事取得成功之时，发自内心地向其表示祝贺，为他人的成功而欣喜；真诚还体现在当领导需要协助时，要尽心尽力地提供服务，但不是阿谀奉承，谄媚讨好。商务秘书应特别注意在与他人首次接触中以自己的真诚去建立在他人心目中良好的第一印象，这种在心理学知觉偏见中的“首因效应”，将会影响人们交往后的很长一段时间。

(2) 在与人交谈中首先当一个好听众。人人都希望自己的意见受重视，被尊重，商务秘书在与别人交谈中，最明智的做法就是做一个好听众，多听少讲。在领导布置工作时，应该静静地听，默默地记，认真地想，而不是迫不及待地打断领导讲话，发表自己的意见；在领导需要你发言时，你就应将自己已成竹在胸的看法坦诚相陈。在同事或来访者与你交谈时，更应诚恳地注视对方，以眼神表示你在倾听，间接应答表示你的看法，绝不可心不在焉，或不屑一顾。

(3) 与人交谈时注意说话技巧，多用礼貌语。这里讲的说话技巧是指能区分场合、对象、目的，把话说得准确、生动，能打动人心给人留下深刻的印象。许多政治家以他们的机敏、才智，在其政治生涯中留下了许多深刻、生动、不乏幽默的对话，很值得后人学习。

使用礼貌用语是文明的表现，既能表示对他人的尊重，让对方感到亲切，又能展示自身富有涵养的良好形象。在现实生活中，一句恰当的礼貌用语或许就会成为你沟通人际关系的桥梁。商务秘书每天都要与人沟通交往，使用礼貌语是与人交谈切不可忘记的第一道程序。

(4) 与人交往要牢记他人的姓名、职务。几乎每一位初上岗的商务秘书都会感到，从进入企业的第一天开始，与人的交往面一下拓开了许多。过去学校里接触的人几乎变化不大，而在企业中每天往来客户、各种来访者，迎来送往，应接不暇，要记住他们的姓名实在太困难了。但细心的商务秘书会将其中一些重要客户、一些经常往来单位的领导、主管部门的主要工作人员等在名片夹中特别标出，用心牢记。等到这些客人再次光临时，你若能在第一眼就准确地向客人表示问候，客人就会产生一种亲近感，也必然给客人留下很好的印象。总之，记住别人是对他人的尊重，也是和对方交往并建立良好关系的基础。

(5) 与人交往，微笑是最好的“交际名片”。通常与人交往时，首先递上的是名片，但如果你要想使这次交往能成为良好关系的开端，则应该在此之前首先送上“微笑”这张更好的名片。微笑是钥匙，可以打开对方的心扉；微笑是桥梁，可以缩短对话双方的心理距离；微笑是润滑剂，可以冲淡紧张气氛，缓解矛盾。作为一个有修养的商务秘书，在应答别人、赞许别人、拜托别人、直言相谏时，甚至在面对责难和误会时，都不妨适度地露出你的微笑。

（四）现代办公设备的操作能力

商务秘书在日常工作时，经常需要用到现代办公设备，而且，随着科学技术的飞速发展，办公设备还会不断更新换代。这就需要商务秘书不断更新知识，提高自己对现代办公设备的操作能力。

商务秘书对现代办公设备的操作能力，不仅体现在对如计算机、复印机、传真机、速印机、视频会议系统等硬件设备的操控方面，还体现在对各种办公软件的运用方面，如文字处理、电子表格、图像处理、电子档案管理等应用软件。需要强调的是，商务秘书对这些设备的使用水平应不只是会操作，而应该是熟练操作。这既是对在校商务秘书专业学生的学习要求，也是初上岗的商务秘书必须具备的基本条件。

二、商务秘书的职业修养

秘书的职业修养是建立在职业责任和职业纪律基础之上的。它贯穿于秘书职业生涯和工作过程的始终。秘书的职业修养是商务秘书职业修养的参照依据，各行各业的秘书在实际工作中都应该做到以下几点：

(1) 忠于职守，服从领导，自觉履行本职工作岗位的各项职责。

(2) 埋头苦干，任劳任怨，具有自我献身精神和甘当无名英雄的品格。

(3) 谦虚谨慎，办事公道，热情周到地为领导、为本企业各职能部门、为群众做好服务工作。

(4) 遵纪守法，廉洁奉公，正直无私，事事顾全大局，具有高尚的道德情操。

(5) 恪守信用，遵守时间，遵守诺言，具有严守机密的职业习惯。

(6) 实事求是，一切从实际出发，勇于创新，具有强烈的开拓进取精神。

(7) 刻苦学习提高科学文化素质。是否具有良好的文化思想素质，对于做好秘书工作是一个非常重要的问题，也是评价一位秘书是否称职的基本依据。秘书工作头绪繁多、涉及面广，这就要求秘书具有广博的知识，尽可能学做一个“通才”和“杂家”。在现代科学技术突飞猛进、知识更新速度加快的今天，秘书必须刻苦学习，努力提高自身的思想素质，掌握更多的科学文化知识，以适应工作的需要。

(8) 钻研业务，掌握秘书工作的各项技能。秘书要根据自身分工的不同和形势发展的需要，掌握一些能大大提高工作效率的技术，如计算机技术、复印缩微技术、录音录像和摄影技术、速记、打字和编辑技术、驾驶技术、维修和保养办公设备的技术等。这些技术都需随着技术的发展和工作的需要，在实践中不断学习和提高。

从发展的角度来看，新时期的秘书人员，必须了解和懂得与秘书工作有直接或间接关系的领域中取得的新成果，才能更好地掌握秘书工作的各项技能。

习　题

1. 商务秘书应该从哪些方面去塑造职业形象，各方面的注意要点是什么？
2. 涉外秘书应遵守哪些基本的道德规范？
3. 商务秘书在实际工作中基本的素质要求包括哪些？

第三章　商务秘书日常事务的管理

本章导读

办公室日常事务是一项非常重要的综合性工作。这些事务看起来平凡、琐碎,有些微不足道,但如何做,做得如何,却直接关系着领导和单位的工作成效,影响着单位和领导的形象,甚至能影响单位的内外关系。所以,商务秘书对待办公室日常事务不能因其事小、事杂或事急而不为。熟练、正确地处理好日常事务是商务秘书人员的基本功。

本章主要介绍商务秘书日常事务工作的内容、程序、方法和技巧。商务秘书应能熟练、正确地处理好日常事务中的各项工作。

知识要点

★ 商务秘书接听、拨打电话的技巧;
★ 商务秘书接待的程序和技巧;
★ 来访团体接待的工作流程;
★ 办公环境的布局设计与办公场所设备的安全检查;
★ 办公用品的库存与领用发放管理;
★ 印章的保管与印信的管理使用;
★ 各类值班记录表的相关细节。

第一节　商务秘书电话事务的处理

在商务秘书的日常事务工作中,电话无疑是最得力的助手。从北京到上海,从广州到纽约……只要电话一通,距离就立刻消失。可以说,在现代社会如果没有电话,秘书的工作就会寸步难行。因此,接打电话是日常工作中最普遍同时又是非常重要的工作,是公司和外单位接触的第一渠道。电话是无形的接待员。电话虽然是机械,只能传声,不能传情,但偶尔一次小小的疏忽也许会铸成极大的失误。正是由于电话有着非常重要的作用,所以秘书在使用电话时要按一定的规矩进行。

一、接听与拨打电话的基本要求

电话工作是商务秘书日常工作的一个重要内容。因为通话时彼此双方不能谋面,看不到对方的表情、举动,只能通过电话应答的声音、方式去揣测对方的心理、态度,从而得到某种感受。所以秘书在电话中,应给人热情有礼、乐于助人的良好印象。

在通话过程中，秘书应该让对方感觉到自己是受欢迎的或是让人乐于与之交往的。秘书应该通过礼貌、友好的态度让对方感受到这种信息。

为此，秘书在接听与拨打电话时应努力达到以下要求：

(1) 及时向对方问好。如果与对方已经不是第一次打交道了，应尽量尝试着不需对方自我通报，就先从声音中判别出对方，并及时称呼。这样做往往会使对方感觉到在过去的交往中他确实给你留下了深刻的印象，从而有一种受尊重的感觉。

(2) 尽量使用礼貌用语。在通话中要习惯用“您好”、“请”、“谢谢”、“对不起”、“再见”等语言。

(3) 声音温和，语气自然愉快，面带微笑。秘书应微笑着拿起电话听筒，将笑容一直保持到电话结束。尽管对方不会看到你的表情，但微笑确实会使你的声音听起来更加柔和、悦耳。通话时语速、音量应适中，语气自然亲切，不让人感到生硬、突兀或夸张。

(4) 吐字清楚。电话联络属于口头联络的一种方式，由于受到时空的限制，容易产生歧义。因为人们在讲话时由于发音或表达的缘故，可能会让对方理解困难甚至产生误解。所以，在电话表达中，发音、吐字清楚是非常重要的，尽量不要讲方言。如果用外语，发音要准确。

(5) 热情周到。在电话交往中，秘书应该尽量做到耐心、热情、周到，显示出愿意同对方合作的态度。既不要显得不耐烦，也不能显得过分热情。

(6) 通话简捷、高效。在通话过程中，应注意效率问题，尽量不占用过多的时间，不要在办公室煲电话粥，以免别的电话打不进来，耽误工作。

二、接听电话的要领

(一) 及时拿起电话

按照国际惯例，正常情况下电话铃声响起三声之内，秘书应及时拿起电话接听，这样做主要是避免让对方长时间等待。不要电话来了照旧不慌不忙做自己的事情，但也不要电话响起第一声后就拿起来，这是因为对方往往还没有心理准备。

如果因为一些特殊的原因不能及时接听电话，应在拿起电话后，首先向对方致以歉意并简单说明原因，以避免对方不快。

在秘书离开办公室电话无人值守的情况下，最好将电话配备自动应答器，要求对方留言。也可以向电话局申请转移呼叫服务，这项服务可以将他人呼叫你的电话号码自动转移到临时去处的电话机上。

(二) 通报问候

秘书拿起电话后，应主动向对方通报自己的单位、姓名及身份。有些人习惯上来就查问对方是谁，这是失礼的行为。

(三) 电话记录

工作通话往往会涉及一些重要的事情，秘书不能完全依赖自己的记忆力，要做好电话记录工作。

一般应将电话放在桌子的左手边，当电话铃响起后，迅速地用左手拿起电话，同时右手马上拿起准备好的笔和电话记录本，做好记录准备。电话记录本和笔应该是专用的，并且放在称手的地方，以方便拿取。

电话记录的内容应包括对方的相关信息及所通话的主要内容，如通话人的姓名、职务、对方的电话号码、通话原因、对方通知涉及的时间、地点、要求等。很多单位已经将电话通知格式化，秘书只需填写项目即可。表 3－1 为某公司电话记录单的样式。

表 3－1 电话记录单

年 月 日（星期 ）

<table>
<tr><td colspan="2" rowspan="2">来电单位或来电人（姓名、职务）</td><td>来电时间</td><td></td><td rowspan="2">接电话人</td><td rowspan="2"></td></tr>
<tr><td>来电号码</td><td></td></tr>
<tr><td>来电内容</td><td></td><td>处理意见</td><td></td><td colspan="2"></td></tr>
</table>

（四）通话内容的处理

如果秘书接听打给领导的电话，一定要问明对方的身份及目的，这样可以替领导过滤掉一部分不必要接听的电话，从而尽量避免对领导的工作造成干扰，节约领导的时间。例如，有些电话所涉及的事情，可能不需领导亲自解决，由秘书或其他人就可以处理，但过后一定要向领导进行有效转达。

对有些电话，秘书需具体问题具体分析。例如，事关领导或属于领导职责范围的重要事情的来电，必须及时请领导接听；一些秘书不能肯定是否应转给领导接听的电话，必须进行请示；有些来电所涉及的事情经秘书了解后不属于领导职责范围，而应由其他部门负责的，秘书不能简单地拒绝，而应该耐心告知对方如何联系相关部门；有些来电实际上是为了询问一些事情或预约，事属秘书授权范围内的，可以由秘书自己作出决定。

打错的电话或与公司业务无关的电话，当然无需打扰领导，但在处理这类电话时绝对不应该给人留有这种印象，即领导是否接听电话完全取决于秘书的决定，或领导只是有选择地接听某些人的电话。

三、拨打电话的技巧

1. 打电话前的准备工作

打电话之前，秘书应做好事先的准备工作，这对于提高打电话的效率和质量有很大帮助。需要准备的内容主要包括以下几类：

（1）掌握电话号码（包括区号、分机号）。这个号码应该是对方单位的电话号码，一般不要打对方的私人电话。如果是长途，应知道对方区号。如果是分机，应知道分机号。

（2）了解对方的身份。如果是初次通话的人，应该确切了解对方的职务或身份，这样不致因称呼错了对方而感到尴尬。

（3）备好要用到的文件、资料或数据。因为是己方打出的电话，如果在电话中要求对方等候，自己去取文件资料，显然不太礼貌。

（4）在记事本上逐一列出电话中将要谈的事情。如果要谈的事情较多，应事先在本子上或纸上写下通话涉及的所有事情及重要的细节，这可以帮助秘书从容顺利地完成通话而不致有什么遗漏，特别是拨打国际或国内长途电话时，因通话费用较高，有所准备还能节约话费。

2. 电话振铃等待

拨叫电话要有耐心，要考虑到对方接电话的人可能恰巧不在电话机旁边，所以，万一对方没有及时接听，也应该让电话铃声响过六七声之后再挂断。有时对方的电话占线，秘书听到忙音后，要暂时挂断电话，过一段时间后再重新拨叫。

3. 及时自报家门

在对方接听电话后，秘书应该及时向对方问好并通报自己，让对方了解自己的姓名、职务及通话目的。例如可这样讲："您好，我是××公司的秘书王晓玲，我要找张祥处长，麻烦您给转接一下。"

4. 重要内容请对方重复

如果在通话中涉及重要内容，如通知中的时间、地点等，为保险起见，应请对方重复，以确保无误。

实　例：

××市北固自动化设备有限公司成立于1996年，是浙江省一家专业从事不间断电源研制、开发、生产销售的企业，公司自成立以来，一贯致力于高品质不间断电源的开发、推广，公司的自产品牌是"剑牌"。近年来，公司凭借着优良的产品品质，完善的售后服务及高瞻远瞩、计划长远的营销策略，经过全体员工的不懈努力，业绩逐年攀升。产品不仅占领了国内市场，在国际市场上也打开了销路，公司也在激烈的市场竞争中成长壮大。同时，公司通过与经销商密切的联系与沟通，确保本公司产品的销售和服务达到尽善尽美的境界。公司为顺应市场竞争的需要，除了在保持后备式机型生产的传统优势外，还逐步开发出在线互动式和在线式不间断电源，形成了一个多品种、多系列的产品体系，不仅满足了不同顾客的需求，同时又扩大了产品的市场份额。"以人为本"是公司一贯遵循的经营理念，在这一理念的驱动下，员工齐心协力、共同奋斗，为公司发展创造出了一个又一个生产销售的奇迹，使公司的经营业绩逐年跳跃式上升。

随着公司业务的扩大，人员的需求也在增长，最近公司又新招聘了一批大学生，秘书小魏今天刚上班，被安排在办公室接电话的岗位上。第一天上班，就被安排在接电话的岗位上，他想："这有何难，接电话小菜一碟，一定要好好表现。"第一次外来电话，铃声刚起，他就积极地抓起听筒："喂，你找谁?"电话是找行政部经理的，他把电话转给了经理。行政部经理听完电话后给他纠正道："小魏，接打电话有学问，外来电话要等第二遍铃响后再接，才显得稳重大方……"经理话未说完就被别人叫走了，刘秘书继续纠正："接电话时不能用轻率的语调问对方：'喂，你找谁？你是谁?'这是很不礼貌的，要用礼貌温和的语调说：'你好，丽山市北固自动化设备有限公司，行政部电话是××××××'，不能用急躁的口气说话……"

第二次接电话时，是对方打错了，小魏一听就告诉对方："你打错了。"然后就挂上了电话。陈秘书又给他做了纠正："接到打错的电话时，你应该说：'这里是丽山市北固自动化设备有限公司行政部，电话是×××××××'，刚才你那种给别人回话的方式，很不礼貌。如果对方是我们的客户，你刚才接电话的方式可能导致中断这位客户与公司之间的商务往来，给公司带来损失。"

小魏听了三人的批评，脸红一阵白一阵，心里不是滋味。当初，学电话礼仪时，老师在上面讲，自己心里好笑：电话谁不会打，我三岁时就会给爷爷打电话了。当时就没认真听课，在下面与同学聊天，因此出现今天的难堪。

下午，办公室的人都外出办事了，交代小魏留守。他想：这下一定要好好表现，不出纰漏。

电话响了，小魏在第二遍铃声后拿起听筒，对方说："请李总接电话。"小魏说："李总外出和吉利公司的张老板打保龄球去了。"对方说："你知道李总的手机吗？"小魏热情地帮她查了号，并在对方的道谢声中说了再见。他觉得自己处理得很好。

第二天，李总经理上班后，走进办公室，大声呵斥小魏不该在未弄清情况时就把电话号码给了别人，不仅泄漏了公司机密，还干扰了生意。小魏真是无地自容。

实例评析：

很显然，刚步入社会的小魏缺乏作为秘书的个人基本素养，缺乏基本保密意识，更不懂得秘书处理电话事务的技巧。这些看起来很简单的一些失误很可能会给公司造成巨大的损失。作为一名商务秘书，首先要掌握电话事务处理的技巧，对纷繁的电话信息进行过滤提取，帮助公司获得真正有益的信息。同时要在不断的实践中提高个人的综合素养，当然，在此之前必须充分地学习秘书理论知识作为指导实践的基础。

第二节 商务秘书的日常接待工作

接待是指对因公务活动而来的内外宾客的接洽和招待，是一种有着公共关系职能的活动。接待工作是秘书部门一项经常性的事务工作。它是因工作或业务联系的需要，以及接受邀请等原因，对来访者给予的一种相应的礼遇，以便达到加强联络、扩大交往、促进合作、共同发展的目的。公司的前台、会客室、办公室是公司的窗口，必须给来访的客人以好感。经常来往的客人，对公司的良好印象是从一次次的业务交往中得到的。但初次来访的客人，对公司的第一印象是从他首先看到的人、物上得到的。因此秘书人员要做好接待工作，首先要树立强烈的机遇意识、责任意识；要树立"每一个人都代表单位形象，每一个人的一言一行都是单位文化的折射"的思想意识，保证高质量地完成每一次接待任务。

实　例：

远洋公司的张凡是一名新员工，她负责公司的前台接待。每天上班后一到两个小时之间是她最忙的时候，电话不断，客人络绎不绝。一天，有位与市场部张部长约好见面的客人比约定时间提前了10分钟到达。张凡立刻通知了市场部，但部长说正在接待一位重要客人，请对方稍等。张凡转告客人说："张部长正在接待一位重要客人，请您稍等，请那边坐吧！"正说着，电话铃又响起，张凡匆匆用手指了下不远处的沙发，赶快接电话了。接完电话后，一直忙手头的事情，没再和客人寒暄。等到张部长会客完毕再接待这位客人时，客人面有不悦。

实例评析：

首先，张凡不应该对客人说"部长正在接待一位重要客人"，这等于在暗示客人"你不重要"。接待人员应该有这样一个认识，所有的客人都会认为自己是重要的，是对方看重和尊重的，因此不能慢待客人。在客人等待的时候，接待人员一定要给客人倒水、并时而抽出空先寒暄并表示歉意。

一、前台秘书接待的基本要求

（一）接待的基本要求

1. 热情大方

对于来访的客人，无论是从上级机关来的还是从下属单位来的，无论是内宾还是外宾，无论其职位、年龄、职业、资历、来意如何，秘书人员都要热情、诚恳、以礼相待，使其有一种宾至如归的感觉。对于来访者的正当要求，应尽量予以满足，不能满足的也要讲明情况和理由，力求取得对方的理解。在接待中既要讲究礼仪，又要注重实效，做到礼仪周到而不繁琐，接待热情而不铺张。

孔子在《系辞传》中说："上交不谄，下交不渎"，意谓对上交往不可奉迎巴结，对下交往不可待人不恭。秘书在接待中要不卑不亢，落落大方，自然得体，以自己的努力，树立"门好进，脸好看，话好听，事好办"的良好风气。

2. 细致周到

应该说，接待工作无小事，必须有认真、严谨的态度和细致、周到的作风，才能完成接待任务。一次接待活动，往往涉及许多部门和人员，内容具体、细微、繁多、复杂，牵涉到衣、食、住、行和人、财、物等方方面面。如果是涉外接待，还要研究两国文化习俗差异和有关政策规定。这就需要秘书人员把工作做得细致入微、面面俱到，不留下任何细小的漏洞。要处处替来宾着想，时刻关注来宾的需要，为来宾做出周密的安排，使其感到方便和满意。

3. 确保安全

确保接待中的安全，是接待工作的重要任务之一，也是接待工作必须坚持的重要原则。尤其是高层人士的来访，保证安全和保守秘密就更显重要。安全包括住地安全、交通安全和饮食安全等；保密包括会谈保密、文件保密和活动安排保密等。秘书人员要有强烈的安全和保密意识，以确保接待工作的顺利进行。

4. 俭省节约

接待是一项消费型的事务活动，接待者不仅要投入人力，还要投入物力和财力。秘书人员在接待工作中要精打细算，厉行节约，抵制那种讲排场、摆阔气、奢侈铺张、大吃大喝的陈规陋习，抵制各种不正之风的侵袭。对于上级领导者的来访更要本着"少花钱，多办事"的原则，做好接待工作。俭省节约除了指物、财之外，还应包括时间的节省。秘书人员要树立时间观念，提高办事效率，主动为领导者的约见、约谈框算时间，安排次序，发挥助手作用。

5. 内外有别

内外有别是指在接待中要注意本系统内和本系统外、党内和党外、国内来宾和国外来宾有所区别。特别是在外事接待中，既要做到热情友好、尊重对方、文明礼貌，又要严格按照国家有关政策和规定办事，内外有别，严守纪律。凡属机密事项或不宜对外公开的问题，未经批准，任何人都不得在对外交往中泄露。要加强组织观念，严格执行请示报告制度，不得背着组织与外国机构和人员私自交往。

（二）接待工作的基本程序

实　例：

初萌正在前台接电话，忽然看见两位客人直接往办公区走。初萌赶快叫住她们。客人有些不耐烦地说："我们昨天刚来过，是找销售部的钱经理的，昨天有点事没办完。"

初萌说："对不起，请你们稍等一下。我马上通知钱经理。"电话接通后，钱经理说："我不想见那两个人，请你帮我挡一下。"

实例评析：

本案例中，对于钱经理暂时不想见的客人，秘书要想方设法加以挡驾。比如用以下一些方式应付：

"很抱歉，钱经理正在主持一个重要会议，您能否改日再来？"

"您是否可以留个条，由我转交钱经理。"

任何来访的客人，都不应该绕开前台或有关秘书而直接去找要见的人。前台秘书的责任之一，就是要甄别客人，起到"过滤"、"分流"的作用，让预约好的或有接待必要的客人及时得到接待，而把没有必要接待的客人客气地挡在门外，不要让没有必要接待的客人直接见到上司或其他人，影响工作。此时客人、前台秘书、上司的关系如下：

客人←→前台秘书←→上司

秘书人员应掌握接待工作中的基本环节。

见到客人的第一时间，应该马上做出如下的动作表情，我们简称为"3S"：Stand up（站起来）→See（注视对方）→Smile（微笑）。

最初的迎客语言：

"您好，欢迎您！"

"您好，我能为您做些什么？"

"您好，希望我能帮助您。"

秘书日常事务接待工作流程如图 3－1 所示。

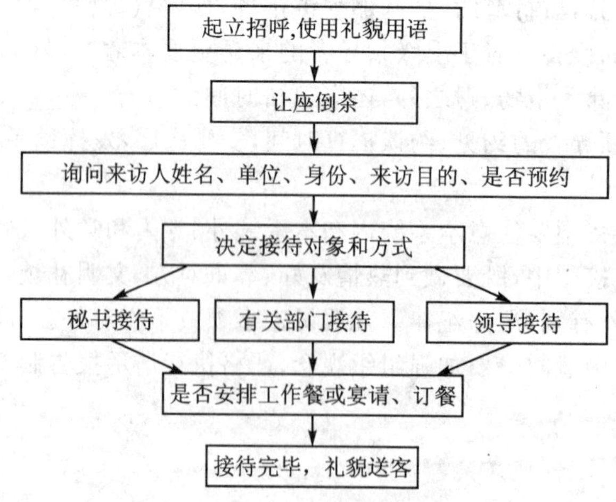

图 3－1　秘书日常事务接待工作流程

二、预约客人的接待

迎来送往是商务秘书的主要工作之一，尤其是前台秘书接待工作的效果如何直接关系到公司的形象。来访的客人有事先预约的，也有突然来访的，前台秘书都必须安排好，维护公司的良好形象。

前台秘书接待预约客人的工作程序如下：

(1) 以良好的公司形象迎候来访者，当来访者走近时，以站立姿态面带微笑主动问候；

(2) 了解客人约定见面的部门或人员；

(3) 如果客人是在约定的时间到达，应立即通知被访者；

(4) 如果客人比约定的时间来得早，应请其入座，饮料款待，递送书报资料供其阅读以排遣时间，或轻松地和他们交流，使他们感到不被冷淡，待离约定时间前 5 至 10 分钟，再通知被访问者；

(5) 按照单位要求给客人发放宾客卡，并提醒来访者离开前返还宾客卡；

(6) 正确引导客人至他们要去的部门或者按单位要求安排工作人员陪同前往；

(7) 客人离开时，应礼貌送客，需要时可协助客人预定出租车。

三、不速之客的应对

在接待工作中，时常会遇到未经预约突然来访的不速之客，对此，前台秘书尤其要小心谨慎，妥善接待。

(1) 面带微笑主动问候来访者，当了解到对方未做预约时，仍以欢迎的态度礼貌友好地接待，为其服务；

(2) 询问来访者要访问的部门或工作人员的姓名；

(3) 努力为来访者安排一个尽可能早的预约时间；

(4) 如果来访者要求当天见面，应设法联系有关部门或人员，看是否被访人或其他人员能接见来访者；

(5) 如果当天可以接见，按照接待预约客人的工作程序进行；

(6) 如果当天确实不能找到适当的人与来访者见面，要立即向来访者说明情况，切忌不要让客人产生"等一等还有希望"的误解，以免浪费双方时间，使自己更被动；

(7) 在无法接待来访者的情况下，应主动请来访者留言，并向其保证尽快将留言递交给被访者；

(8) 再次给来访者一个预约的机会，并耐心听取对方的要求；

(9) 在接待过程中，要确保来访者感到舒适，例如在联系过程中，为来访者提供座椅和饮料等。

不管是接待预约客人还是应对不速之客，在接待工作中秘书人员都应该注意以下几点：

(1) 接待人员通常要留有一份公司内部电话簿，努力记住单位内有关人员的姓名及他们所在的部门、科室。这样就可以方便使用内部电话与员工保持联系，同时电话簿应随时根据号码的变化而更新。

(2) 按照一定规律分类归档访客的名片。

(3) 接待区应摆放企业对外的宣传资料和可以公开的有关信息及报纸杂志供来访者阅

读，这些信息也应定期更新。

(4) 乘电梯时，若有电梯工，则请客人先进先下；无电梯工时，则秘书先进后下，并按住电梯“开门”键，以免客人被门夹住。

(5) 上司在会客时，有事需要通知上司，应该用纸条，不要直接趴在上司的耳边窃窃私语。

四、来访团体的接待

这一小节里主要介绍接待来访团体的知识和技巧，使商务秘书学会制定接待工作计划，安排迎送来访团体，安排来访者的食宿、交通、行程和参观娱乐等活动。

实　例：

某家大型时装公司为了庆祝公司成立十周年，计划届时举办一个庆祝大会及大型招待会，拟邀请上级部门领导和各方客户出席，并为此临时成立了一个筹备小组，公司办公室章主任是筹备小组的负责人。章主任首先做出了大会的议程安排，并对接待的各个环节进行了分析，把接待人员分成如下几组：签到组、贵宾接待组、一般来宾接待组，确定接待人数。然后聘请专业的礼仪教师来对公司所有计划参与接待的人员进行分组培训。最终这次活动举办得很成功。

实例评析：

举办大型活动，礼仪接待是很重要的工作。一定要有计划，有明确的组织分工。事先的培训也是必要的。因为公司员工对于专门的接待礼仪不一定都熟悉。

（一）制订接待工作计划

接待来访团体的第一项工作就是制订接待计划。

1. 接待计划的主要内容

接待计划的主要内容有四项：确定接待规格、日程安排、经费预算、工作人员。

(1) 确定接待规格。即确定本次接待应由哪位高层管理者出面（由谁主陪）、其他陪同者、住宿、用车、餐饮的规格等。

(2) 日程安排。包括来访的起止时间、每天的活动内容等。日程安排要具体，包括日期、时间、活动内容、地点、陪同人员等内容，一般以表格的形式列出（可参照“会议管理”一章）。

(3) 经费预算。根据接待规格、人员数量、活动内容做出接待费用的预算。接待经费包括：

1) 工作经费。租借会议室、打印资料等费用。

2) 住宿费。

3) 餐饮费。

4) 劳务费。讲课、演讲、加班等费用。

5) 交通费。

6) 参观、游览、娱乐费用。

7) 礼品费。

8) 宣传、公关费用。

9) 其他费用。

客人的住宿费、交通费等由客人一方支付的，就要把所需费用数目与日程安排表一起提前寄给对方。

接待经费从何而出，也是要落实的问题。特别是由两个以上单位联合接待时，从开始筹划起就要确定经费的来源问题。

(4) 相关工作人员。根据接待规格和活动内容确定工作人员的构成和数量。这些工作人员要做来访前的准备工作、来访期间的联络沟通、协调服务工作。重要的团体来访，秘书一个人是无法承担所有的准备工作的。在接待计划中，要确定各个接待环节的工作人员。为了使大家对自己的工作心中有数，应让所有有关人员都准确地知道自己在此次接待活动中的任务，提前安排好自己的时间，保证接待工作顺利进行，可制定相应的表格，印发各有关人员。

2. 制定接待计划工作的流程

(1) 了解来访目的

秘书必须准确了解来访团体的来访目的，这样做出的计划和准备工作才有针对性。一般秘书应该向上司或有关人员了解情况，取得准确信息。

(2) 了解来访者的基本情况

为了使接待工作万无一失，秘书要事先掌握来访者的基本情况，如所在单位的全称、业务范围、发展态势；来访者人数、姓名、性别、身份、民族(国籍)、宗教信仰；有时还要对主宾有更多的了解，如个人爱好、性格、特长等。了解得越多、越具体，准备工作就越有针对性，接待成功的把握就越大。这些内容很多可以直接向来访者一方了解。

(3) 接待规格与规格确定

秘书必须能根据来访者的身份确定接待规格。接待规格是从主陪人的角度而言的。接待规格有三种，如图 3－2 所示。

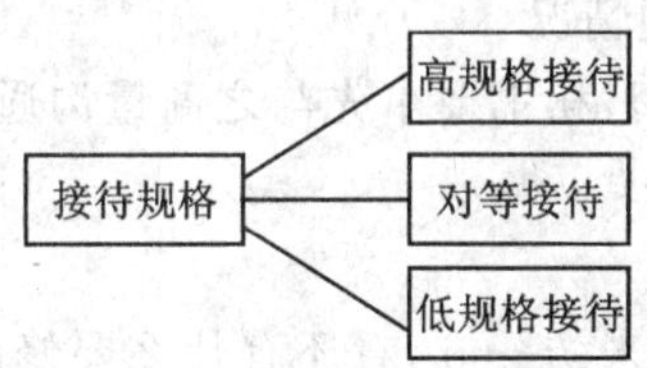

图 3－2　接待规格示意图

1) 高规格接待。即主要陪同人员比主要来宾的职位要高的接待。如一公司副总经理接待上级单位派来了解情况的工作人员，或接待一位重要客户，而这客户的职位不过是某公司部门经理。高规格接待表明对被接待一方的重视和友好。

2) 对等接待。即主要陪同人员与主要来宾的职位相当的接待。这是最常用的接待规格。

3) 低规格接待。即主要陪同人员比主要来宾的职位要低的接待。这种接待规格常用于基层单位，比如某部领导到下属企业视察，其企业最高领导的职位也不会高于部领导，这就属于低规格接待。

高规格接待固然能表现出重视、友好，但它会占用主陪人的很多时间，经常使用会影响其正常工作；低规格接待有时是因单位的级别造成的，有时是另有原因，用得不好，会影响双方的关系；对等接待是最常用的接待方式。

在确定接待规格时，秘书首先要了解客人的身份和来访目的，据此确定由谁来出面接待最合适。接待规格的最终决定权是在上司那里，秘书仅提供参考意见。当接待规格定下来以后，秘书应当把我方主要陪同人员的姓名、身份以及日程安排告知对方，征求对方意见，得到对方认可。

另外，影响到接待规格的还有以下一些因素：

1）对方与我方的关系。当对方的来访事关重大或我方非常希望发展与对方的关系时，往往以高规格接待。

2）一些突然的变化会影响到既定的接待规格。如上司生病或临时出差，只得让他人代替，致使接待规格降低。遇到这类情况，应该尽量提前向客人解释清楚，向客人道歉。

3）对以前接待过的客人，接待规格最好参照上一次的标准。

（4）草拟接待计划

在与来访一方协商并征得上司的同意后，制定出详细的接待计划。前面已经讲过如何确定接待规格。接待规格决定了其他的人员、日程安排及经费开支，包括谁到机场、车站迎接、送别；谁全程陪同；宴请的规格、地点；住宿宾馆的等级、房间标准等。这些都受接待规格的制约，都要在计划中写清楚。

在具体制订接待计划时，应有如下内容：

1）主要陪同人员。

2）主要工作人员(接待小组成员)。

3）住宿地点、标准、房间数量。

4）宴请地点、标准、人数。

5）会见、会谈地点、参与人员。

6）参观游览地点、陪同人员。

根据具体情况，可以对内容添加或删减。

（5）与本单位相关部门的沟通情况

接待计划涉及本单位哪个部门，秘书要事先与之商量沟通，商定接待的时间、涉及内容、地点、人员等事项。

（6）与来访者沟通情况

日程安排初步定好后，要报给来访一方，看还有什么要修改的，一般要尊重来访一方的意见。对于实在难以满足的要求，要如实向对方解释清楚。

（7）报请上司审批

接待计划是由秘书草拟的，但一定要经由上司审定批准才行。经双方认可并经上司批准的接待计划一般就不应该再改动了。

3. 注意事项

（1）如果本单位有接待方面的规章制度，秘书应严格遵照执行，不得擅自更改接待标准。

（2）要注意了解来宾的饮食习惯，特别是与宗教相关的饮食忌讳。比如，为信仰伊斯兰教的客人安排餐饮时，应该选择清真餐厅。有时在一个来访团中会有不同宗教信仰的客人，就需分别满足他们的要求。

（3）在接待过程中，要特别注意做好保密工作，重要的文件、资料要保管好；不能让客人参观的地方，决不安排。注意内外有别，严守机密。

（二）迎送来访团体常识

1. 用车的礼节常识

应根据来访团体的人数和接待规格来确定用车。接待规格高、人数较少的用小轿车。人数多的团体可用大轿车；也可以大小轿车都用，小轿车接主宾，其他人乘坐大轿车。

(1) 乘小轿车的礼节

在这里主要介绍乘小轿车的礼节。首先,驾驶者的身份不同,决定了车上座位的高低;然后再根据乘车者的身份安排座次。

1) 驾驶者是主人

① 双排五座轿车的最上座应该是司机旁边的那个,即副驾驶座。其他依次为后排右座,后排左座,后排中座。主宾应该坐在前排副驾驶座上,与身份相当的主人并排而坐,也表示了对于主人的尊重。(图 3-3(a))

② 三排七座轿车上的其余 6 个座位中,上座也是副驾驶座,其他依次为后排右座、后排左座、后排中座、中排右座、中排左座。(图 3-3(b))

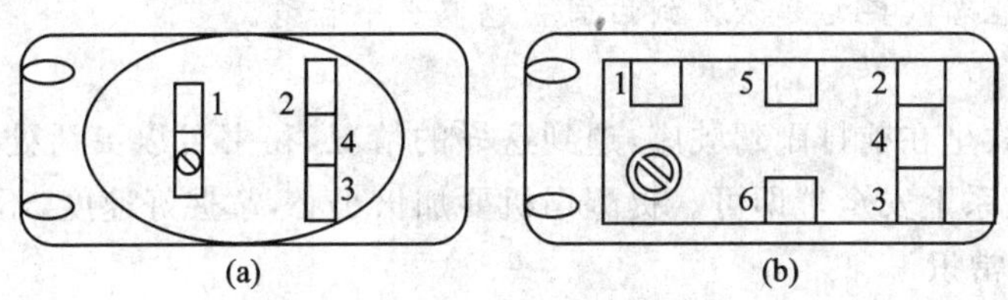

图 3-3 主人驾驶时轿车座次安排

2) 驾驶者是专职司机

在这种情况下,最好的位置就不是副驾驶座了。实际上这个座位安全系数最低,一般为秘书、翻译、警卫等人坐,所以此座又称随员座。

① 双排五座的小轿车上座次依次为:后排右座、后排左座、后排中座、前排副驾驶座。(图 3-4(a))

② 三排七座的轿车上座次依次为后排右座、后排左座、后排中座、中排右座、中排左座、前排副驾驶座。(图 3-4(b))

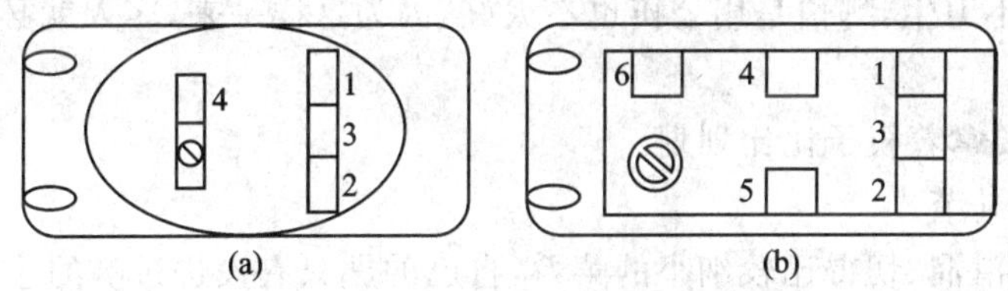

图 3-4 司机驾驶时轿车座次安排

(2) 乘车的次序

本着尊者先行的原则,应该让主宾先上车,接待一方的秘书等随行人员为他拉开车门,等他坐好后为他关上车门,并等其余人也都上了车,秘书才能最后上车。

下车时,如果车外无人帮助开车门,则秘书先下车为主宾拉开车门。如果有门童、警卫帮助开门,则可让主宾先下。

(3) 交通安全保障常识

在制定接待计划时,就应该有用车计划的内容。要根据接待规格和客人的人数制定用车方案。要把用车方案复制一份给车辆调度人员,并且要和他商量具体的实施问题,确定司机、行车路线等。

对于安排了接待任务的司机，要让他们明确团队来访的重要性，每一次的服务对象是谁，加强安全教育。要派技术熟练、对路线熟悉的司机，用车况良好的车。如果行车路线较长，需要几个小时甚至更多时间，就应该还有副驾驶员跟车，两位司机可以轮流开车，避免疲劳驾驶，确保安全。

实　例：

某公司秘书李婷代表他的上司去机场迎接外地一家公司的考察团。见面之后，李婷安排对方代表团长坐在小轿车的右后座，可是团长不干，他自己拉开前面的车门，坐到了司机身边。李婷觉得很为难。按照礼仪的规矩，领导应该坐在小轿车的右后座，那个座位既方便上下车，又比较安全。可是让客人再站起来挪到后面去也似乎不合适。

实例评析：

确实有些人喜欢坐在前排副驾驶座，遇到这样的情况，秘书可以灵活处理，不必非让客人挪动，只需提醒客人系上安全带即可。提醒司机要加倍小心，掌握好速度，不可太快。

2. 用餐的礼节常识

宴请是重要的商务礼仪活动之一，如何筹备宴会、组织宴请，这在本书“商务活动”中有详细的介绍。在此我们学习的是个人参加宴请的具体礼节。

(1) 使用餐具的礼仪

1) 使用筷子的礼节。中餐的餐具以筷子为主，使用筷子的讲究比较多。

① 夹菜时，不可用筷子在盘子里挑挑拣拣，只应该在靠近自己的一边夹。

② 夹菜时，筷子上不可粘有饭粒，更不得用嘴吸吮筷子。

③ 不要把菜从盘子里直接夹入口中，应先放入自己的盘或碗里，然后再送入口中。

④ 不要把筷子架在公用的菜盘上，可架在筷架或自己的盘子上。

⑤ 不要用自己的筷子为客人夹菜。有些人视给客人夹菜为一种礼节，其实没有这个必要。用自己的筷子不卫生，哪怕是用公筷也不太好，因为这样一来，客人就必须吃下这道菜，可是他也许并不爱吃。

⑥ 谈话时，不要拿着筷子比比划划。

2) 使用汤匙的礼节。

① 用公用匙盛滑溜、切得比较细小的菜肴，自己的匙只有没进过嘴的才可用来盛菜。

② 用公用汤匙盛汤、调料，自己的汤匙只用来喝汤。

③ 用汤匙的时候，筷子就应该放下来，不应该“左右开弓”。

(2) 席间礼节

1) “主不动，客不食。”在餐桌前坐下后，手要放于大腿上，客人不可先于主人拿起筷子。要看第一主人的动作行事。不论男女，在餐桌旁不能梳理头发。

2) 进餐时，不拿餐具的那只手不要垂下去，要扶着自己的碗或盘子。吃米饭及喝汤时要端起碗。身体略向前倾，胳膊肘不能上桌，不要趴在桌上。

3) 用公筷夹菜，或者请服务员分菜。

4) 吃馒头时最好不要整个地咬，可以用手掰下约一口大小的一块，放入口中。

5) 吃面条、喝汤都不能发出吸吮的声音。不论吃什么，都要闭嘴咀嚼，不能出声。

6) 如果汤太烫，不要用口吹或用勺搅，放在一边凉一凉再喝。

7）不可站起来夹菜。放在远处的菜要等转到自己面前再夹。

8）尽量不在餐桌上剔牙或用手伸到嘴里去掏。剔牙时要用一只手或餐巾遮挡一下。有人把牙签插在牙缝里却还对别人说话，这是非常粗俗无礼的。

9）在席间要控制自己不要打嗝、咳嗽，不要发出异常的声响。如果忍不住，就赶快用餐巾捂住嘴，头转向一边，事后对旁边人说声“对不起”。

10）餐桌中间的转盘要顺时针转，每道菜上过之后，要先转到主宾面前。看到有人夹菜时就先等一等再转。

11）谈话时声音不要过高，两边的人能听清就够了。宴请外宾时尤其要注意这一点。

12）与两旁的人谈话时，要把嘴里的饭菜咽下去再说，不要一边嚼一边说。看到别人正在进食，就要等一等，先别和他讲话。

13）意外情况的处理方法。如果酒杯、饮料杯被碰翻的话，不要惊慌，赶快用餐巾擦拭。旁边的人可以把自己的餐巾递给他或帮他擦拭，主人可用手示意服务员帮忙，切勿大声叫喊。其他的人就装作没看见，继续谈话或进食。这是最大限度减少当事人尴尬的礼貌做法。

（3）关于敬酒的礼仪

敬酒的风俗各地不一。大致来说，我国北方一些地区的习惯是，客人如果没喝醉，做主人的就会认为没有招待好。现在商务界的应酬非常多，逢酒必醉，对人的身体损伤是很大的，而且还可能因酒误事。因此，我们不妨参考一下西方礼仪中的饮酒礼节：不勉强客人喝酒，尊重每个人的习惯和意愿。这一做法实际上已经被不少人采用。如果你到外地或少数民族地区，当地的敬酒风俗与你习惯的不一样，那么按照礼仪的原则，最好的做法就是“入乡随俗”。

3. 迎送工作常识与礼节常识

（1）迎接来访团体的礼节

如果与来访者从未见过面，就需要事先制作一面牌子，上书来访者的单位名称，字迹要工整、要大，能让人从远处看清。如果需要，可准备花束，一定得是鲜花。但是不可用黄色和白色的菊花，因为这两类花人们习惯用在葬礼上。

迎接人员的安排常识：

1）主陪人在宾馆等候，派副职或办公室主任带人到机场、车站迎接。这样可以为主陪人节省很多等候的时间，并无不恭敬的意思。

2）主陪人亲自到机场或车站迎接，这对来访者是表示了非常的重视。

在机场或车站迎接来访团体时，主人一方应该先自我介绍，因为我们知道要接待的是谁，而客人一方往往不清楚来迎接者为何人。由主人一方的秘书或主陪人来为客人介绍自己方面的人，从主人一方身份最高者开始依次介绍；然后客人一方的秘书或主宾把自己一方的人介绍给主人。

见到客人后，主人一方应该主动伸手握手，向客人表示欢迎。主人一方的司机或秘书应该马上接过客人的行李放在车上，当然，客人随身携带的皮包除外。

（2）送别来访团体的常识

如果来访团体离开的时间是在上午，在前一天晚上，主人一方全体陪同人员要到客人下榻的宾馆去话别，时间不宜过长，控制在半个小时之内为好。有礼物要送的话，也是在此时送上最好，因为客人还可以来得及把礼物放在行李里面。如果临上机场再送礼，客人就只能把它提在手里了，很不方便。如果客人离开的时间是在下午或晚上，也可以在当天上午到宾馆话别。

此时应该告诉客人送行的人员、车辆及时间方面的安排，让客人心里有数。主陪人如果工作忙，可以请副职代替到机场送行。

（三）迎送来访团体工作流程

1. 了解情况

我们在前面讲过，制订接待计划之前，首先要了解来访团体的情况，这对安排餐饮、住宿有很重要的作用。在这方面需要了解的内容有：客人中是否有信仰伊斯兰教的，饮食方面是否有特别忌讳的，客人的身份、性别、年龄、是否带家属等。

2. 确定餐饮、住宿、用车标准

在接待规格确定下来以后，根据公司的规定确定餐饮、住宿、用车标准，秘书不可擅自提高或降低接待标准，如果客人一方提出了特别要求，只要在公司的规定范围内，就要尽量满足他们的要求。如果客人的要求是超标的，秘书必须向上司汇报，由上司作出决定。

3. 预订餐厅、住宿房间

(1) 接待来访团体，接风和送行需要正式的宴请，其他时间的可以简单一些。正式宴请时要注意：

1）时间和地点事先确定。正式宴请的时间以晚上居多。地点以中高档餐厅为佳，应该是包间。首先要根据主人、主宾身份确定地点的档次。再根据宴请事由、规模确定地点的大小，人少的话就不需要预订过大的地方，要特别注意环境的优雅、安静。如果主宾或客人中有大部分人是信仰伊斯兰教的，那么就应该在清真餐厅订餐。如果只是个别来宾信仰伊斯兰教，可以事先跟餐厅提出单做一份清真餐。一定得是清真餐，而不是普通的素食。

2）宴请的人员事先确定。主宾和主人当然是确定的，其余陪客也是事先就定下的，一般不应无故缺席或换人。

3）宴请的桌次、座次事先确定。次序体现了地位、身份的尊卑不同，正式宴请时，主客双方都应该按照事先安排的桌次、座次入座。

4）菜单事先确定。商务活动中的正式宴请最好事先确定菜单。临时点菜有时会出现菜肴搭配不合理、不合口的情况，会冲淡宴请郑重其事的色彩。菜单确定好后，要请上司过目，看有无更改后再定下来。如果能把菜单印出来，每个客人一份，一方面更显郑重，另一方面也是很好的纪念。但是千万不要把价钱也一起印上去。

5）发请柬。正式宴会要发请柬，而便宴则可以口头邀请。

(2) 预订住宿房间。为客人选择住宿宾馆要考虑几个方面：一是交通是否方便；二是档次是否合适；三是环境是否安静优雅。秘书可以同时选几所各具特色的宾馆，让上司定夺。另外，应该选择熟悉的宾馆，因为对其服务质量等各方面比较了解，不会出大问题。而且作为老客户还可以享受一些优惠。住宿房间一般是主宾安排套间，朝向、楼层要好；一般人员安排标准间，有时可以是两人一间。

4. 根据对方要求调整方案

上述内容也是接待方案中的一部分，草拟好之后要给客人发过去，征求意见。如果客人提出意见，只要不违反公司的规定，就要尽量满足，调整方案。但是在调整前后，秘书都要向上司汇报，征求上司的意见。

（四）安排来访者的参观、娱乐活动

1. 参观、娱乐的相关礼节

（1）观看各类文艺节目时，不要迟到。即使是贵宾，也不应该在节目正式开始以后才抵达现场。提前退场当然也是不礼貌的，对演员的情绪和其他观众都会有影响。

团体来访一般都会安排参观、娱乐等活动。作为商务秘书就要熟识这一项的活动内容与工作程序。

（2）无论在参观、游览还是观看节目中，都不要大声喧哗议论。该关闭手机时一定要关机。特别是在观看文艺节目的时候，手机的铃声是对演员的极大不敬。陪同人员不要在看节目的时候为客人作讲解，如果怕客人不明白，可以在进场后买几份节目单给客人。

（3）参观、游览、娱乐是不同场合，所以着装应该根据场合进行调整。

2. 不同娱乐活动的特点与适应对象

我们把游览活动也列于娱乐活动之中。

（1）游览活动

游览的地方可分为两大类：人文景观和自然景观。有一些景点属于人文与自然相结合的，如泰山、崂山等。如果客人是初次到本地来访，一般都会安排游览本地区的著名景点。秘书要做的准备如下：

1）了解客人的身体、年龄、兴趣等相关情况。在制订接待计划之前就应该做到位。例如，有些景点风景优美，但是地势险要，或路途较远，来访团体中的主宾年龄较大或身体状况不太好时就不宜安排。

2）秘书要熟悉将要游览的地方。如果是人文景观，秘书应该对它的历史有所了解；如果是自然景观，秘书也应该知道它的特色是什么，有哪些与众不同之处。尽管可以请导游讲解，但如果在宾主聊天之际客人提出了问题，而上司答不出来，秘书也一头雾水，大家就会非常尴尬。

（2）娱乐活动

娱乐活动可以分为观看项目和参与项目。听音乐会，看话剧、京剧、芭蕾舞剧及参观博物馆，这都属于观看项目；打高尔夫球、台球、唱卡拉OK、跳舞等，属于参与项目。

1）了解客人的特长和兴趣。这样安排的活动才能使客人满意。

2）观看项目的水准应该是较高的，有地方特色的最好。参与类项目地点的选择要合适、要高雅。

3. 工作程序

（1）明确参观目的

参观的目的要与来访者的目的相一致。例如，对方是为了引进某个项目而来访，安排其参观的当然是相关的设备、厂房、实验室等。

（2）明了参观内容

安排参观内容时，应该考虑这样几点：

1）有代表性的内容，能够满足来访者的基本要求。

2）不会影响正常的工作及生产。

3）不会泄露核心机密。

秘书根据了解到的客人的情况结合公司安全并综合上司的意见草拟方案，初步确定活动的内容。

(3) 征求对方意见

在日程安排里列上具体的参观娱乐活动内容,并征求对方的意见。

(4) 修改、确定方案

如果对方提出不同的意见,要本着维护双方关系的原则尽量予以满足,但是一定要先报告给上司,而不能违反组织的规章制度。

(5) 实施方案

1) 人员安排。主陪人应该陪同客人一起参观娱乐活动。在比较轻松随意的氛围里,易于增进双方关系。万一主陪人因特殊情况不能参加,也要派副职代替,并提前向客人解释。不可只派秘书来应对。

2) 参观地点检查。秘书要在正式参观的前一天检查已定好的参观地点和项目,如果发现问题,要及时与具体负责人商量解决方法。

3) 提前预订门票。一些高水平的演出常常一票难求,秘书应该提前数天订票。秘书应掌握多种渠道的订票资源。

观看节目的座位以第七、八排为最好。

4) 如果来访团队人数较多,可以把旅游、娱乐项目外包给旅行社,他们更有经验,也拥有更多的这方面的资源。

要注意选择信誉较好的旅行社。

第三节　办公室环境及安全管理

办公室环境包括人文环境和自然环境。人文环境包括文化、教育、人际关系等因素;自然环境包括办公室所在地、建筑设计、室内空气、光线、颜色、办公室设备和办公室布局等因素。本节所探讨的主要是办公室的自然环境。

办公室环境管理是秘书日常工作中基本的一项。

身为商务秘书,应能够根据要求对办公环境进行布局设计、维护与美化,并能够了解办公安全的基本知识,能够识别办公场所的安全隐患并进行行之有效地管理,为大家提供一个舒适、安全的办公环境。

一、办公室环境的评价标准

一个设计合理的办公室环境应该符合以下标准:

第一,方便。办公室的布局应该力求方便,如相关的部门应尽可能安排在相邻的地方,以便于进行工作协调,同时避免不必要的穿插迂回。

第二,整洁舒适。办公室的光线、色彩、办公桌的布置等要让工作人员感到舒适,不要放置与办公无关的东西。办公文具的摆放要井然有序。

第三,和谐统一。办公用品款式、色彩的统一能强化工作人员的平等观念,还能增强办公室的美观。和谐的人际关系也能激发工作人员的团队精神。

第四,安全。人员、物品和信息的安全是良好办公环境一个不可忽略的原则。办公室的安全设施必须齐备,安全制度必须健全。

二、办公环境的布局

（一）办公室布局的考虑因素

办公室布局应考虑的因素主要包括以下内容：员工的人数、购买或租用的面积、机构的建制和办公空间的分类、部门的性质或职能、部门间的工作关系、间隔方式等应符合工作和保密需要及安全因素、灵活性等。

（二）办公室布置的具体要求

(1) 办公桌的排列应按照直线对称的原则和工作程序的顺序，其线路以最接近直线为佳，防止逆流与交叉现象。同室工作人员应朝同一个方向办公，不可面面相对，以免相互干扰和闲谈。

(2) 各座位间通道要适宜，应以事就人，不以人就事，以免往返浪费时间。

(3) 布局应有利于沟通。沟通是人与人之间思想、信息的传达和交换，通过这种传达和交换，使人们在目标、概念、意志、兴趣、情绪、感情等方面达到理解、协调一致，才能实现信息及时有效地流转，系统内各因子、各环节才能动作协调地运行。同时，领导主管的座位应该位于通道附近，避免因领导者接洽工作转移和分散工作人员的视线和精力。

(4) 办公室的布置必须有利于监督，特别要有利于职员的自我监督与内部监督。办公室是集体工作的场所，上下级之间、同事之间既需要沟通也需要相互督促检查。每个人由于经历、学问、性格等方面的差异，都有各自的特点，有优点和长处，也有缺点和不足，而个人的缺点往往又是自己难以觉察到的，如不及时纠正，便会给工作带来损失。同事之间的相互监督能够有效地避免这一问题。

因此，办公室的布置必须有利于在工作中相互督促、相互提醒，从而把工作中的失误减少到最低限度。因此，员工的座位朝向应透明化，领导者的座位应位于后方，便于自我监督与内部监督。

(5) 协调、舒适是办公室布置的一项基本准则。这里所讲的协调是指办公室的布置和办公人员之间配合得当；舒适，即人们在布置合理的办公场所中工作时，身体各部位没有不适感，或不适感最小。协调是舒适的前提，只有协调，才会有舒适。光线应来自左方，以保护视力。

(6) 常用设备应放在使用者近处。

(7) 电话最好是5平方米空间范围一部，以免接电话离座位太远，分散精力，影响效率。

（三）办公室布局的工作程序

(1) 对各部门的业务工作内容与性质加以考察分析，明确各部门及各员工之间的关系，并以此为依据确定每位员工的工作位置。

(2) 列表将各部门的工作人员及其工作分别记载下来。按工作人员数额及其办公所需的空间设定其空间大小。

通常办公室的大小因各人工作性质而异。但一般而言，每人的办公空间，大者可3～10平米，普通者1.5～8平米即可。

(3) 根据工作需要，选配相应的家具、桌椅等，并列表分别详细记载。

(4) 绘制办公室座位布置图，然后依图布置。

(5) 对设备的安放提出合理建议。

实例:合理设计与选择办公室布局

公司准备开办一所销售分公司,上司要求作为秘书的你写一份备忘录,列举一下设计办公结构和布局需要考虑的因素,同时对该销售分公司的办公布局提出建议。你该如何写这份备忘录呢?

实例评析:

办公室布局必须按照组织的经营状况和实际需求进行合理的设计与选择,以达到用最少的费用获取最高效益的目的。办公室布局应考虑的因素主要有:

第一,员工的人数。人数多,需要的空间就大,费用也要增加。

第二,购买或租用的面积。面积越大,费用也越高,尤其是在一些城市的中心地带,地价非常昂贵,必须仔细考虑。

第三,机构的建制和办公空间的分类,如需要多少个部门。

第四,部门的性质或职能。如接待区一般安排在大门附近,总经理办公室一般不在大门旁边等。

第五,部门间的工作关系。如将业务相关联、相衔接的部门邻近安排,以减少工作人员和文件流动的次数和距离。

第六,间隔方式应符合工作和保密需要。强调交流的工作可采用开放式布局,而保密性强的工作则使用封闭式办公室。

第七,安全因素。要考虑人员、设备以及信息的安全。

第八,灵活性。如可采用容易移动或拆除的间隔物进行分隔,以给办公室布局的设计和改变提供更大的选择。

另外还要考虑是选择开放式布局还是封闭式布局。封闭式的办公室,每个部门有独立的小房间,每个房间给一个或几个人使用,比较安全,可以锁门。这样能够增加保密性,也易于保证员工隐私,同时也易于员工集中注意力从事细致的或专业的工作,但其费用高,占用空间多,难以监督工作人员的活动,也不利于员工之间的交流。开放式办公室是大的空间包含众多单个工作位置的组合,每一个工作位置通常包括该员工的办公桌、文件和文具的存放空间、椅子、电话、计算机等设备。开放式办公室又分为全开放式与半开放式两种。全开放式办公室完全敞开,没有任何隔板,直接见到所有员工的座位;半开放式办公室工作位置用高低不等的隔板分开,以吸收噪音和区分不同的工作部门。开放式布局有助于降低成本和提高工作效率。

根据以上原则,建议该销售分公司租用某写字楼一层的大厅。大门左边用做产品展厅,采用开放式的布局。大门右边作为办公区,可划分为正副经理办公区、接待区、销售部、财务部。接待区可以安排在离门较近的地方,其次是销售部、财务部及正副经理办公室,要离门相对远一些。办公区最好不要采用全开放式或半开放式办公室,尤其是财务部,因为大量销售引出的财务工作量很大,现金和支票的交流和保管极为重要,而且该部门职工在工作时要求精力高度集中,所以应该设置在安全和保密的封闭式办公室中。

三、办公环境的维护与美化

办公室环境的维护与美化主要包括以下三方面内容:

第一,办公用品及设备的摆放。秘书本人经常使用的办公用品和设备应摆放有序,方便操作;公用资源应摆放有序,用后归位。

第二，责任区域的清洁。秘书应该负责维持自己责任区域的清洁，经常清洁整理自己及所辅助上司的办公区域，自觉清洁整理本人参与的公用区域。

第三，办公室的美化。办公室的美化要注意适度。

实例：维护办公环境

问题：你刚刚获得了一个秘书的职位，上班的第一天，你发现办公室的窗台布满灰尘，办公桌上堆得满满当当，电脑键盘污迹斑斑，公用字典扔在窗台上，废纸桶满满的。上司告诉你前任秘书被解职的一个重要原因是她的工作习惯让人无法忍受。你应该如何去维护办公环境，让上司满意呢？

实例评析：

秘书要注意维护自己的办公环境，尤其是在自己能够控制的范围内。如果你的办公室收拾得十分干净利落，物品取用方便，别人会认为你是一个善于组织的人。秘书应该注意办公用品及设备的摆放，经常清洁责任区域。另外，尽可能地美化办公室。

（一）办公用品及设备的摆放

第一，个人用品的摆放。秘书本人经常使用的办公用品和设备应摆放有序，方便操作。主要内容包括：自用的办公文具、用品、零散物件应有序地放在抽屉里，按照使用频率及使用习惯安排；常用文件夹应整齐地叠放在桌边或直立在文件架上，并贴上标识予以区分，取用有序；保密的文件和不常用的文件夹应存放在文件柜里；专用的电话应放在左手边方便拿到的位置，以用右手记录留言；电脑、打印机等用电设备宜放置在一起，便于电源接线和管理。

第二，公用资源的摆放。公用资源应摆放有序，用后归位。主要内容包括：文件柜里的公用文件夹应整齐有序地摆放，取用后要放回原位置，方便他人再用；公用办公用品柜的物品也要放置规范，通常重的、大的放下面，轻的、小的放上面，且摆放有序，便于取用，并做到用后归位；一些常用的公用物品，如电话号码本、航班表、火车时刻表、字典等按办公室要求放在柜子里或书架上，注意用后放回原位，以免给他人带来不便；接待区为访客阅览的宣传品、资料以及报纸杂志应整齐地摆放，并经常整理。

（二）责任区域的清洁

秘书应该负责维护自己责任区域的清洁。秘书的责任区域一般包括个人工作区、公用区域以及所辅助的上司的办公区域。

第一，个人及上司工作区的清洁。秘书要经常清洁整理自己及所辅助上司的办公区域，主要内容包括：清洁台面、地面、电脑、负责的设备、家具以及门窗墙壁等处；保持办公桌面清洁、整齐、美观，不乱放零散的物品和无用的东西，也不能摆放私人的物品；电话按键和听筒应经常清洁消毒；来访者用过的茶具应立即清洁干净，并重新摆放好；废纸筒要放在隐蔽处，每天下班前予以清理。

第二，公用区域的清洁。秘书还应自觉清洁整理本人参与的公用区域，通常包括：经常清洁整理所使用的复印机、打印机等设备及其周围，如果发现复印纸抽拿零乱，废纸扔在地面等，都要及时清理；经常清理参与使用的茶水桌，保持桌面和地面无弃物、无水迹，茶具清洁整齐；经常清理参与使用的文件柜、书架、物品柜等家具；注意清理由你负责的接待区或会议室，并在访客离开或会后立即清理，保证在下一个访客或会议前呈现一个清洁整齐的环境。

（三）办公室的美化

地毯和现代化装饰品、自然的或人工的植物都会使人产生一种令人舒适的效果。在具有悠久历史公司的办公室里，还会有一些油画及工艺品，并不定期进行更换。如果除了工作需要的基本用具以外，你的公司没有提供其他的东西，那么色彩鲜艳的油画或工艺品将会因改变单调气氛而受到欢迎。但要注意办公室的美化应适度。粗糙的工艺美术品、杂乱的花卉摆设、廉价的宣传品等，都会使办公室显得粗俗不堪。

总之，办公室工作环境的清洁、有序及美观直接对组织的形象和绩效产生一定的影响。

四、办公环境的安全管理

（一）办公场所及设备的安全

健康与安全是办公室环境中的一个重要方面，国家一直非常重视员工的安全和健康，并在很多的条例、法规中都做出了相应的规定。

第一，秘书的安全职责：学法懂法，树立安全意识，维护公司的利益，保护自己合法的劳动权益；上岗前学习了解本单位有关安全生产、劳动保护的规定以及环保规定等，了解组织所租用的写字楼、场地等业主制定的相关规定，如写字楼的火警疏散程序等，自觉地遵守执行；主动识别工作场所存在的隐患，并在职权范围内排除；发现工作场所有异常情况或险情，应立即准确、清晰地向主管报告；按照设备安全操作规程操作设备，识别运行中存在的隐患，在职权范围内排除；发现设备故障应立即报告，并填写“设备故障登记表”；定期对办公环境和办公设备进行安全检查，及时发现和排除隐患，做好风险防范。

第二，常见的安全隐患。秘书要能够主动识别工作场所和常用设备的安全隐患，在职权范围内及时予以排除。秘书在工作中要格外留心，注意办公室布局的潜在危险、办公设备的不安全因素、火灾和消防中的隐患以及不安全的工作习惯，遵循“安全第一，预防为主”的方针，找出并排除隐患，维护和管理办公环境。

第三，安全检查。秘书要定期对办公环境和办公设备进行安全方面的检查。进行安全检查的主要内容有十四项：

(1) 办公区建筑必须坚固安全，地面、墙面、天花板完好整洁，门窗开启灵活并且能上锁，室内有基本装修；

(2) 光线应充足，局部照明要达到要求，且灯光不闪烁。阳光直射的窗户应安装挡板或窗帘，注意光线不应引起计算机屏幕的反射；

(3) 温度要适宜，根据天气状况设置供暖供冷设备，最好室温不低于 16℃；

(4) 布局应注意通风，保持工作场所空气流通和空气的质量，禁止在办公室吸烟，需要时可在工作区外设立吸烟区；

(5) 办公室空间及座位空间要适当，座位间要留有通道，力求员工工作舒适；

(6) 办公室噪音要低，可利用屏障、地毯、设备隔音罩减少噪音；

(7) 办公家具要满足工作需要并符合健康、安全的要求，包括工作台面、座椅、各种存储设备及必要的锁等；

(8) 办公设备、办公用品和易耗品要满足工作需要并符合健康、安全的要求，包括工作台面上的电话、计算机、文具及公用设备和物品；

(9) 办公设备的安装、操作要符合要求,操作指南和注意事项要明晰展示;

(10) 办公区及办公室要设置相应的消防设施、设备及必要的报警装置;

(11) 办公室应提供饮水并符合健康、安全要求;

(12) 办公区或办公室应设置急救包,并定期更换;

(13) 建立相应的规章和制度,包括人员进出规定、保密规定等;

(14) 室内有符合组织目标的装饰、标识和适当的绿色植物。

实例:办公室常见的安全隐患

问题:吸烟区的通道处堆放了一些销售部的空纸箱,预备明天一起清理。不知是谁无意中扔掉的烟头点燃了纸箱,幸亏是在工作时间,纸箱刚一冒烟就被发现了,及时扑灭未造成太大损失。销售部为此受到了严厉的批评。上司要求作为秘书的你列举一下办公室常见的安全隐患,以引起员工的重视,杜绝此类事件的发生。

实例评析:

健康与安全的工作环境能给予员工一种精神上的安全感,这种环境使员工们情绪稳定,有利于工作效率的提高。

办公环境是由许多方面的因素和条件构成的,诸如工作区的空间、采光、温度、通风、噪音、装修、装饰;工作区的办公桌椅、柜架、各种办公设备、饮水设备、办公用品和耗材;工作所需的文件、资料、档案、书籍等。办公环境中常见的有碍健康和安全的隐患主要有:

第一,办公室布局的潜在危险。地、墙、天花板、门、窗中的隐患,如离开办公室前不锁门;室内光线、温度、通风、噪音、通道方面的隐患,如光线不足或光线耀眼;办公家具方面的隐患,如电脑键盘桌面过高、突出的棱角等;布局过度拥挤;打滑的地板、破旧或损坏的楼梯板等。

第二,办公设备的不安全因素。设备电器插头打火或电线磨损裸露;在不会操作和在没有人指导的情况下使用设备;未接地线的电器设备;负荷太大的电路;电线拖曳太长等。

第三,火灾和消防中的隐患。安全出口受到阻塞;不完整的或者根本没有关于灭火及火灾疏散的注意事项说明;已受损坏的灭火设备;消防栓被锁住打不开或者平时就任其开着;乱扔烟头,灭火器前堆放物品等。

第四,不安全的工作习惯。许多废纸堆放在办公室的一角;站在带轮的椅子上取放物品;在柜橱顶端或顶端的抽屉堆放太多的东西;桌上或工作台上的机器放置不稳;复印时将保密原件忘在复印机玻璃板上等。

秘书完全有责任、有能力维护和改进工作环境的安全。为了维护安全的工作环境,每一名秘书都要树立安全意识,履行自己的安全职责。

(二) 保密工作

第一,秘书的保密职责要求:秘书应做好文件保密、会议保密、科技保密等常规保密工作,还要做好特定信息的保密工作。每个组织中都会规定一些特殊类型的信息需要保密,主要包括人事信息、财务信息、产品信息以及客户信息等。另外,有关国家秘密及密级要遵照《国家秘密及密级具体范围的规定》,有关国家秘密的保密期限要遵照《国家秘密保密期限的规定》。

第二,信息保密的方法:从载体上分,信息的安全及保密工作通常包括口头信息、纸质信息以及电子信息的安全及保密,对不同的信息载体可以采用不同的保密措施。秘书在工作中要细致、认真,坚决杜绝任何可能泄密的途径。

实例:信息保密的方法

问题:经理开会回来路过市场部,发现门开着便走了进去,屋中没人,正欲出来,却发现电脑屏幕上正闪现着“新产品发布会”策划方案。经理大为恼火,因市场部经常有外单位的人来联系业务,市场部的人如此粗心大意,将会导致公司重要信息泄密。

作为秘书,你被勒令立即起草一份关于信息保密方法的讲话稿,经理将亲自对全体员工进行培训。

实例评析:

秘书以及单位其他员工一定要有保密意识,在很多情况下,泄密不是故意的,而是在不经意中产生的。从载体上分,信息的安全及保密工作通常包括口头信息、纸质信息以及电子信息的安全及保密,对不同的信息载体可以采用不同的保密措施。

第一,口头信息的保密。员工在岗前培训时即应被告知不要在组织内部或外部谈论有关单位的保密信息,包括对其他工作人员、客户、朋友或亲属;在没有确认对方身份和是否被授权获得信息之前,不要通过电话、手机、答录机给出保密信息;只向采访者提供组织允许提供的信息,若超出范围,应向上司汇报;遵照会议的要求传达会议信息。

第二,纸质信息的保密。纸质信息包括用纸张、各种胶片等物质作为载体的文字、表格、图形等信息。做好纸质信息的安全,可采用下述方法:接收任何保密文件、资料等都要签收并登记;文件或其他纸质保密信息只发给或传阅到被授权的人员手上,并要签收;在传递保密文件或资料时,要放在文件夹、盒中携带,以防失密或散落丢失;所有保密的信息应归类在专用文件夹中,并清楚标明“机密”字样,保存在带锁、防火的柜子里;离开办公室时,不要把机密信息和文件留在办公桌上,应锁入抽屉或柜子,并锁好门窗;用邮件发送保密信息,信封要贴封口,并标记“秘密或保密”;复印完成后应将保密文件取走,不要留在玻璃板上;当传真保密信息时,要使用具有保密功能的接收设备或要求接收人等在传真机旁即时收取;高密级信息可以由工作人员亲自送交收件人,极为重要且不常使用的纸质信息可以制成微缩胶片,保存到银行保险柜里;不再需要的保密文档要销毁。

第三,电子信息的保密。电子文件具有操作方便、传递快捷、存储空间小、复制时不容易丢失信息等优点,但是,电子信息很容易被人非法使用,因此必须采取各种措施控制电子信息的安全。计算机显示器应放置在他人看不到屏幕的地方,如果来访者走近,应迅速滚动页面或保存你的信息,关闭显示器。用计算机打印保密材料时要人不离机,负责保存和传递;在提交电子信息给他人之前,应向上级核对,不能给未被授权的人;每一个使用者应该有自己的识别码,密码必须保密,并且要经常更换;应该使用密码来保护计算机数据,没有密码者将无法检索文件,且密码要定期更换;给自己的计算机安装防病毒软件并注意及时更新;计算机必须经常进行查毒、杀毒,为了安全,不要安装借来的程序;重要的文件要做备份,并存储在安全、加锁的地方,但要记住磁盘不能保存在过热或过冷的地方;有保密信息的软盘不应带出单位,以防止数据落到不应得到这些信息的人手上;如有可能,计算机应该安装警报系统,防止信息被盗;注意软盘、硬盘等存储介质的物理防护,不要损伤盘片导致电子文档毁坏。

(三)紧急情况应对

第一,紧急情况的预防措施:为在出现紧急情况时能够有效地进行应对,将损失减至最小,各单位都有一些常规的预防措施,秘书人员应该了解并协助制定这些预防措施。

第二,紧急情况的处理措施:秘书人员应该知道发生火灾、人员伤害或疾病以及炸弹威胁等情况的处理措施。发现火灾,应立即拉响火灾警报器、打电话通知消防队,人员要撤离建筑物;如果发生人员伤害或疾病,应立即呼叫急救员或急救中心,向有关负责人报告并进行力所能及的救助,保护好现场等待有关人员处理;如果发生炸弹威胁等恐怖活动,应该立即拉响炸弹威胁警报铃,并马上进行人员疏散。

第三,紧急情况的报告:所有紧急情况都应该报告和记录,即使没有发生伤害或破坏也要这样做。事故应该立即报告给上司或安全主管,并且应该填写“事故情况记录表”,如有伤亡,还应填写“工伤情况报告表”。

实例:紧急情况的预防与处理

问题:为增强员工的安全意识,公司组织进行了一次火灾演练。在楼道里制造了烟雾,造成火灾的假象,尽管已经事先告知各单位,但仍然发现了很多问题,比如管理人员职责不清,不知该由谁指挥;员工不知道安全的撤离路线,有不少人跑去乘电梯;很多人不知道灭火器在什么地方,更不会使用等。作为公司办公室的秘书,你被要求起草一份说明,讲清楚紧急情况的预防措施应该包括哪些内容,要求各单位据此制定方案。另外,由于火灾是最经常发生的事故,你要列清楚发生火灾时的处理措施。

实例分析:

办公区域内可能会发生一些紧急情况,如火灾、人员受伤、人员突发疾病、炸弹威胁等。商务秘书人员应该能够充分利用各种条件处理紧急情况,尽可能减轻后果的严重程度,并做好情况发生及处理过程的全部记录。

1. 紧急情况的预防措施

为在出现紧急情况时能够有效地进行应对,将损失减至最小,各单位都有一些常规的预防措施,主要包括:

第一,制定紧急情况处理预案,详细规定出现火灾、人员伤害或疾病以及出现恐怖活动时的具体处理程序;

第二,明确各级管理人员在紧急情况下所担负的任务和职责;

第三,配备相关的设备和资源以便随时处理紧急情况,如报警装置、灭火器、急救包等,并且要定期检查和更新这些设备;

第四,保持所有安全出口的清洁与畅通,清除杂物以确保它们在紧急情况下能够立即使用;

第五,确保所有的职员都知道在火灾发生的情况下该怎么做,比如如何拉响警报器,如何使用灭火设备,在建筑物外面的什么地方集合等;

第六,确保所有职员都知道哪条是最短的撤离路线,如果最短的路线被阻塞应该知道还有哪些其他的路线可以使用等。

2. 发生火灾时的处理措施

发现火灾险情,应立即拉响离你最近的火灾警报器,如果可能的话,可利用提供的器械扑救火灾,但不可冒个人的生命危险。

听到火灾警报,值班员应该立即打电话通知消防队,然后离开建筑物撤往安全的集合地点。撤离时,所有窗户和门以及防火门也应该关闭,以减少火势蔓延;不要使用电梯;不要停下来收拾个人财物;不要奔跑或惊慌;不管发生任何事情都不要再次进入发生火灾的建筑物,直到完全安全为止。

如果一个人的衣服着了火，要用毯子、破布或者其他类似的东西紧紧裹住他，并把其放倒在地上，以避免火焰烧到头部；如果电器设备着了火，首要的是马上切断电源，而不是先灭火。

第四节　办公用品及设备的使用与管理

办公用品，是指在办公室日常工作中使用和消耗的物品。企业对办公用品的管理，是商务秘书部门的事务性职责之一。做好办公用品的管理工作，对提高办公效率、保证工作的完成提供了必要的物质保障；对合理调配和使用办公经费，也有十分重要的意义。身为商务秘书，不仅要为上司安排工作中的各项事务，还要不定期地管理办公室里大大小小的物品。办公用品及设备的购买、保管与使用看似简单，但如果管理不好也会给你的工作带来麻烦。

一、常用办公用品的介绍与分类

办公用品主要指单位日常工作中使用的各种文具、耗材、工具等常用物品。办公用品的种类很多，一般单位的办公用品主要有以下几大类：

(1) 家具类：桌椅；沙发；茶几；文件柜；保险柜；衣帽架等。

(2) 纸簿类：A4、B5 等办公复印纸；带单位抬头用纸；普通白纸；复写纸；便条纸；留言簿；标签纸；牛皮纸；专用复写纸；大、中、小及开窗信封；横格笔记本；速记本；专用本册(如现金收据本)等。

(3) 笔尺类：铅笔、圆珠笔、钢笔、毛笔、彩色笔、白板笔、橡皮、各种尺子、修正液、印盒等。

(4) 小装订类：大头针；曲别针；图钉；打孔机；订书机；订书针；橡皮筋；胶带；起钉器；名片盒；塑料袋；纸盒；切纸机；拆信器；碎纸机等。

(5) 小工具：清洁工具；修理工具；制画工具；宣传工具；各种刀具(裁纸刀、切纸刀)等。

(6) 归档用品：各类文件夹、档案袋；收件日期戳等。

(7) 办公设备专用易耗品：计算机的磁盘；打印机的色带；墨盒(单色和彩色)；油墨，复印机的墨粉；录音带；录像带；胶卷；电池等。

(8) 小型电器设备：计算机；打印机；复印机；扫描仪；电话(传真电话)；投影仪；幻灯机；录音机；录像机；照相机；计算器；计时器等。

(9) 其他用品：装饰用品；挂图；旗帜；标志、标语及其他一些单位工作中必需的用品。

办公用品是每一个单位日常工作的必需品，它用量大、更换频繁、品种繁多，如果不加强管理，不仅会造成不必要的浪费，而且还会直接影响工作的质量和效率。

这些办公用品，有些是要保持充分供应的，如铅笔、圆珠笔、复印纸等；有些有保质期的产品则不应大量购买，如打印机的墨盒等。商务秘书应熟悉明确办公用品的易耗品范围、分类和管理方法，管理好各类办公用品。

二、办公用品的使用管理原则

办公用品的管理并不是一件很复杂的工作，但在管理时同样也需要有较强的责任感，应本着严肃认真的态度，按照以下原则进行。

1. 建立完善的管理制度

办公用品管理实际上是对公有财产的管理，应当严格按照国家有关的政策和法令，建立和健全本单位的办公用品管理制度和规定，在坚持“统一管理”的前提下，适当采用“分口分级管理和使用”、“责任制”、“供应业务制”等一些灵活又合理的管理方式来调动职工工作的积极性，避免不必要的浪费。要克服只管“采和供”、不顾“管和用”，“浪费难免”、“积压有理”的思想，同时防止在办公用品的采购、发放等环节上出现假公济私、以权谋私的现象。

2. 保证工作的需要

办公用品管理的目的是保证工作不间断地进行，因此，所有的工作都应围绕这一目的进行。有关部门要密切结合本单位的实际需要，事先备好数量充足、质地优良、规格齐全、符合本单位使用特点的办公用品。还可以根据本单位的实际情况和利用特点，及时了解工作人员的需要，适当简化审批和领用手续，甚至还可以采用送物上门、服务到家的工作方法。减少管理层次，方便群众，有利工作。

3. 讲求节约，物尽其用

办公用品管理是一项经常性的工作，由于办公用品要求高、用量大、更换频繁，所以更应注意在管理中讲求节约，避免浪费。首先要尽量减少单位物资的储备，加速物资的周转；其次要不断降低物资的损耗和保管费用，对一些有重复利用价值的用品应及时回收，修旧利废，让有限的资金最大限度地发挥效益；同时要把好领用发放关，避免一次发放过多、重复领用等现象。有些单位采用以旧换新、用品包干等做法，较好地防止了浪费现象的发生。

4. 及时更新装备，提高工作水平

工作的标准化和现代化是时代发展的必然，是提高工作效率、保证工作质量的基础。对办公用品的管理要坚持“技术先进、经济合理”的基本思路，及时根据社会的发展和技术更新情况，选购和配置符合国家标准、符合现代化办公要求、性能优良的办公设备，为工作提供优良的技术装备和技术服务，提高工作的档次和水平。

三、办公用品的采购

（一）获取办公用品使用权的途径

在商务中，获得设备使用权的两种主要方式是：购买或租用。

（1）购买。指从外面购买设备。单位为该设备付钱，即设备的“投资费”，然后就拥有了该设备。以后设备的价值经过多年折旧被报销。例如，一台打印机价值 1500 元人民币，估计使用寿命 5 年，每年的折旧费就是 300 元人民币。

（2）租用。所需设备租借或租用，每月或每年支付一定的租金。租用费用计算为运营成本。

任何租用或租借合同都应仔细检查下列内容：一是修理和维护费用；二是消耗品或其他服务费；三是提前终止赔偿等项目条款。

（二）办公用品及易耗品的采购事宜

（1）由需要购买货物的人填写公司内部的“购买申请单”，说明需要货物的理由和细节，经部门领导批准后交给负责采购的部门。

（2）采购部门向供应商发出采购需求，各供应商会返回对应的报价单或估价单，经过采购人员的比较、筛选，填写正式订货单并签字，说明订购货物的详细情况，发送给选定的供应商，该订购单需要被授权人即公司高级主管签字批准，同时要复制一份给会计部门，表示开始购货准备付款。

(3) 收到供货商的货物后，要对照供应商的交货单和自己的订货单检查货物，查明货物的数量、质量是否符合要求，将签字后的交货单送会计部门。

(4) 采购人员要根据收到的货物填写入库单，货物入库，库房人员签字表示货物已进库。

(5) 会计部门收到发票后，对照交货单、入库单和订货单，三单货名、数量应当相符，经财务主管签字批准，支付款额或支票。

(三) 办公用品的采购管理

办公用品的采购流程中大的管理方向主要包括以下三个方面。

1. 选择供应商

选择办公设备及用品供应商时要比较价格和费用、质量和交货、服务和位置、安全和可靠性等。

在采购管理上，商务秘书应积极建立办公室与外界的沟通，通过采购这条渠道开通办公设备、办公用品的补充和更新的通道，满足现代办公对办公条件的需要。

具体选择办公设备和易耗品供应商时可从以下几个方面进行比较：

(1) 价格和费用

购买办公用品和易耗品首先应该考虑价格，比较不同供应商的要价。要清楚供应商初次给出的价格常会因某些情况而有水分，如批量购买、节日削价或将其指定为唯一的供应商，这样就可降价。另外，在购买时还要考虑到购买后还会有费用的支出，如存储所占用空间的费用；存储中的消耗；设备更新后带来的存储用品报废；存储用品过多将占用资金等。因此，购买办公设备和办公用品时要综合起来衡量所需的资金。

(2) 质量和交货

购买办公设备和易耗品时应仔细检查比较货品的质量，最好选择可以更换不合格物品的供应商。还要选择比较供应商的交货时间，以确定能否在需要时快速交货并按约定准时交货。若事实证明供应商能说到做到，有诚信、很可靠，才能订货。

(3) 服务和位置

购买办公设备和易耗品还要比较供应商为客户所提供的服务是否方便，如哪些可以满足单位所需要的全部办公用品和易耗品的供应；哪些能电话或传真订购；哪些能订货后最快交货；哪些不用每次付款而定期结算；哪些能退货等。同时要考虑供应商的所在地，这一点很重要，要方便联络和交货及售后服务。

(4) 安全和可靠

购买办公设备和易耗品还要比较供应商在送货过程中能否保证货品的安全、包装、存放、运输和交货。要仔细比较供应商的卖货手续及相关单据、发票是否齐全，如检查订货单、交货单、发票的编号、日期、品名、签收等是否俱全。还应了解商家规模的大小、经商的信誉度，如为客户保密的可靠性等。

2. 选择订购方式

办公设备和易耗品的订购方式通常有四种：

(1) 电话订购

大多数的日常办公用品都可以通过电话从供应商处订购。

(2) 传真订购

有些办公设备和易耗品的订购，需给供应商发传真，详细列出订购货物的名称、数量、类型、送货时间等细节；供应商在接收到传真后，会按要求送货上门。

有些单位有正规的订货单，在订购货物时需将其填写好，邮寄或传真给供应商，供应商根据要求送货上门。

(3) 直接去商店购买公司所需要的办公用品

(4) 互联网服务

互联网提供电子商务服务，如网上广告、网上商店、电子贸易、电子银行、电子货币等，秘书应能够通过网上购物实现办公用品和耗材的采购。

3. 办理进货手续

在收到货物后，应办理进货手续，保证办公设备和办公用品准确无误地入库、登记、检验、核对。

实　例：

作为秘书，你要为各办公室采购一批日常办公用品，几家供应商闻讯后都来人或打电话，表示希望长期合作，你很清楚，一个好的供应商可以节省你很多的时间和精力，你应该如何选择供应商呢？

实例评析：

秘书要负责日常办公用品的采购工作，因此要经过比较后再选择办公设备、办公用品供应商，组织好进货和保管。选择办公设备及用品供应商时要在以下几方面对其进行比较：价格和费用、质量和交货、服务和位置以及安全可靠性。

最后不论你有多么地信任供应商，在办理进货手续时一定要使用订货单核对对方交付货物时出具的交货单及货物，要注意货物的数量，一定要将购货订单与实物认真核对，如数量不对，应立即联系供应商，按所需真实数量支付货款。总之，在接收货物时，一定要确保送来的货物与所订购的货物，无论是数量上还是型号上都必须完全一致，并做好记录。

四、办公用品库存的管理

(一) 库存控制

企业在运营中，所需要的办公用品、消耗品、小型办公室设备应当满足需求，但又不能占用大面积的库房和积压大量的存货，因此在库存管理中首先需要进行库存控制。一个有效的库存系统对于提高办公效率、保证工作的完成起着很大的作用。

1. 库存控制原则

最大库存量是为防止物品超量存储而保存该项物品的最大数量。最小库存量是以防物品全部消耗完而保存的该项物品的最小数量，当库存余额达到这个水平时，必须采取紧急行动订购。再订货量是提醒购买者库存需要重新订购的标准，当库存余额达到这个水平时，必须订购新的货物来使余额达到最大库存量。这个数字是由物品的平均使用量、物品交货时间的长短决定的，一般而言，重新订购量＝日用量×运送时间＋最小库存量。

库存控制的作用主要有：准确的库存记录可以保证大量的资金不被不必要的库存占用；保证空间不被用来存储不必要的货物；能监督个人和部门对物品的使用；保持充足的库存，以保证组织的顺利运作和消除由库存短缺而引起的工作迟延；监督任何偷窃和破坏造成的损失；可利用准确的库存进行估价。

2. 库存控制工作的基本方法

企业在运营中，所需要的办公用品、消耗品、小型办公室设备应当能满足日常需求，但又不能占用大面积的库房和积压大量的存货，因此需要进行库存管理。秘书应当成为办公设备和办公用品库房的管家，以下两种方法可以帮助进行有效的库存管理。

（1）使用库存控制卡

库存记录可以用手工记录在一连串的库存记录卡片上，或者在计算机中使用库存控制软件包、电子表格或数据库。库存控制卡上的内容主要有：

1）项目。库存项目要准确描述，包括大小、颜色和数量，例如黑色水写笔。

2）单位。即货物订购、存储和发放的单位，例如盒、包等。

3）库存参考号。即给每一库存项编号，经常与存放位置相联系，例如C4，柜子编号C，架板编号4。

4）最大库存量。即一项物品应该存储的最大数量，这个数字关系到费用、存储空间和保存期限。

5）再定货量。当库存余额达到这个水平，必须订购新的货物。

6）最小库存量。当库存余额达到这个水平，必须采取紧急行动检查订货情况，确保货物很快交货。

7）日期。必须记录所有行动的日期。

8）接收。记录所有接收信息，包括发票号和供应商的名字。

9）发放。记录清楚发放物品的数量、所发放物品的申请号及物品发给的个人和部门。

10）剩余数量。即在每一次处理后计算物品的库存剩余。在物品接收时在剩余数量上加上接收的数量，物品的发放将从剩余数量中减去发放的数量。剩余数量应该代表库存物品的实际数量，并用于执行库存检查，发现差异要通知和报告给管理人员。

库存的每一项都应该记录在库存控制卡片上。秘书在每次物品发放或接收时都要填写这张卡片，并记录该项库存的余额。

这样，当库存控制卡显示某项物品的库存数量降到再定货量时，秘书就应该采取行动订购补充物品，这就可以避免断货情况的发生。

表3-2所示为某公司库存记录卡样式。

（2）进行库存监督

库存监督可以根据不同目的来选择不同的监督类型以及时间间隔等。在监督中若发现有库存问题，就要缩短监督的时间间隔，保证库存符合要求。

1）检查实际库存，将库存中实际存放的物品余额与卡片上的余额相比较，看是否有出入，其目的是防止浪费和被盗，还可以准确计算库存的价值，剔除那些从未申请使用的物品，并且可以发现和纠正库存记录的不正确填写。这种监督通常有规定的时间间隔，例如每年四次。

2）检查库存物品申请表和库存卡，从而了解各部门和个人使用物品的情况，其目的是防止物品的过度使用。这种库存监督通常每两个月一次。

表 3-2 库存记录卡

库存记录卡 项目:黑色水写笔 单位数量包(无)				库存参考号 C4 最大库存量 300 支 最小库存量 50 支 再订货量 100 支				
接收				发放				
日期	接收数量	发票号	供应商	日期	发放数量	申请号	个人部门	剩余数量

3) 定期检查库存记录卡,了解库存物品的项目和最大、最小库存量和再订购量,其目的是了解公司发展变化后,在使用方式改变的情况下是否需要重新调整这些数量;也可以通过监督处理那些过期的和多余的物品。这种监督通常一年进行两次。

(二) 库存保管

库存的保管建立在库存控制管理的基础之上,包括订购库存物品的进入和库存物品的使用流出。商务秘书应该在能够熟练办理办公设备和办公用品进出手续的基础上,成为办公室办公设备和办公用品库房的管家,对办公设备和办公用品了如指掌,样样精通。要把办公设备和办公用品的进货卡、出货卡和库存卡填写得一清二楚,保持三卡一致。办公用品进库后,必须保存在安全的地方和进行有序的摆放,以防止物品损坏、浪费或失窃,以及消除事故和火灾隐患,当需要时又能容易找到。

为此,秘书必须熟悉办公用品的进货、入库手续和库存保管的措施。

1. 库存保管中应采取的措施

(1) 储藏间或物品柜要上锁,保证安全,减少丢失。储藏需要的面积取决于单位的大小。

(2) 各类物品要清楚地贴上标签,标明类别和存放地,以便能迅速找到物品。

(3) 新物品置于旧物品的下面或后面,先来的物品先发出去。这种处理方式能保证物品不会因过期而被销毁。

(4) 体积大、分量重的物品要放置在最下面,以减少从架子上取物时发生事故的危险。

(5) 小的物品、常用的物品,如订书针盒,应放在较大物品的前面,以便于见到和拿取。

(6) 储藏间要有良好的通风,房间保持干燥。

(7) 储藏间应有良好的照明,以便容易找到物品。

2. 办公用品及设备库存接收的程序

(1) 先用订货单和通知单核对对方交付货物时出具的交货单及货物;

(2) 发现数量不对,应立即通知采购部门联系供应商;

(3) 接收数量有出入也应通知采购部门,按真实数量支付货款;

(4) 接收的每一类货物的详情,应输入到办公用品库存卡的接收项中;

(5) 接收后,要及时更新库存余额;

(6) 将接收的货物按照办公用品存储规定存放好；

(7) 订立物品发放制度，确定物品发放人。

3. 填写库存记录卡

库存记录可以用手工记录在一连串的库存记录卡片上，或者在计算机中使用库存控制软件包、电子表格或数据库。无论使用什么系统，都应记录同样的信息。库存控制卡上所包括的内容参照上面所讲。

准确的库存记录有利于：大量的资金不被不必要的库存占用；空间不被用来存储不必要的货物；能监督个人和部门对物品的使用；保持充足的库存，以保证组织的顺利运作和消除由库存短缺而引起的工作迟延；监督任何偷窃和破坏造成的损失；可利用准确的库存进行估价。

实　例：

销售部门明天要开一个产品推广会，要复印大量的产品介绍资料。你吃惊地发现复印纸只剩一包了，你只好放下手头的工作去买纸，招致销售部的埋怨不说，晚上你还要加班完成白天被耽误的工作。你应该如何做才能杜绝此类事件的发生呢？

实例评析：

办公用品管理是商务秘书工作最基本的一项，所以平常应积极主动查看办公用品的使用状况，确保办公用品库存充分，以应付突发情况和日常办公所需。如何才能做好办公用品的库存管理？这就需要商务秘书制定一套办公用品管理应用程序，平日严格遵守，这样既可以避免耽误其他部门的工作招致抱怨，又能让自己的工作井井有条。

其中库存管理程序之中应至少包括以下最基本的两项：使用库存控制卡和库存监督管理。具体细节如库存管理方法中所述。

五、办公用品领用发放的管理方法

领用或发放办公用品是秘书经常做的一件办公室事务性工作，一件看似简单的工作，却包含了很多原则和技巧。秘书人员应根据有关部门的计划提前备好用品，根据实际情况采用领用和发放相结合的方式，保证办公用品能够及时、有效地发挥作用。发放物品时要做到既能保证供应又防止浪费。办公设备和耗材出货时，秘书应实时地办好出货手续，对发放什么物品、发放给谁了、哪些物品还存储在库里等做好记录。在领用和发放过程中要严格履行登记和签字手续，不允许擅自借用、赠送，更不允许公物私用。

秘书在发放办公物品时，在满足工作要求的前提下，需要对工作人员进行节约教育，监视办公用品的使用情况，定期检查，控制办公用品的发放数量，严格办公用品的管理，防止办公用品流失或用于非办公项目。对于复印机、传真机、电脑、打印机、因特网以及电话的使用都要进行控制。

(一) 领用或发放办公用品应具备下列手续

(1) 由专人发放。办公用品不能让员工随意取用，如果秘书不能亲自发放，也应由指定的人员负责发放。

(2) 发放时间应遵循单位的有关制度规定。

(3) 发放物品时，必须依据需要物品的部门事先填写的物品需求单(见表 3-3)，而且这份需求单要有该部门的领导签字才能生效。需求单中必须包括申领部门、物品名称及数量、用途、部门领导签字、领取人签字、发放人签字、日期以及备注等项。

表 3-3　物品申请表

物品申请单		编号：
部门		
物品名称(项目)	数量	特殊要求
发放人签字：	领取人签字：	批准人签字：
日期	日期	日期

(4) 紧急需要物品时必须有相应的处理程序。

(5) 制作备案清单,清点核实发放的办公用品。对于分发了什么办公用品、都发给了谁,发放人员都要留一张清单。备案清单里包括领用物品的时间、物品名称、数量、领用人姓名等内容,在发放时应要求领用人签字。这样,即使在一、两个月甚至更长时间之后,也能清楚地知道谁领走了什么东西,什么时候可能会用完。

(6) 物品的发放要对重要部门实行倾斜政策,要优先改善这些部门的工作环境和工作条件,让他们把精力集中在完成好工作任务上。对那些因业务性质导致办公用品消耗大的部门也要给予支持。

(二) 节约使用办公用品的措施

(1) 复印机。申请复印时必需填写有细节要求的申请表,并在复印前由主管人员签字批准。还可以发复印卡以限制部门的使用。

(2) 传真机。制定人员使用传真机,做登记并保留所有发送记录,其中包括日期、发送信息人的姓名和信息接受者的细节。

(3) 计算机、打印机、互联网。昂贵设备限制使用;彩色打印要集中管理并进行成本核算;严格监督互联网的使用。

(4) 电话、移动电话。减少打私人电话的时间;控制国内国际长途电话的使用;按单位有关规定使用移动电话;定期检查并核对电话账单以控制开销。

实　例:

公司中总有几个贪小便宜的人,明明前两天刚领了一包复印纸,今天又到你这里来领纸。公司的办公物品柜设在秘书的办公室里,未上锁,任何人都可以来取用办公用品。你感到这样浪费太大,你应该采取什么措施来改变这种状况呢?

实例评析:

发放办公用品是秘书经常做的一件事务性工作,办公设备和耗材出货时,秘书应实时地办好出货手续,对发放什么物品,发放给谁了,哪些物品还存储在库里等作好严格记录。在发放办公用品时,应严格履行发放领用办公用品手续,以下措施是必要的:

(1) 指定人员发放。

(2) 按单位的有关制度规定发放时间。

(3) 领用紧急需要物品时必须按相应的程序处理。

(4) 必须填写物品申请表,并由授权人签字批准。

(5) 清点核实发放办公用品。

采取以上措施,既能保证供应又防止浪费。

第五节 印信的管理

印信管理即印章和介绍信管理的总称。印章和介绍信是各级各类组织对外联系的标志和行使权力的凭证。加强对印章及介绍信的管理,严格按照规定使用,是秘书部门和秘书人员的重要职责。

一、印章的管理

印章是印和章的合称,我国古代叫印信,现代印章是指刻在固定质料上的代表机关、组织、单位和个人权力的图章,其中单位印章是单位对外行使权力的标志。

使用印章一般应经本单位领导人批准、办理签批手续,秘书人员不得擅自作主。秘书人员要严格执行监印制度,对不合法或不合手续使用印章、介绍信的行为,秘书有权拒绝盖印或提出异议,而不能违反规定,"有求必印",给自己和公司带来无法挽回的损失。

(一) 印章的作用

(1) 标志作用。只有得到法律认可的机构或人员(亦具有法人资格)才备有印章,并在印章上以印文的形式标明其法定名称(全称),对外联系工作时均以印章作为标志。另外,印章还可作为密封的标志。

(2) 权威作用。人们习惯把"印把子"比作权力的象征。这是法律赋予的权力,具有相当的权威性,而这种权威性则是以印章为鉴证的。

(3) 法律作用。单位具有法人资格,其印章是单位的标志,按法定程序制发、用印后的公文和凭证就具有法律效力,在刑事诉讼和民事诉讼中负有法律责任和法律义务。

(4) 凭证作用。各种各样的文件、凭证、证据等,不盖章对外一律无效。

(二) 印章的种类

印章的种类很多,主要包括以下两大类:

(1) 按质料分,印章有铜印、钢印、木印、塑料印、胶皮印、万次印等。万次印又分成原子印和渗透印。原子印是用特殊材料、采用现代排版技术制作,将所需刻制的印章先制成印版,然后将原子油与印版经热压固化成型,属液体压铸;渗透印是将所需刻制的印章采用固体材料热压成型,然后再注入印油,属固体压铸。它们都有如下特点:字迹清晰美观,不易变形,使用方便,随印即平,永不褪色,可连续使用 3 万次以上,还可同时套用几种颜色,制作工艺先进,不易仿造,有利于印章的保密。

(2) 按性质分,印章有单位印章(包括钢印)、部门印章、领导人印章(含签名章),还有业务专用章,如密封章、收发文章、财务专用章、合同专用章、发票专用章、资料专用章、物资专用章、图书馆藏书章及一些业务人员的工作用章等。

（三）印章的刻制与保管

1. 印章的刻制

印章的刻制是一项十分严肃的工作，必须在刻制的权限、规格和手续等方面严格把关。印章刻制的权限，一般而言，法定组织的成立，由批准该组织的上级领导机关刻制并颁发印章，印章的规格必须按规定执行。各级党委的正式公章由机构名称、党徽和边线组成。按照国务院的规定：国家行政机关和企事业单位、社会团体的印章一律为圆形。各省、直辖市政府和国务院各部委的印章，直径5厘米，中央刊国徽，由国务院制发。国务院设置的议事机构、非常设机构的印章，直径5厘米，中央刊五角星，由国务院制发。县、市辖区政府的印章，直径4.5厘米，中央刊国徽，由省、直辖市政府制发。乡、镇政府的印章，直径4.2厘米，中央刊五角星，由县政府制发。县政府的印章，不冠省市名称。乡、镇政府的印章，冠县的名称。

印章的刻制，必须严格按照国家规定办理，不论刻制哪一级单位的印章，都要有上级单位批准的正式公文，然后到公安部门登记，再由公安部门指定刻字单位刻制，个人和单位不得私自刻制公章。

印章的刻制程序：上级正式机关的批准—制发单位开具的公函—附样章到公安部门办理登记—公安部门指定刻制单位—刻制印章—选定启用时间—发出附印样的通知—双人同行取回印章—拆封检验—专人保管。

关于印章的刻制程序，各地采取的管理细则并不统一，如有些省市企业在刻制印章时，并不要求必须到公安机关办理登记手续，而只需凭有效证明（如工商局企业登记许可通知书）到公安部门指定的印章刻制厂家，由厂家在办理刻制手续时再与公安机关联网的电脑中代为办理登记备案手续。商务秘书在操作时可根据当地有关部门的相关规定执行。

2. 印章的启用

印章的启用，必须经过上级机关批准并正式行文。印章启用前要选定印章的启用时间，提前向有关单位发出正式启用的通知（关于启用印章的通知应包括正文、印模和启用日期）；填写"印模卡"一式两份（一份留存，一份交上级单位备案）；在印章启用通知所规定的生效日之前，所刻印章不得使用。

废用印章必须封存，并交原颁发印章机关注销。

3. 印章的保管

印章应由可靠的专人保管，并遵循保密原则，将其存放在保险箱或加锁的抽屉里。秘书人员使用印章之前，必须经过领导批准，并要作登记。凡不符合用印手续的，秘书人员有权拒绝受理。未经领导批准，秘书人员不得擅自用印，更不能以印谋私，违者会受纪律处分甚至法律的制裁。

企业印章的保管必须做到以下几点：

（1）企业的公章和领导人公务活动使用的个人名章必须指定专人保管。

（2）保管公章和领导人名章要有必要的防范设备，如配置保险柜等。

（3）监印员要认真做好印章的保管工作，每次用毕应将印章加锁存放，随印随锁，不得擅自放在办公桌上，也不得把钥匙任意交给他人代开代用印。

（4）印章必须存放在办公室，监印员不能把印章携带出办公室。

（四）用印的管理

1. 用印制度

印章管理要制度化、规范化。盖用单位公章，用印人必须填写“用印申请单”（见表3－4），经本单位的主要负责人或经主要负责人授权的专人审核签名批准。一般证明用印可由办公室主任批准，或遵循上司所确认的用印惯例。

印章使用的程序：申请—填写用印申请单—专人审核签名—用印—登记

表3－4　用印申请单

×××（单位名称）用印申请单			
文件标题			
发往单位		份数	
用印日期		用印申请人	
批准人		备注	

秘书部门必须建立用印登记簿，登记内容包括用印序号、用印时间、文件标题、发往机关、用印单位及经手人姓名、盖印份数、批准人、经办人等，以备查考（见表3－5）。

表3－5　用印登记表

顺序号	用印日期	文件标题	发往机关	份　数	用印人	批准人	备　注

加盖单位印章，原则上是哪一级的印章须经相应的哪一级负责人批准。如加盖单位公章，要由单位领导人审核批准；加盖部门的印章，要由部门领导人审核批准。监印员凭领导人批准用印的签名和核准的份数加盖印章并履行用印登记手续。但对一些日常事务工作须加盖印章，如办理一般联系工作的介绍信，单位领导人可委托管理印章的秘书人员具体掌握这方面的用章事宜。

加盖印章应视文件的具体内容而进行。原则上，对重大的事项，多使用企业的公章；如系某一方面的业务活动，多使用部门印章。一般来说，能使用部门印章的就不要使用单位的印章。

2. 用印方法

加盖印章是使文件、材料生效的标志。所以印章要保持清洁，字迹清楚，印油均匀，使之清晰醒目。印章加盖要端正，不要倾斜，更不能颠倒。

印章加盖在文书的不同位置，其作用是不同的，常见的有以下几种：

(1) 落款章：在文书作者落款处盖章，表明法定作者及文书的有效性。凡文书应加盖落款章，无印机构可以借印，如派出机构可借用所驻机关单位印章；共体机构可借用实体机关印章等。加盖落款章的部位，按规定是在落款处的年、月之间。印章加盖之页，最好有正文记载。如正文在上页已叙述完毕，印章单独加盖一页时，必须在该页1～4行处写明“此页无正文”字样，以防止有人利用空白页的印章从事非法活动。按国家规定，在正式的行政公文中，应避免印章独处一页的情况出现。如遇这种情况，打印时可采用压缩或加大正文行距的方法，使印章和正文能同处一页。

(2) 更正章：对文书书写中的讹(错字)、夺(脱字)、衍(多字)、倒(颠倒)进行改正后，以加盖更正章的办法作为法定作者自行更正的凭信。

(3) 证见章：对以他人名义出现的文书盖章作证。两个单位签订合同，请双方上级主管机关加印证见；摘抄档案内容要由档案保管部门证见；旁证材料由旁证人所在单位证见；个人邮政汇款，在需要时，亦须收款人所在单位盖章证见。

(4) 骑缝章：介绍信与存根衔接处须骑缝加盖印章，以便必要时查核。

(5) 骑边章：重要案件的调查、旁证、座谈记录等材料，很多是由调查人自作笔录，为完备手续，除由当事人盖落款章、所在企业单位盖证见章外，必须将同文多页沿边取齐后均匀错开，从首页到末页，骑各页边加盖一完整公章，证明文件各页的确是同时形成，以杜绝日后改易之嫌、之弊。

(6) 密封章：在公文封套的封口处加盖印章，以确保传递中无私拆之弊。

(7) 封存章：在封条上加盖印章以封存账册、财务、文件橱、仓库等，常在假日前夕或特殊情况下使用。

实　例：

小李是厂办秘书，负责保管单位的印信。一天，有一份文件急等盖章，小李却怎么也找不到公章了。后来他猛然想起，昨天供销科老王要开一封介绍信，自己当时正忙着，就拿出介绍信和公章给了老王，让他自己填写、盖章，老王用完后，不知将公章放在了什么地方，自己也忘了收。小李急忙给老王打电话询问，老王抱歉地说，昨天因为看见小李他们较忙，就将介绍信拿回自己屋里填写、盖章，章用完后忘了还给小李，还在自己的办公桌上呢。老王急忙将公章拿过来还给小李，小李这才在文件上盖了章。

实例评析：

小李的行为严重违反了印信管理规定。公章应由专人保管使用，不能随便将它交给别人。小李轻易地将公章交给他人，而且让公章在办公桌上过夜，这隐藏着极大的风险，小李没有负起保护公章安全的责任，属于失职。另外，介绍信也应由小李亲自填写，不能让别人填写、盖章，这样很容易出问题。

二、介绍信的管理

(一) 介绍信简介

介绍信是用来介绍被派遣人员的姓名、年龄、身份、接洽事项等情况的一种专用书信，具有介绍和证明双重作用。

介绍信有多种。秘书部门掌握的主要是工作介绍信，这是统一印制的。出具介绍信要经过单位内部的审批手续，填写清楚，与存根一致，加盖骑缝章，并有存根备查。介绍信有时限要求。

实　例：

红光公司的员工张某找到建雄公司经理助理王某，称他有一笔好买卖，但他是个人，不如公司签合同方便，想借用建雄公司的名义，让王某给他出具一张建雄公司的业务介绍信，等合同签完后就还给建雄公司，并给王某一万元报酬，王某应允后，张某利用从建雄公司借用的业务介绍信及印章，以建雄公司业务经理的身份和建雄公司的名义与大华公司签订了一份钢材购销合同，骗取了大华公司价值一百万元的钢材。张某将钢材卖掉后，携款潜逃。

实例评析：

根据最高人民法院《关于在审理经济纠纷案件中涉及经济犯罪嫌疑若干问题的规定》中的规定，个人借用单位的业务介绍信、合同专用章或盖有公章的空白合同书，以出借单位名义签订经济合同，骗取财物归个人占有、使用、处分或进行其他犯罪活动，给对方造成经济损失构成犯罪的，除依法追究借用人的刑事责任外，出借业务介绍信、合同专用章或盖有公章的空白合同书的单位，依法应当承担赔偿责任。

但是，有证据证明被害人明知签订合同对方当事人是借用行为，仍与之签订合同的，出借单位不承担赔偿责任。

（二）介绍信的管理

（1）介绍信的管理有明确规定，要指定专人负责管理。介绍信与用印紧密相连，一般情况下，介绍信由印章管理人员负责管理。

（2）介绍信的保管应同印章保管一样，牢固加锁，随用随开，用毕锁好，以防被盗、丢失。

（3）管理介绍信的人员在使用介绍信时，要在存根上加以记载，涉及重要事项的要请批准人在介绍信存根上签字。属于口头批准的，要在存根上记下批准人姓名，有批条的要将批条粘贴在存根上。介绍信要按编号顺序使用。

（4）对于开出后未用的介绍信，管理人员应及时催回，粘贴在存根上。

（5）介绍信持有者如将介绍信丢失，应及时报告单位或部门负责人，并告知介绍信管理人员，涉及重要事项的还应通知前往办事的单位，以防冒名顶替。

（三）介绍信的使用

（1）严格履行批准手续。使用单位的介绍信，要经上司或办公室负责人批准。

（2）介绍信内容要明确、具体，不能含糊笼统。

（3）要填写有效时间。

（4）管理人员要对开出的介绍信负责，应检查无误后方可用印。

（5）一份介绍信只能用于一个单位，不能用于两个单位。

（6）要填写持信人的真实姓名和身份，不能为达到目的而随意提高持信人的地位和身份，不准弄虚作假。持信人不能将介绍信转借他人使用。

（7）介绍信的存根内容要同介绍信的正文内容相符，与持信者姓名相一致。

（8）介绍信书写要工整，字迹要清楚，不能随意涂改或涂抹，如有涂改需在涂改处加盖公章，否则视为无效。

（9）填写介绍信要用毛笔或钢笔，禁止用铅笔、圆珠笔或红色墨水书写。

第六节　办公室杂务的管理

秘书每天要处理大量的办公室日常事务。办公室日常事务繁多、琐碎，需要秘书耐心、细心、有条不紊地做好工作。

一、信件处理和邮政事务处理

信件和邮政事务的处理是秘书日常工作很重要的一部分，秘书也应掌握一定的财税及金融知识，还要加强对印章及介绍信的管理，严格按规定使用。另外，有时秘书还需要安排值班工作，以保证组织及时获得准确的信息，作出正确的决策。

（一）邮件的收发

1. 处理邮件的设备

秘书应备齐各种处理邮件的工具和设备，常用的处理邮件的设备和工具包括收件设备、发件设备、办公设备。

2. 邮件的收进

掌握收件的工作程序：

(1) 签收。认真清点所收文件的件数，检查实收件数与投递清单上的件数是否相符。清点检查无误后，要在送件人的“投递回执单”或“送文簿”上签字，并注明收到的时间。

(2) 拆封。启封时，注意保持原封的完好，特别注意封内文件不能损坏。如无意中拆开了不该拆的邮件，应标明“误拆”后封好。

(3) 登记。登记时，按收文登记簿中所列内容逐项登记，一般包括收到日期、发出日期、收到时间、发件人、收件人、来件种类以及处理日期等。在收进每份文件的首页贴上“来文处理单”，填好相应内容后转入下一道处理程序。

(4) 分类。对信件（文件）迅速分类，将信件（文件）分为急件、要件、例行公事件、密件、私人件五类，分别归入相应的专用文件夹内，分送各主管上司处理。

另外，秘书还应掌握当上司不在时处理邮件的一些方法。

3. 邮件的寄发

掌握邮件寄发的一些注意事项，如查对地址、查对附件、进行邮件分类、查对邮件标记、检查邮政编码、核对签名、进行登记、选择寄发方式等。

4. 邮政服务

邮局提供了多种邮政服务，寄邮件时选择最合适的邮件种类是非常重要的。目前常用的邮政业务主要有：平信（本市、国内、国外）、明信片、印刷品、挂号件、包裹、特快专递。

（二）收发电子邮件的礼仪规范

电子邮件，又称电子函件或电子信函。它是利用电子计算机所组成的互联网络，向交往对象所发出的一种电子信件。使用电子邮件进行对外联络，不仅安全保密，节省时间，不受篇幅的限制，清晰度高，而且还可以大大地降低通讯费用。

商务秘书在使用电子邮件对外进行联络或接收到电子邮件时，应当遵守的礼仪规范主要包括以下五个方面。

1. 电子邮件应当认真撰写

向他人发送的电子邮件，一定要精心构思，认真撰写。若是随想随写，是既不尊重对方、也不尊重自己的。在撰写电子邮件时，下面三点必须尤其注意。

一是主题要明确。一个电子邮件，大都只有一个主题，并且往往需要在前注明。若是将其归纳得当，收件人见到它便对整个电子邮件一目了然了。

二是语言要流畅。电子邮件要便于阅读，就要以语言流畅为要。尽量别写生僻字、异体字。引用数据、资料时，则最好标明出处，以便收件人核对。

三是内容要简洁。网上的时间极为宝贵，所以电子邮件的内容应当简明扼要，愈短愈好。

2. 电子邮件应当避免滥用

在信息社会中，任何人的时间都是无比珍贵的。对商界人士来讲，这一点就显得更加重要了。所以有人才会说："在商务交往中要尊重一个人，首先就要懂得替他节省时间。"

有鉴于此，若无必要，轻易不要向他人乱发电子邮件。尤其是不要以之与他人谈天说地，或是只为了检验一下自己的电子邮件能否成功地发出，更不宜随意以这种方式在网上"征友"。

目前，有不少网民时常会因为自己的电子信箱中堆满了无数的无聊的电子邮件、甚至是陌生人的电子邮件而烦心不堪。对其进行处理，不仅会浪费自己的时间和精力，而且还有可能会耽搁自己的正事。

不过一般而言，收到他人的重要电子邮件后，即刻回复对方一下，往往还是必不可少的。

3. 电子邮件应当注意编码

编码的问题，是每一位电子邮件的使用者均应予以注意的大事。由于中文文字自身的特点加上一些其他的原因，我国的内地、台湾省、港澳地区，以及世界上其他国家和地区华人，目前使用的都是互不相同的中文编码系统。因此，当一位商界人士使用中国内地的编码系统向生活在除中国内地之外的其他一切国家和地区里的中国人发出电子邮件时，由于双方所采用的中文编码系统有所不同，对方便很有可能只会收到一封由乱字符所组成的天书。

因此，商界人士在使用中文向除了中国内地之外的其他国家和地区的华人发出电子邮件时，必须同时用英文注明自己所使用的中文编码系统，以保证对方可以收到自己的邮件。

4. 电子邮件应当慎选功能

现在市场上所提供的先进的电子邮件软件，可有多种字体备用，甚至还有各种信纸可供使用者选择。这固然可以强化电子邮件的个人特色，但是此类功能商界人士是必须慎用的。

这主要是因为，一方面，对电子邮件修饰过多，难免会使其容量增大，收发时间延长，既浪费时间又浪费金钱，而且往往会给人以华而不实之感。另外一方面，电子邮件的收件人所拥有的软件不一定能够支持上述功能。这样一来，他所收到的那个电子邮件就很有可能会大大地背离了发件人的初衷，因而使之前功尽弃。

5. 接收电子邮件应当尽快回复

接收到客户公司的商务性往来邮件应当尽快回复，表示已接收到。但一般商业往来的重要邮件，对方在发送电子邮件之后多半会通过电话联络告知，因此大可不必花费重要紧急时间在电子邮件上。电子邮件的来源非常广泛，其中存在着大量的垃圾邮件，最好设置邮件自动回复，表示已经接收到，最后等工作安排妥当之后再仔细过滤。

实　例：

上司出差了，大概要半个月才能回来。但每天都有一些邮件需要他处理，如果等他回来再处理，恐怕要堆积成山了，而且有些邮件是需要尽快回复的。上司不在的时候，作为秘书，你应该如何处理邮件呢？

实例评析：

当上司不在时，秘书处理文件或邮件可参考以下方法：

(1) 如果你的上司习惯每天给办公室打电话，你应该把公司信件和外来的信件分开，同时把每封邮件的内容大致记录一下，以便于随时向上司汇报；

(2) 如果上司没有每天给办公室打电话的习惯，你应该主动打电话把需要上司亲自处理的邮件告诉他，或者传真一份给他；

(3) 如果你的上司离开不止一天，应把所有邮件都通知给他；

(4) 尽可能多处理一些邮件，你可以在给上司的汇报中说清楚邮件的主题，或者把邮件交给公司有权处理的人回复；

(5) 把寄给上司的邮包连续编号(如 2－1，2－2，2－3，2－4。其中前面数字代表月份，后面数字代表次序。)，这样就会知道是否全部寄出了；

(6) 如果你的上司正在度假，并且不让你转交邮件时，你可以先把需要上司亲自处理的邮件保存下来，并在通知发件人已收到的信中告诉对方何时可以得到回复；

(7) 把积压的邮件分别装入纸袋，标上“需要签字的邮件”、“需要某某处理的邮件”、“需要阅读的邮件”、“报告”和“一般阅读材料”等字样。

二、现金管理与报销

(一) 零用现金的管理

秘书经常会保管一些零用现金，秘书管理零用现金应注意妥善放置，记载清楚现金的支出情况，遵守现金领用的制度，严格遵守财务制度。

(二) 报销的程序

秘书有时需代上司整理出差费用记录，报销有关费用。报销的一般程序是：

(1) 申请人提交费用申请报告或填写费用申请表，经过组织确定的授权人审核同意，并签字批准。表 3－6 所示为某公司员工出差费用报销申请表。

表 3－6　员工出差费用报销申请表

×××(公司名)员工出差费用申请表

日期：	所属区域：	部门：	姓名： 职位：
出差地：		货币	
目的：			
出差期间：		人民币金额	外币金额，请标明币种
住宿费：			
餐费：			
交通费	机场巴士		
	机票款		
	火车票		
	出租车费		

续表 3-6

日期：	所属区域：	部门：	姓名： 职位：
机场建设及保险费			
其他杂项，请注明			
总计			
借款			
特殊费用附注：			
申请人签名：		日期：	
批准人：		日期：	
签收人：		签收日期：	

(2) 提取现金。一种情况是从财务部门领取支票或现金借款；另一种情况是先由申请人垫付。

(3) 工作时获取相应的发票，其内容中填写的时间、项目、费用等应与实际用途相符。

(4) 工作结束后，申请者应将发票附在“报销单”后面，并亲自签字提交出纳部门，由出纳部门进行结算。

(三) 几种金融服务方式

秘书还应熟悉信用卡、旅行支票、快汇等金融服务，以便根据情况选择合适的方法。信用卡可以从银行取得，当旅行者在国外需要现金时，可以持信用卡去指定的银行支取。旅行支票是旅行者从银行和一些旅行社购买的，支票使用者必须在购买时在支票上签字，支取旅行支票时，必须由使用者在支票上再次签字。快汇汇票可由秘书认购，可以交给或寄给指定的旅行者，与持有普通支票一样，旅行者可凭这种汇票收取现金，或者转让给他人。

实　例：

由于办公室经常需要支付一些交通费、邮资等数额较小的费用，每次都去财务部门领取报账很麻烦，上司决定在办公室设立一笔零用现金，用以支付本市交通费、邮资、接待用茶点费、停车费和添置少量的办公用品等。这笔现金决定由作为秘书的你管理，在管理零用现金时，你应该注意哪些问题呢？

实例评析：

有些办公室中常设立有一笔零用现金或称作备用金，它通常是由企业领导和财务负责人批准后由秘书保管和支出的。秘书人员管理零用现金应注意以下事项：

(1) 秘书取得现金后，应妥善放置，一般应将现金锁在保险箱内，秘书负有保管和支付备用的责任。

(2) 必须建立一本零用现金账簿，清楚地记载现金支出的日期、用途等事项。每当支出一笔现金，均须及时在零用现金账簿上进行记录。

(3) 内部人员使用领取现金时，应提交经领导签字的“零用现金凭单”，注明花销的项目和用途、日期、金额等。秘书认真核对后才可将现金支付给需用者。

(4) 事毕后要认真核对领取者提交的发票等证据上的用途、内容、金额是否与零用现金凭单上填写的完全一致,然后将发票等证据附在零用现金凭单后面。

(5) 当支出的费用到一定数额后或月末,需再到财务部门报销并将现金返还到零用现金箱中进行周转。

秘书人员不应自己或协助他人建立办公室的“小金库”,而是应该严格遵守办公程序和财务制度。

三、值班管理

各级各类社会团体组织,为了能在下班之后或节假日休息时间,能有人临时处理发生的紧急事宜,做好本公司的安全保卫工作,一般都要安排人值班,实行兼职轮流的值班制度。值班工作通常是由秘书部门负责组织管理的。

在较高层次的大型企业领导部门和某些专业部门,还会设立由专职人员组成的常设值班室,昼夜轮班进行工作。

商务秘书在值班工作管理中主要要做好以下几方面的工作。

(一) 值班的任务明确

各个组织值班工作内容具有不同的特点,值班的基本工作是负责内外联系。另外,有时还要接待外来人员、处理和传递信件、承办领导临时交办的事项等,值班人员应记好值班电话记录和值班日记。

(二) 遵守值班制度

值班制度是保证值班工作顺利进行的必要条件。值班制度通常包括严格遵守值班表的安排、交接班制度、保密制度、信息处理制度及履行岗位责任。值班人员在遵守以上制度的前提下,还应该注意做到准确、严谨、及时、热情。

(三) 值班记录

值班记录是值班工作中一项必不可少的环节,主要指对“值班日志”、“值班报告表”、“外来人员等级与接待记录”、“值班电话记录表”等的及时填写。这些是值班工作的原始记录,是对值班情况的真实反映,不仅是交接班的凭据,也便于日后考察。

(四) 制定相关的记录表格

值班人员的值班表、值班日志表、值班报告表等一般都由秘书部门负责具体编写,与有关部门协商并报上司审定后执行。

1. 值班表

值班表是将某一时间段中已经确定的值班人员姓名清晰地记载和标明的表格。值班表通常包括以下项目:值班时间期限和具体值班时间;值班人员姓名;值班的地点;负责人姓名或带班人姓名;值班的工作内容;人员缺勤的备用方案或替班人员姓名。

值班表编制完成应与相应值班人员协商并报主管领导审定后执行。正常的值班表要每月安排一次,或半年、一年编排一次。法定节假日的值班,另作统一安排。

值班表一般包括值班的具体时间、地点、内容、领班人及电话、值班人、值班任务、注意事项等(见表 3－7)。值班安排好以后,要事先通知有关部门及人员,并将值班表发给各位领班人及值班人员,让其做好值班准备。

表 3-7 值班表

<table>
<tr><td rowspan="2">日期</td><td colspan="3">值班人</td><td colspan="2">联系人</td></tr>
<tr><td>姓名</td><td>所在部门</td><td>电话</td><td>姓名</td><td>电话</td></tr>
<tr><td rowspan="2">月 日—月 日</td><td></td><td></td><td></td><td rowspan="2"></td><td rowspan="2"></td></tr>
<tr><td></td><td></td><td></td></tr>
<tr><td rowspan="2">月 日—月 日</td><td></td><td></td><td></td><td rowspan="2"></td><td rowspan="2"></td></tr>
<tr><td></td><td></td><td></td></tr>
<tr><td rowspan="2">月 日—月 日</td><td></td><td></td><td></td><td rowspan="2"></td><td rowspan="2"></td></tr>
<tr><td></td><td></td><td></td></tr>
</table>

2. 值班日志

值班人员值班时要做好值班日志的记录工作。值班日志以天为单位,记录值班中遇到的情况和工作经历。凡值班期间的来人、来电、来函,上司的批示、上司交办的事项,值班人员办理的事项,都要记录在值班日志上,表 3-8 所示为某公司值班日志样式。

值班日志有利于下一班值班人员了解情况,保持上、下班工作的连续性;有利于上司了解、检查、考核值班工作;有利于为编写情况反映、工作简报、大事记提供参考资料。

表 3-8 值班日志

<table>
<tr><td>时间</td><td>日 时 分— 日 时 分</td><td>带班人</td><td></td></tr>
<tr><td>记事</td><td></td><td>待办事项</td><td></td></tr>
<tr><td>承办事项</td><td></td><td>接班人签字</td><td></td></tr>
<tr><td>处理结果</td><td colspan="3"></td></tr>
</table>

3. 值班报告

值班期间发生的重大情况或突发事件,值班人员应立即向上司报告,必要时形成书面报告送审。对把握不准的其他问题也要请示上司,待批准后,值班人员按上司意见办理(值班报告样式之一见表 3-9)。

表 3-9 值班报告表

<table>
<tr><td colspan="4">编号</td><td colspan="2">值班人:</td></tr>
<tr><td>报告事项</td><td colspan="5"></td></tr>
<tr><td>来人、来电、来函单位</td><td colspan="3"></td><td>时间</td><td></td></tr>
<tr><td>姓名</td><td></td><td>职务:</td><td></td><td>电话</td><td></td></tr>
<tr><td colspan="4" rowspan="2">内容摘要:</td><td colspan="2">拟办意见:</td></tr>
<tr><td colspan="2" rowspan="2">经理批示:</td></tr>
<tr><td colspan="4">处理结果:</td></tr>
</table>

4. 来人登记与接待记录

对办公时间和生产时间来单位的外来人员及其乘坐的车辆、携带的物品，以及非办公时间或生产时间进出公司大门的人员及车辆、携带的物品，都要认真进行登记。登记可以由进出人员自己记录，也可由值班人员代为登记。表 3-10 是外来人员登记表样式之一。表 3-11 是接待记录表样式之一。

接待记录要依次记下来人姓名、单位、来访时间、陈述的内容和要求。值班人员姓名、拟办意见，值班人员签名。

表 3-10　外来人员登记表

序号	姓名	性别	单位	办理事项	进入时间	出门时间	备注

表 3-11　接待记录表

编号：

<table>
<tr><td>来访人姓名</td><td></td><td>来访人单位</td><td></td></tr>
<tr><td>编号：</td><td colspan="3">年　月　日　时—　时　分</td></tr>
<tr><td colspan="4">内容</td></tr>
<tr><td colspan="4">拟办意见：</td></tr>
<tr><td colspan="4">经理意见：</td></tr>
<tr><td colspan="4">处理结果：
值班人签字：</td></tr>
</table>

5. 值班电话记录

电话是值班室使用最频繁的对外联系工具，值班室反映情况、联系事情也多用电话。对于这些电话的内容，必须认真地做好准确的记录。发电话通知，事先要拟好通知稿。通知稿要简明、扼要、口语化，避免或尽量少用同音字、生僻字。在通话过程中要做必要的解释，发完后要求对方复述一遍，并记下通知完毕时间、受话人姓名等备查。通话内容核实后，记录者要签字负责。记录电话及办理情况，要用统一格式的专用记录本(见表 3-12 电话记录专用记录本)。

（五）紧急事件的处理

秘书人员在值班过程中不可避免地会遇到突发事件或紧急情况，此时应如何处置？

一是思维反应要快捷。凡是报到值班室的突发事件、重大事故，以及有损单位安全或直接关系到员工生命和单位利益安危的事件，值班人员必须反应灵敏，办事迅速，并及时向领导报告。此外，要对值班室的常用通信设备进行定期维护和保养，如对讲机、手持电话平时要充好电；专用交通工具平时要加好油；交通图册、重要联络电话以至手电筒、雨衣等，要作为值班室的基础装备，做到常备不懈，以保证应急处理的顺利进行。

表 3－12　电话记录专用记录

<table>
<tr><td>编号：</td><td colspan="3">时间：　年　月　日　时—　时　分</td></tr>
<tr><td>来电单位</td><td></td><td>发话人姓名</td><td></td></tr>
<tr><td>来电单位号码</td><td></td><td>值班接电话人姓名</td><td></td></tr>
<tr><td colspan="4">通话内容摘要：</td></tr>
<tr><td colspan="4">领导意见：</td></tr>
<tr><td colspan="4">处理结果：
值班人签字：</td></tr>
</table>

二是了解情况要准确。要对突发事件或紧急情况的时间、地点、影响范围、损失大小等了解得十分清楚，否则就会贻误工作。要想达到办事准确的效果，必须通过各种渠道把情况尽可能地了解清楚，收听情况时要努力听清记准，对听不清楚或了解不准确的情况要逐字问清，如地名、人名、数字等，决不能含含糊糊、大概可能，贻误战机。

三是预测能力要加强。有些突发事件或紧急情况是不可预知的，而有些则可以通过日常工作了解情况、掌握信息、综合分析，对事物的变化发展进行预测，以做到防患于未然，使损失减至最小。做好预测，就要求值班人员平时要注意积累经验，加强思维能力的锻炼和培养，遇到紧急情况时要善于思索分析，妥善处理。

习　题

1. 接打电话有哪些技巧和要领？
2. 商务秘书在接待来访团体时应掌握哪些基本常识？
3. 商务秘书在办公环境管理中应该掌握哪些方面的管理技巧？
4. 办公用品库存控制有哪些基本的方法，试说明具体内容与步骤。
5. 秘书在订购办公用品时应如何选择供应商？
6. 印信的管理和使用应遵守哪些原则？

第四章 商务秘书办会工作

本章导读

在现代社会生活中，会议已经成为一种经常的社会活动形式，一个有效的会议，无论是隆重热烈的庆祝会，还是任何一个规范企业中必不可少的办公会，都无不存在着秘书部门的会务工作，即本章所要讲的商务秘书的会议管理工作。商务秘书应熟悉会务工作的程序，掌握会议组织与服务工作的方法和技巧。

知识要点

★ 企业办公会的组织管理程序；
★ 大中型会议的组织工作内容；
★ 会议文书工作的种类及会议文件制作的要求。

第一节 会议与会务协调

会议是谋事、议事、解决事务的一个场所、一种形式。商务秘书需要利用会议处理协商组织的各项事务。

会务协调是秘书的一项重要的工作，需要领会会务协调的基本原则，掌握会务协调的技巧和方法。协调工作完成后，一定要注意抓具体工作的落实到位。

一、会议的构成要素与种类

1. 会议时间、地点和与会人员

时间是根据会议实际需求来确定的；会址的选择，以方便与会者到会、离会为主要原则，综合考虑各种因素选择恰当的会议地点；与会人员一般包括出席人员、会议执行主席、会议主席团、主持人员、列席人员、秘书人员和服务人员等。

2. 会议议题、程序和议程

会议议题是构成会议的主要因素。会议程序是根据会议议题所安排的方法与步骤：准备、开始、进行、结束和贯彻执行。理解会议议程、日程和程序，三种会议文件的功能是不同的，应抓准三种文件所传达的会议信息的侧重点。注意把握会议议程表的设计方法。

3. 会议的种类

按不同标准分类，会议有多种类型。按规模分类，分为大型、中型、小型会议；按会议的形式划分，重点掌握其中的座谈会、总结表彰会、董事会、股东大会、记者招待会、新闻发布会等；

按区域划分,分为国内、国际会议。

实 例:

问题:召开会议的目的是做出决策、解决问题、布置工作。熟悉和了解会议类型是秘书做好会务工作的基础。选定会议类型时应考虑什么问题?

实例评析:

明确会议的指导思想,根据会议内容、性质、规模选择会议类型。

根据领导意图,体现会议的指导思想。就某一或某些问题召集有关人员征询和交流意见时需要召开座谈会,规模不宜太大;年底或年初总结表彰某先进人物、先进事迹,宜召开总结表彰会,可利用广播、电视、内部网络形式进行;董事会成员讨论决定本企业或经济组织的重大问题时,需要召开董事会;为某一重要工作、热点问题或重要产品而发布消息,与新闻部门进行沟通时,宜召开新闻发布会、记者招待会。

二、会议的特征、作用和会务工作的原则

1. 会议的特征

会议具有必要性、时宜性、合法性、可行性等特征。

2. 会议的作用

理解会议的民主决策作用、信息交流作用、组织领导作用和推动工作的作用。

3. 会务工作的原则

第一,认真领会领导意图和会议的指导思想。

第二,熟悉和掌握会议的组织领导情况。

第三,协助领导拟定会议安排。

第四,精心组织,周到服务。

第五,重视并妥善地做好会议的善后工作。

三、会务工作的总体协调

在企业召开的各种大小会议中,商务秘书在这些会议的组织工作中起着不可或缺的作用,这是由商务秘书在企业的地位和作用决定的。会议对企业领导者而言,既是实施领导行为的一种手段,也是领导工作的一个环节。作为辅助企业领导工作的助手,商务秘书负责这些会议的组织工作应属自己的本职工作。特别是一些事关全局的重要会议,其组织安排工作包含解决和处理事情的意愿,包含着领导的意图和设想。在会议中落实领导的意图的责任更是其他部门和人员不能替代的。正因为如此,商务秘书在会议组织工作中大到会议的议题、会议决议、会议报告、总结及会议执行的拟制,小到会议的音响效果、茶水供应等,事无巨细,商务秘书都有责任妥善地安排落实。要把这一切纷繁复杂的因素安排得井井有条,商务秘书会务工作的重要一项就是总体协调。

(一)协调工作对象的分类

协调工作主要是辅助领导决策和实施决策过程中的协调;政策制定和执行中的协调;各种经济关系的协调;社会矛盾和社会问题的协调;起草制发文件、督促检查事项、筹备召开会议等日常事务的协调;领导公务活动的协调。实际工作中,协调工作对象的分类见图 4-1 所示。

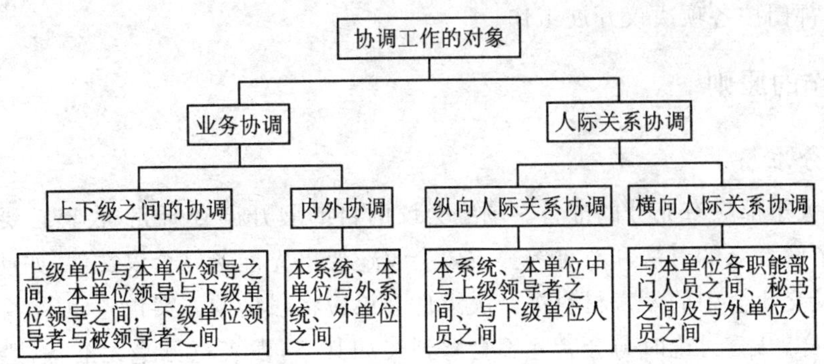

图 4－1　协调工作对象的分类

(二) 协调工作的原则与方法

掌握协调工作的原则是依照政策法律办事原则、实事求是原则、坚持“服务”的原则、按领导意图办事原则、沟通信息原则、维护领导威信和形象原则、协商解决原则、化解矛盾原则和逐级负责原则。

在掌握协调的方法上，理解信息协调——通气法；制度协调——规范法；会议协调——交流法；个别协调——疏导法或牵线搭桥法；计划协调——这是统一筹划安排工作进程的一种科学协调办法；中介协调——这是对于牵涉面小、不太复杂问题的协调方法。

四、会议协调与信息沟通

(一) 会议协调的内容

主要从建立、健全会议制度，协调会议时间、地点、类型、出席人员、列席人员，协调会议的领导机构、工作人员、经费、后勤、保卫等事项，协调会议议题，协调会议纪要，协调会议决定事项的落实等方面考虑。

(二) 会议期间的信息沟通

秘书对会议信息的收集、传递、反馈工作应力求全面、真实、及时、适用、重点突出。与新闻媒体沟通要以礼相待、以诚相待、平等相待、迅速及时，注意内外有别，严守单位秘密。

实　例：

近期，某广告公司的业务部与设计部出现了矛盾，原因是业务部不断承接的业务，由于任务重而急使设计部人员应接不暇。业务部强调所承接的业务直接影响着公司未来的发展，设计部人员抱怨人手少机器运作也跟不上。秘书私下作了一些解释性工作但收效不大。秘书如何才能化解矛盾，协调工作呢？

实例评析：

在协调处理事务的过程中，秘书应该采取公正的立场，对各部门主管和普通员工一视同仁，一切都应该从工作出发，不能用双重标准，搞倾斜政策，要注意兼顾各方心理和礼仪的平衡。如果秘书初步的协调不能解决问题，应该报请领导召开部门协调会议，通过会议部门之间沟通的情况，秘书加以平衡并解决实际问题，有时还须会后的进一步协调。会议过程中，如果出现争执，秘书应积极主动协调搭线，缓和气氛，并在会议过程中，仔细记录各项工作决议，并在会后督促各部门按各项决议开展工作。

五、会务工作的原则

（一）充分准备

会议不论大小都应有充分的准备。围绕会议的目的展开调查研究，收集必要的背景资料和统计数据，了解群众的看法和意见等。重要会议还要事先准备好会议文件，如动员会中的领导人报告，经验交流会中的发言材料等。决策性会议应将讨论的方案预先印出，会前送有关与会者审阅。这样，开会讨论时与会者才不会感到突如其来，发表意见毫无准备，避免出现职能部门用一两个月制定的方案，却要求与会者在一二十分钟里表明取舍态度的现象。

（二）严密组织

会议有些什么具体内容，会议如何开，讨论议题可能出现什么情况，会前都要逐项研究，安排到周密制定的预案之中，使会议过程中的各项工作有条不紊。规模较大的会议，组织工作更显得重要。

（三）周到服务

对会议服务工作的各个细小环节都要考虑周到，以免因小失大，造成忙乱现象。某企业有一次召开咨询会，请各方面专家谈本企业的发展规划。各方准备一应俱全，但临到开会时，专家准备演示事先准备好的文稿，却出现了找不到投影仪遥控器的尴尬局面。一时间，手忙脚乱，影响了会议进行。秘书工作人员应从类似“小事”中吸取教训，对琐碎的会务工作尽可能地考虑周全，服务周到。

（四）确保安全

大型或特大型会议由于人数众多，要特别注意安全。有少年儿童和重要来宾参加的会更要确保安全。会议组织者应将安全问题作为一个特别重要方面予以考虑。1994 年，新疆某市一次教育系统汇报演出中，在会场出现火警时，由于疏散通道被堵，竟使 300 余人葬身火海，其中大多数是参加汇报演出的儿童。这一惨痛教训应使每一个会议组织者，特别是大型会议活动组织者引以为鉴。

第二节　日常办公会的组织管理

在一般的企业中，各种类型的非常规的大中型会议在日常工作中毕竟是少数，大多数的会议是日常工作的例会，即办公会。办公会是机关、企事业单位、社会团体研究处理协调日常工作而定时召开的工作会议，一般称之为行政办公会，在企业即称经理办公会。

经理办公会的与会人员一般相对固定。企业行政办公会组成人员视企业领导体制和结构而有所不同，一般由总经理、副总经理及相当副总的总师或总监等人员构成。总经理办公室主任或行政事务部负责人列席会议。视办公会议题不同，还可召集有关职能部门和下属机构负责人参加。

作为例会，办公会的会务工作，有着基本固定的模式。企业办公室和商务秘书人员应完成的相应工作一般由以下几方面构成。

一、办公会议题的收集整理与确定

作为定期召开的例行会议,办公会是企业解决日常工作问题的重要方式,但并非所有问题都必须上办公会商议。企业不同于机关和事业单位,头绪特别多,应变需要快,不可能事事必议。在职权范围内的事,多由分管人员按制度条例和领导书面或口头指示办理,因而在办公会上作为议题提出的内容,大都应是需要部门之间协调动作或事关全局的大事。秘书人员应对企业的运转模式、工作程序有充分了解,特别要了解总经理的工作作风和领导层工作的惯例。这样在判断各职能部门所提出的应提交办公会讨论的问题时,才能做到心中有数。

办公会议题的收集,由秘书人员主动向企业各位副总和职能部门联系、征询。在建立了良好工作秩序的企业中,职能部门则每周定时向办公室主动联系,提出需要提交办公会研究的问题。

收集的议题应在合并整理后,视条件成熟与否和事项的轻重缓急,列出有必要提交办公会研究的若干问题,送主要领导人审定。由主要领导人斟酌后增删调整,确定办公会议题。

二、准备相关材料

办公会相关材料的准备一般包括以下几个方面:

(1) 与议题相关的背景材料及解决问题的初步方案。

(2) 议题提出部门向办公会所作的专题汇报材料。

(3) 拟作为会议讨论的文件初稿或拟提交会议讨论通过的决定草案。

在以上的会议相关材料中,(2)、(3)两项大都由议题提出的职能部门准备,第(1)项一般由秘书部门在主要领导授意下完成。打印或复印的议题、与议题相关的背景资料及提交会议讨论的初稿,一般在会前送交给办公会组成人员,使与会者对商讨的问题心中有底。

三、会议通知

办公会因属例会,时间、地点一般是相对固定的。对于工作程序已形成多年的企业,办公会会议通知一般不必另行制作,而是在企业每周重大会议活动安排表中注明(见表 4-1)。办公会组成人员对已成惯例的办公会,自然会在看到会议活动安排表后预留出时间。但对与议题相关的职能部门,秘书人员应在发送会议活动安排表时,对职能部门额外叮嘱下次办公会时间及出席人员。某些企业因工作程序或企业领导人工作习惯等原因,办公会仍需制作会议通知(见图 4-2)。

表 4-1 ××公司周会议活动安排表

2008.7.21～7.25

时间		会议内容	地点	出席范围	主持人
7.21	星期一 上午 9 时	总经理办公室	二楼会议室	公司领导及生产、销售、财务部负责人	×××
7.24	星期四 下午 2 时	新产品论证会	技术中心会议室	技术中心、生产部、质检部负责人及试制小组成员	×××
7.25	星期五 下午 5 时	例行工作总结	二楼会议室	公司总监、生产部、质检部、销售部各级主管	×××

会议通知

兹定于7月25日(星期五)下午5:00,在公司二楼会议室召开部门主管例行工作总结会,总结本周生产、销售、出厂等工作情况,请各部门主管按时参加。

总监办公室

2008年7月24

图4-2 ××公司内部会议通知

秘书人员无论用何种方式事先通知了与会者,在会前仍要当面或用电话再次确认与会者是否能按时出席。如不属会议第一个议题相关的职能部门,还应另行明确何时到会和候会地点。

四、会前检查

在企业中,办公会一般在固定会议室召开,秘书人员应在会前先检查会场桌椅(包括烟灰缸)是否整洁。有些议题涉及人员较多,座位不够,应事先预做安排。

打开会议室灯光和空调系统并调到合适温度。

若会议可能会使用多媒体设备,还应事先做好调试工作,使设备处于即时可用的状态。

五、会议过程中的服务工作

商务秘书列席会议的任务主要是做好会议记录(会议记录详见本章第四节)。

有些会议议题较多,与前一议题无关但必须参加后一议题汇报讨论的人员,秘书部门可根据预计的各议题讨论时间,通知他们在讨论前到达,另行为他们安排地方候会。这是保证会议有条不紊进行的必要措施,也是保证各议题讨论内容不致扩散的重要措施。秘书部门应指定专人管理这件事,对各项议题讨论时间的估计应尽可能大体准确,以免候会过久。坚持候会制度也是改进会风、减少不必要的"陪会"现象的一种办法。与会商务秘书应注意观察会议议题的进展,适时安排与下一议题的相关人员进入会场。

散会时在其他人员退场后,秘书人员应检查会议室有无遗忘的文件,并收捡会议使用的器材,关闭空调及灯光。

六、会议后的相关工作

办公会结束后,秘书人员对会议决定事项中需要以纪要方式通知相关部门协调办理的内容,应及时整理出会议纪要。

对于会议议定的事项,应由分管领导人安排相关部门落实,秘书部门则应按领导的安排负责督促检查落实情况并向领导汇报。会议决定事项的督促检查可以通过口头方式了解落实情况,亦可按程序填写会议决定事项督办单(卡)检查落实情况,并将情况及时反馈给相关领导。

七、会议文件的管理

办公会会议记录,一般都纳于企业机密范围之中,应由商务秘书按机要文件要求妥善保管。对于办公会讨论稿的相关文件，亦应按文书处理的有关制度予以妥善处理。

实 例：

英姿图文广告公司将举行销售团队会议，研究销售工作下一季度的目标以及工作人员招聘、选拔等问题。商务秘书刘丽在编制议程表前，先请总经理、销售总监等有关上司提出议题，再询问各主管方面有无要拿到会上讨论的事情，并提出请主管上司定夺，然后将要讨论的问题排了一下，便打印交给了上司（如下所示），上司认为这份议程表有问题，需要重做。

英姿图文广告公司销售团队会议议程表

公司销售团队会议将在5月5日星期一上午10:00在公司总部的三号会议室举行。

销售二部经理的人选。

东部地区销售活动的总结。

上次会议记录。

销售一部关于内部沟通问题的发言。

下季度销售目标。

公司销售人员的招聘和重组。

讨论：请帮助刘丽找到议程表的问题所在。

实例评析：

(1) 未注明参加此次会议的人员范围和参加会议的一些特殊议程的人员范围。

(2) 议程的顺序不当。应将重要的、敏感性话题或议程放在最后。

(3) 议程表达不清，不知所谓。例如“销售一部关于内部沟通问题的发言”应为“销售一部经理关于加强内部沟通的典型经验发言”。

一个完整的会议的议程与日程的安排必须吻合。会议议程表制定后，必须经主管领导审核方可实施。会议议程的主要内容可参照如下序列。

2008—2009年度1月份董事会会议议程日期：

2008年12月29日（星期三）

时间：下午7时30分

地点：公司总部大楼

出席：×××

(1) 会长宣布开会

(2) 人员缺席情况

(3) 通过本次会议议程

(4) 通过上次会议记录

(5) 会长报告

(6) 第一副会长报告

(7) 第二副会长报告

(8) 秘书报告

第三节 大中型会议的组织工作

各种会议类型不同，内容各异，规模也有差别，会务工作的项目也会不同。对于商务秘书和秘书部门来说，大中型会议的会务组织工作环节较多，难度较大，需要精心准备。有些会议由于其内容的特殊性，如大型的订货会，不是商务秘书部门能独立运作的，应由商务秘书部门会同相关部门临时专门组建的会务工作班子来负责筹备。

这里重点分析大中型会议会务工作的一般要求。

大中型会议组织工作内容繁多，且视会议议题、规模不同而有差别，但概括起来说，大都有以下七个环节，即会议议题安排、会议预案、会议文件准备、会议通知、会前检查、会中调度服务工作和会后整理工作。

一、会议预案工作

所谓会议预案，就是会议的筹备方案，制定好预案是开好会议的前提。会议预案一般包括会议名称、内容、指导思想、任务要求、会议地点、出席人员、会议期限、日程安排、会议领导、注意事项等的安排。

（一）会　名

预案中首先要明确会议名称。会名要名实相符，妥贴恰当。会议名称不同，其性质、规模也不同，如座谈会与汇报会不同，表彰大会与总结会也有差别。因此，首先要给会议“正名”。

（二）会议时间

会议时间包括会议何时召开和会期长短两项。会期长短应与会议内容联系起来考虑，能够在半天开完的会，就不要勉强拉长到一天，更不应该预先毫无估计，开到何时算何时。预案中应写明会期，由领导人最后“拍板”通过。

（三）会　场

开会地点，会场设置，要结合参加会议的人数和会议效果来综合考虑。一二百人的会议，就不要勉强摆在可容一千余人的大礼堂召开。企业的秘书部门平日要掌握本单位或附近的主要会场、礼堂、宾馆（招待所）的数据资料，包括会（剧）场、招待所可容人数，会场座号的排列方法，舞台大小，宾馆单、双、多人房间数等基本情况。与会人员须集中住宿的会议，会场安排还应与宾馆或招待所一起考虑，按会议的规格、出席人数等因素选择适当的会议地点。

（四）出席范围

会议出席和列席人数事先应有比较精确的计算。会议开到哪一级（总公司、分公司、部门或车间），哪些单位派什么人出席，哪些单位应有人列席，都应心中有数。这也需要秘书部门平时注意掌握本公司、本系统的基本资料（如下属单位数、部门数、管理人员及员工总人数等）。大型会议活动，应专门成立“组织组”负责考虑会议参加者的范围、人数及名单分配。

（五）会议票证

小型会议的票证很简单，凭会议通知或介绍信即可。而大型会议则需要专门印刷入场证和其他票证，重要会议还要为工作人员印发证件。如大型游园联欢或重要集会，应有各种入场证(分区使用的或各区通用的),各种工作证(指挥长、联络员、领队、服务人员、记者等),各种汽车通行证(小汽车、交通车、联络服务车等)。重要的代表大会有出席证、列席证、请柬等。会议票证制发应兼顾会场安全和工作方便两方面。

(六) 会议筹备班子的职责分工

会议筹备班子中的有关方面(如会务组、秘书组、后勤组)或有关人员的职责,一定要在会议预案中划分清楚,以便预案中规定的各部门分别按照其职责要求去完成会议筹备和会议其他工作任务。特别是临时组织起来的大会指挥部、秘书处、会场的工作人员,平时缺乏分工协作的实践,更应在预案中明确各方的任务和协作要求,以期密切配合,共同努力,组织好会议。如较大会议的预案中,应分别写明大会筹备处、宣传组、组织组、秘书组、资料组、后勤服务组、保卫组的职责,人有专职,事有专人,既要分工明确,又要互相协作。

会议筹备班子的职责分工视会议内容和负责人工作习惯不同会有所区别,但一般会务组、秘书组、后勤组的分工大体包括以下几个方面:

(1) 会务组主要职责:会场内布置、场外气氛(条幅标语、彩旗气球等)、主席台安排、代表或来宾签到、来宾迎送、座位安排、领奖安排、会场协调等。

(2) 秘书组主要职责:会议通知拟制寄达与反馈、会议日程安排、文件制作与发放、会议记录、会议简报、会议纪要、新闻单位联系与陪同、新闻通稿拟制、代表名单及通信录制作等。

(3) 后勤组主要职责:代表食宿安排、车辆交通安排、返程票联系、场地卫生、应急医疗、确保供电、经费预算及收支安排等。

(七) 会场布置

会场通常为方形或长方形,也有布置成马蹄形、圆形、八角形、山字形、回字形的,视会议需要而定。表 4-2 为几种常见的会场布置形式。图 4-3 所示为座次排列图示。

表 4-2 会场形式一览表

会议形式	会场形式
日常工作会议	圆形、椭圆形、长方形、马蹄形、T 字形、三角形、六角形、八角形、回字形
中型会议	而字形、倒山字形、半圆形
座谈会	半圆形、马蹄形、六角形、八角形
大型茶话会、团拜会	星点形、众星拱月形

秘书在布置会场时,应能够创设和会议主题、性质相适应的会场气氛。庆祝会要布置得气氛热烈,履行法定程序的会场要布置得庄严,追念哀悼性的会议要布置得肃穆。气氛的布置,包括会场主席台上方会标字体与横幅颜色的选择,会场周围标语、口号的制作,以及台口花卉的摆法等。大型会议为了预先了解会场布置情况是否合乎要求,有时还应先画出会场布置效果图,请有关领导人审定。

会场布置也包括场地的划分及进场退场的路线。人数很多的大型会议,如在体育场、露天广场上召集的会议,应有会场平面布置图。要特别注意,大型集会中与会者是分散进场而集中退场的。应避免出现由于集中退场而通道不畅发生人群拥挤、践踏伤人事件。这在以往大型活动中是有许多血的教训的。

此外,会场音响效果、照明设施、通风设备、茶水杯盘、录音录像设备、场地卫生设施、会场保安措施等,都应在会场布置中考虑如何妥善安排。

会场音响应事先调试妥当,不要临场调试,避免会场出现强烈的回输啸叫声。会议期间,在多路话筒语音信号同时接入时,音响控制室工作人员应密切注意会场发言人的转移变换,在多路调音台上适时将某路话筒传输信号强度提升或消除。特别要避免在主发言人信号输出时,其他多路话筒中却传出与会议无关的声响,如主席台上就座的某些人员与其他人员讲述无关会议主题的声音,影响会议效果。

重要会议的录音工作要有专人负责,录音工作应全程监听录音效果,适时更换磁带。使用无线话筒或录音笔录音时,要事先更换电池,避免由于中途电池电量不足致使无线话筒的频率漂移或信号减弱,造成录音不清晰,甚至一片空白,以致留下无法弥补的遗憾。

会议进行中,若有现场摄像工作,要充分考虑摄像照明对会场供电负荷的影响。若多个摄像照明灯接入同一相电源中,则可能造成某一相电源过载而致使空气开关断开,造成会场在一片辉煌之后,随之一片漆黑。即使马上采取紧急措施,也会严重影响会场气氛。

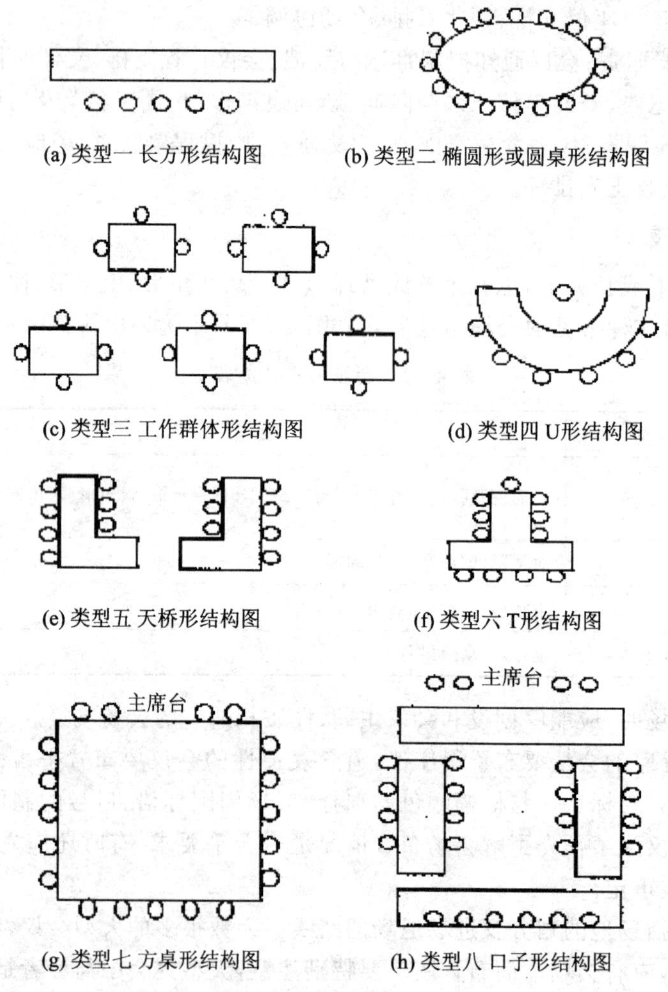

(a) 类型一 长方形结构图

(b) 类型二 椭圆形或圆桌形结构图

(c) 类型三 工作群体形结构图

(d) 类型四 U形结构图

(e) 类型五 天桥形结构图

(f) 类型六 T形结构图

(g) 类型七 方桌形结构图

(h) 类型八 口字形结构图

图 4-3 座次排列图示

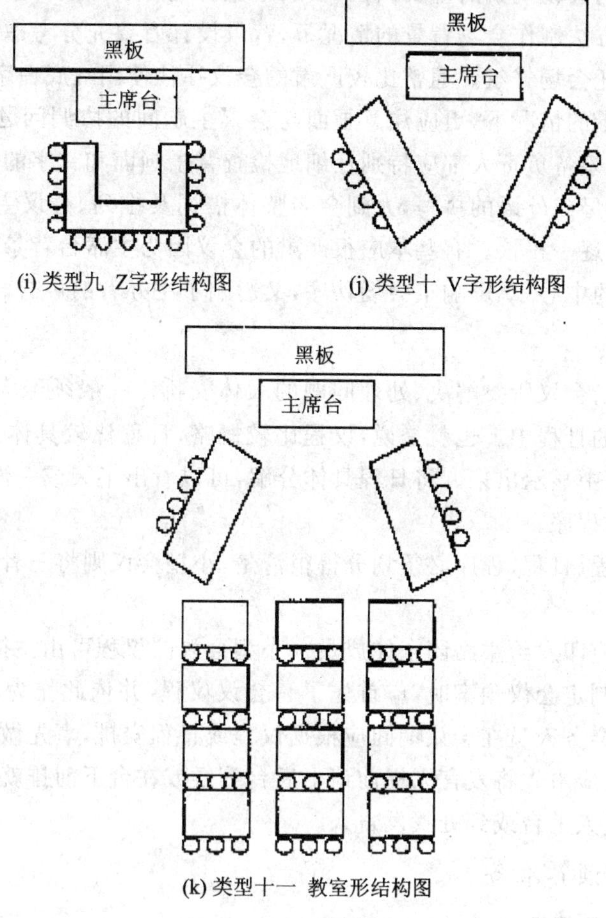

图 4-3 座次排列图示(续)

(八) 主席台

主席台是会议参加者注目的地方,也是会场布置的重点,应在会议准备预案中单独列为一项。具体位置布置可参见图 4-3 所示会场布置的座次排列图。

主席台布置除前面提到的会标外,还有国徽或纪念人画像、旗帜等的悬挂问题。重要会议的主席台座次名单也是会务工作中必须考虑的重要问题,常常由秘书部门负责人亲自安排,并及时送领导审定。至于一般会议,则不必把众多的领导同志请上主席台,只要主持人和发言人上台即可。主席台上的座位安排,应根据领导审定的座次名单事先用名签(席次卡)标明。主席台上若有外宾,名签上面对外宾的一面应使用其本国文字或英语。话筒布置也要注意选择最佳位置。

出席会议的领导同志或其他嘉宾在台下应安排专门的休息场所。一般在有条件的会议场所,有专门的嘉宾休息室,休息室离会场距离不应太远。设嘉宾休息室有几个作用:会议在室外举行的情况下,设置嘉宾休息场所,以等候嘉宾到齐后,再向会场指挥者通报会议可以开始;也有因为与会者还没有到齐,会场尚未安顿好,需要嘉宾在休息室稍作等待,以待会场准备好后,再请嘉宾入场。在一些特别的会议中,一般嘉宾和特殊嘉宾的休息场所还可分开安排,以便宾主利用会前有限时间进行一些礼节性的交谈。

主席台背景是影响会场气氛的重要因素，会议组织者应特别考虑背景色彩和字形的设计。在目前大量使用喷绘方法制作会场背景的情况下，背景设计者要充分考虑会议的主题，以使用恰当的背景色彩来烘托会场气氛。通常比较严肃的会议往往使用红底白字或蓝底白字这两种搭配。在以画面为背景的情况下，更应注意画面与会议主题间的协调问题。无论以何种形式作背景，设计者和会议筹备负责人都应特别仔细地检查背景画面和文字的每一个细节，小到字体、字号、标点、拼音字母或外语的拼写，大到会名整体措词及排列、会议主办单位、协办单位、赞助单位的核对，都要逐一校核。有些本应很严肃的会议因为主席台背景画面文字的疏忽，成为会场与会人员议论的中心，既影响了会场秩序，又影响了主办者的声誉。

（九）会议议程

会议议程通常是指会议所要解决、处理问题的大体安排。一般须经大会通过。会议议程必须体现在妥善安排的日程中。也就是说，议程比较概略，日程比较具体；各项议程在会议期间何时进行，要在日程中显示出来。将日程具体分解，可以看出半天或一天会议内容的先后顺序，这就是会议进行的程序。

大中型会议的议程、日程、程序必须划分得很清楚，小型会议则将三者合而为一，统称之为议程。

大型会议的议程应印发给主席团全体成员。小型会议的议程可由主持人掌握。

秘书工作人员在制定会议预案时，应首先了解会议议程，并依此作为初步日程安排，由有关领导人审定通过。会务人员在会议期间应根据议程或日程安排，事先做好准备。例如，举行经验交流会，会务人员应事先将发言人提前请上后台等候或在台下前排就座，并由专人负责联系，不要在会上喊发言人上台或到处找发言人。

（十）会议费用预算准备

1. 预算和筹集会议经费

会议活动的经费视会议规模的大小、规格高低而定。预算应本着科学合理、总量控制、确保重点、精打细算、留有余地等原则，能够合理预算会议经费。了解会议经费的筹集渠道和办法包括采用行政事业经费划拨、主办者分担、与会者分担交通费、食宿费等个人费用及社会赞助等。但只要会议涉及经费问题都要事先做好预算，以备领导审核。

2. 会议收款与付款的方法

有些会议要由与会代表向主办方支付一些必要的费用（如资料费、培训费、住宿费、餐饮费等），应在会议通知或预订表格中，详细注明收费的标准和方法、与会人员可采用的支付方式如现金、支票、信用卡，如用信用卡收费，应问清姓名、卡号、有效期等。开具发票的工作人员，事先要与财务部门确定正确的收费开票程序，不能出任何差错。如果有些项目无法开具正式发票，应与会议代表协商，开具收据或证明。

以上十项是一般会议预案的主要内容，有些会议还有选举、发奖、摄影等活动，也应列入预案之中。

（十一）选举投票的组织工作

各种代表会议往往有选举投票工作。投票地点、票箱的设置、唱票间隙的活动，都应在预案中有所安排。如果用计算机处理选票，会务工作人员也应作好相应的准备工作。

（十二）发奖活动的组织工作

表彰大会往往都有发奖活动，气氛既要热烈，又要防止错乱，预案中应就此列出专项，作好安排。例如，台上奖品的排列顺序应与领奖人上台顺序相符。重大会议的发奖仪式，应将领奖人员安排在台下前排按顺序就座，必要时事前可作预演，以便事先发现问题，避免错乱。

会务工作人员应预先向领奖人说明上台领奖的礼仪和程序。如果有现场摄影或录像活动，更应将注意事项先通知有关人员。领奖后，如发现奖品错发，可以会后再行调整，不宜在会场上调换。

（十三）集体摄影活动组织工作

大型会议的集体摄影活动看起来不过是几分钟的事，但会务工作人员往往要为此花费很多精力。

会议预案中应对集体摄影活动周密安排。人员队列安排应有平面布置图；在人数众多的集体摄影中，进入摄影场地的路线和进退场先后次序应有明确规定；摄影场地的站台长度应计算准确，并留有余地，各排间应留有足够的高度差；领导人座次应在椅背上用姓名作出标示，整个摄影活动要有专人统一指挥。

（十四）特殊活动的安排

有些特殊性的会议，如节日的焰火晚会，也应列入节日庆祝预案之中。如对焰火的施放地点及联络方法应作出明确规定。

应指出的是，特大型会议内容较多，组织工作复杂，预案往往是由大会整体实施方案和各组具体工作实施方案（如秘书组、组织组、宣传组、保卫组、后勤组等各组具体实施方案）组成。大会筹备处或办公室从整体列出各组工作要求，而由各组再行拟定具体方案。会议预案形成文字后，经过审批，由各方面遵照落实，并作为会后检查的依据。

二、发放会议文件资料

1. 会议文件资料的准备、发放

常见的会议文件资料主要包括：开幕词、闭幕词、领导讲话稿、主题报告、专题报告、会议简报、会议记录、会议纪要、新闻稿、会议通知、日程安排等。其基本内容包括三个方面：一是起草会议工作报告；二是组织好典型材料；三是准备议案性的材料。

会议文件资料发放工作的基本方法：

第一，按照与会人员名单，准备好每人一个文件袋，在文件袋上填上与会者的姓名，并注明“会议文件”等字样。

第二，分发重要文件一般要编号、登记。文件编号通常印在文件首页的左上角处，字体字号应有别于文件正文。具有保密内容的文件，还要注明密级。

第三，一些征求意见稿或保密性文件，需要在会后退回的，则应附上说明。

一般来说，会议所需的文件材料，应在会前数日分送与会人员审阅，让他们有时间准备意见，特别是研究工作方案、审议工作计划的会议，这一环节很重要，会直接影响到会议的效率。

为了准备好会议的主要文件，秘书部门应根据领导的意图，有的放矢地进行调查研究，提出解决问题的方案，拟出文件。如有必要，还应将拟定的初稿，分送有关单位征求意见，然后修改定稿。会前做好有关文件的准备工作，可以使会议议题比较集中，保证会议的基本目标得以实现。

对于重要会议的核心报告，如年终工作总结报告，应根据领导的意图，在充分征求各部门意见的基础上由专人执笔，反复修改，由领导审阅后方可定稿。一个会议的指导性工作报告几易其稿，甚至在修改过程中推倒重来的事可以说屡见不鲜。商务秘书初次接手这项工作时应该有充分的思想准备。

会议文件应事先打印好。印刷会议文件，应认真校对，避免差错，特别是统计数字、计量单位、人名地名，要力求精确，务必反复核对。文件印刷份数要比预计发放份数多一些。文件宜在代表报到时给发，不要开会时在会场上散发，以免影响秩序，干扰会议。

2. 议题的搜集、筛选与处理

第一，对议题的搜集与筛选。既要较全面地了解本地区、本部门、本单位的情况，还要熟悉上级部门的部署、指示、决定，把上级部门的精神同本单位的实际情况紧密地结合起来。纵向性会议的议题经过审查，直接提交给会议的领导机关或领导人参考和决定；横向性会议的议题则要经过表决或磋商确定，将确定的议题列为会议的议程。

第二，对议题的加工和调整。在对各部门报送的议题进行认真审阅、筛选的基础上，不能确定的议题分别采取“撤题”、“转题”、“缓题”、“协调”和“深化”的处理方法，以达到提高会议质量和效率的目的。

第三，议题的形式。重要的会议议题要采用书面形式(如议案、议程表、提纲)；有些事务性会议或小型会议、小型调查会需强调议题的程序性，可事先将议题口头告知与会者，由会议主持人根据会议的具体进展灵活掌握。

三、发送会议通知，制发会议证件

（一）发送会议通知

会议通知必须简明扼要。那种用“为了”起句，然后摆出一大堆依据，把会议时间、地点放在最后的写法，不能使人开门见山地得到会议信息，应尽量避免。

会议通知必须具备七要素(也称之为“七个清楚”)：会名、会期、开始时间(月、日、星期，上、下午或晚上几时)、地点、参加会议人员范围、入场凭证、筹办会议的联系单位等。

会议的住宿、膳食安排，携带文件或其他特殊要求，也应视需要写入。

对于参加会议的人员范围，应注明出席对象、人数、职务，切忌含糊不清，把出席范围笼统地写成“有关负责同志”，使人不得要领。

会议通知的信封应注明是“会议通知”，并要注明送到日期，这样，可以作为急件及时递送，避免误时误事。

重要会议的会议通知发出后，还应跟踪落实，用电话与参加会议的人员联系，检查通知是否送到，了解对方是否能如期出席会议。特别是对会议中的关键人物，通知发出后一定要注意落实。

会议通知可将会议的有关票证一起附上，如入场券、汽车通行证等。但分发票证时，应留有必要的机动数，以解决不可预见的临时需要。

重要会议在通知发出时，还应准备好代表座次、住宿房间、就餐安排、乘车号码、小会地点、编组名单和其他准备事项。这些事项附件如果能随通知附上的则一起发出；不能一起发出的，至少也要在会议参加者报到时通知他们。

会议通知的格式多样，常用的四种格式是便函式、卡片式、表格式和备忘录式。

1. 便函式

会议通知

致：各部门领导

发自：公司总经理秘书刘倩

日期：2008 年 12 月 15 日

主题：各分公司包括部门领导的圆桌会议通知

2008 年 12 月 15 日上午 10：00，在长城宾馆会议室举行公司领导及各部门领导的圆桌会议；12：30 将有午餐供应。假如您不能参加，请于 12 月 14 日之前打电话 68994393 告知。

附上一份议事日程。除此之外，您还将得到一张令人满意的会务指导地图和一份便于在宾馆旁停放车辆的说明。

欢迎您出席我公司这个重要的计划会议。

附件：议事日程

地图

2. 卡片式

各部门领导会议通知

目的：讨论公司下一年度工作计划

时间：2008 年 12 月 15 日上午 9：00

地点：长城宾馆会议室

如您无法出席，请于 12 月 14 日前电话告知刘秘书，电话号码 68994393。

3. 表格式

×××公司领导年终会议通知

日期	星期	时间	地点
2008.12.15	周一	上午 9：00～11：30	长城宾馆会议室
主持人	董事长：张××		
出席		列席	
张××	李××	王××（人事部）	韩××（市场部）
杨××	赵××	孙××（技术部）	刘××（后勤部）
会议议程	1. 9：00～9：15 董事长讲话 2. 9：15～11：30 参会人员报告		

4. 备忘录式

备忘录式会议通知的一般体例如下：

会议通知

兹定于×月×日(星期×)×午×时在××地点召开××会议,会期×天,参加人员为××,凭××入场,有关会议的具体事宜,请与××联系(电话号码××××××)。

秘书办公室

2008年×月×日

如果是本单位的小型办公会,最后两项可省去,其会议通知样式如图4-2所示。

(二) 制发会议证件

要了解会议证件,包括出席证、列席证、旁听证、来宾证、记者证、工作证、随从证、保安证、签到证等,能设计代表证、工作证。

实 例:

某公司计划会议按期召开,而其附属的信息有限公司王经理没有到会,秘书打电话询问得到的答复是其没有收到会议通知,不知道开会一事。秘书随后与之商定当日能否赶到,会议要持续两天,王经理随后到会。

这中间究竟是哪一环节出了问题?

实例评析:

会议通知发送后需要及时加以确认。

秘书要明确会议通知发送的注意事项:发送通知一定要明确发送对象;落实发送的回复确认环节;对于一些区域性、全国性乃至国际性会议,需要安排与会人员食宿和回执的,还要在发会议通知的同时附上会议通知回执,以便会务人员安排接站和订购车、机票;对于经常参加某类会议的部分人员,可用计算机打印出标签或准备多套邮寄标签,以免重复打印,对于计算机中保存的地址要注意随情况变化而不断更新。

四、做好会前检查

会前检查是落实预案、保证会议能顺利召开的重要一步,重要会议在会前要多次反复检查落实。

会前检查,一般分为由领导人听取大会筹备处各组汇报和现场检查这两种方式。其中,现场检查是主要形式。检查的重点是会议文件材料的准备、会场布置及安全保卫工作等。

大型会议的会前检查还包括警卫部署,票证检验人员的定岗定位,交通指挥及主席台服务人员的就位,供电安全、疏散通道的检查,特别是会议播放乐曲的光碟或磁带的检查等。有的大型会议活动因为播放乐曲的光碟、磁带检查不认真,出现笑话甚至严重的错误而导致会场秩序哗然,影响会议进程,有些教训甚至是刻骨铭心的。

正因为会前检查工作十分重要,所以每一位会议筹备工作的组织者必须高度重视这一工作环节。即使会议筹备负责人工作再忙,临开会的前一天,也务必抽出时间对会议筹备工作的各项工作环节认真地进行一次检查。检查内容不仅应包括会务工作所有大的环节,也包括一些筹备工作的细节。进行会前检查时,会议筹备班子的各部门负责人必须随行,以便发现问题时及时整改。

五、搞好会中调度服务工作

（一）会议签到制度

会议签到可以及时了解该到会的人是否到会，准确地统计到会人数。对于股东大会、董事会来说，这关系到是否达到法定人数，选举结果和通过的决议是否有效等关键问题。为了保证执行签到制度，有的会议还采取了周密的签到卡、签到图等措施。在规模较大的会议中，可采取划片安排座位的办法，由会务工作人员核对介绍信或入场券，执行签到制度。

（二）做好会议记录，写好会议简报

会议记录是本单位的核心机密，也是重要的文书档案和会议内容与进程的真实凭证。秘书人员要认真做好记录，做到主要观点不遗漏，重要决定不错漏。字体要工整，并使用专用记录纸，必要时会后还应加以整理。记录要用钢笔、毛笔，不要用铅笔、圆珠笔、红色笔。会议内容应保密。

会议简报是用来交流会议情况、指导会议进行的重要工具，要求新、求实、求短、求快，迅速反映值得注意的动态与问题。

（三）会议特殊情况的应急措施

会议进行过程中可能发生临时变动，如调整议题、临时动议、增加与会人员及其他特殊情况，秘书部门要根据情况，采取应急措施，做好临时调度工作，保证始终有人在场服务。

（四）大型集会的现场指挥

大型集会活动，要有现场指挥，并运用现代化联络手段（如有线广播、无线电对讲机和其他联络信号等）来调动队伍，处理突发事件，保证集会的顺利进行。

六、妥善完成会后工作

会议结束和会后整理工作包括会议内容总结、会议纪要、代表离会工作、会议新闻报道、会务经验总结等。

1. 会议总结

并非所有的会议在结束时都要有总结。如各种代表大会、劳模会、表彰大会，闭幕时可根据需要作一份简短的“闭幕词”。但有些会，如一年一度的计划会议、科技会议、教育会议等，大都需要在会议结束时作总结。这些会议牵涉到事业发展规划及各有关方面需要承担的责任，对于会议中提出的各种方案、意见，经过讨论之后，应由负责同志在会议结束时做出结论，以便大家有所遵循。秘书部门协助领导人准备会议总结时，切忌照搬会议开始时的工作报告，应将讨论的结果集中归纳，概括总结，内容要具体，措施要得力，行得通，办得到。一般的小型会议，可由主持人即席小结，不必写成书面总结。

2. 会议纪要

如果会议讨论、决定的事项涉及几个部门、几个单位，需要有案可据，协同行动，则可写出会议纪要，以便分工负责，贯彻执行会议的决定。

3. 会议代表离会工作

对于外地来开会的代表，会务工作人员应做好他们离会的安排工作，事先了解他们返回的日程和交通工具，代为购买车船票、飞机票。个别需要暂留的代表，也应妥善安置他们的住宿

生活。

4. 会议新闻报道

需要发布新闻报道的重要会议，既可发综合消息，也可发典型报道。本单位有报纸的（如企业报），必要时还可配上“评论”、“社论”。遇到这种情况，会议的秘书部门应与新闻单位配合，共同编写新闻稿件，及早送有关领导审定，及时让会议新闻见报，以推动会议贯彻落实。

应注意的是，秘书部门在编写新闻稿件时，要慎重考虑报道内容，特别是对内容重要的会议，一方面要配合新闻单位工作，另一方面也要注意加强请示汇报，以避免在会议新闻报道中出差错。

5. 会务工作经验小结

为了积累经验，“打一仗，进一步”，重要会议或大型会议结束后应该回顾会务经验，作为今后开好同类型会议的借鉴。有的会议，还应就会务工作写出小结材料，连同会议预案、会议记录、会议简报和其他会议文件，一并作为完整的卷宗归入档案。

6. 善后工作

会务总结还应包括表彰会务有功人员和有关部门，慰问日夜辛劳负责会务工作的同志。

最后，要归还借用物品，做好财务结算，善始善终地完成整个会议的会务工作。

显然，以上六个环节可以从纵向的时间顺序划分为会前工作阶段、会中工作阶段和会后工作阶段（见图4-4）。

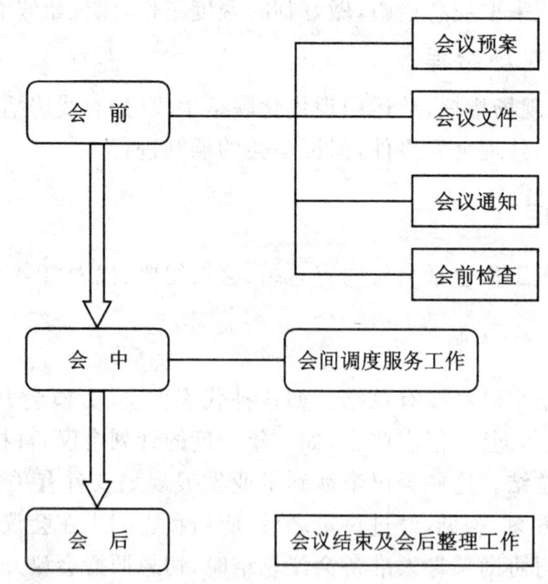

图4-4　会议组织工作按时间划分的三阶段六环节

这样把会务工作划分为三个阶段，便于从时间阶段上对会议组织工作的总体把握。但这样划分会务工作，不能很好地理清繁杂的会务工作头绪，也不能十分准确地把某些会务工作细节按时间归入哪一个具体的阶段。如会议新闻工作：会前必有联系并邀请新闻单位的工作；会中有与新闻单位的陪同、引导、服务与协调等细节；会后有新闻发布与报道工作，也有会务组织者与媒体配合工作、协调口径，甚至新闻通稿的合作等细节。特别是一些对企业有着重要意义的会议，新闻媒体在电视报道、报纸刊出后，会务组织者要将电视报道内容拷贝副本，将报纸上的有关报道收集起来，留作本单位的重要历史资料。像这样一类工作可以贯穿会前、会中、会后，决不只是哪一阶段的工作。再如，一些重要会议特邀嘉宾的邀请、机场迎接、会见领导、引导陪同、送行，甚至企业中还存在的礼品馈赠等细节，都是贯穿会议始终，也不是能归入某一阶段的工作。所以会议组织服务工作除按时间顺序可分为会前、会中、会后三个阶段外，还可按会议组织服务工作的内容分为会务组、秘书组、后勤组三个方面。特大型的会议组织还可以从这三个组中细分出组织组、宣传组、保卫组等。

综上所述，大中型会议会务组织的各项工作环节，既可以从纵向的时间上划分为三个阶段，即会前准备工作、会中调度工作、会后整理工作；也可以从横向的工作内容上划分为三个方面，即会务组工作、秘书组工作、后勤组工作（见图 4－5）。

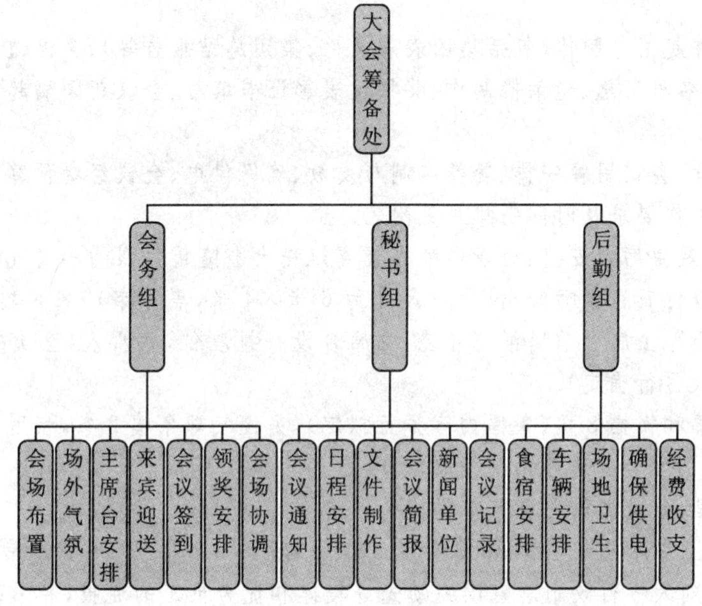

图 4－5　会议组织工作责任分工图

大、中型会议的组织者，在头脑里有了这样对会议组织工作的时间阶段顺序和工作内容脉络的整体概念，才能更好地把握整个会务组织工作的阶段进程和工作头绪。

实　例：

××集团公司是一个大型企业集团，每年都要在年终召开总结大会，并在会上表彰集团公司一批先进集体和优秀员工。2008 年 11 月底，集团办公室主任李明向总经理提出，已近年末，是否应在办公会上提出年终总结和表彰的事，总经理同意将这一议题纳入办公会讨论。办公会决定了此事并责成集团办公室拿出筹备方案。两天后，办公室李主任与秘书晓娟根据会议讨论意见拿出了会议筹备方案并报总经理批准后，下发了以下这份会议预案。

为总结经验，表彰先进，经总经理办公会研究决定，定于年末召开 2008 年度总结暨表彰大会，现将会议筹备事项安排如下。

会议预案：

一、会议名称：××集团公司 2008 年度总结暨表彰大会

二、会议时间及会期：2008 年 12 月 30 日上午，会期半天

三、会议地点：集团公司礼堂

四、出席范围及人数：集团领导全体成员、集团各直属部门工作人员、各分公司领导及管理人员、一线生产员工代表、全体受表彰员工，共计450人。

另邀请市领导和市纺织行业协会相关负责人等嘉宾出席(名单另定)。

五、会议筹备班子职责分工：由集团办公室、人事部共同组建会议筹备班子，李明为筹备工作负责人，下分三个工作小组。

1. 会务组

负责会场布置、场外气氛营造、嘉宾邀请及迎送、场地座位划分、主席台座次安排、领奖仪式彩排组织、受表彰员工与集团领导集体照相、会议现场总体调度等工作。

2. 秘书组

负责会议文件起草与制作(包括集团表彰文件、集团总结报告等)、会议通知和嘉宾邀请函制作与送达、表彰名单汇总、光荣榜制作、奖状及表彰证书填写、会议新闻稿起草等工作。

3. 后勤组

负责奖品购置、会议用餐安排、餐券印制与发放、确保供电、会议经费预算与管理等工作。

各小组具体工作要求及时间安排另见附表。

六、会场布置及主席台安排：会场内外布置要烘托大会隆重热烈的喜庆气氛。

主席台背景以红底白字喷绘出会标(尺寸为6米×4米，黑体字)“××集团公司2008年度总结暨表彰大会”，主席台前以鲜花环绕，主席台设一排座位，共八人(座次安排视嘉宾反馈情况在开会前一天另行确定)。

会场外设条幅和横幅8幅(条幅内容另行拟定)，另设气球条幅2条，租用铜管乐队在会场外演奏，在公司大门至会场道路两侧插彩旗60面。

七、会议议程：会议议程主要有4项。

1. 集团公司王一禾总经理作2008年度工作总结；

2. 集团公司刘天弓行政副总宣读奖励先进集体和优秀员工的通报；

3. 颁奖仪式；

4. 集团公司杨慎行董事长讲话。

会议详细议程另见附表。

八、颁奖仪式组织：按受表彰的集体代表和个人总数为60人，大会前一天集中在会场内预演彩排两次，在会场前3排预留领奖人员座位，将人员编号，与奖状排列一一对应，确保颁奖仪式顺利进行。

九、经费预算与管理：大会所需经费初步预算约8.5万元(含奖品购置、会后聚餐、租用乐队及气球等费用)，详细预算另见附表。

这次大会将在全面回顾我公司2008年度所取得成绩的基础上，系统总结各方面工作的经验和教训，大力表彰在本年度取得优异成绩的先进单位和先进员工。这次大会对鼓舞士气、振奋精神、更好地完成下一年度工作任务具有十分重要的意义，相关部门和人员有必要认真准备，精心安排，以确保大会顺利召开。

××集团公司办公室
二〇〇八年十二月四日

第四节 会议文书工作

一、会议文书的种类

会务工作中，涉及文书工作的内容比较多，一般来说，有起草会议通知、工作报告、总结，做好会议记录，编写会议纪要等项工作。本节仅对会议记录、简报和纪要三项做了讲解，让大家了解会议文字工作的基本要求。

（一）会议记录

会议记录是会议情况的真实反映，也是检查会议决定事项执行情况的依据和凭证，它包括两部分。

第一部分是会议组织情况。要写明会议名称、届次数、时间、地点、出席者、缺席者、列席者、主持人的姓名与职务，稿末签上记录者的姓名。以上这些项目多在会议主持人发言之前写好。

第二部分是会议内容。这是记录的主要部分，要将会议议题、讨论发言、形成的决议尤其是主持人的结论性发言记录下来。

会议记录的方法有以下两种：

1. 摘要记录

这是一般会议通用的记录要求。不必有言必录，只记发言要点、结论和会议上讨论的问题，通过的决定、决议。

做好摘要记录的关键在于：要对发言内容迅速作出分析，哪些可记，哪些可不记，有所取舍，适当归纳，扼要地记下重点，不可歪曲发言者的原意，不可遗漏发言者的主要观点。所谓重点，一般是指会议主持者和主要负责人的发言，也包括与会者的不同意见或有争议的问题、会议的决定或决议；所谓扼要，就是要记下发言人的主要观点和论据。

2. 详细记录

多用于领导班子的重要会议，如党委常委会、经理办公会等。要求有言必录，不能只搞提纲挈领式的记录，也不能只记结论，要尽量记原话，不可改变原意。

做详细记录，要求记录者认真负责，精力集中，一字一句紧记不放，特别要注意抓住发言人开始、转题、结论的语言。对通用词汇可采用简化方法，事后补正；涉及文件名称或便于查找的文件内容，可先省略后补记。有可能的话，可采用多人记录，综合整理；还可利用录音方式，修正补齐会议记录。能否做好会议记录，不完全是书写速度的问题，还要看记录人是否熟悉会议所涉及的内容。有的机关即使配了速记员，但记下来的内容往往并不符合要求，甚至闹笑话，原因就在于记录人不熟悉会议内容，不了解实际情况。

新上岗的商务秘书第一次到办公会上做记录之前，应先了解企业经理办公会人员的组成，还应尽可能地将人与姓名对上号；要了解公司的产品、设备、工艺、营销和机构设置等基本情况。在熟悉企业的基本情况后，再去办公会上做记录也就不会出现听不清、弄不懂、一头雾水、一脸茫然的情况了。这是每一位初次上岗做办公会记录的商务秘书都要上的“必修课”。

会议结束后，记录人要全面检查记录，检查错漏字，字迹不清的地方和其他遗漏处要及时补写好，对会上没有弄清楚或发言者表述不清的地方，要及时找有关人员核对。

记录人必须遵守保密规定，不得泄露会议内容。会议记录要妥善保管，不得外传或遗失，并使用专用记录本，按规定定期归档。

（二）会议简报

会期短、人数少的会议，不必出简报。人数多、会期较长的会，应做好会议简报。

出会议简报是为了交流情况，提高会议质量。简报应求新、求实、求短、求快。求新，就是要反映新经验、新情况、新问题；求实，就是要反映情况要真实，不夸张，不缩小，事事要查对落实，不能马马虎虎；求短，就是要文字简练，篇幅短小；求快，就是要迅速反映值得注意的问题，简报不抢时间，拖拖拉拉，就起不到指导会议的作用。

会议简报的主要写法有下面两种。

1. 报道式写法

这往往是由简报编写者将情况综合后，选取有价值的部分，用新闻消息报道的形式，反映会议全局或局部的进展情况。

2. 转发式写法

这种会议简报往往用于截录某组代表发言，照登某代表的倡议或意见。简报编写者“转发”这些发言或倡议时，往往加上简短的“按语”，强调“转发”内容的指导意义或参考价值。

会议简报应注意标题的选用，既要醒目，能吸引人看下去，又要实在，做到文题一致。

简报的印制数量和发送范围，应视内容而定，有的只送主席团，有的发到各组负责人，有的发到全体与会者。

（三）会议纪要

会议纪要的内容可分为两部分。

第一部分是会议情况简述。其中包括召开会议的根据、目的、时间、地点、参加会议的人员、会议讨论的问题及会议结果(包括对会议的基本估价)。

第二部分是会议主要内容的归纳。这是纪要的主体，应对会议讨论问题的基本结论和今后的任务作出具体的阐述。如会议内容较多时，可以分列标题，逐段逐层地将会议讨论的各方面问题阐述明白。

属于一般性的例行办公会议，可直接将会议讨论的各项问题分条列出，写明讨论的结果和决定的事项。

除以上两部分外，有些重要会议的纪要，还应在结尾写出会议的号召，提出贯彻会议精神的希望。

会议纪要中，第一部分是基本情况，要写得具体、扼要、简明，不要写得过长，以免淹没了对会议主要精神的阐发。有的会议纪要，特别是例行的会议，这一部分写得极简略，开门见山就是“×月×日会议，讨论和议定了以下问题”，结尾处才写会议主持者、参加者姓名等。

纪要的第二部分，既是对会议主要内容的归纳，也是今后对会议贯彻执行的依据，应认真拟写。这部分写作要点是“纪实”和“扼要”。也就是说，忠实于会议实际，是拟写纪要的基本原则。纪要又应是对会议基本精神的提炼和概括，既要反映会议的讨论情况，特别是领导人的重要讲话精神，又必须是综理其要，不应成为会议记录。拟写这部分内容，应特别注意条理要清晰，可用顺序号或立小标题的方式将各种问题、决定、措施、要求分清楚。写好会议纪要，文笔固然重要，但关键在于要了解会议主旨，拟写纪要的人应自始至终参加会议，注意从发言和简报中收集素材，当会议进展到一定阶段时，就可根据会议主旨和实际情况，拟出纪要的大体轮廓，进一步收集材料，加以充实并广泛征求意见。必要时，会议纪要的要点或提纲应经会议讨论，统一认识。纪要起草后，一般须经会议讨论，然后定稿。例行办公会的纪要，只须将会议讨论的若干问题结论明确后，直接拟写，由主管领导人或秘书部门负责人核准，即可发出，不必再经会议通过。

二、会议文件的制发要求

会议文件制作时间紧，要求也高，较之日常工作中文书的制发有其特殊性。

1. 会议文件一般宜数量少、篇幅短、内容精

会议文件一般不宜过长、过多。特别是经验交流会的典型材料，一要真实，二要简短，以千字左右为宜，要力求短、小、精（即篇幅宜短，题目宜小，内容要精），不要长、大、空，要使人听后有“看得见、摸得着、跟着学”的感染力。

2. 会议文件制作既要迅速及时，又要确保质量

会议文件，尤其是会议简报，拟稿制发的时间特别紧张，往往上午的讨论发言，晚上简报就要发到与会者手中。所以大会秘书处成文要快，审查要及时，印制要快，力争尽早将简报发出。但再急再快也要以确保质量为前提，决不可忙中出错。

3. 会议文件发放要注意时间场合

会议文件发放要特别注意时间场合。办公会讨论的文件一般要提前发到与会者手中，大会的发言稿等会议文件也要在与会者进入会场前发出，那种台上在发言、台下在发文件的现象，既是对大会进程的干扰，也是对发言者的不尊重，应尽量避免。

4. 会议文件制发时不可忘记要预留归档

会议文件的管理中最易忽略的是会议文件归档。一般情况下通过文件收发渠道收到的文件要在文件登记簿中正常登记处理，按文书在工作程序中归档。而会议文件形成和处理一般不会通过收发渠道，会议文件除发给与会者外，在会务工作紧张忙碌的状况下，一般很难想到要留下几份作归档之用，因而会议文件未能完整归档的情况时有发生。为避免会议文件散失的情况发生，商务秘书在会议筹备组织工作中，应该用制度明确会议文件在制作完后，必须预留数份作为归档之用。

习　题

1. 办公会组织服务工作有哪些基本内容？
2. 大中型会议组织筹备工作包括哪些主要工作？
3. 大中型会议的筹备班子中秘书组、会务组、后勤组分别承担哪些会务筹备组织工作？
4. 大中型会议预案包括哪些内容？
5. 会议记录一般包括几个部分？有哪几种记录方法？
6. 会议文件制发时有哪些要求？

案例分析

1. 一次重要的报告会,办公室安排秘书小李负责会议的录音工作,小李将录音机和无线话筒放好以后,还事先调试了一番,觉得效果不错,小李放心地做其他的事情去了。会议结束后,主任要小李把录音整理出来。小李打开录音机,前几分钟听起来还不错,但越听越不清晰,到后来竟然完全是一片噪声。报告自然是没有整理出来,小李应怎样总结教训呢?

2. 某公司秘书认为,召开职工代表大会时设定了九项审议议题,面对一大堆审议议题,许多安排会议议题无法深入,结果会议没有达到预期效果。问题出在哪里?秘书安排会议议题时应如何操作?

第五章　商务秘书文书的拟写与处理

本章导读

在商业活动中，由于经济活动的特殊性，所以商务文书管理与拟写不仅成为商务秘书工作的重要组成部分，而且对商务文书处理的时效性要求更高，对文书写作质量要求更加严格，优秀的商务秘书必须熟悉、掌握常用的商务文书各自的格式规范及要求，具备较强的文书处理与撰写能力。

知识要点

★ 文书的分类；
★ 文书的基本工作程序；
★ 文书的收发处理流程；
★ 文书拟写的基础知识；
★ 通告、计划、总结、协议、合同、市场调查报告等文书的结构及撰写要求；
★ 企业文书管理工作细节。

第一节　文书与文书工作概述

在社会生活中，人们为维系一定的社会关系，需要通过口头进行沟通或通过书面材料来表达意图、进行联系、记述情况和作为依据。人们在处理事务中所使用的这种书面材料就叫做文书。文书作为信息传递的载体，其使用范围极为广泛，可以往来于人们的各种关系之中，并成为处理公、私事务不可缺少的工具之一。

在商务秘书人员日常的事务管理工作中，不论是发布行政法规和规章，还是制定和发布各项管理办法，以及请示或报告工作等，都离不开各种公文。因此，做好公文处理工作是秘书人员的主要工作之一，也是发挥公文重要作用的关键。

一、文书的分类

文书，就其使用的范围可以分为公务文书和私务文书两大类。而公务文书又可以分为通用文书和专用文书。

通用文书，即在全社会通用的文书。包括法定的行政公文和事务公文。其中事务文书又包括计划、总结、规章制度、述职报告等内容。

专用文书，即不同行业在各自的业务范围内专门使用的公文，如教育文书、经济文书、商务文书、司法文书、军事文书、外交文书等。

二、公文处理的程序

公文处理程序是指公文在机关内部从形成到运转所经过的环节，以及各环节中包含的相互衔接的工作程序。公文处理工作包含收文处理、发文处理和公文管理三个主要环节。

1. 收文处理

收文处理包括签收、启封、登记、分送、拟办、批办、承办、催办、注办等主要工作程序。要求掌握公文处理签收文件的基本要求及常用收文登记簿、公文处理单、文件传阅单、阅文通知单等的基本形式。

2. 发文处理

发文处理的程序有拟稿、核稿、签发、编号、缮印、校对、用印、登记、分发等环节。要求把握确定成文日期的原则，正确填制文件用印登记表、发文登记表，注意文件的分发工作。

3. 公文管理

公文处理工作，不论是收文还是发文，都必须进行科学的管理。保证公文不遗失，不泄密，便于调阅，便于查找。秘书要集中统一管理各种公文，加强文件包括会议文件的管理，定期汇编公文，科学保管。秘书人员要对所保管的公文勤整理、勤翻阅、勤清点，做到熟悉公文内容、公文位置，做到账件相符。

从总体结构来讲，上述公文处理整个程序中工作环节的安排是环环相扣、紧密衔接、互相联系、互相制约的，任意削减或颠倒，都会影响公文的正常运转。

实　例：

秘书每天要处理大量的文件，而在签收公文工作中经常会遇到文件到达时就有破损现象，有时会出现号码有出入等诸多问题。为了避免某环节出现差错，秘书应在收文工作中注意哪些问题呢？

解决方法：

秘书在收到文件时，在对方传递的公文单或送文簿上签字，称为签收。签收的工作主要是明确交接双方的责任。签收文件时要认真清点、核对，检查无误后方可签字。核对时要注意以下问题：

第一，信封上的收文机关名称是否为本单位；

第二，信封上的号码与签收登记簿上的号码是否一致；

第三，文件封装有无破损，有破损情况应及时追查原因，并在签收时注明。

三、公文处理工作的特点和基本原则

（一）文书处理工作的基本环节和特点

掌握公文处理工作包括收文处理、发文处理和公文管理三个基本环节；公文具有政治性、时限性、机要性和规范性等特点。具体内容见表5-1所示。

（二）文书处理工作的作用和基本原则

掌握公文处理工作在企业经营管理活动中起着重要的助手作用、纽带作用、查考作用、促进作用和指导作用。根据国家规定，公文处理工作需要遵循及时、准确、安全、统一、简化等基本原则。

表 5-1　公文处理工作的基本环节和特点一览表

项目＼内容	主要内容
基本环节	收发文处理：指各单位围绕所收公文进行的一系列程序性的工作。主要包括对公文的签收、启封等级、分送、拟办、批办、承办和催办等工作环节
	发文处理：指各单位围绕所发公文进行的一系列程序性的工作。主要包括对公文的拟稿、核稿、签发、编号、缮印、校对、用印、登记和分发等工作环节
	公文管理：指在集中统一管理的原则指导下，认真做好收文处理和发文处理工作，充分发挥公文的效用，做好既有利于保密又便于调阅的一系列管理工作，主要包括编制立卷类目，公文归类、调阅、立卷、归档等工作
特点	政治性、时限性、机要性和规范性等

四、行政公文

（一）行政公文的概念

行政公文是指国家行政机关处理公务的文书。在《国家行政机关公文处理办法》第一章“总则”的第二条明确指出“行政机关的公文（包括电报，下同）是行政机关在行政管理过程中所形成的具有法定效力和规范体式的文书，是依法行政和进行公务活动的重要工具”。行政公文的使用范围非常广泛，各级政府机关在政治、经济、科教、外事、司法等日常行政管理工作中，都会经常使用。

（二）行政公文的种类

2001 年 1 月 1 日起施行的《国家行政机关公文处理办法》中规定，行政机关公文种类主要有 13 种：命令（令）、议案、决定、公告、通告、通知、通报、报告、请示、批复、意见、函、会议纪要。

根据不同的标准，从不同的角度，上述公文还可以有以下分类。

按照行文方向，可分为上行文、平行文、下行文。

按照公文的性质、作用，可分为指挥性公文、报请性公文、知照性公文、商洽性公文、记录性公文等。

按照公文的时限要求，可以分为平件、急件、特急三种。

按照保密级别可划分为秘密、机密、绝密三种。

（三）行政公文的特点

行政公文因其使用的特殊性，具有以下特点：

1. 法定性

从内容方面，行政公文是传达贯彻党和国家方针、政策和制度的重要工具，具有法定的权威性和约束力；从发布者方面，行政公文要求有法定的作者，其发文的权力和名义是依法授予、批准的，不能随意发文。

2. 规范性

行政公文不能凭主观撰写。它与文学作品不同，从文种名称到公文体式，以及公文处理的程序和制度都有严格的规范和统一的要求。

3. 效用性

行政公文的效用有一定的时间性，在法定的时限内，才可以发挥其正确的效用。如果文件时效已过或被新的文件所代替，将不再产生执行效用。

4. 实用性

行政公文的制发都有其鲜明的、具体的目的。无论是为了贯彻党和国家的某项方针、政策，或反映本系统、本部门、本单位的各方面情况，还是针对实际工作中的某些问题、现象等，都是针对实际的公务活动而制定并发布的。

五、商务文书

（一）商务文书的概念及分类

商务文书是在商务活动中所使用的各种文体的总称。商务文书是执行商务管理职能、促进商务活动顺利开展的重要工具和手段。它属于应用文的范畴，是应用文的一个分支。

商务文书有狭义与广义之分。狭义商务文书指商务工作中单独使用的专用文书，如市场调查报告、商品说明书、市场预测报告、项目策划书、企业规章制度等。广义商务文书除包括狭义商务专用文书外，还指在商务活动中所使用的其他一些文体，如请示、报告、计划、总结、信函、传真、电报等。在具体的商务活动中，商务文书一般指广义商务文书。

（二）商务文书的特点

1. 政策性

商务文书的内容必须符合党和国家的各项方针、政策和制度，否则会造成商务活动的混乱。

2. 客观性

商务文书所反映的具体内容都应该实事求是，符合工作的客观实际。在商务文书中，如调查报告、项目分析报告、合同等所引用的数字必须是真实、客观的，不能随意虚拟。

3. 专业性

商务文书的内容都是围绕某项商务活动而进行的，它是以直接从事和实现某项经济业务活动及目标为行文宗旨的。

第二节　企业收发文的处理

一、企业收文的处理流程

（一）签　收

在企业的收文流程中，并不是所有的文件都需要秘书人员来签收，只有重要的文件信函或者送文单位有相关要求的才进行签收。签收时要仔细清点、核对，查看收文单位、实际收文件数是否正确，机密封号是否完整，收文原件有无开封、破损、散包等现象。经查无误后，方可在投递单或送文登记簿上签名或盖章。收文处理中签收的目的在于确保文件运转的安全可靠，并明确交接双方的责任。

（二）启　封

启封又称拆封或打封，一般要由指定的秘书工作人员来负责，但对于写明企业领导亲收的封件，未经授权，决不能擅自拆封，须送交领导亲启。启封后秘书人员需检查封内的文件是否取净，并检查文件是否完整、齐全，或有无缺页少份、错发等差错，如发现问题应立即查询或退回。

（三）登　记

启封之后，秘书人员要在专门的收文登记簿上进行收文登记。收文登记好比管理文件的账目，各个项目应填写清楚，不得勾抹涂改。对于急件要随到随登，以避免误人误事；一般平件可以分批登记，但也要及时处理，避免造成文件积压等现象。收文登记簿格式见表5－2。

表5－2　收文登记簿

序号	收文日期	收文单位	文件标题	发文字号	密级	附件	份数	承办单位	签收人	复文号	规卷时间	归入卷号	备注

（四）分　发

分发是收文处理流程的重要环节，是指收进的文件在经过登记之后，秘书人员根据来文的内容和性质、主管业务范围及具体办理要求，先急后缓，及时准确地将来文分发给有关领导、负责人或有关业务部门阅读办理。分发的原则和注意事项如下：

(1) 可以明确业务分工的文件，即按主管业务范围准确分发到有关部门进行处理，或者根据有关领导曾批示过的分办意见，依前例分送处理。如不能准确断定的文件，商务秘书应及时请示主管领导，再依据其批示进行分发处理。

(2) 分发文件时一定要做到及时、准确，直接送达相关领导或业务部门，不得中途滞留或由他人代发，以避免误事。

(3) 分发的文件，均应履行签收手续，做到责任明确，防止出现偏差和互相推卸责任等现象。

（五）传　阅

传阅属于文书处理程序中的中间转运环节，如某些文件需要相关领导、人员或部门进行阅知、办理的，商务秘书就要组织其先后进行传递和阅读的工作。秘书做好传阅工作，不仅可以使文件的发文意图得以充分实现，也可以使相关工作得到及时的了解和处理。在传阅环节中，商务秘书应注意以下方面：

(1) 传阅对象要分清主次缓急，同时确保文件传阅的范围。

(2) 传阅过程中，必须保证送文者与阅文者直接发生联系，以利于准确和保密；禁止传阅者之间发生传递关系，以免造成文件漏传、积压或丢失等现象。

(3) 送阅的文件，应防止发生遗失或文件间的交叉混乱。

（六）拟　办

拟办是商务秘书针对来文，准备如何办理所提出来的初步处理意见，以供领导或有关负责人审核、参考。拟办是最能体现商务秘书人员辅助作用的重要环节，如果拟办的初步处理意见切实可行，具有很强的操作性，就可以节省领导的工作精力，切实地为领导工作减轻压力，从而提高工作效率。商务秘书在拟办时应注意以下方面：

（1）认真阅读来文，对来文内容、意图、性质等方面应做到准确把握。

（2）掌握相关政策法规，在充分了解来文情况的基础上，经过周密慎重的思考，提出与实际情况相符、并切实可行的拟办意见。

（3）拟办意见要简洁明了、抓住关键，便于领导掌握理解。

（4）拟办意见应填写在“文书处理单”的“拟办意见”栏内。

（七）批　办

批办是领导或部门负责人，就来文应如何处理所作的批示意见，这是领导行使职权的环节。在领导进行批办的过程中，商务秘书应注意以下方面：

（1）根据实际情况，为领导筛选来文，有效地节约领导的工作时间。

（2）在领导批办的过程中，随时与领导保持联系，便于文件的更快办理与执行。

（八）承办与催办

承办与催办是对工作问题具体执行和处理的环节。所谓承办，就是秘书人员对于来文所涉及的具体工作或问题的接受办理，在承办的过程中，商务秘书要区分轻重缓急，讲究工作的质量和效率；所谓催办，就是商务秘书人员针对来文的承办情况，进行督促和检查的环节，这是防止文书办理积压、保证文书办理工作是否按时完成、完成的质量如何的重要环节。催办的方式方法可以根据实际情况进行选择，如采取当面问询、电话催询、发函或邮件等方式。

二、企业发文的处理流程

（一）拟　稿

拟稿又称草拟，即拟写、起草文稿，这是整个发文处理过程的起点与基础。商务秘书在拟稿时应理清思路，准确把握发文意图。为了使拟稿程序规范化，应使用专用的发文稿纸，各项内容如文件密级、拟稿人、标题、日期等要填写齐全。

（二）审　核

审核又称核稿，为了保证文书质量，一般情况下，在拟稿之后要由秘书部门负责人或秘书部门中有经验、文字和业务水平较高的秘书人员对于草稿进行审查、核对和修改。但需要提出的是，目前在一般中小企业中，不可能配以专门的秘书班子来撰稿和“把关”，所以商务秘书在拟写文书时，往往是自己核查、把关。核稿的重点内容有以下几点：

（1）是否确需发文。

（2）是否符合国家的方针政策、法律法规。

（3）是否符合公司或企业的规章制度，是否能准确反映出单位或领导的发文意图。

（4）观点是否明确，情况是否属实。

（5）格式、行文是否得当，表述是否清楚、准确。

(6) 提出来的具体措施和办法是否合理、切实可行。

(7) 文件内容所涉及的部门是否已协商一致。

(三) 签　发

签发，是企业领导对已审核的文稿进行最后审定，签署发文意见，并签注自己的姓名与日期。文稿签发后即成定稿并发生效力。在这个环节中，商务秘书要及时将文稿呈交领导签发，并协助上司完成签发过程。这个环节一定要体现出高效率，因为在商务活动中，商务文书往往会涉及企业的经济贸易活动，所以商务秘书必须有很强的时间观念。

(四) 缮　印

缮印，就是缮写或打印已签发的文稿。缮印工作要严肃细致、保证质量。在缮印时，要注意以下几点：

(1) 缮印文件必须以最后签发的定稿为依据，并且定稿中的各项内容绝不允许擅自改动。

(2) 在缮印过程中，商务秘书必须做好保密工作，不得让无关人员介入缮印过程；否则，就会造成严重的经济贸易决策的失密，而这极可能会危及企业的前途和命运。

(3) 缮印时，商务秘书人员要保持定稿的原样，防止污损或丢失。

(五) 盖印与签署

印章是制发文件单位对文件生效负责的凭证。盖印就是秘书对缮印之后需要用印的文书盖上本企业印章，以表示其具有法律或法定效力。签署在商务活动中会时常出现，签署是以企业领导的名义发文，必须由签发文件的领导亲笔在向外发出的文件正本上签字。商务秘书在此环节中应注意以下几点：

(1) 应以上司签发的定稿为依据，未经上司签发的文件不得用印。

(2) 印章应由专人负责保管及使用，用印必须建立完善的批准制度(见表 5－3)。

表 5－3　用印登记表

用印信息	公章类型	用印单位	用印事由	批准人	经手人	监印人	备　注

(3) 不得在空白纸上盖印，如需试印，要及时将试印纸销毁。

(4) 盖章时应遵守印章的盖印要求。即印章盖得端正、清晰，并做到印泥适度、落印平稳。过去通常说盖印的标准是印章要盖在署名中间，上不压正文、下要骑年盖月。但在国家标准中，发文盖印的规定更为严格。《国家行政机关公文格式》(中华人民共和国国家标准 GB/T9704—1999)中规定：“单一机关制发的公文在落款处不署发文机关名称，只标识成文时间。成文时间右空 4 字；加盖印章应上距正文 2～4 mm，端正、居中、下压成文时间，印章用红色。当印章下弧无文字时，采用下套方式，即以下弧压在成文日期上；当印章下弧有文字时，采用中套方式，即以印章中心线压在成文时间上。

现行公文中常出现一种“此页无正文”的格式，即当正文之后的空白容不下印章位置时，需将印章加盖在下一空白页上，于是在该空白页第一行项格标识“此页无正文”，并用圆括号括起。对于这种情况，在上述《标准》中还规定，当公文排版后所剩空白处不能容下印章位置时，应采取调整行距、字距的措施加以解决，务使印章与正文同处一面，不得采取标识“此页无正文"的方法解决。这样做是考虑到了防止在空白页私加文字，但正文之后的空白则留了缺口。为了堵上这个缺口，该《标准》作了规定，即在出现上述情况时，以采取调整行距或字距的措施加以解决。具体的调整方法是：当正文之后的空白只有一两行时，可以加宽行距，至少将一行文字移到下一页；如果正文之后的空白仅差一两行便可容下印章位置时，可以缩小行距或缩小一两行字距，挤出能容下印章的空间。这样，使印章与正文务必同处一页，不留任何空白，堵上私加公文也就是变造公文的漏洞。该《标准》明确规定，出现上述情况时不得采取标识"此页无正文"的方法解决。因此在该《标准》实施后，秘书部门要注意改掉标注"此页无正文"并使印章独处一页的习惯。

（六）发　送

发送是指商务秘书对于需要发出的文件按发放的范围进行分类后，然后送达到位的过程。商务秘书可按实际情况采用不同的方式发送，一般来说，商务秘书都要亲自送达，这样可以避免因为各种原因造成的文件丢失或延误，而且在秘书送文时还要对重要的文件建立送达登记制度，以保证文件去向的明确性（见表5-4）。

表5-4　发送登记表

顺序号	发文字号	发文日期	文件标题	保密等级	附　件	份　数	发往单位	承办单位

第三节　企业文书拟写的基础知识

一、文章要素

公文与其他文体一样，也是由一定的要素构成的，这就是人们常说的文章"四要素"：材料、主题、结构、语言。

（一）材　料

材料是指为某一写作目的收集、摄取以及写入文章之中的一系列事实或依据。收集材料有四个环节，即材料的占有、鉴别、选择和使用。

1. 材料的占有

占有材料有两条途径，一是亲身经历所获，一是调查阅读所获。

2. 材料的鉴别

鉴别，就是对材料进行分析、比较的研究过程。

3. 材料的选择

选择材料有四项原则：一是围绕主题（主旨、发文意图）选择材料，与主题（主旨、发文意图）无关的材料一概舍去。二是选择典型材料。典型材料是指那些深刻地揭示了事物的本质，具有广泛代表性和强大说服力的材料。三是选择真实准确的材料。公文不能虚构，真实、准确是公文的生命，也是秘书应该遵循的原则。四是选择生动新颖的材料。

4. 材料的使用

第一，恰当安排材料的先后顺序。一般遵循以下标准：或依照时间的先后；或根据材料的轻重；或照顾事件之间内部的逻辑联系；或依从说理的顺序；或考虑作者行文的方便等。总之，原则只有一个——便于读者接受。

第二，确定材料的详略程度。原则有二：一是根据主题的需要；二是根据文体的特点。

（二）主　题

第一，主题的概念。所谓主题（主旨、发文意图），即作者在说明问题、发表主张或反映生活现象时，通过文章全部内容所表达出来的基本观点或中心思想。

第二，确立主题的依据。不能先入为主，主题先行。要以写作目的的实现为依据，以材料本身的意义为依据。

（三）结　构

对结构的总体要求是严谨、自然、完整、统一。

1. 标　题

标题是文章的命名。鲜明、准确的标题能够给读者留下深刻的印象。

第一，公文式标题。公文标题的构成通常是："发文机关＋事由＋文种"，如《中华人民共和国交通部关于修改〈道路运输车辆维护管理规定〉的决定》。

第二，文章式标题。文章式标题常用于简报、调查报告、总结、述职报告等事务文书。可用单标题，也可用双标题，或两种并用。

2. 开　头

第一，概述式开头，即概括叙述有关情况或背景材料的开头方式。报告、会议纪要等文种常用。

第二，目的式开头，即以阐述发文的意义、宗旨等作为开头的方式。这种方式常用"为了"、"为"等介词构成的领启语表明行文的目的，也常用"根据"等句式作为行文的依据。

第三，开门见山式开头。开篇即直入内容或主题。

第四，引述来文式开头，即以引述对方来文、来电的标题与发文字号作为开头的方式，用于函、批复等公文。

第五，无开头式。无开头式，本身也是一种开头形式。它取消了开头部分，直入正文。在公文高效运转的当代办公条件下，这种写法已日渐增多。目前，采用这种写法较多的是公告、通告、通知、命令等公文文种。

3. 层　次

层次，指的是文章思想内容的表现次序。它是作者思路开展步骤的体现，最能看出作者逻辑思维的功力。常用的层次方式有分式、并列式、递进式、因果式、时序式、三段式等。

4. 段　落

第一，提行式，即以另起行表示内容转换的方式。如，会议纪要常以惯用语"会议认为"、"会议指出"、"会议强调"作为不同段落的区分。

第二，条款式，又称条文式，即以序数为标志，按不同意思分条列项划段的方式。

第三，篇段合一式，即一篇文章为一段的划段方式。公文中的转发、印发通知等常采用此种方式。

5. 过　渡

过渡在文章中起着承上启下的作用，使前后相邻的段落能自然衔接。常用的方式有过渡词、过渡句、过渡段等。

6. 照　应

如首尾照应、文题照应、行文前后照应等。

7. 结　尾

结尾的方式主要有强调式、期求式、希望式、说明式、秃尾式等。

（四）语　言

公务文书运用语言的标准是准确、简洁、平实。

第一，开头用语。用于说明发文的缘由、意义、根据，或介绍背景材料及情况等。如：为、为了；根据、按照、遵照、依照；鉴于、关于、由于；目前、当前；兹（指现在）、兹有、兹将、兹介绍、兹派、兹聘等。

第二，承启用语。用于连接开头与主体文部分，起承上启下作用的惯用语。如：根据……决定；根据……特通告如下；依据……公告如下；为了……现决定；为……通报如下；为此，现就……问题请示如下；现将……（情况）报告如下；现就……问题，提出如下意见；经……批准（同意），现将有关事项通知如下；拟采取如下措施；经……研究，答复如下等。

第三，引述用语。批复或复函引述来文作为依据的用语。如：悉（知道），收悉，电悉，敬悉，欣悉等。

第四，批转用语。如：批转、转发、印发等。

第五，称谓用语。如：我（部）、贵（局）、你（省）、本（部门）、该（处）等。

第六，经办用语。如：经、业经、兹经、未经；拟、拟办、拟定；施行、暂行、试行、可行、执行、参照执行、贯彻执行、研究执行；审定、审议、审发、审批；会议听取了、会议讨论了、会议认为、会议指出、会议强调指出、会议通过了、会议决定、会议希望、会议号召、会议要求、会议恳切呼吁等。

第七，表态用语。如：不同意、原则上同意、同意；不可、可办、照办；批准、原则上批准等。

第八，结尾用语。一是用于请示：当否，请批准。二是用于函：请研究函复；盼复；不知尊意如何，盼函告；望协助办理，尽快见复。三是用于报告：请指正；请审阅。四是用于批复、复函：此复；特此专复；特此函复。五是用于知照性公文：特此公告（通告、通知、通报）。

二、公文的表达方式

通用的表达方式有叙述、描写、对话、抒情、议论与说明。公文以实用为目的，故很少使用描写、对话、抒情，而较多运用叙述、议论、说明等方式。

1. 叙　述

完整的叙述有六要素，即：时间、地点、人物、事件、原因、结果。叙述的人称有两种，即第一人称（我、我们）和第三人称（他、她、它、他们）。叙述方式主要是顺叙。

2. 议　论

通过事实材料和逻辑推理，阐明观点，表明赞成什么或反对什么的表达方式，叫议论。

议论有三要素：论点、论据、论证。

议论可以分为两大类：立论与反驳。论证的方法有例证法、分析法、引证法、对比法、因果法等。

3. 说　明

说明，是对事物的性质、成因、功能等进行介绍、解释的一种表达方式。说明的方法主要有定义说明、分类说明、比较说明、数字说明和图表说明等。

第四节　常用公文的拟写

对于办公室常用的行政公文，主要应能够拟写命令（令）、决定、公告、通告、通知、通报、议案、报告、请示、批复、意见、函和会议纪要等。

在经济公文中，要重点把握意向书、订货单、产品说明书、经济合同、招标书、投标书、专利申请书、调查报告的拟写等。

以下就一些常用事务公文的拟写进行详细说明。

一、通　告

（一）通告概述

1. 通告的概念

通告是公布社会各有关方面应当遵守或者周知的事项的公文。通告是各级机关、企事业单位与社会团体通常使用的告晓性公文。

2. 通告与公告的区别

通告与公告同为具有广泛告知性与约束力的公布性公文，但是，它们又具有明显的区别：

(1) 使用范围不同。从使用范围看，公告大于通告。通告的发布常常面向国内社会有关方面，对其他范围无效；而公告则面向国内外。

(2) 宣布事项不同。从宣布事项看，公告重于通告。通告常常用于宣布人们应当遵守或者周知的具体事项，而公告则用来公布国家重要事项或者法定事项。

(3) 制发者不同。通告可由各级机关、企事业单位与社会团体公布，而公告则由国家行政机关或权力机关发布。

3. 通告的类型

根据《国家行政机关公文处理办法》对通告的适用规定，通告可以分为制约性通告与告知性通告两种类型。

(1) 制约性通告。制约性通告用于公布带有强制性的行政措施。为了确保某一事项的执行与处理，它将提出具体的规定，以要求相关单位与个人遵守。有些制约性通告甚至具有法律法规效力。

(2) 告知性通告。告知性通告主要用于公布和实施某一事项。这些事项不具行政约束力，仅供人们知晓。

（二）拟写要点

通告的基本结构是：标题＋正文＋落款＋成文日期

1. 标　题

标题有四种形式：

(1) 发文机关＋事由＋文种。对外界发布（发表、张贴）的通告，或按公文系统下发的通告，一般采用完全式标题。这样的标题使人一看，就大体能知道通告的内容。如例文《北京市公安局公安交通管理局关于对108国道部分路段采取交通管理措施的通告》。

(2) 发文机关＋文种。如例文《中国网络通信集团北京市通信公司通告》，它省略了事由。

(3) 事由＋文种。如《关于禁止利用公司名义从事商业牟利活动的通告》，它省略了发文机关。

(4) 文种。即“通告”。在本部门、团体内部发放、张贴的通告，可以以文种作标题。如果事情紧急，必须立即执行，发文单位则可在通告前加“紧急”二字，以引起人们关注。这种标题省略了发文机关与事由。

2. 正　文

对外界发布(发表、张贴)的通告，发布范围广泛，常常不写主送机关。

通告的正文结构是：发文缘由＋通告事项＋尾语

(1) 发文缘由。一般要求写明发布通告的意义、根据，有的通告还需写明发布背景；之后，用“现通告如下”或“特此通告(如下)”开启下文，承启语后紧跟冒号。如实例1说明了意义、根据后，在第一段末尾运用了：“……通告如下”的语言形式承启下文。“缘由”部分应力求简明。

(2) 通告事项。即通告的具体事项或规定。事项单一的，可采用一段式完成；事项复杂的，可分条列项书写，上述例文就采用了条款式结构。“事项”部分力求严谨，以使人们周知和遵守。

(3) 尾语。尾语多是对通告内容的强调或要求。尾语常用形式有4种：

① 以“特此通告”关门，如下面实例1。

② 规定执行期：“本通告自×年×月×日起施行”。

③ 发出要求、号召或说明其他问题，如下面实例2。

④ 秃尾，指通告事项陈述完毕即收束全文。

3. 落　款

落款处应具发文机关全称或规范化简称，具体写法见本教程《基础知识》一书。

4. 成文日期

成文日期大多列于文末，但有时也书写于标题下。

(三) 注意事项

在公务活动中，最容易出现的问题就是通告、公告不分。

公告的发文机关往往是国家行政机关或权力机关，如国务院，国务院各部委，各省、市人民政府，以及法定的有关职能部门，如司法机关、税务机关、海关总署、公证机关；全国人民代表大会，各省、市人民代表大会等。一般企事业单位、社会团体不能使用公告发布事项。

那种认为有了本部门重大事项就应该采用“公告”的认识是错误的；那种本应该书写“通告”，却以“公告”的庄重性抬高发文事项级别，以引起人们关注的做法，更是错误的。

实例1：

北京市公安局公安交通管理局

关于对108国道部分路段采取交通管理措施的通告

二〇〇四年第16号

为了保障108国道的交通安全、畅通，根据《中华人民共和国道路交通安全法》的有关规定，决定从2004年9月29日起，对108国道部分路段（辛庄路口至贾史路口）采取以下交通管理措施：

一、108国道进京方向（贾史路口至辛庄路口）昼夜禁止20吨（含）以上货运机动车通行；

二、108国道出京方向（辛庄路口至贾史路口）昼夜禁止5吨（含）以上货运机动车通行。

特此通告。

北京市公安局公安交通管理局

二〇〇四年九月二十三日

实例评析：

本例文是制约性通告，其内容显然对“有关方面”具有制约性。它属于在一定范围内，为保证某一项工作的开展与某项活动的进行而发布的规定性措施。

本例文标题采用了三元素形式，语言表述准确、严谨。发文缘由部分首先书写了“意义”，之后是“根据”；事项部分采用条款式表述通告事项；正文最后部分是尾语“特此通告”。

实例2：

中国网络通信集团北京市通信公司通告

为提高北京电话网的通信能力和服务水平，我公司将进行新发地电话局传输设备改造和西单电话局光缆割接工程，现依据《中华人民共和国电信条例》的有关规定通告如下：

一、新发地电话局传输设备改造工程将于2004年7月20日0时至4时进行，期间将短时中断并影响83700000—4999、83791000—5999号码范围内客户的正常电话通信业务。

二、西单电话局光缆割接工程将分别于2004年7月20日和7月28日0时至5时进行，期间将短时中断并影响6611局客户的正常电话通信业务。

我公司对上述工程给客户造成的不便深表歉意，并感谢广大客户给予的理解与支持。

障碍报告电话：112

咨询电话：10060

北京市通信公司

二〇〇四年七月十六日

实例评析：

本例文是告知性通告。本通告在阐述了发布通告的意义与根据后，向北京部分地区宣告了电话局传输设备改造和光缆割接的有关事项，通告事项内容条理清楚，利于人们理解与配合。

请注意通告事项下的尾语写法，并与上一例文的尾语进行比较。

二、通　报

（一）通报文书概述

1. 通报的概念

通报是表彰先进、批评错误、传达重要精神或者情况的公文。通报是各级机关、企事业单位和团体经常使用的文种。

2. 通报的性质

(1) 通报属于奖励与告诫性公文。通报承负着“表彰先进、批评错误”的任务,因而具有奖励与告诫性质,这一点不同于通知。下面实例1、2的内容,是无法用通告发出的。

(2) 通报属于传达和告晓性公文。通报虽与通告均有传达告晓之能,但通告是传达“要求下级机关办理和需要有关单位周知或者执行的事项”,而通报则是传达“重要精神或者情况”。下面例文3的内容,也是无法用通告发出的。

(3) 通报的发布范围,往往是在一个机关或一个系统内部使用。通报虽然具有公开“通”晓,广而“报”告之意,但发布范围仅仅限于本机关或本系统,这一点与公告、通告不同。

3. 通报的类型

根据《国家行政机关公文处理办法》对通报的适用规定,通报可以分为表彰通报、批评通报和传达通报三种类型。

(1) 表彰通报。用以表彰先进集体和先进个人事迹的通报。表彰通报的主要内容是:表彰先进集体和先进个人,评价典型经验,宣传先进思想,树立学习榜样,号召人们学习等。

(2) 批评通报。用以批评错误、以示警戒的通报。批评通报的主要内容是:批评严重违法违纪事件,揭露问题,处分错误,总结事故教训,要求人们吸取教训等。

批评通报对下属单位的指导作用重于指挥作用,它不靠强制性措施制约人们,而在知照错误案例后,能指导人们摒弃错误,警戒犯罪。

(3) 传达通报。用以传达重要精神或者情况的通报。传达通报的主要内容是在一定范围内传达上级机关的重要指示精神、重要会议精神,指出工作重点或者具有倾向性的问题、情况和动向,以指导面上工作。

(二) 拟写要点

通报的基本结构是:标题+主送机关+正文(+附件)+落款+成文日期

这里具体介绍标题、主送机关与正文的写法,附件、落款和成文日期的写法同于一般公文。

1. 标　题

通报的标题一般有两种形式:

(1) 发文机关+事由+文种。如《京城公司关于表彰2001年度业绩突出部门的通报》。

(2) 事由+文种。如《关于傅国柱同志先进事迹的通报》。

2. 主送机关

正式发文的通报,应书写主送机关。主送机关应为下级机关,可以是一个,也可以是多个。

3. 正　文

通报正文的构成是:发文缘由+通报事项+分析(+决定)+号召要求

(1) 发文缘由。一般要求写出通报的背景、意义或根据、事项提要,以及对此事的态度。这一部分是正文的“帽子”,不一定每篇通报都有“帽子”,也不一定每段缘由都写全上述项目,这要根据实际行文来确定。

表彰通报实例1的发文缘由构成是“背景+意义”;表彰通报实例2的发文缘由构成是“事项提要+意义”;批评通报实例3的发文缘由以“最近,××公司副总经理大搞‘吃、喝、拿’,违反公司纪律”为背景+态度;传达通报实例4则在发文缘由中书写了“根据”。需要注意的是,在缘由部分中,只能高度概括事项提要,不可展开书写,否则会与下文“通报事项”相重复。

(2) 通报事项。通报事项或写表彰事迹,或写错误事实与事故经过,或写重要情况,这是正文的主体。通报的目的是报告事实，以使人们知道怎样去做，因而这一部分要详写。

表彰通报与批评通报都要求写明事情发生的时间、地点、当事人或单位、事情经过、结果。表彰通报要抓住主要的先进事迹，批评通报要抓住主要的错误事实或事故过程，传达通报要抓住主要的情况或事实，以使人们了解事实本身。

通报事项有两种写法，一种是直述式；另一种是转述式。直述式是将通报事项直接写入正文的方式。实例 2 采用了直述式写法，直接叙述了傅国柱路见歹徒、奋勇搏斗的先进事迹，这里的直述式正文，有时间、地点、当事人、事情原因、经过、结果等诸要素；实例 3、4 也采用了直述式写法。转述式则是以某种文件或材料为基础进行叙述的方式，其通报事项不在正文，而在附件中。所以，转述式通报均有附件，附件应具有事项的详细记载。转述式通报一般只提明转发的附件名称即可。实例 1 采用了转述式写法，略去了通报事项。

(3) 分析。分析不在于长，而在于自然中肯，鲜明简洁，具有说服力。写分析时，切忌脱离通报事项本身借题发挥。实例 2 在叙述傅国柱先进事迹后的分析，言简意赅。

(4) 决定。决定是对表彰或批评的典型作出嘉奖或惩处的决定措施。表彰通报与批评通报均须运用决定形式表达上级机关意见，而传达通报一般无决定内容，所以不需设置决定部分。

(5) 号召要求。对表彰通报来说，是激励人们学习先进典型；对批评通报来说，是重申某一方面的精神或纪律，要求人们引以为戒；对传达通报来说，是提出指导性意见，以指导全局工作。这一部分应根据不同的通报内容，向不同的对象提出号召要求。

以上为通报正文的结构与写法，需要说明的是，这是通报内容大致的排列顺序。在具体写作中，一些通报会调整上述项目的排列顺序，如先说“决定”再“分析”；或略去某个项目，如略去“缘由”或“号召要求”等。

（三）注意事项

1. 掌握通知与通报的区别

通知与通报均为知照性公文。通知带有一定的指令性，其事项具体，是上级机关下达至下级机关的公文；而通报重在传达重要精神或者情况，以使有关单位和公众知晓，一般不具有指令性。通知重在告知人们执行什么任务或怎样做；通报则是为了提高人们的认识和开阔人们的视野，以便把工作做得更好。学习者须认真研读例文，增强文体感，以正确使用通告与通报。

2. 掌握传达通报正文的写法

传达通报的目的是“传达重要精神或者情况”，所以不像表彰、批评通报那样必有“决定”，传达通报正文一般无决定内容，所以不需设置决定部分。

实例 1：

××公司关于表彰 2008 年度业绩突出部门的通报各分公司、中心、部：

2008 年是进入新世纪、实施“十五”计划的起始之年。我公司各部门深入学习贯彻党的十五大及十五届五中、六中全会精神，团结奋斗，争创一流，顺利实现了“十五”计划的良好开局，为公司的进一步发展奠定了基础。为总结工作经验，表彰先进，加强自身建设，公司决定评选 2008 年度政绩突出部门。根据《实施工作目标督查考核暂行办法》，经检查考核和认真评选，培训中心、企划部、销售部、第四分公司被评为 2008 年度业绩突出部门。经公司董事办公会议决定，对上述四个部门予以通报表彰，并分别奖励 3 万元。

2009年是我公司发展史上具有重大意义的一年，各部门要与时俱进，扎实工作，以优异成绩完成2009年的工作计划。

附件：

1. 培训中心先进事迹
2. 企划部先进事迹
3. 销售部先进事迹
4. 第四分公司先进事迹

××公司

二〇〇九年一月十日

实例评析：

这是表彰通报，表彰的是部门。本通报依先背景、意义，再事项、决定，最后是要求的顺序一一写来。需要注意的是，本文未将获奖部门的事迹写入正文中，而是出具附件，以附件形式下发到受文部门，这就使文章简洁了不少。这是通报的一种写法，另一种写法见实例2。

实例2：

××公司关于傅国柱同志先进事迹的通报各分公司、中心、部：

近来，我公司销售部傅国柱同志因见义勇为身负重伤，这一事件引起全社会普遍关注。为了弘扬正风正气，在全公司范围内开展社会主义文明教育，特通报如下：

2008年12月19日，我公司销售部傅国柱同志在从白云路客户家中返回公司的路上，遇到歹徒对一女事主行抢。傅国柱奋勇上前，准备夺回女事主的皮包，但另一歹徒横窜出来，使毫无思想准备的傅国柱遭受双面夹击。在危急情况下，傅国柱并不退缩，他死死抱住手持皮包歹徒的腰部，呼喊抓歹徒，但是围观者无人救助，傅国柱在拼死搏斗中，身中13刀，终因昏迷，使歹徒逃窜。所幸的是，身染傅国柱鲜血的歹徒在逃窜中，被巡逻民警抓获。傅国柱为保卫首都安全贡献了自己的力量，现仍在医院救治之中。

傅国柱，男，22岁，河南滑县人，初中文化程度，于2000年进入我公司。傅国柱在公司先做后勤工作，因热爱学习，表现突出，经我公司培训后调入销售部。作为一名普通的打工者，傅国柱始终兢兢业业，任劳任怨，热爱工作，热爱公司。傅国柱的先进事迹说明，他的见义勇为行动，不是突发奇想，不是偶然冲动，是与他的良好素质与品格密不可分的。

公司决定，通报表彰傅国柱同志的先进事迹，在全额担负医疗费用外，奖励傅国柱同志一万元人民币。

公司号召全体员工学习傅国柱同志临危不惧的大无畏精神，学习他关键时刻挺身而出的献身精神，学习他强烈的社会责任感。公司要求全体员工在学习傅国柱同志先进事迹的过程中，把学习活动与本职工作相结合，振奋精神，为公司的发展做出新贡献。

××公司

二〇〇九年一月九日

实例评析：

这也是表彰通报，是表彰先进个人的通报。本通报的结构形式同于实例1，依先背景、意义，再事项、决定，最后是要求的顺序的方式行文的。明显的区别是，在书写通报事项上，实例2比实例1具体。它说明，即使是同一类型通报，写法上也会有差异。

实例3：

××公司

关于撤销×××公司副总经理职务的通告

去年11月，公司副总经理×××带领一个由11人组成的工作组赴下属分公司检查工作，每到一处，都大吃大喝，肆意挥霍资财。×月×日，在××厂，中晚两餐共开席×桌，席上吃的是派专人从××市采购并请高级厨师烹制的猴头、发菜、海参、鱼翅等山珍海味。

公司副总经理×××和他带领的工作组在公司三令五申要刹住公款请客送礼歪风的情况下，大搞“吃、喝、拿”，违反了公司纪律，错误严重，影响十分恶劣。为了严明纪律，公司决定撤销×××公司副总经理职务。同时决定：工作组成员吃喝挥霍和所收礼物的价款必须如数退赔。

公司特为×××的错误发出通报，目的是要求公司全体职工要从×××所犯错误中吸取教训，加强自我修养，廉洁奉公，遵纪守法，为公司建设努力工作。

××公司

×年×月×日

实例评析：

这是批评通报。本例文有发文缘由（背景）、通报事项、分析，也有决定与要求，文章分析中肯，推断明了，要求明确。学习者会注意到，本通报与实例1、2表述的方式一致，采用直述法，事实上，表彰通报与批评通报的结构在公文写作中大都相一致。

例文4：

市人才中心关于人才市场供需情况的通报各人才市场：

根据市人事局制定的人才市场供求信息定期发布制度，我中心在汇总统计全市人才市场供求信息及相关数据后，特将2005年1月至10月人才市场供需情况通报如下：

目前本市人才市场总体供求比为2.96:1，这说明我市人才市场总的供给量基本能满足市经济社会发展的需要，各需求专业通过市场选择人才的空间基本合理，但也有一些专业择业竞争比较激烈。需求排名前20位的个别专业供需矛盾突出，如广告、国际贸易等供求比达到7:1左右；计算机软件供求比则达到了18:1，也就是要18个人争一个位置。

求职专业数量排名前20位的是：会计、机械与仪器仪表、计算机软件、广告、土建、计算机网络、国际贸易、中西医、翻译、金三角硬件、市场营销、财政、行政管理、电子工程、信息工程、化工与制药、房地产经营管理、通信工程、保险、人力资源管理。

招聘专业数量排名前20位的是：计算机硬件、信息工程、土建、市场营销、保险、机械与仪器仪表、行政管理、中西医、轻工粮食产品、广告、会计、人力资源管理、企业管理、市场管理、计算机软件、饭店管理、中等职业教师、计算机网络、翻译、国际贸易。

职位需求专业经归并后，共涉及53个专业。职位需求排名前20位的专业基本上都在5000人以上。供求信息资料显示，进入人才市场的人员，本科学历的占57.71%，大专及以下学历人员占32.13%，本科以上学历人员偏少，占总量的10.16%。但是，有一些热门的招聘专业出现了需求的学历层次逐渐上升的趋势，求职人员的学历不能适应招聘的需要。

中心要求，各人才市场中介服务机构要继续做好提供供求信息及相关数据的工作，使定期发布的情况通报成为人才供求情况的晴雨表。

××市人才中心

二〇〇五年十二月十日

实例评析：

这是传达通报。发文机关立足于沟通信息，指导全盘，以推进人才市场的工作。请注意，传达通报的“情况”(即事实)部分，一定要翔实准确，本文出现了多个数据，这对受文单位来说，是最可靠的“情况”。

传达通报在结构、写法上，与表彰通报、批评通报略有区别，传达通报一般有发文缘由、通报事项、分析与希望要求，但无表彰或批评“决定”。

相关内容：

中华人民共和国国家标准《出版物上数字用法的规定》(GB/T 15835—1995)指出：

要求使用阿拉伯数字的情况：

1. 公历世纪、年代、年、月、日

示例：公元前8世纪，20世纪80年代，公元前440年，公元7年，1994年10月1日。

2. 年份一般不用简写。如：1990年不应简写作“九〇年或90年”。

3. 引文著录、行文注释、表格、索引、年表等，年月日的标记可按GB/T7408—94中的扩展格式。

如：2009年6月30日和2009年1月1日可分别写作2009-06-30和2009-10-01，仍读作2009年6月30日、2009年10月1日。年月日之间使用半字线“-”。当月和日是个位数时，在十位上加0。

4. 时、分、秒

示例：4时，15时40分(下午3点40分)，14时12分26秒。

注：必要时，可按GB/T7408—94中的扩展格式，该格式采用每日24小时制，时分秒的分隔符号为“:”。

示例：04:00(4时)，15:40(15时40分)，14:12:36(14时12分36秒)。

三、决　定

(一) 决定文书概述

1. 决定的概念

决定是对重要事项或者重大行动做出安排，奖惩有关单位及人员，变更或者撤销下级机关不适当决定事项的公文。它是各级机关、企事业单位与团体普遍使用的一种指令性下行文。

2. 决定的特点

决定的特点表现在决策性与制约性上。

(1) 决策性。决定表现了领导机关对重要事项或者重大行动安排的决策，它集中体现了领导机关的指挥意志、处置意图和政治倾向。

(2) 制约性。决定内容具有不可更动的确定性，它制约着下级机关必须遵照执行。

3. 决定的类型

根据决定的性质，决定可分为指挥性决定与知照性决定两种类型。

(1) 指挥性决定。指挥性决定是对重要事项或者重大行动做出安排的决定。它着眼于工作部署，对下级机关具有较强的行政约束力。

(2) 知照性决定。知照性决定是将决定事项知照给有关单位和人员的决定。所谓“决定事项”范围是指：表彰先进、惩处错误；设置机构；变动人事；召开重要会议；变更或撤销下级决定等。

(二) 拟写要点

决定的结构是：标题＋主送机关＋正文(＋附件)＋落款＋成文日期

1. 标　题

标题有两种类型：

(1) 发文机关＋事由＋文种。如《富强公司关于落实产品质量工作若干问题的决定》。

(2) 事由＋文种。如《关于环境保护工作的决定》。

2. 主送机关

主送机关应为下级机关，有时可以免写。

3. 正　文

正文的构成是：发文缘由＋决定事项＋要求

(1) 发文缘由。下面 2 个实例正文的第 1 段都用“为……”的语言形式表达了发文缘由。发文缘由可写发文意义、根据或背景等。

(2) 决定事项。实例 1 用条款式阐述了决定事项，请注意，实例 1 的“一”下有“(一)”，条理分明；实例 2 在陈述背景材料后公布了决定事项。知照性决定正文的写法同于指挥性决定。

(3) 要求。对指挥性决定来说，“要求”是指“执行要求”；对知照性决定来说，“要求”即为“告知性要求”，内容、语气不同。

4. 附　件

如有附件，应在正文下一行标注附件名称与序号，请注意实例 1 附件书写的格式。

5. 落　款

落款位于正文下，成文日期上，其写法见本教程《基础知识》一书。

6. 成文日期

成文日期有三种类型：

(1) 属领导机关的决定，成文日期通常置于落款下方，如实例 1，书写时右空 4 字。

(2) 属领导机关的决定，成文日期也可加括号后置于标题下，书写时位置居中。

(3) 属会议通过的决定，通过日期在加括号后置于标题下方，常用形式是：×年×月×日××××会议通过，如实例 2，书写时位置居中。

(三) 注意事项

1. 不可用“文种”作标题

以文种“决定”作标题，省略发文机关与事由，不符合国务院对公文标题的书写要求。

2. 慎用“决定”

应该针对发文机关内部的重大事项或行动发布决定。在使用中容易出现的问题是“小题大做”,即把本应写为“表彰通报”、“批评通报”的,写成“表彰决定”、“批评决定”。请注意,不应把一般事项随意升格为重大事项或重大行动,要把握好度。

实例 1:

××公司关于落实产品质量工作若干问题的决定

各分公司、中心、部:

为全面提高我公司产品质量的总体水平,促进公司经济发展,根据《北京市人民政府关于进一步加强产品质量工作若干问题的决定》(京政发[2002]2 号),我公司就落实产品质量工作有关问题决定如下:

一、高度重视质量工作,建立和完善质量技术监督服务体系

(一) 加强质量工作指导

各分公司、中心要把提高产品质量纳入发展规划,促进质量管理与国际惯例接轨。要坚决淘汰技术落后、质量低劣、浪费资源、污染严重的工艺设备和产品,各分公司、中心要于 2002 年 7 月 31 日前建立质量技术监督服务组,并将名单与工作计划报至总公司。

(二) 实施名牌战略

企业是实施名牌战略的主体,各分公司、中心要以质量为基础,以市场需求为目标,以提高产品竞争力,扩大市场占有份额为目的,力争把我公司建成具有国际竞争能力的名牌产品。为此,各分公司、中心、部要将战略实施方案报至总公司。

二、面向市场,建立和完善现代企业质量管理体系

(一) 完善严格的质量考核制度

各分公司、中心、部要建立和健全企业各级质量责任制,确保不合格产品不出厂。各级主管部门要将质量工作业绩纳入考核体系,作为聘用、奖惩经营者的基本条件。

(二) 认真实施售后服务质量国家标准

各分公司、中心、部要把售后服务工作作为企业提高产品市场竞争力的重要手段,实现售后服务制度化、标准化、规范化,并落实此项工作,以待总公司售后服务部的全面检查。

提高产品质量是一项长期而艰巨的任务,各分公司、中心、部要切实加强领导,狠抓落实,并定期向总公司报告实施本决定情况。

附件:

1.《北京市人民政府关于进一步加强产品质量工作若干问题的决定》(京政发[2002]2 号)

2. ××公司产品质量标准

××公司

二〇〇二年五月六日

实例评析:

这是××公司对下属单位所作的指挥性决定。从内容上可以看出,本决定体现了公司的全盘工作部署,这种部署必然对下级具有制约力,一旦下达,下级必须服从。该文结构清楚,第一段为发文缘由,主体部分是决定事项,最后一段是执行要求。

实例 2：

××建筑有限公司关于给予诸葛芮行政处分的决定

（二〇〇六年一月十五日公司办公会议通过）

为严明公司纪律，惩治玩忽职守行为，公司决定对于发生在安顺工地的事件进行查处。

诸葛芮，男，35 岁，2000 年进入第二分公司，现为第二分公司五队司机。

2005 年 12 月 24 日晚，诸葛芮因酗酒后无法工作而离岗，在队领导毫不知晓的情况下，将大型搅拌机交给非司机武启立驾驶（武案另作处理），导致搅拌机报废，直接造成经济损失 12 万元，因停产造成间接经济损失 28 万元。根据公司奖惩规定第 6 条，现决定如下：

一、给予诸葛芮开除处分。

二、根据《中华人民共和国劳动法》相关规定，凡给国家集体财产造成重大损失的，应负法律责任，故将诸葛芮案移送司法部门依法处理。

希望公司全体职工引以为戒，振奋精神，严守纪律，做好各项本职工作。

××建筑有限公司

实例评析：

实例 2 为知照性决定，决定事项是"惩处错误"。请注意实例 1 与实例 2 在成文日期书写上的区别；注意实例 1 与实例 2 在成文日期位置书写上的区别。

四、请批、批答函

（一）请批、批答函文书概述

1. 请批、批答函的概念

请批、批答函是请批函与批答函的合称，是不相隶属机关、企业单位之间请求批准和答复审批事项的公文。

这就是说，不相隶属机关向有关主管部门请求批准事项，或有关主管部门答复审批事项，都应该使用函。

这里有两个概念，其一为不相隶属机关，是指在行政组织系统上没有主管与被主管的关系，也没有上下级关系的机关；其二为有关主管部门，是指处理有关事项的职能部门，不论它的级别高低，其审批意见都具有法律效力。在实际工作中，有机关误将"请示"呈送"有关主管部门"，其实，按照国务院对公文用途的界定，向有关主管部门"请求批准"事项只能用"函"，向上级请批事项才能用"请示"。

上下级与主管、被主管机关并不可等同，只有行政上隶属的领导机关和业务上归口的指导机关，才是本机关的上级机关。因此，在本部门有事项需要请批时，首先应该搞清楚发文机关和主送机关的关系，其次方可确认所采用的文种。

这说明，函是以不相隶属机关为主送单位的平行公文，商洽函如此，问答函如此，请批、批答函也如此。

2. 请批、批答函的类型

（1）请批函。请批函是向有关主管部门请求批准的函。

（2）批答函。批答函是有关主管部门批答请批事项的函。

（二）拟写要点

写作请批、批答函时，除了必须采用“信函式格式”书写外，还要掌握请批、批答函的结构，这就是：

标题＋主送机关＋正文＋落款＋成文日期

下面具体介绍标题与正文的写法，主送机关、落款与成文日期的写法同于一般公文。

1. 标　题

请批、批答函同于其他函的标题形式。

(1) 发文机关＋事由＋文种。如《市卫生局关于拟录用高校硕士毕业生的函》、《市人事局关于批准市卫生局录用高校硕士毕业生的函》。

(2) 事由＋文种。如《关于拟录用高校硕士毕业生的函》、《关于批准市卫生局录用高校硕士毕业生的函》。

(3) 发文机关＋事由＋去(复)函机关＋文种。如《轻工业部、商业部关于报批修改和补充＜洗衣粉包装箱国家标准＞给国家标准局的函》;《国家标准局对修改和补充＜洗衣粉包装箱国家标准＞给轻工业部、商业部的复函》。

2. 正　文

正文的构成是：发文缘由＋函事项＋尾语

(1) 发文缘由。请批函应说明发函的原因、根据或背景等；批答函应有引语，即引述对方函的标题、发文字号，表示收悉并进行了研究处理。下面实例 1 是请批函，它的开头是：“根据市委组织部、市人事局《关于 2001 年市级机关录用应届高校优秀硕士毕业生的通知》精神”，这里的“根据”正是发文缘由，后半句的“进行了考试、审查”也不是去函事项，而是对下文报批事项的说明与铺垫；实例 2 是批答函，它的开头是“引语”，这里有来函标题、发文字号，以及受文机关所回应的“收悉”。

(2) 事项。凡是请批函，均应说明具体事项，即要求主送机关协办的事项，或要求解决的问题等。凡是批答函，均应回复发函机关的事项、批答其提出的请求，如不能满足要求时，应加以解释。书写事项时，如事项复杂，或要求较多，就需提行，分条列项书写。

(3) 尾语。请批函的尾语常用：“请审查批准”、“当否，请审批”等。批答函的尾语常用：“此复”、“特此专复”、“特此函复”、“专此函告”等。

（三）注意事项

1. 准确选择文种

在公文使用中，请批函和请示都可用于请求批准，批答函和批复都可用于批答请求，因此常见以“请示”代替请批函，以“批复”代替“批答函”的错用现象。其问题在于判断行文关系不准确：请示是有隶属关系的下级机关向上级机关行文，请批函是向没有隶属关系的主管机关行文；批复是有隶属关系的上级机关对下级机关行文，批答函是主管机关向不相隶属的机关行文。

2. 把握用语分寸

就主要作用来说，函属商洽性公文，这个特殊功能决定了函在写作上的定位。请批函固然是用于请准事项，但请批机关不应把自己摆在下级机关的位置上；批答函固然是用于批答事项，但批答机关同样不应该把自己摆在上级机关的位置上。准确的定位决定了准确的用语。

实例1:

市卫生局关于拟录用高校硕士毕业生的函

市人事局:

根据市委组织部、市人事局《关于2001年市级机关录用应届高校优秀硕士毕业生的通知》精神,我们对拟录用到我局机关工作的高校硕士毕业生按规定程序进行了考试、审查。经研究,拟录用高校硕士毕业生4人。

当否,请审批。

附件:录用审批材料

××市卫生局

二〇〇一年三月二十日

实例2:

市人事局关于批准市卫生局录用高校硕士毕业生的函

市卫生局:

你局《关于拟录用高校硕士毕业生的函》(×卫函[2001]15号)收悉。

根据市委组织部、市人事局《关于2001年市级机关录用应届高校优秀硕士毕业生的通知》规定,批准录用××等4名高校硕士毕业生到你局机关工作。

特此函复。

附件:录用人员名单

××市人事局

二〇〇一年四月二日

实例评析:

实例1是请批函,实例2是批答函,其请批与批答为对应关系。

尽管发文机关与主送机关为平级单位,但就主管权限来说,市人事局为主管人事部门,因此,市卫生局"进人"必须按照程序,以请批函形式(请注意,不是"请示")报送市人事局批准;市人事局也应以批答函形式回复市卫生局。当卫生局收到批答函后,方能安排四名新同志的工作。

五、计 划

(一)计划文书概述

1. 计划的概念

计划是各级机关、企事业单位、社会团体和个人对未来一定时间内的活动拟定出实现目标、内容、步骤、措施和完成期限的一种事务性文书。

计划是个统称,除了一般所说的"××计划"之外,我们平常见到的"安排"、"打算"、"方案"、"设想"、"纲要"、"规划"、"要点"等都属于计划的范畴。它们的区别主要体现在涉及范围的大小、时限的长短和内容的详略上。

2. 计划的特点

(1)针对性。计划是根据党和国家的方针、政策和有关的法律、法规,针对本系统、本部门的实际情况制定的,目的明确,具有指导意义。

(2) 预见性。计划是在行动之前制定的，它以实现今后的目标、完成下一步工作和学习任务为目的。

3. 计划的类型

按照不同的划分标准，可以将计划分为不同的类型。

(1) 按内容分，有学习计划、工作计划、生产计划、财务计划、教学计划、科研计划、销售计划等。

(2) 按范围分，有国家计划、地区计划、单位计划、部门计划、班组计划、个人计划等。

(3) 按时间分，有长期计划、短期计划、年度计划、季度计划、月计划、周计划等。

(4) 按性质和作用分，有综合性计划、专题性计划、指令性计划、指导性计划等。

(二) 拟写要点

1. 计划的结构

计划的结构大致有两种：

(1) 文章式，即把计划按照指导思想、目标和任务、措施和步骤等分条列项地编写成文，这种形式有较强的说明性和概括性，经常用于全局性的工作计划。

(2) 表格式，即整个计划以表格的形式表述，经常用于时间较短，内容单一或量化指标较多的工作计划。

2. 文章式计划的结构与写法

文章式计划的结构是：标题＋正文＋尾部

(1) 标　题

1) 单位名称＋时间＋事由＋文种。如《××公司 2003 年工作计划》。

2) 时间＋事由＋文种。如《2003 年政治理论学习计划》。

3) 单位名称＋事由＋文种。如《××公司员工轮训工作安排》。

4) 事由＋文种。如《业务考核计划》。

5) 文种。如《计划》。

(2) 正　文

正文的构成是：前言＋主体＋结尾

1) 前言。这是计划的开头部分。简明扼要地概述制定计划的指导思想、依据、意义、本单位情况及总目标等。

2) 主体。包括：第一，目的和任务。明确地写出要达到的目标、指标和数量上、质量上的要求，即“做什么”；第二，措施和步骤。说明完成任务的具体措施和行动步骤，时间分配，人力、物力、财力安排等，即“怎么做”；第三，其他事项及应注意的问题。

3) 结尾。可以提出执行的要求，也可以展望计划实施的前景。有的计划主体内容表述完毕全文就结束，因此，写不写结尾，要根据内容表述的需要确定。

(3) 尾部。包括落款和成文日期两项。落款写上制定计划的单位名称。标题中已标明单位名称的，这里可以不写，成文日期写计划通过或批准的日期。有附件的计划，附件名称应标注于正文之后，落款的左上方。

(三) 注意事项

(1) 注意深入领会党和国家的有关方针、政策和法律、法规精神，以之作为制定计划的指导思想。

(2) 注意从本部门的实际情况出发，不脱离现实，不把任务指标定得过高或过低；计划的目的、任务、指标、措施、步骤要制定得具体明确，以便于落实和监督检查。

(3) 语言简洁明了，朴实自然；表达方式以说明、叙述为主，行文中不夹杂不必要的议论。

实例 1：

北京市园林局公园建设及管理工作计划

公园是维持城市良好生态、追求人与自然健康和活力的自然生态系统，为居民创造优美的绿色休憩场所。本市公园的建设发展要服务于首都的地位和功能，按照“科学规划，合理布局，形成网络，改善生态，方便居民”的原则，制定公园发展规划，加大公园建设发展的力度，抓住奥运会和旧城改造的机遇，实现同国际接轨，达到国际一流水平。

一、公园建设的目标和任务（略）

公园建设规划的总目标是：（略）

公园建设规划的具体目标是：（略）

二、实施绿水绿树绿色管理(3g·green)计划，实现管理达国际一流水平

为落实新北京新奥运的理念，以绿色奥运、科技奥运、人文奥运精神迎接 2008 年奥运会，提出此计划，以求本市公园管理水平同国际接轨。（略）

三、加强公园设施建设，服务水平达到国际一流（略）

四、实现“绿色奥运”公园发展计划的保障措施

（一）拓宽资金渠道，实行公园建设发展多元化投资（略）

（二）尽快出台我市公园条例，完善公园管理法规体系（略）

（三）坚持文化建园的方针，提高公园科学化管理水平（略）

文化建园不仅是中国园林的优秀传统，而且是适应新世纪园林发展的必然要求，因此要坚持理论联系实际的原则，继承优秀的传统文化，深挖历史文化内涵，同时要创造新时代的园林文化，建设各具特色、具有现代化水平的新型公园。在公园的建设和管理过程中，要善于运用科学理论和科研成果，增加公园的科技含量和知识含量，不断提高公园的科学化管理水平。继续开展创建文明公园行业活动，力争文明公园达 65%以上。

北京市园林局

二〇〇一年十二月十日

实例评析：

这是北京市园林局为实现“绿色奥运”而制定的公园建设及管理工作计划，带有一定的规划性和全局性，标题是“单位名称＋事由＋文种”结构。正文前言之后，分条列项提出工作目标、任务和保障措施。例文格式规范，语言简洁。

实例 2：

滨河市永滨造纸厂 2002 年质量工作计划

随着我国经济体制的深入发展，企业外部环境和条件发生了深刻的变化，市场竞争越来越激烈，质量在竞争中的地位越来越重要。企业管理必须以质量管理为重点，提高产品质量是增

强竞争能力、提高经济效益的基本方法，是企业的生命线。2002 年是我厂产品质量升级、品种更新换代的重要一年，特制定本计划。

一、质量工作目标

1. 一季度增加 2. 5 米大烘缸一只，扩大批量，改变纸页湿度。

2. 三季度增加大烘缸扎辊一根，进一步提高纸页的平整度、光滑度，要求此项指标达到 qB 标准。

3. 四季度改变工艺流程，实现里浆分道上浆，使挂面纸和小泥袋纸板达到省内外同行业先进水平。

二、质量工作措施

1. 强化质量管理意识，进行全员质量教育，培养质量管理骨干，使广大职工提高认识，管理人员方法得当。

2. 成立以技术厂长为首的技术改造领导小组，主持为提高产品质量以及产品升级所需设备、技术的改造工作，负责各项措施的布置、落实和检查工作。

3. 由上而下建立质量保证体系和质量管理制度，把提高产品质量列入主管工作厂长、科长及技术人员的工作责任，年终根据产品质量水平结算奖金，执行奖惩办法。

4. 本计划已纳入 2002 年全厂工作计划，厂部负责检查监督，指导实施，各部门、科室要协同配合，确保本计划的完满实现。

滨河市永滨造纸厂

二〇〇一年十二月十日

实例评析：

这个计划属专题性计划，采用条文式写法。标题中已写明是“质量工作计划”，正文的前言对制定计划的依据、出发点和计划事项作了总的概括，主体部分明确了计划的目标、任务和措施。

实例 3：

北京××公司第三季度工作计划

制定单位			有效期限	
计划事项	1	内容：	责任者	
		目标：	完成时限	
		措施：	奖惩办法	
	2	内容：	责任者	
		目标：	完成时限	
		措施：	奖惩办法	
	3	内容：	责任者	
		目标：	完成时限	
		措施：	奖惩办法	
	4	内容：	责任者	
		目标：	完成时限	
		措施：	奖惩办法	
部门负责人承诺				

实例评析：

这是一份工作计划，采用表格式写法。根据表格所设项目填写内容，计划内容简明、清楚，便于领会和实施。这种计划制作起来比较简便，是用于时间较短、内容较单一或量化指标较多的计划形式。

六、总 结

（一）总结文书概述

1. 总结的概念

总结是各级机关、企事业单位、社会团体和个人通过对过去一阶段工作的回顾、分析和研究，从中找出经验、教训，得出一些规律性的认识，用以指导今后工作的事务性文书。

2. 总结的类型

按内容分，有学习总结、工作总结、生产总结等；按范围分，有单位总结、个人总结等；按时间分，有年度总结、季度总结；按性质和作用分，有综合性总结、专题性总结等。此处介绍综合性总结与专题性总结两种类型。

(1) 综合性总结。综合性总结也叫全面工作总结，是一个单位或一个部门对某一时期各方面工作进行的全面性总结，如阶段工作总结、年终工作总结等。

(2) 专题性总结。专题性总结也叫单项工作总结，是一个单位或一个部门对某项工作或某一方面某一问题所作的专门性的工作总结。如经济工作总结、思想教育工作总结等。

（二）拟写要点

总结的结构是：标题＋正文＋尾部

1. 标 题

(1) 公文式标题：单位名称＋时间＋事由＋文种，如《××公司2002年度工作总结》、《××厂2002年销售工作总结》等。

(2) 非公文式标题：此类标题比较灵活，有的为双行式标题，如《开源节流，减员增效——销售部第四季度工作总结》；有的为单行标题，如《推动人才交流，培植人才资源》。

2. 正 文

正文的结构：前言＋主体＋结尾

(1) 前言。即正文开头，一般概括介绍基本情况，交代背景，点明主旨或说明成绩，给读者一个总体印象。

(2) 主体。包括成绩和经验、存在的问题和教训以及今后努力的方向等。对于一般的工作总结，重点放在成绩和经验上。

除了上述写法，正文主体还有过程式、经验式等多种形式。“过程式”是按过程写，即把整个工作按时间顺序划分为几个阶段，然后再就每一阶段的工作情况、经验、教训去总结。“经验式”是按经验写，是把工作中的主要经验按问题的性质归纳出来，一条一条地分开来写，各条之间有严密的逻辑关系，通过研究、分析，从中揭示出规律性的东西。专题性总结通常采用这种形式。

(3) 结尾。可以总括全文，重申主旨；可以提出改进设想或展望未来。

3. 尾 部

包括落款和成文日期两项内容。如果标题中已有发文单位；这里可不必再写。

（三）注意事项

1. 正确的指导思想

必须以党的方针、政策、路线为依据，正确地估计实际工作情况，从中总结出能够指导现实的有价值的经验来。

2. 坚持实事求是

写总结要求内容真实可靠，如实反映客观实际，要反复核实材料，仔细推敲观点，去伪存真，字斟句酌，这样才能增强总结的科学性和可信性。

3. 总结出规律性的东西

这是写好总结的关键。一篇好的总结应能从实践活动中揭示出带有规律性的东西，以指导今后的工作。

4. 分清主次，突出重点

写总结一定要注意分清主次、突出重点。所谓主次即指抓住主要矛盾或矛盾的主要方面，写带有普遍指导意义的人和事。所谓重点即指同类事物的主要或中心方面。抓住了重点，就抓住了决定着事物性质矛盾的主要方面。这样的总结对工作才有指导意义。

5. 语言简明、准确

总结的语言一定要简明、准确。要用第一人称，即从本部门的角度来撰写。

实例 1：

燃气集团公司 2000 年度工作总结

2000 年，公司在市投资管理公司的正确领导下，坚持以邓小平理论为指导，按照江泽民总书记提出的“三个代表”的思想，坚持党的基本路线，认真贯彻落实党的各项方针政策，紧紧围绕企业经济建设这一中心任务，加大了改革的力度，超额完成了计划指标，取得了良好的经济效益和社会效益。概括起来，我们做的主要工作有：

一、按照“三个代表”思想，认真抓了各级党的班子建设和党的思想教育，较好地发挥了企业党组织的政治核心作用

（一）认真学习贯彻中央和省市重要会议精神（略）

（二）广泛深入开展“两思”和“三个代表”教育活动（略）

（三）加强党的组织建设，建立健全各级党组织机构（略）

（四）举办入党积极分子培训班，认真做好党员发展工作（略）

（五）开展民主评议党员活动，树立先进典型（略）

（六）加强了对中层干部队伍的年度考察工作（略）

二、紧密围绕建设大燃气企业集团发展战略和公司创新工程，开展广泛的思想教育，有效地保证了集团经营决策和经营战略在基层贯彻落实

强化企业员工的思想教育，是实现思想创新，全面加强经营管理工作，加快建设大燃气企业集团发展步伐，促进企业经济不断发展的关键。今年来，公司党委坚持从实际出发，适时组织开展“更新观念，抓住机遇，迎接挑战，为建设大燃气企业集团而努力奋斗”系列教育活动，各级党组织高度重视，广大员工积极参与，取得了明显的教育效果。

（一）制定了教育实施方案（略）

（二）撰写了题目为“认清责任，理清思路，为建设大燃气企业集团献计献策”的学习提示（略）

三、紧密结合 CIS 形象战略，广泛进行企业形象、企业精神的宣传和教育，为集团公司塑造良好的企业形象，培养广大员工良好的企业精神，提供了强有力的思想舆论和文化氛围(略)

四、差距和不足(略)

五、结束语(略)

燃气集团公司

二〇〇〇年十二月十日

实例评析：

这是一份综合性工作总结，内容涉及面广，但结构严谨，条理清晰。文章重点突出，总结归纳出了带有规律性的东西，对今后工作具有指导意义。

实例 2：

××公司 2002 年经济工作总结

2002 年，我公司遇到了因各地日用百货生产发展所造成的市场供应缓和，产地之间竞销激烈，部分商品调低价格，运输不畅，商品待运期增加等困难。广大职工通过学习党的文件，提高认识，振奋精神，力排众难，在按需组织收购、扩大商品销售、改善经营管理等方面做了大量工作，超额完成了各项经济指标。其中：收购实绩××××万元，比去年增长 6.27%；销售实绩××××万元，比去年增长 3.98%；利润实绩××××万元，比去年增长 14.29%；费用水平 0.68%，比去年下降 0.02%。

回顾过去的一年，我们主要做了以下四个方面的工作：

一、密切协作，按需收购，促进适销对路

在过去的一年中，我们积极引导和促进工业部门按需增产，为扩大销售提供物质基础。

(一) 加强市场预测，确定商品经营方向(略)

(二) 适应市场需要，促进适销产品增产(略)

(三) 坚持商业检验，促进提高商品质量(略)

二、改进服务，提高信誉，扩大商品销路

努力扩大销售，以销促购，以购促产，满足人民需要，既是我们商业企业的光荣职责，又是提高经济效益的根本途径。去年我们从改进服务，提高信誉入手，在扩大销售上做了以下工作。(略)

三、加强核算，改善管理，提高经营效益(略)

四、开展竞赛，组织培训，调动职工积极性(略)

总的说来，我公司职工在党的精神指引下，经过一年的辛勤努力，在按需组织收购、扩大商品销售、改善经营管理等方面做了大量工作，取得了一定成效。但应该看到，由于我们对当前形势下出现的各种新问题及时分析研究不够，抓得也不够扎实，因而工作中还存在不少应改进的地方。比如进货管理要进一步健全，市场预测需大力加强，服务质量应继续提高，管理制度要进一步改进、完善等。这都要求全体干部、职工在新的一年里，继续贯彻上级指示精神，努力工作，在社会主义市场经济建设中作出新贡献。

××公司

二〇〇二年十二月十日

实例评析：

这是一份专题性总结，例文围绕经济工作，着重总结了四个方面的工作，既有成绩和经验，也有缺点和不足，分析深入，重点突出，揭示出经济工作的规律性，具有很强的指导意义。

七、述职报告

（一）述职报告文书概述

1. 述职报告的概念

述职报告是各级机关、企事业单位、社会团体的各级领导干部及管理工作人员，向上级管理机关陈述自己在任职期间履行岗位职责情况的书面报告。

2. 述职报告的特点

(1) 个人性。述职报告要求述职者对自身所负责的某一阶段工作进行全面的回顾，从中总结出成绩和经验，找出不足与教训，对个人履行岗位职责的情况作出正确的评价。述职报告也是对个人任职期间德、能、勤、绩的检验。

(2) 真实性。述职报告是干部考核、评价、晋升的重要依据，述职者一定要实事求是、真实客观地陈述，力求全面、真实、准确地反映述职者在所在岗位履行职责的情况。对成绩和不足，既不要夸大，也不要缩小。

(3) 通俗性。述职报告通常由述职人在会议上口头陈述，这就要求语言必须通俗易懂，尽量口语化，让所有与会者都能听懂、理解。

（二）拟写要点

述职报告的结构是：标题＋称谓＋正文＋落款＋成文日期

下面具体介绍标题、称谓与正文的写法，落款、成文日期与其他常用事务文书相同。

1. 标　题

述职报告的标题有四种形式：

(1) 述职人＋时限＋文种，如《×××2002年度述职报告》。

(2) 述职人＋文种，如《×××述职报告》、《我的述职报告》。

(3) 正副标题，如《抓住机遇，迎接挑战——×××经理任职报告》。

(4) 直接用文体做标题，如《述职报告》。

2. 称　谓

指述职报告的对象或呈送的部门，如“各位领导”、“董事会”、“组织人事部”等。

3. 正　文

正文的结构是：开头＋主体＋结尾

(1) 开头。述职报告的开头概述述职者所任职的职务和期限，任职期间的基本情况，以及对自己任职期间成绩的总体评价。

(2) 主体。述职报告的主体部分主要包括：① 履行职务的基本情况；② 所取得的成绩和实践经验；③ 存在的问题和努力的方向。

(3) 结尾。结尾部分是正文的结束语。一般用“以上报告，请领导和同志们指正”、“以上就是我的述职，谢谢各位”等。

（三）注意事项

1. 实事求是。真实地反映述职人履行职责的实际情况，无论陈述成绩还是缺点，都应抱着实事求是的态度，决不能弄虚作假。

2. 突出特点。紧紧围绕个人履职情况展开陈述，选择有代表性的典型事例，切忌千篇一律，人云亦云。

3. 语言简洁。语言简洁朴实、通俗易懂、口语化。

实　例：

述职报告

各位领导：

现在，我把自己一年多来的思想工作情况作一汇报，请予审议。本人自 2001 年 12 月至今担任天地公司副总经理……（略）

一、履行职责情况

从 2001 年 12 月任副总经理以来，我主要协助总经理处理公司的日常事务并具体分管人事部、技术部工作。一年来，我主要在以下三个方面付出了努力：

（一）抓员工思想教育，增强企业凝聚力，塑造企业形象（略）

（二）抓管理建章立制，鼓励争创一流（略）

（三）参与新产品 Ks－2 型机的研制（略）

二、思想作风建设情况

（一）理论学习（略）

（二）科技学习（略）

三、存在的问题和今后努力的方向

（一）放下包袱，转变观念，做一名合格的管理者（略）

（二）努力学习，提高素质，提高工作能力，为公司发展作出贡献（略）

（三）严格要求，廉洁自律（略）

以上是我的述职，谢谢大家！

述职人：王运达

二〇〇二年十二月十日

实例评析：

这是一篇个人述职报告，作者从履行职责情况、思想作风建设情况、存在的问题和今后努力的方向三个方面对一年的工作作了陈述，材料充实，重点突出，格式规范。

八、讲话稿

（一）讲话稿文书概述

1. 讲话稿的概念

讲话稿是讲话者在公共场合就某一问题发表自己的见解或阐明某种事理而事先写成的文稿。

2. 讲话稿的特点

(1) 内容针对性强。

(2) 语言平易通俗。

(3) 交流具有互动性。

3. 讲话稿的分类

讲话的地点、内容、讲话者的身份不同,也就构成了不同类别的讲话。

(1) 按场合分,有集会讲话、广播讲话、电视讲话、会议讲话等。

(2) 按讲话者的身份分,有领导讲话、群众代表讲话、来宾讲话等。

(3) 按讲话的目的分,有鼓动性的、说服性的、祝贺性的、凭吊性的讲话等。

(4) 按讲话的内容分,有政治的、军事的、经济的、文化的、学术的、礼节性的讲话等。

(二) 拟写要点

讲话稿的写法比较灵活,一般来说包括三个部分:开头+主体+结尾

1. 开　头

针对不同的听众要有不同的称呼,如"女士们"、"先生们"、"同志们"、"朋友们",称呼要恰当,要注意先后次序。接下来,说明讲话的缘由并概括全文的内容。开头很重要,一是要吸引听众;二是要很快引入正题。

2. 主　体

这一部分是讲话稿的核心,首先,要围绕主旨,切不可跑题;其次,要内容充实、例证生动,否则听众就会失去兴趣;再次,要讲究逻辑性,层次要分明,使听众能更好地领会讲话精神。

(三) 注意事项

(1) 讲话稿以声音充当媒介,通过声音来传递讲话人的思想和感情。因此,口齿清晰、吐字准确、注意语调的抑扬顿挫就成为讲话者应该具备的基本条件。

(2) 讲话稿的内容要有针对性。为此,应该对听众有一定的了解,掌握他们的基本情况,讲起话来才能有的放矢。

(3) 观点鲜明,主题明确。赞成什么,反对什么,一定要明确表达,不能似是而非,模棱两可。另外,应该抓住重点,讲深讲透。只有这样,才能给听众留下深刻的印象。

(4) 语言要通俗、生动。由于声音的易逝性,如果讲话的语言晦涩深奥,听者就很难听懂。这就要求讲话稿的语言一定要通俗易懂,要符合口语习惯,不能咬文嚼字。另外,讲话如果枯燥乏味,也很难吸引听众。因此,最好能用生动形象的语言,要善于把抽象的道理具体化,把枯燥的概念形象化。为此,应学会运用一定的修辞手法。

实　例:

大力倡导荣辱观为奥运创文明和谐环境

刘　淇

(节选)

同志们:

今天,中央文明委与北京奥组委、首都文明委在这里隆重举行"迎奥运、讲文明、树新风"活动启动仪式,目的是动员全国各行、各业、各地的广大干部群众积极参与"迎奥运、讲文明、树新

风”活动，大力倡导以“八荣八耻”为主要内容的社会主义荣辱观，树立共同的思想基础和道德规范，不断提高全社会的文明程度，为2008年成功举办一届有特色、高水平的奥运会创造文明和谐的社会环境。下面，根据中央的要求再讲几点意见。

一、充分认识开展“迎奥运、讲文明、树新风”活动的重要意义

一是要通过开展“迎奥运、讲文明、树新风”活动，进一步树立文明健康的社会风气。

二是要通过开展“迎奥运、讲文明、树新风”活动，进一步提高全社会的文明素质。

三是要通过开展“迎奥运、讲文明、树新风”活动，实现人文奥运的理念。

二、把“迎奥运、讲文明、树新风”活动作为弘扬社会主义荣辱观的重要载体

三、要解决好影响社会道德风尚的突出问题

一是紧紧抓住培育文明健康社会风尚这个核心。

二是抓好社会公共秩序这个基础性工作。

三是切实提高党政机关、窗口行业的服务水平。

四是切实改善人民群众的生产生活环境。

四、精心组织，广泛动员，务求实效

这项活动是经中央批准的全国性精神文明建设活动，搞好这个活动，必须切实加强领导。

一是各级党委、政府和各个部门要高度重视，要按照中央的要求部署，认真组织开展“迎奥运、讲文明、树新风”活动。

二是要广泛动员全民参与，形成良好的社会氛围。

三是要求真务实，解决群众反映最强烈的问题。

同志们，今天距奥运会开幕只有867天了，时间紧迫，任务艰巨，责任重大，让我们紧密团结在以胡锦涛同志为总书记的党中央周围，高举邓小平理论和“三个代表”重要思想的伟大旗帜，以科学发展观为统领，与时俱进、开拓创新、扎实工作，以开展“迎奥运、讲文明、树新风”活动的丰硕成果，迎接2008年北京奥运会的到来。

实例评析：

这是中央政治局委员、北京市委书记、第29届奥运会组委会主席刘淇于2006年3月25日在人民大会堂举行的“迎奥运、讲文明、树新风”活动启动仪式大会上的讲话。讲话中心突出，语言明白晓畅，充分体现了讲话稿的特点。

九、市场调查报告

（一）市场调查报告概述

1. 市场调查报告的概念

市场调查报告是对市场调查所获得的信息资料进行整理、得出结论，提出采取行动的合理建议之后撰写的书面报告。

2. 市场调查报告的特点

（1）针对性。市场调查报告是决策机关决策的重要依据之一，必须有的放矢。实践证明，市场调查报告的针对性越强，其现实意义、指导意义就越大。

（2）真实性。市场调查报告必须从实际出发，通过对真实材料的客观分析，才能得出正确的结论。

（3）典型性。主要体现为两点：

1）对调查得来的所有材料，要进行科学的分析研究，从中找出规律性的东西，反映市场变化的内在规律；

2）报告的结论要准确可靠，在结论基础上提出的建议必须切实可行，有较为广泛的适应性和可操作性。

（4）时效性。市场调查报告要及时、迅速、准确地反映、回答现实经济生活中出现的具有代表性的新情况、新问题，所以，一定要突出“快”、“新”二字。陈旧、过时的市场调查报告缺乏指导意义，也就不再有价值。

3. 市场调查报告的分类

市场调查报告按照不同的划分标准可以分为不同的类型：按调查范围、调查方式分，有综合性调查报告和专题性调查报告；按目的、作用、内容分，有情况调查报告、事件调查报告、经验调查报告和问题调查报告。

（二）拟写要点

市场调查报告的结构是：标题＋前言＋正文＋尾部

1. 标　题

市场调查报告的标题比较灵活，常用的形式是：

（1）单标题，如《扬州白酒市场调查报告》。

（2）正副题，即在正标题之外加副标题，如《群雄并起，逐鹿中原——郑州市空调市场调查报告》。

2. 前　言

前言也称作引言，是调查报告的开头部分，内容一般概述三个问题：调查的目的，调查的对象、范围，调查的经过（时间、地点、过程等）和方法，同时也可以简要概括全文的主要内容和观点。

3. 正　文

这是市场调查报告的主体部分，一般包括以下三个部分：

（1）情况部分。简要介绍历史情况和现实情况，并简要分析其特点或存在的问题，写作时常以数字、图表加以说明。

（2）预测部分。通过对资料的分析研究，预测市场今后的发展变化趋势，展望市场前景，以此作为企业生产、经营的参考依据。

（3）建议部分。这是市场调查报告的落脚点，是在预测之后准备采取的行动计划、措施。建议或措施要写得有针对性，并注意可行性。

4. 尾　部

尾部是全文的收束部分，也是对前言的照应。在这里或是重申论点，或是加深认识。但有的市场调查报告，正文完了就自然结束，没有单独的尾部。最后写上成文日期。

（三）注意事项

（1）深入调查，充分占有材料。要想写出好的市场调查报告，首先要对市场做认真、细致的调查研究，尽可能地多掌握第一手材料，市场调查是市场调查报告写作的前提和基础。

（2）实事求是。市场调查报告选用的事实要确凿，数据要精确，要如实反映市场中存在的问题，有针对性地提出对策和建议。

实 例：

扬州白酒市场调查报告

一、前言(略)

二、市场概况

(一) 扬州，辖广陵、江阳、邗江 3 个区，高邮、江都、仪征 3 个市和宝应县，总面积 6638 平方千米，467 万人；城区 973 平方千米，108 万人。近期政府投资 90 个亿进行大规模的城市改造，将老城区旧建筑和临街店面西迁到扬州新区。

(二) 扬州市人均收入每月大概在 700～800 元，但由于大规模的市建以及旅游经济的发展，市民增加了许多隐性收入。

(三) 扬州人饮食市场大，饭店生意火爆，有四望亭路(大美食街)、兴城东路(小美食街)这样比较集中的消费地，主要以淮扬菜和川味火锅为主。

(四) 超大卖场正在兴起。在邗江区新建广润发和时代超市两大超市，购物者众多。

(五) 邗江区是新兴的城市居住区，房价在 2000 元左右。

(六) 市区出租车 2500 辆，以普通桑塔纳为主。起步价 6 元。

三、白酒市场概况

(一) 120 元以上的茅台、五粮液稳占高档白酒市场，用于送礼。

(二) 50 元到 120 元之间的中高档白酒用于比较有档次的请客，此市场五粮春独步天下。

(三) 30 元到 50 元的中档市场为主流市场，古川、五琼浆、金六福、泸州老窖和香中陈等各路品牌撕杀一片。

(四) 10 元以下的低档市场被绵竹大曲、双沟和沱牌瓜分。

(五) 扬州白酒主要品牌和价格(商场超市价格)(略)

(六) 主导品牌年销量图示：

本市场白酒消费总量大概在 1 个亿左右，属于中等消费市场。

四、消费者

(一) 消费形态(略)

(二) 消费偏好(略)

(三) 品牌认知(略)

五、通路考察

(一) 终端类型(略)

(二) 通路价差畅销品牌在通路里所获得的毛利(略)

(三) 进店费用以及返利结算(略)

六、未来市场需求分析(略)

七、建议(略)

(调查时间：2002 年 8 月)

实例评析：

这是专题性调查报告节选，调查对象是扬州白酒市场。例文通过比较深入的调查研究，反映出扬州白酒市场变化的内在规律，从而在结论中提出了切实可行的建议。

十、招标书

（一）招标书概述

1. 招标书的概念及特点

招标书又称招标说明书，是招标人利用投标者之间的竞争从而达到优选投标人的一种告知性文书，是招标人为了征招承包者或合作者而对招标的有关事项和要求所作的解释和说明。招标书的特点是具有明确性、竞争性、具体性和规范性。

2. 招标书的类型

按性质和内容分，招标书有多种类型，如工程建设招标书、企业租赁招标书、大宗商品交易招标书、选聘企业经营者招标书、企业承包招标书、劳务招标书、技术引进或转让招标书等。

（二）拟写要点

招标书的结构是：标题＋正文＋尾部

1. 标　题

招标书的标题一般由“招标项目名称＋文种”或“招标单位名称＋文种”构成。

2. 正　文

招标书的正文结构是：前言＋主体＋结尾

(1) 前言写明招标单位的基本情况和招标目的。

(2) 主体包括文件编号、招标项目名称、招标范围、招标和投标办法、招标时限、招标地点等。

(3) 结尾写明招标单位的名称、地址、电话号码和传真等。

3. 尾　部

附件名称、落款、成文日期和附件原文。

（三）注意事项

(1) 做好调查研究，掌握市场信息，制定的测算、评估款项要科学合理。

(2) 语言简洁、用词精确，文字、数据、图表均要求准确无误。

实　例：

天地大厦建筑安装工程招标书

为了提高建筑安装工程的建设速度，提高经济效益，经市建工局批准，天地公司对天地大厦建筑安装工程的全部工程进行招标。

一、招标工程的准备条件

本工程的以下招标条件已经具备：

1. 本工程已列入北京市年度计划；

2. 已有经国家批准的设计单位出具的施工图和预算；

3. 建设用地已经征用，障碍物全部拆迁；现场施工的水、电、路和通讯条件已经落实；

4. 资金、材料、设备分配计划和协作配套条件均已分别落实，能够保证供应，使拟建工程能在预定的建设工期内连续施工；

5. 已有当地建设主管部门颁发的建筑许可证；

6. 本工程的标底已报建设主管部门和建设银行复核。

二、工程内容、范围、工程量、工期、地质勘察单位和工程设计单位(见附表)

三、工程可供使用的场地、水、电、道路等情况(略)

四、工程质量等级、技术要求、对工程材料和投标单位的特殊要求、工程验收标准(略)

五、工程供料方式和主要材料价格、工程价款结算办法(略)

六、组织投标单位进行工程现场勘察,说明和招标文件交底的时间、地点(略)

七、报名、投标日期、招标文件发送方式

报名日期:2003 年 5 月 4 日。

投标期限:2003 年 5 月 10 日起至 2003 年 5 月 30 日止。

招标文件发送方式(略)

八、开标、评标时间及方式,中标依据和通知

开标时间:2003 年 6 月 10 日。

评标结束时间:2003 年 6 月 30 日。

开标、评标方式:建设单位邀请建设主管部门、建设银行和公证处。

中标依据及通知:本工程评定中标单位的依据是工程质量优良,工期适当,标价合理,社会信誉好,最低标价的投报单位不一定中标。所有投标企业的标价都高于标底时,如属标底计算错误,应按实况予以调整;如标底无误,通过评标剔除不合理的部分,确定合理标价和中标企业。评定结束后 5 日内,招标单位通过邮寄(或专人送达)方式将中标通知书送发给中标单位,并在一月内与中标单位签订天地大厦建筑安装工程承包合同。

九、其他(略)

本招标方承诺,本招标书一经发出,不得改变原定招标文件内容,否则,将赔偿由此给投标单位造成的损失。投标单位按照招标文件的要求,自费参加投标准备工作和投标。投标书(即标函)应按规定的格式填写,字迹必须清楚,必须加盖单位和代表人的印鉴。投标书必须密封,不得逾期寄达。投标书一经发出,不得以任何理由要求收回或更改。

若在招标过程中发生争议,如双方自行协商不成,由负责招标管理工作的部门调解仲裁,若对仲裁不服,可诉诸法院。

建设单位:天地公司

地址:海淀区光明路 5 号

联系人:高叶

电话:(010)12345678

附:施工图纸,勘察、设计资料和设计说明书(略)

天地公司

二〇〇三年三月二十日

实例评析:

这是一份建筑安装工程招标书,从九个方面对招标项目作了较为详细的说明,格式规范,语言简洁。

十一、投标书

（一）投标书概述

1. 投标书的概念

投标书也称“标函”，是投标人为了中标而按照招标人的要求，具体地向招标人提出订立合同的建议，是提供给招标人的备选方案文本。

2. 投标书的特点

投标书具有针对性、求实性和合约性等特点。

（二）拟写要点

投标书的结构是：标题＋正文＋尾部

1. 标　题

投标书的标题一般由“投标项目名称＋文种”或“投标单位名称＋文种”构成。

2. 正　文

投标书的正文结构是：送达单位＋引言＋主体＋结尾

(1) 送达单位顶格书写。

(2) 引言说明投标的依据、目的和指导思想。

(3) 主体根据招标书提出的目标、要求，介绍投标企业的现状，明确投标期限及投标形式，拟定标的，填写标单等。

(4) 结尾写明投标单位的名称、地址、电话号码和传真等。

3. 尾　部

附件名称、落款、成文日期和附件原文。

（三）注意事项

(1) 明确招标要求。

(2) 实事求是，不可弄虚作假。

(3) 语言简洁，语气谦和。

实　例：

天地大厦建筑安装工程投标书

天地公司招标办公室：

在研究了天地大厦建筑安装工程的招标条件和勘察、设计、施工图纸，以及参观了建筑安装工地以后，经我们认真研究核算，愿意承担上述全部工程的施工任务。我们的投标书内容如下：

一、标函内容(略)

包括工程名称、建筑地点、建筑面积、建筑层数、结构形式、设计单位、工程内容、包干形式等。

二、标　价

总造价：100 万元(直接费、间接费、材料差价)

每平方米造价：100 元(直接费、间接费、材料差价)

其他(略)。

三、工　期(略)

包括开工日期、竣工日期、合计天数、形象进度等。

四、质　量(略)

包括达到等级、保证质量主要措施、施工方法和选用施工机械等。

五、投标企业概况(略)

包括企业名称、地址、所有制类别、审定企业施工级别、平均人数等。

六、企业简历(略)

七、技术力量(略)

包括工程师以上人数、助工人数、技术员人数、五级以上人数、平均技术等级等。

八、施工机械装备情况(略)

九、营业执照(略)

批准机关、执照、号码等。

我们特此同意,在本投标书发出后的 30 天之内,都将受本投标书的约束,愿在这一期间(即从 2003 年 5 月 10 日起至 2003 年 6 月 10 日止)的任何时候接受贵单位的中标通知。一旦我们的投标被接纳,我们将与贵单位共同协商,按招标书所列条款的内容正式签署天地大厦建筑安装工程施工合同,并切实按照合同的要求进行施工,保证按质、按量、按时完工。

我们承诺,本投标书(标函)一经寄出,不得以任何理由更改,中标后不得拒绝签订施工合同和施工;一旦本投标书中标,在签订正式合同之前,本投标书连同贵单位的中标通知,将构成我们与贵单位之间有法律约束力的协议文件。

投标书发出日期:2003 年 5 月 10 日 9 时

投标单位:××建筑公司(公章)

企业负责人:×××(盖章)

联系人:××(盖章)

电话:

(010)

××××××××

地址:××路 2 号

附件:××建筑公司相关资料(略)

××建筑公司

二〇〇三年五月十日

实例评析:

这则建筑安装工程投标书针对招标书的各项要求一一作了回应,包括标价、工期、质量等,并对投标企业各方面的情况作了介绍、说明。

十二、意向书

(一) 意向书概述

意向书是一种记述当事方经过协商共同签订的合作意图及设想的文书,它是当事人就某合作项目签订的初步设想,具体的事项还有待进一步的调查和商定。意向书不具备法律性,但它会为要签订的协议书和合同奠定基础。

（二）拟写要点

意向书的写作格式一般包括标题、正文、落款三部分。

1. 标　题

标题可由制定意向的当事人、事由及文种三部分组成，如《华光厂与福龙公司关于技术合作意向书》；也可以根据实际情况有所省略，或只保留文种、或省略当事人名称，如《意向书》、《合资兴建食品加工厂意向书》。

2. 正　文

正文包括前言和主体两部分。

1）前言。前言部分写明签订意向书当事人的名称，为方便行文，还可以在当事人名称之后注明“（简称甲方）”、“（简称乙方）”。然后高度扼要地说明签订意向书的目的、缘由、项目内容等，可以用一句话概括。

2）主体。可以采用条文式形式，即逐条写明协商一致所达成的具体意向内容。由于意向书不具有法律效力，只是当事方合作的初步设想与安排，所以主体内容的制定可以是粗略的、大致的。

3. 落　款

写明签订当事人的名称、代表人签名、加盖印章、签署的日期和地点等。

实　例：

合作培训意向书

甲方：××市现代科技培训中心

乙方：××出版社

经双方商讨，拟合作举办一期编辑、校对技术短期培训班。初步意向如下：

一、培训期3个月。××年×月×日开班，××年×月×日结业。

二、培训学员10名。由乙方选送25岁以下、具有高中以上文化程度的人员。

三、培训费2万元，由乙方在开班前支付给甲方。

四、甲方提供培训场地、师资、教材，并负责教学管理，发放结业证书。

甲方代表：（签字盖章） 乙方代表：（签字盖章）

××年×月×日

十三、协议书与合同

（一）协议书的概述

协议书，又称协议，是当事人就某事项，经过协商取得一致意见后共同订立的契约性文书。协议书不像意向书那样“粗线条”，它是将意向书的内容细化，经一致协商，将结果以文本的形式固定下来，并确定当事人的协作关系，因此对于当事人具有很强的约束力。

（二）拟写要点

协议书的写作格式，一般包括以下几个部分。

1. 标　题

完整的协议书标题一般包括当事人名称、事由及文种三部分，如《利升公司宝山建设工程施工合作协议书》；也可以有所省略，只保留文种，如《协议书》；而《赔偿协议书》、《项目合作协议》则是省略了协议当事人的名称。

2. 协议单位名称

在标题下，正文之前，要写明签订协议的单位名称、代表人、代理人姓名，如需要可以在双方单位名称之后注明一方是甲方，一方是乙方，便于在正文中称呼。

3. 正　文

正文包括开头、主体两部分。开头是交代签订协议的目的、原因、依据，紧接着可用程式化语言转入主体，如"现对有关事项达成如下协议"。主体要求就协议有关事宜作出明确的、全面的说明，尤其要着力写好协议双方的权利和义务。

4. 落　款

应写明签订协议的双方单位名称，并加盖公章。必要时还得写上签证单位和公证单位的名称，并加盖公章。最后写上签订协议的日期。

实例：

协议书

甲方：岭南嘉业集团公司

乙方：香港恒达有限公司

双方于×年×月×日经过友好协商，在平等互利的原则下，就合作投资创办长途客运公司事宜达成如下协议：

1. 合资企业定名为嘉达汽车客运有限公司，经营岭南地区长途客运业务。购置大型客车20辆，其中尼奥普兰豪华大巴10辆，"安凯"豪华大巴10辆。

2. 合资企业为有限责任公司。双方投资比例为51∶49，即甲方占51%，乙方占49%，注册资本400万美元，其中：甲方以其现有客运线路为无形资产作价及现金投入204万美元，乙方以现金投入196万美元，合资期限为20年。

3. 公司设董事会，人数为5人，甲方3人，乙方2人。其中董事长1人，由甲方担任；副董事长1人，由乙方担任。正、副总经理由甲、乙双方分别担任。

4. 合资企业所得利润，按国家税法照章纳税，并扣除各项基金和职工福利等，净利润根据双方投资比例进行分配。

5. 双方共同遵守我国政府制定的外汇、税收、合资经营以及劳动法等法规。

6. 双方商定，近期就有关事项进一步洽谈，提出具体实施方案。

7. 本协议一式两份，双方各持一份。

甲方（签章）　乙方（签章）

代表（签字）　代表（签字）

2003年3月21日

十四、合同的写作

（一）合同的概述

合同是当事人在办理具体事项时，为了确定各自的权利和义务而订立的、共同遵守的、具有法律效力的协议。合同中最重要、最常用的是经济合同，主要是指“平等民事主体的法人、其他经济组织、个体工商户、农村承包经营户相互之间，为实现一定的经济目的，明确相互权利义务关系而订立的合同”。可以说，经济合同是人们在经济交往中对合作的双方都具有约束力的文件，它可以使双方互相监督、互相牵制，以保证经济交往的正常进行。

就复杂的经济合作而言，协议书签订在前，合同书签订在后；协议书是签订合同的依据；协议书的条款原则性较强，合同的条款则更具体、更细致。

经济合同是商务秘书常用的一种文书，在拟订合同时必须按照《经济合同法》及其他相关的政策、法令，遵守平等互利、协商一致、等价交换的原则来签订。并且在具体写作时必须做到结构完整，叙述具体明确，语言说明准确清楚，文字不可模棱两可产生歧义，金额数字要大写，标点要正确。由于签订者的疏忽大意而导致合同无效、使经济利益受到损失的实例时有发生。

对于合同种类的划分，从 1999 年 10 月 1 日起施行的《中华人民共和国合同法》第九章至第二十三章分别对一些常用的合同做出了明确规定，按照其业务性质的不同，将合同分为 15 种，即买卖合同，供用电、水、气、热力合同，赠予合同，借款合同，租赁合同，融资租赁合同，承揽合同，建设工程合同，运输合同，技术合同，保管合同，仓储合同，委托合同，行纪合同，居间合同。

（二）拟写要求

合同的格式，主要有条文式、表格式和综合式三种。条文式合同是将双方达成的协定，排列成若干条，定入合同；表格式合同则是将协定的内容逐项填入事先设计、印刷好的表格栏目内。综合式合同是将条文式与表格式结合使用的格式。无论何种格式的合同，一般都包括首部、正文、尾部三部分。

1. 首　部

首部一般包括标题、合同签订单位名称、合同编号及签订地点、时间等。

标题即合同的名称。标题由合同事项、文种两部分组成，如《聘用合同书》、《建筑工程承包合同》、《购销合同》等，标题的合同事项往往是对合同性质或种类的揭示。

合同签订单位名称，应写明当事人的全称，并且为了正文叙述的方便，可以在全称之后注代称，如“甲方、乙方”、“卖方、买方”、“供方、需方”、“定做方、承揽方”等，而不能写“你方、我方、他方”。

合同编号，一般写在标题右下方，也可视实际情况不写。

签订地点、时间在首部的位置可以与当事人名称左右对称并列，也可写在当事人名称下方。如果首部不写，则需放在尾部中注明。

2. 正　文

正文包括开头和主体两部分。

开头。是指合同签订的依据或目的，其程式化语言大多是“根据（为了）……，经双方协商，特签订本合同，以资共同遵守”。表格式合同一般无此项。

主体。是合同的具体内容与基本条款部分，主要包括以下部分。

1）标的。是指经济合同双方当事人权利义务共同指向的对象，没有标的的合同是无效合同。标的可以是实物、货币、劳务、工程项目、智力成果等。

2）数量和质量要求。指经济合同中标的的数量和质量，是确定标的特征的最重要的因素，是标的具体化的精度度量。它决定合同当事人承担的权利义务的大小、范围，必须把数量、计量单位和方法、质量标准和检验方式等写得具体、准确、清楚。

3）价款或酬金。是取得经济合同标的的一方当事人所付的代价和报酬。合同中必须明确规定价款或酬金的金额、计算标准及结算方式。

4）履行的期限、地点和方式。履行的期限是当事人实现权利和履行义务的时间，是合同兑现、是否完成的标准。履行的地点是指当事人履行合同义务的地方，如送货则交代送货地点。履行的方式是指当事人用何种方式、方法来完成合同中规定的义务，如交付货物，是一次履行还是分批履行，是提货、送货还是代办托运，都应具体明确。

5）违约责任。是指当事人一方或双方因违反合同规定或不适当履行合同义务，导致合同不能履行或不完全履行所承担的责任。这是合同条款中的要素，它对维护合同的法律性、保障合同顺利履行有着重要的意义。

以上内容是合同中必备的条款。此外，有些经济合同示范文本中还有“选择条款”、“其他约定事项”等要素，另外有些合同中还有未尽事宜的说明及处理办法、合同的份数及保管、合同的有效期等。合同中如有附件，应在合同中标明，并作为合同的组成部分具有法律效力。

3. 尾　部

合同的尾部在正文的右下方，其内容包括：当事双方或多方单位名称或个人姓名、法人或委托代理人姓名，并需分别加盖公章、私章；如果需要，还可注明当事人的地址、电话、电传、开户银行、账号等；如有主管部分证明和鉴证机关公证的，则要写明机关名称，并加盖公章。最后，如首部没有写清签订日期，则写于尾部。

实例1：经济合同

______合同

甲方：______（个人写明姓名、性别、年龄、住址，单位写明名称、法定代表人、住所）

乙方：______（个人写明姓名、性别、年龄、住址，单位写明名称、法定代表人、住所）

甲乙双方经过平等协商，就______（合同的名称）达成协议如下：

第一条

（顺序可以用条文式，也可以用一、二、三……）甲方的权利（写明对合同标的所享有的权利）

第二条乙方的权利……

第三条甲方的义务……

第四条乙方的义务……

（甲乙双方的权利义务也可以合并成两条）

第五条数量和质量条款（写明数量多少，必须用通用的计算方式和质量标准）

第六条交付方式、地点、验收方式条款

第七条合同履行期限

第八条本合同一式两份，甲乙双方各执一份。本合同自签字之日起生效。

甲方：______（签字或者盖章）

乙方：______（签字或者盖章）

______年______月______日

实例 2:购销合同

______购销合同

订合同单位:××果品公司(甲方)

××果园(乙方)

为了满足人民生活需要,促进果品生产和流通,经双方协商通过,特订立如下条款,以资共同恪守。

一、产品的名称、价格、数量、交货期(略)

二、产品的规格质量(略)

三、产品的收购价格按上表所列价格执行,在执行过程中,如遇价格明显升降时,要经双方协商,产品的价格可在100%范围内浮动。

四、其包装由乙方负责用指定的果品专用箱包装,按时运至甲方所在地。其包装费用和运费均由乙方负担。

五、乙方应按合同规定分期交货,按旬结算。

六、甲方应在乙方交货后 3 日内付款。

七、违约责任

甲方应负责任:

1. 如果甲方中途要求变更或撤销合同,应偿付乙方变更或撤销部分货款总值的20%的罚金。

2. 根据双方规定的交货期,无故拒绝收货,应偿付乙方该批货物货款总值的10%的罚金。

3. 未按合同规定的日期付款,每延期 1 天,应偿付乙方延期货款总款10%的罚金。

乙方应负责任:

1. 甲方在验收时,如发现水果的规格、质量、包装不符合合同规定的应由乙方全部负责。

2. 如果在规定期限内不能如数交货的,应偿付甲方不能交货部分货款总值10%的罚金。

八、由于人力不可抗拒或确非单位本身的原因而不能履行合同的,经仲裁机关查实证明,免予承担经济责任。

九、以上条款经双方及行政管理机关盖印鉴证后生效,至合同完成时终止。

十、本合同一式三份。甲、乙方各执一份,公证机关一份。

甲方	乙方	公证机关
单位:××××(公章)	单位:××××(公章)	××(公章)
代表:×××(私章)	代表:×××(私章)	经办人:×××
地址:××××	地址:××××	
电话:×××××××	电话:×××××××	
传真:×××××××	传真:×××××××	
开户行:×××	开户行:×××	

十五、可行性研究报告

(一) 可行性研究报告概述

可行性研究报告,是对拟建项目可以实行的因素进行全面论证与分析后所撰写的书面报告,是企业在立项投资之前所做出的科学的可行性研究。

国家计委和国家建委联合发布的《关于缩短建设工期，提高投资效益的若干规定》(1982)中明确指出："基本建设项目决策必须建立在科学、可靠的基础上。上项目之前一定要认真负责、精心细致地进行研究与技术论证，切实地把矿产资源、工程地质、水文地质、工艺技术、原材料燃料供应、产品销售、外部协作条件、投资得失等基本情况搞清楚，经过方案比较，提出可行性研究报告，作为编制设计任务书的基础。"可见，在企业经济活动决策过程中，拟定可行性研究报告是至关重要的，它是对影响实施经济活动的各种因素所进行的全面的、系统的综合分析，是项目实施前的论证。

（二）拟写要点

可行性研究报告的格式一般包括以下要素。

1. 标　题

标题一般由项目单位名称、项目内容、文种三部分构成，如《世达飞公司承包新华广场建设项目的可行性研究报告》，并在标题下署明编制单位及编制负责人名单。上述内容应写在研究报告的首页。

2. 正　文

正文可分为前言、主体、结论三部分。

(1) 前言。主要简述拟建项目的相关情况，如项目名称、主办单位及相关人员负责名单、项目的范围、目的、作用、预测的社会及经济效益等。

(2) 主体。是对拟建项目的基本成分与各影响因素所进行的详细论证，并提出项目实施的具体步骤及可行措施。在我国建设部门颁布的《关于建设项目可行性研究的试行管理办法》中，对工业项目的可行性研究的基本内容作了规定。

1) 总论。主要包括项目提出的背景、投资的必要性和经济意义；研究工作的依据和范围等。

2) 需求预测和拟建的规模。

3) 资源、原材料、燃料及公用设施情况。

4) 建厂条件和厂址方案。

5) 设计方案。

6) 环境保护。

7) 企业组织、劳动定员和人员培训。

8) 实施进度的建议。

9) 投资估算和资金筹措。

10) 社会及经济效果评价。

(3) 结论。主要对拟建项目进行科学的、准确的、综合的评价与判断。

3. 落　款

落款包括单位项目的行政、技术、经济负责人的现行职务及签字。

4. 附　件

可行性研究报告的附件是为供项目审批机关参考而附加的与拟建项目有关的文件，其作用是说明正文中有关材料及认证的可靠性，也是对正文内容的进一步充实，与正件具有同等效力。如资格证明、资产评估书、经营状况等有关证明文件，与项目有关的内容协议文件或上述业务部门的签署意见等。另如相关图表、文件、证明材料、调查说明、实验与数字结果等都可归入附件之中。

十六、企业规章制度

（一）企业规章制度的概念和特点

企业规章制度是企业单位以法律、法令和政策为依据，针对本单位的实际工作情况或专门问题而制定的带有约束力和规范性的文件，也是企业严格纪律、加强有效管理的手段。企业制定了正确的规章制度就可以保证各项工作正常开展并充分发挥其职能作用，使生产、工作规范化、标准化，使管理制度化、系统化，从而获得较高的经济效益。

企业规章制度具有以下特点：

1. 制定的针对性

企业规章制度是为了保障企业顺利工作、生产、生活，针对本企业“特定范围内”的工作和事务而制定的行为规范，它所提出的各项规范和要求都是切实可行的。

2. 内容的明确性

企业规章制度所制定的具体措施和要求必须明确、具体，表达清晰，逻辑层次明显，便于人们去遵照执行。

3. 执行的强制性

企业的规章制度具有较强约束力，一经颁布，相关人员就必须遵照执行，若有违反，就要受到批评、教育或处罚。

（二）拟写要点

企业规章制度的结构一般由标题和正文两部分组成。

1. 标　题

企业规章制度的标题一般包括制发单位、规章制度的主要内容（或适用范围、对象）及文种，如《海佳集团股份有限公司章程》、《华实电厂用电管理制度》。

2. 正　文

企业规章制度的正文大体有章节式、条款式两种写法。

章节式，多用于条文较多、层次复杂的规章制度。全文由总则、分则、附则三部分构成。总则，即概述规章制度制定的政策依据、目的，适用对象或范围，遵循的基本原则等；分则，即规章制度的具体内容，是主体部分；附则，即施行说明，如规章制度的主管部门、注意事项、生效日期等。三部分按章来写，第一章为总则，中间各章为分则，最后一章为附则，每章都可采用小标题形式，具体内容可分若干条来具体说明，每条可用“第×条”或“一”、“二”、“三”等数字来标明。

条款式，又称“条排式”或“直贯式”，适用于条文较少、内容简单的规章制度。正文一开头就是“第一条……”依次排列，一般头两条要点明规章制度制定的缘由、目的、适用范围和对象等；然后条列出规章制度的具体内容；最后说明的可以是规章制度的施行日期。有的规章制度只是具体内容采用条款式，而前面的制定目的、根据等则用文字简要概括。

第五节　企业文书的管理

企业，特别是中小型民营企业，文书整理归档的现状都不容乐观。不少企业成立运转已有多年，然而企业历年的文件资料依然未经整理，甚至散落于各部门员工手中，有些企业的珍贵历史资料已经流失，形成了永久的遗憾。大量的经验教训都说明，企业的领导和各部门，特别是商务秘书部门应该十分重视企业文件资料的归档整理工作。

中小型企业由于人员精简，难以安排专职的文档管理人员，同时由于企业领导将注意力更多地放在企业的经营效益上，文档管理工作未能引起重视，文档管理工作规范化还有较大的难度。另一方面，现有文书档案工作的教材所讲授的内容，大多针对的是党政机关的文书档案工作，大量篇幅介绍档案馆的工作如何进行，中小企业的文档管理几乎是空白，而高职高专文秘专业毕业生的就业大多数面向的是中小型企业。有鉴如此，本节重点讲述中小企业的秘书如何做好文书的整理归档工作。

一、明确归档文件的范围

2002 年 9 月开始施行的《企业档案管理规定》第七条指出："企业各部门负责归档文件材料的收集和整理，并定期交本企业档案部门集中管理。任何人不得拒绝归档。"

企业的各部门大多数管理人员，特别是商务秘书部门的工作人员一般都明白文件应归档保存。但具体哪些文件属归档范围，哪些文件不在归档范围，却没有一个明确的标准，没有一个范围界定。因此，商务秘书初次面对那些日积月累的大量文件材料，首要的是要明确归档文件的范围。

国家档案局曾制定了适用于一切国家机关、学校、团体党政文件的《机关文件材料归档和不归档的范围》，各地方档案管理机关或专业管理部门也制定了适用于本地方、本系统应用的归档范围。一般来说，这些归档范围都规定，凡本单位在工作中直接形成的具有保存价值的文件，包括党、政、工、团以及人事、宣传、组织、保卫、生产、计划统计、科研、技术管理、设备管理、经营销售、物资供应、劳动工资、财会及基建等公文、电报、簿册、图表、技术文件、会议文件、出版物原稿、印模、照片、影片、录音带、录像带等各种门类和各种载体的材料均应在办理完毕后，由本单位文书和业务部门整理立卷，组成保管单位，并定期向本单位档案部门归档。部门和个人不得擅自保存。

至于不属归档范围的文件，主要有：上级机关任免、奖惩非本单位工作人员的文件，普发供参阅、不须办理的文件材料；本单位的重份文件，无查考价值的事务性、临时性文件；一般性文件的历次修改稿；无特殊保存价值的信封；下级单位送来的简报、情况反映、不必备案的文件材料等。

在确定归档范围时，要特别注意重视那些容易被忽视或不易收全、又具有保存价值的文件材料。公文除了正文以外，它的各种附件往往意义更大，更应归档保存。本企业的办公会议记录、重要电话记录、规章制度、各种统计报表、设备维修记录、本企业领导人进行的重要活动或上级领导和著名人物参与本企业活动时形成的照片、录音、录像等材料，本单位重要事件向报社、电台、电视台发的新闻稿、照片、录像和反映本企业活动的报纸、杂志、剪报材料都应作为归档范围。

显然，这样的一个归档范围在企业中很难作为划分档案材料的操作依据，企业还必须有一个更符合企业实际、更具有可操作性的一个归档范围。而且，这个归档范围还应照顾到企业纷繁复杂的各类档案的情况，使各部门工作人员依据其类别划分，在分类归档时就能基本上一次成型，不会在集中归档时再行打乱顺序，调整结构。真有这样适合企业文件资料的"归档范围"

吗？答案当然是肯定的。

二、编制符合企业实际的文件材料分类方案

对文件材料进行整理的目的就在于使之系统化、有序化，使之最终能便于保管，更便于查找利用，这一整理的过程主要是通过分类来进行的。在对文件资料进行整理的过程中，应保持文件之间的有机联系，而文件之间的有机联系主要表现在文件的来源、内容（亦即事由）、时间、形式四个方面。

依据这样的分类原则，可以确定一个单位中的文件材料分类的大致脉络，即可以采用按组织机构、问题、年度、文件形式或载体形式作为基本的分类方法。

按组织机构分类，是按文件形成时的责任者或文件处理时承办的组织机构对归档文件进行分类。在党政机关中这是最常用的分类方法。

按问题分类，是按归档文件所涉及的内容主题，即按事由对归档文件进行分类。这是适应面较广而且最为人们所习惯的分类法。

按年度分类，是根据形成和处理文件所属的年度对归档文件进行分类。

按文件形式分类，是根据文件的名称或载体材料分类，如会计档案中按凭证、账册、报表事分类；声像档案中按照片、磁带、光盘来分类等。

但是文件与文件之间其保存价值是有区别的，依据文件的保存价值，可将文件分别列入不同的保管期限，不同保管期限的文件应分类保管。因此，保管期限也可作为一种基本的分类方法列入。按我国目前规定，档案保管期限分为永久、长期、短期三种。

对一般党政文件来说，永久保管，是指该部分文件档案要无限期地保存下去，凡是反映本单位主要职能活动和基本历史面貌的，对本单位、国家建设和历史研究有长远利用价值的档案，应列入永久保管。

长期保管，是指档案保管 16～50 年。凡是反映本单位一般工作活动，不具有广泛的社会、科学、历史意义而在相当长时间内本单位又需要查考的档案，应列入长期保管。

短期保管，是指档案保管 15 年以下。凡是在较短时间内本单位有参考利用价值的各种文件材料，均应列为短期保管。

在现实工作中，往往不会将以上几种基本方法单独使用，而是将以上基本方法组合起来，形成一种复式分类方法。一般采取将年度、保管期限、组织机构（或问题）几种因素相结合，如保管期限—年度—组织机构分类法，或者是年度—问题—保管期限分类法等。

曾经有一种说法，错误地认为在基层单位或小机关，内部机构设置简单，便可以只选择年度—保管期限或保管期限—年度两级分类；而省级机关等大、中型单位，才采用年度—机构（问题）—保管期限或保管期限—年度—机构（问题）三级分类法进行分类。事实上，无论在县、乡级的机关，还是在厂矿、学校这样的基层单位，都毫不例外地使用所谓的“三级分类法”。大小单位之间在文档分类方法上的差异主要表现在，是使用“组织机构”作为主要分类项，还是使用“问题”作为主要分类项。

在本节讨论的中小企业中，由于机构高度精简，机构之间分工不明确，文书工作不正规等因素，一般只适合使用“问题”作为文件材料的主要分类依据。譬如说，在中小企业中，机构精简，如往往将秘书、人事、财会等部门合在一起成立一个“综合办公室”，简称“综合办”。这一综合办的职能和它所涉及的事项（也可称为问题）与机构齐全的单位文秘、人事、财会部门所处理

的工作并无太大的区别。各种企业中,机构或名称不同,或有多有少,但处理的问题是相似的。据此,可以提出一个在一般中小企业中皆可通用的文件材料归档范围,抑或是分类依据。如以下所选的《乡镇企业档案文件材料归档范围》。

乡镇企业档案文件材料归档范围

一、党、群工作文件材料

1. 党务。指党的组织、宣传、纪检等方面的文件。

2. 群众团体。指工会、共青团、妇联、职代会、科协、企协、学会等群众团体在工作中形成的各种文件。

二、行政管理文件材料

指企业行政事务、人事管理、职工教育、培训、劳保福利、安全保卫、法律事务、医疗卫生、计划生育、后勤、审计、处理纠纷、信访、外事活动等方面的文件。

三、企业产权文件材料

1. 有关部门或单位关于企业的建立和产权界定的批准文件。

2. 股权证明和清产核资工作中形成的各种文件材料。

3. 企业资产产权变动中形成的各种文件材料。

四、经营管理文件材料

1. 经营决策、计划工作、财务管理、产品销售物资管理、经济责任制、考核、奖惩文件,市场信息和预测,广告、商标及用户反映等文件。

2. 各种合同、协议文件。

3. 生产供应、经营销售、成本、企业改造等方面的统计报表及用户台账等。

五、生产技术管理文件材料

1. 生产管理。生产计划及其实施记录、安全操作规程、事故报告及改进意见、劳动工资等。

2. 质量管理。质检报告、质量事故分析、获奖证书等。

3. 标准管理、计量管理、能源管理等方面形成的文件。

4. 工业卫生和环境保护方面形成的文件。

六、产品文件材料

1. 产品设计。产品设计协议书、任务书、设计方案、实验数据、产品鉴定书、产品照片、说明书和底图、蓝图等。

2. 产品制造工艺。各种配方、技术诀窍、工艺流程、工装、操作规程、工时和材料定额等。

3. 产品检测和管理过程中形成的文件,名、优、特产品及获奖产品的有关文件。

七、科学技术研究文件材料

1. 新开发项目的建议书、计划任务书、可行性研究方案、实验记录、成果申报、总结、鉴定、推广应用、奖励证明、专利、技术转让等文件。

2. 技术改造和革新文件、图纸。

3. 中断和取得负结果项目的各种有参考价值的科研总结报告。

4. 经审定发表的学术论文或著作。

八、基本建设工程文件材料

1. 工程项目的可行性研究、计划任务书、审批、勘测设计、施工、竣工验收、工程管理及维修、改建、扩建等方面的文件和图纸。

2. 有关房地产文件。

九、设备仪器文件材料

1. 购进设备仪器的全套随机文件及开箱记录、安装调试、检查维修记录以及改装、报废的文件。

2. 自制设备仪器的设计图纸、计算书、测定数据、性能鉴定材料、工艺工装图纸、使用说明书及检查维修记录等。

3. 设备台账。

十、会计核算文件材料

1. 会计凭证。原始凭证、记账凭证、汇总凭证、银行存款、余额调节表等。

2. 会计账簿。日记账、明细账、总账、固定财产卡片、辅助账簿、移交清单、保管清册、销毁清册、涉外账簿等。

3. 会计报表。财务指标快报,月、季度会计报表,年度会计报表(决算)等。

十一、职工档案文件材料

干部、职工、离退休职工、死亡职工的个人材料。

如果再接触更多的这类归档范围,就会看到其划分的大类基本上相似。如杭州市企事业单位的归档范围,其大类为:① 党群工作;② 行政管理;③ 经营管理;④ 生产技术管理;⑤ 产品;⑥ 科学技术研究;⑦ 基本建设;⑧ 设备仪器;⑨ 财会;⑩ 人事档案。显然,其大类划分与上述乡镇企业档案文件材料大类划分极为相似,所不同者,乡镇企业根据其特点专门增加了企业产权文件材料一类。

有了以上这样条理清晰、划分明确的归档范围,再依据企业的特点,将年度特征与以上归档范围中的大、小类相组合,就可形成以年度—问题分类为主,包含着数十个子类的中小企业文件材料分类方案类目。若再加上保管期限进行组合,则这一分类方案的类目将更加细致。

三、制定档案保管期限表

档案保管期限表是用表册的形式列举出档案的来源、内容和形式并指明其保管期限的一种法规性、指导性文件。保管期限是衡量档案价值的尺度,所以保管期限表也就成为鉴定档案价值的工具,是确定档案保管期限的依据和标准。

中小企业的现实情况不可能要求在各部门归档后再由专门的档案管理人员重新鉴定其价值以确定其保管期限,因此,秘书部门和业务部门在归档时必须同时确定归档文件材料的保管期限。若按一般档案文件材料的归档范围,只能确认应予归档文件的范围和类属,却无法确定其保管期限。要解决这一问题,就需要有一份能将文件归档范围、归档文件的类属、归档文件保管期限三者合一的表册,来指导归档文件的范围、类目归属和保管期限,这就是档案保管期限表的作用。表 5 - 5 所示是一份实用的企业综合档案室档案保管期限表。

表 5-5　企业综合档案管理保管期限表

一　文书档案

1. 董事会及经理办公会会议记录、纪要、决议 …… 永久
2. 党支部、团委、工会、妇工会计划、总结、报告及其会议记录 …… 长期
3. 党团工会等统计年报、名册、登记表 …… 永久
4. 职工代表大会材料 …… 永久
5. 有关企业、人员先进表彰、处分决定等 …… 长期
（省级以上先进和人员开除处分为永久）
6. 党团组织介绍信、存根 …… 长期
7. 思想政治学习、文明建设等材料 …… 长期
8. 企业规章制度、规定 …… 永久
9. 工会等部门工作规定、制度 …… 长期
10. 企业召开的各类工作会议和专业会议材料 …… 长期
11. 企业编写的大事记、年鉴、企业沿革、年度工作计划、总结等 …… 永久
12. 企业各部门年度总结、计划、考核等材料 …… 长期
13. 企业文书处理、档案、保密工作、保卫工作形成的材料 ……（重要）长期
（一般的为短期）
14. 企业编印的简报、报纸、杂志、图书的定稿和正稿 …… 长期
15. 有关企业升级、申报的省级以上先进材料 …… 永久
（省级以下的材料为长期）
16. 企业领导出席重要活动的材料 …… 永久
（一般活动的材料为长期）
17. 企业建立、名称变化、印章启用及各部 rJ 设置、撤并、董事会成员变化，经理任免 …… 永久
18. 企业各部门负责人任免、聘用、定级、确定工资及职称评定等 …… 长期
19. 企业参加外事活动材料 …… 永久
20. 企业职工教育、培训等材料 …… 长期
21. 企业后勤福利、医疗卫生等材料 …… 短期
22. 企业制订的发展长远规划、年度经营计划 …… 永久
23. 企业制定的财务管理方面的材料 …… 长期
24. 企业有关市面市场问卷调查、市场分析等材料 …… 长期
25. 企业与各单位签订的各种协作特许经营书 …… 长期
26. 企业各类专卖、销售方面的统计报表 …… 长期
27. 企业有关经营专类方面的材料、简报 …… 短期
28. 企业制订的生产计划及实施过程中的记录、安全操作规程和改进意见 …… 长期
29. 企业有关质量管理的规定、质检报告、质量事故分析 …… 长期
30. 本单位制定的企业标准 …… 长期
31. 企业有关能源、环保、工业、卫生、计量方面的材料 …… 长期
32. 有关企业章程、资产组成资料 …… 永久
33. 企业有关商标注册等材料 …… 永久
34. 企业有关原料标志等材料 …… 永久

二　秘书档案

1. 会计报表
年报 …… 永久
季报、月报、日报 …… 五年

续表 5-5

2. 账册 现金日记账和银行日记账 …………………………………………………………… 25年 总账和各分类明细账 …………………………………………………………… 15年 3. 计凭证 …………………………………………………………………………… 15年 4. 其他 工资名册 …………………………………………………………………………… 长期 其他视情况而定。
三　科技档案
(一) 基建档案 本企业基建工程项目的投资计划、设计、施工、竣工及维护、扩建等方面的文字材料和图纸。(具体参照基本建设项目文件材料归档范围和保管期限表) (二) 设备档案 1. 生产设备 购进生产设备仪器的购买合同、协议、发票复印件与全套随机文件及开箱记录、安装调试、检查维修记录及改装、报废等材料(随机文件一般有产品说明书、线路图、合格证书、保修单等材料) …………… 长期 2. 办公设备 主要指用于办公的设备配置,如复印机、电脑、空调、电视等,其主要资料为随机文件 …………… 短期 3. 其他 主要有车辆等设备档案 …………………………………………………………… 短期 (三) 产品档案 各企业可以根据本企业生产的产品按型号或种类细分,所形成的材料也不同。如服装行业有产品工艺单、产品打样、试制报告等。产品生产前期阶段的研究材料也可归属到相应产品中去。如波导公司新产品的开发资料可归属到相应手机型号的产品中。(重要产品永久,次要的为长期,一般的为短期) (四) 销售档案(经营档案) 主要有客户合同、加工任务单等,各单位形成材料不甚相同。可以一户一档。(一般的客户档案为短期,重要的客户为长期)
四　特种载体档案
(一) 声像档案 1. 照片 …………………………………………………………………………… 永久 2. 录音、录像带 …………………………………………………………………… 永久 3. 光盘、软盘 …………………………………………………………………… 永久 (可以根据内容的重要性划分保管期限) (二) 实物档案 1. 各种证书证件,包括荣誉证书、房产证、土地证、法人代码证等房产证、土地证为永久,其他的证书可以作为长期 2. 锦旗、奖状、奖杯 ……………………………………………………………… 长期 3. 各类字画、印章等 ……………………………………………………………… 长期

四、归档整理的具体工作

有了归档分类的依据,确定了文件归档的范围、归档文件类目归属和保管期限,商务秘书对如何整理分类归档就应该心中有数了。

（一）做好平时的收集整理工作

对于企业秘书部门的文件材料由商务秘书人员自行整理归档，这一点当无疑义，但对于业务部门的档案责任有不少企业并不明确。一般而言，业务部门的档案当然应该由业务部门整理归档。这不仅因为承办部门在整理归档时有其方便之处，更因为业务部门工作的专业性，其文件材料再转到秘书部门进行整理归档会产生许多难题和弊端，特别是一些业务档案，若经办人员没有归档责任，各种过程文件极易散失。如一单外贸业务完成，其后续的文件材料至少要包括：① 一份核销单（海关退下来的原件）；② 报关单（海关退下来的原件和复印件）；③ 装货单（适用海运，若是空运则要在报关单复印件写上与原件一致的内容，盖公章）；④ 一份提单或电放保函（原件或复印件，复印件要写上与原件一致的内容，盖公章）；⑤ 明细表（货物的详细情况）；⑥ 一份增值税发票复印件；⑦ 收汇的复印水单（外商汇款到我方账户后的凭证）；⑧ 入账清单（要详细写明该票货物款项明细）；⑨ 外销合同（要盖条形章和法人章）；⑩ 内销合同（工厂的公章）。

试想，一年下来的外贸业务档案有一大堆要交由秘书部门整理归档，其难度该有多大。因此，必须明确业务部门在文件材料整理归档上的责任，这是确保企业档案材料完整归档的一个重要基础。

（二）归档文件的整理程序

《归档文件整理规则》明确指出，归档文件整理也就是将归档文件以“件”为单位进行装订、分类、排列、编号、编目、装盒，使之有序化的过程。

归档文件整理的工作程序主要有以下几点：

(1) 修整。为保证档案能够长期保存和有效提供利用，装订前必须对不符合要求的归档文件材料进行必要的修整。包括对破损文件进行修裱，对字迹模糊或易褪变的文件进行复制，去除文件上易锈蚀的金属物，对过大文件进行折叠等。

(2) 装订。归档文件材料修整完毕后，需要使用符合档案保护要求的装订材料对其进行重新装订，从实体上最终确定“件”的形态，以起到固定文件页次、防止文件张页丢失、便于保管利用的作用。对于永久、长期保存的文件要用不锈钢钢钉或粘贴的方法装订，短期保存的文件可不拆除金属物直接用钉装订。

(3) 分类。归档文件材料以“件”为单位进行装订后，需要将归档文件按某些特征分别归类。归档文件一般可以采取按年度、机构、问题、保管期限等特征进行分类，或将上述特征结合使用。一个立档单位内的归档文件一般只能采用一种分类方法，在中小企业中，推荐使用保管期限—年度—问题或年度—问题—保管期限的分类方法。

(4) 排列。归档文件分类后，应将归档文件依据分类，结合事由按时间顺序进行排列。一般会议文件、统计报表、案件材料等成套性文件可集中排列。同一份文件的不同稿本排列次序一般为：发文稿纸（文件处理单）、正本、附件（被转发文）、定稿、复制件。

(5) 编号。归档文件的排列次序确定后，应对归档文件逐件编号，并在每份文件首页上端的空白位置加盖归档章并填写相关内容。归档章包括卷宗号、年度、保管期限、室编件号、馆编件号、页号、机构（问题）七项（见表 5－6）。

卷宗号：档案馆给立档单位编制的代码。本单位档案未列入档案馆接收计划时，此项可空置。

表 5-6 归档章内容

卷宗号		年 度	
保管期限		页 数	
室编件号		馆编件号	
机构(问题)			

年度:即文件形成的年份,以四位阿拉伯数字标注公元纪年,如:2003。

保管期限:归档文件保管期限的简称或标识年限。

件号:文件的排列顺序号,包括室编件号(在归档文件整理时编制)、馆编件号(档案移交进馆时编制)。室编件号的编制方法为:以机构(问题)为单位,按文件排列顺序从"1"开始标注。

机构(问题):即作为分类方案类目的机构(问题)名称。

页数:每份归档文件的总页数。页号:每份归档文件的页码。文件中有文字的页面为一页,当归档文件上有页码时,可不编页,无页码时需要编页码。一般用阿拉伯数字,每件从"1"开始流水编制,正页在文件的右下角,反页在文件的左下角。

(6) 编目。编制归档文件目录。应依据分类方案和室编件号顺序编制归档文件目录。包括件号、文号、责任者、题名、日期、页数、备注七项。

件号:填写室编件号。

文号:填写文件的发文字号,一般照实抄录。如"舟科档字(2006)17 号"。

责任者:文件的发文机关或署名者,可用通用简称。

题名:填写文件标题。没有标题或标题不规范的,可自拟标题,并加"……"。

日期:填写文件的成文日期,以 8 位阿拉伯数字标注,如 20040428。

页数:填写每一件归档文件的总页数。

备注:填写文件需说明的情况。

归档文件目录用纸采用国际标准 A4 型。

(7) 装盒。归档文件应按照室编件号顺序装入档案盒,并填写档案盒封面、盒脊、备考表等项目。

档案盒封面:标明卷宗名称。

盒脊:应设置卷宗号、年度、保管期限、机构(问题)、起止件号、盒号等项目。

备考表:包括盒内文件情况说明、整理人和日期等项目。

盒内文件情况说明:填写盒内文件缺损、修改、移出、销毁等情况。

整理人:负责整理归档文件的人员姓名。

日期:归档文件整理完毕的日期。

习 题

1. 公文管理包括哪几个环节?
2. 商务秘书收发文的程序包括哪些?
3. 企业文书包括哪些要素?
4. 在学校中进行大学生运动和消费方面的调查,并根据调查的结果撰写一份关于运动品牌消费市场的调查报告，题目自拟。

5. 拟写一份寝室生活活动注意事项的规章制度。

6. 结合实际，制定个人的本学期学习、生活计划以及近期工作计划。

7. 拟写一份班级某学年的活动、成果总结。

8. 企业应从哪些方面着手才能做好企业文书的管理？

第六章　商务秘书的信息与档案工作

本章导读

在激烈的市场竞争中，信息成为企业制胜的重要法宝。信息是企业经营管理的基础，是企业对决策实施过程有效管理的依据，还是企业与社会联系的纽带。企业领导的决策必须以合理的数据与信息为前提。本章主要介绍商务秘书信息管理的重要途径，即信息的收集、整理、传递、存储、利用和反馈；档案工作的基本内容。商务秘书通过本章的学习，能够掌握信息收集、整理、传递、存储的基本方式和方法。

知识要点

★ 信息管理工作的基本流程；
★ 信息调查研究的程序；
★ 商务秘书信息工作的范围；
★ 商务秘书信息工作的环节；
★ 商务秘书档案管理的基本知识。

第一节　信息管理与调查研究

信息管理工作是商务秘书的一项重要工作。商务秘书在各项工作中处处需要信息的支持。从某种意义上说，商务秘书的工作可看作是接收和传输信息的过程。商务秘书只有在占有大量信息的基础上，才能掌握情况、开阔思路，敏锐地捕捉到适用的信息，并及时向领导提供。商务秘书科学、务实、高效的信息工作，是为上司发挥参谋、辅助作用的重要体现。因此，做好信息管理工作是商务秘书工作的基础。

一、信息概述

（一）信息的含义

信息是事物存在的方式或运动状态的直接或间接的反映。

（二）信息的特征

(1) 客观性。信息是对事物的客观描述和具体反映。客观真实是信息的价值基础和生命所在。客观性是信息的基本特性。

(2) 时效性。时效性是信息的价值作用随着时间的变化而改变的一种特性。信息只有在一定的时间内才能体现其最大价值，过时的信息便丧失了使用价值。信息生成的速度快、数量多、运动频繁、时效强，且具有流动性、随机性和不规则性。因此，秘书必须具有信息的敏感性，并及时收集、加工、存储、运用信息。

(3) 可塑性。信息可以归纳、综合、精炼和浓缩，进行各种载体的转换，从而改变其形态，成为所需要的形式，便于利用。

(4) 共享性。共享性是信息区别于一般物质的显著特征。由于信息可以在不同的载体间转换和传播，并且在转换和传播的过程中不会减少和消失，因此，信息在一定时间内可以为众多的主体使用，而本身并不消耗。

(5) 依附性。信息只有依附于某种物质载体才能保存下来。信息依附的载体有语言、文字、符号、形体、表情等表意性载体，有声波、电磁波、网络等无形的承载性物质载体，还有纸张、磁带、光盘等有形的承载性物质载体。正是由于依附性，使得信息可以用载体存储起来、积累下来，可以不受时间和空间的限制，通过传递载体来传播信息。

(6) 传递性。信息可以通过一定媒介或一定载体进行传递。

(7) 开发性。信息作为一种资源，取之不尽，用之不竭，可以充分开发利用。

(8) 无限性。随着时间的推移，信息不断地产生和发展。

（三）信息的种类

信息有多种类型。按照不同的标准，可以将信息划分为不同的类型。

(1) 按照信息源的性质划分，信息分为自然信息和社会信息。自然信息是自然界自发产生的；社会信息是人类社会运动的状态和方式，是社会各方面有意识、有目的发出的信息。秘书主要接受社会信息。

(2) 按照信息的表现形式划分，信息分为语言信息、文字信息、声像信息、计算机语言信息和缩微信息。

(3) 按照信息内容涉及的社会领域划分，信息分为政治信息、经济信息、文化信息、教育信息、军事信息、科技信息、体育信息等。

(4) 按照信息的稳定状态划分，信息分为静态信息（如资源、统计资料）、动态信息（如市场信息）。

(5) 按照信息的来源方向划分，信息分为横向信息和纵向信息。横向信息来自平行单位，纵向信息来自系统单位。

(6) 按照信息在秘书工作中的作用划分，信息分为预测信息、动态信息、反馈信息。预测信息是在事物发生阶段、实际工作展开前所产生的信息；动态信息是在事物发展、成长过程中形成的信息；反馈信息是事物结束某一特定过程后产生的结果。

二、信息工作的程序

信息工作是组织信息有序化交流和利用的活动，信息工作程序包括：收集、整理、传递、存储、反馈和利用。信息工作程序如图 6-1 所示。

(1) 信息收集。信息收集是通过各种渠道和方式获取信息的过程。信息收集是信息工作的基础和初级阶段，要求能从实际出发适当调节和控制信息的数量、流向，优化信息收集的质量；明确信息收集的需求和目标，坚持调查研究。① 掌握信息收集的范围和主要渠道；② 掌

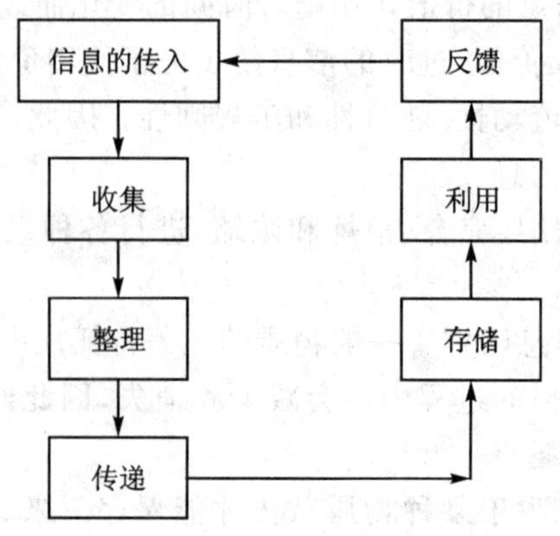

图 6-1 信息工作程序图

握信息收集的原则:价值原则、时效性原则、层次性原则、针对性原则和全面系统原则。

(2) 信息整理。信息整理是对原始信息进行分类、筛选、核实,使其成为有价值的信息的过程。信息整理是信息工作的核心,秘书要能够挑选满足需求、为决策提供超前服务的信息。要确定分类体系,确定分类层次和各层次的分类标准;注意分类的科学性、系统性、逻辑性和实用性。秘书要掌握信息整理的方法和信息校核常用的方法,能够对信息进行加工、编写。

(3) 信息传递。信息传递是通过传输媒介或载体,把信息从信息发生源传递到信息接收源的过程。信息的传递是双向的,它既强调信息的内向传递,也包括信息的外向传递。秘书要掌握信息传递的基本方式。

(4) 信息存储。信息存储是用科学的管理方法,将有保存价值的信息系统化,以便日后利用。信息存储主要由登记、编码、存放排列、保管等工作环节构成。秘书要做到能正确使用信息存储装具与设备,了解信息存储的载体和步骤。

(5) 信息反馈和利用。信息反馈是把输出信息的作用结果返送回来,并对信息的再输出发生影响,起到控制和调节的作用。

三、调查研究

调查研究是秘书辅助领导做出正确决策的关键环节,是秘书获取信息的重要手段,是提高秘书自身素质的必要途径。

一般情况下,调查研究的内容分为以下四种类型:基本情况调查、专题性调查、经验性调查、突发性事件或事故调查。

调查研究的主要形式和手段包括个别访问、召开调查会、现场观察、问卷调查、查阅资料等。常用的调查方法主要有普遍调查、典型调查、重点调查和抽样调查等。研究的方法有:归纳演绎法、度量研究法、系统研究法、比较研究法。除此以外,实践中还有概率研究法、统计研究法等。

调查研究的程序是:准备阶段—实施阶段—研究分析阶段—总结阶段。调查研究的过程如图 6-2 所示。

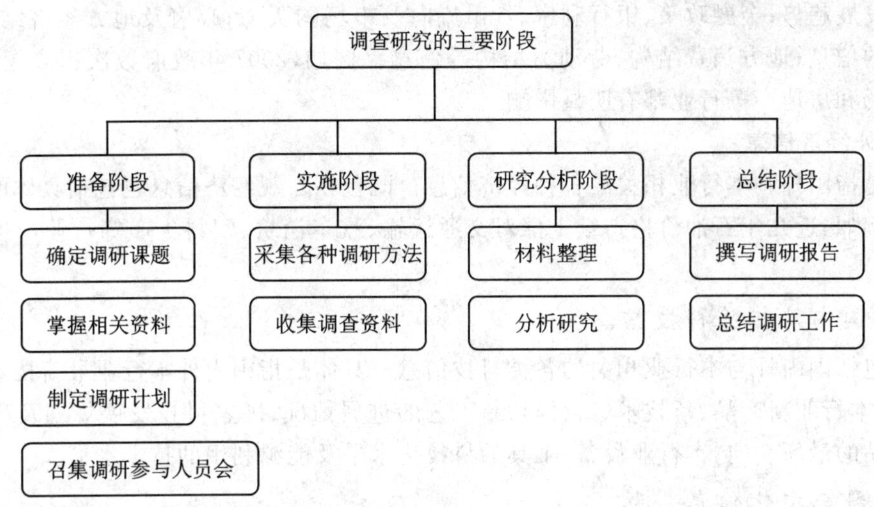

图 6-2　调查研究的过程图

第二节　商务秘书信息工作的范围

商务信息的内容非常广泛，其内容分类也并无明确规范。商务秘书部门和人员在收集信息时要有明确的目标和方向。从商务活动的范围和特点来讲，商务信息大体可以包括以下几方面的内容。

一、企业宏观环境信息

（一）政策法规信息

1. 宏观政策信息

宏观政策信息主要包括中央和地方政府及行业主管部门颁布的有关宏观经济活动的政策、计划、决定，如产业政策、税收政策、信贷政策、劳动及社会保障法规等。这些信息有的并不一定对企业的运作有直接的引导、规范和制约作用，但却决定了宏观经济的走向，影响了宏观经济环境。对于这类信息，商务秘书必须密切关注。

2. 国内法规信息

国内法规信息包括国家与企业经济生活相关的法律、法令和规定。主要有与本系统、本企业主营业务有关的行业法规及理论；国家和政府对本行业经济贸易等商务活动的态度；行业主管部门或上级决策部门的意见、要求、决定及优惠和限制条件等信息。具体来说有商标法、广告法、合同法、商检法、环境保护法等经济法规；有关财经制度及开展商务活动的规章制度等信息。

3. 国外相关法规信息

如果是涉外企业，就必须注意对方国家与本行业相关的法规信息。

（二）国内外经济信息

1. 国内经济信息

国内经济信息主要包括国家经济发展规划、战略；地区经济发展的对策、措施、重点发展建设项目及发展趋势；金融政策、银行利率、货币流向及市场购买力；政府及地方经济结构、产业结构调整的信息；地方消费结构、劳动力结构等信息。例如，2007年政府数次提高银行利率，对股票市场和房地产等行业都有明显影响。

2. 国外经济信息

主要是指国外和本行业相关的各种经济信息。既包括宏观经济信息也包括具体的微观经济信息。例如，近几年石油价格持续上涨对交通运输、汽车消费、塑料生产等行业产生了显著影响。

（三）国内外相关科技信息

主要包括国内外与本行业相关的各类科技信息。具体是指国内外本行业最新技术发展信息；国内外本行业新产品、新技术、新材料、新工艺的进展情况；国家科技发展规划及科技成果转化为产品的最新动向；本行业设备、工具的科技化水平及能源利用的技术水平。

（四）社会文化信息

主要是指和本行业相关的各种社会文化信息。主要包括在特定的国家和地区或特定人群的特点及风俗习惯和偏好、重要的社会事件及价值观念、道德要求、宗教信仰、流行时尚等各种信息。例如，一家网络游戏公司的秘书，应当经常关注当前网民关注的I网游热点，对国家关于网络游戏的相关指导性政策也应特别关注。

另外，很多社会文化信息还能为公司和企业创造出新的商机。

二、企业行业环境信息

（一）行业产业链信息

产业链是建立在产业内部分工和供需关系基础上的。产业链始于自然资源，止于消费市场。通俗地理解，行业产业链即企业的上下游信息。商务秘书应非常熟悉本企业的产业链情况，并了解各产业链环节中和本企业相关的各种信息。

（二）行业趋势和市场动向信息

各行各业都有发展的趋势和市场动向的信息，如行业调整与发展、市场行情、新产品新技术、劳动力价格、材料成本、消费趋势等，这些信息对企业经营起着决定性作用。作为商务秘书，了解企业本行业发展趋势可以为领导的决策提供积极的信息。

另外，商务秘书还需要敏锐地捕捉市场动向，了解本行业的生命周期。主要包括与本企业业务相同的国内外同行业的发展情况，同行业的现状、发展动向和发展趋势；竞争企业的规模、手段、实力；同行业商品或服务的价格、推销策略和特色、同行支配占有的销售渠道、网点、代理商的规模、能力水平；本系统、本地区业务活动中的典型经验或发生的疑难问题等信息。

（三）用户与消费者需求及行为等信息

企业是为社会提供产品和服务的，因此，企业必须充分了解用户及消费者的需求和行为信息。商务秘书应当主动搜集这方面的信息。

三、企业内部信息

对于商务秘书而言，全面而准确地了解企业内部信息也是非常重要的。企业内部信息包括以下几个方面。

1. 企业背景信息

主要包括本企业的发展历程，如注册资本变动情况、固定资产构成情况、历任企业领导情况、近年来生产、销售、利润、纳税等的基本数据及企业发展前景等相关信息。

2. 产品生产信息

主要是指本企业所生产的各项产品的品种、规格、数量、质量标准、获奖情况、客户分布等信息，也包括为客户提供的各项服务的具体内容。

3. 产品开发研究信息

主要是指本企业正在研究开发、尚未推向市场的产品或技术的信息。

4. 企业员工信息

包括本企业员工基本构成的静态信息，如公司员工总数、各部门员工数、学历构成、年龄构成、民族地域构成等信息；还包括员工专业技术、管理能力、业务素质、工作业绩、发展潜力等动态信息。

四、其他相关信息

除了上述信息之外，商务秘书还需要关注其他各类相关信息。如某企业临时需要某个工种的若干人手，就需要劳动力市场的相关信息。又如，一家企业要在闹市区租用一个新的店面，就需要中介的租房信息。再如，某企业领导要去某个新的城市出差若干天，秘书这时就需要了解该城市的天气、住宿、交通等信息，以便为领导提供更加周到的服务。上述信息都具有临时性的特点。对于商务秘书来说，并不需要随时掌握这些信息的具体内容，但需要知道了解这些信息的渠道，这就需要做有心人，平时留心通过哪些方式能最快、最准确地搜集到领导临时需要的各种信息。如互联网、电话黄页簿、114 号码百事通等，都是值得一试的途径。

实例：办公室常备信息资料

公司经理让秘书整理办公室的基本信息资料，并将其进行分类。在整理过程中要将缺少的常用信息资料列出清单，做出计划尽快备齐。秘书应从哪些类别检查办公室常备的信息资料呢？在收集信息资料时着重于哪些方面？

实例评析：应根据信息档案分类要求进行准备。

（一）办公室常备的信息资料

包括文字档案、声像档案等档案信息；常用的备查工具书，包括字典、词典、百科全书、电话簿、地图、有关政策法规等；在办公室接待工作中，可备公司材料介绍、报刊、杂志等。

（二）信息的主要分类及信息资料收集的范围

1. 信息的主要分类

常见的信息分类，按其表现形式分为语言信息、文字信息、声像信息、计算机语言信息、缩微信息；按信息内容所涉及的社会领域分为政治信息、经济信息、文化信息、教育信息、军事信息、科技信息、体育信息等；按其信息形态划分为文字形态、声像形态、记忆形态；按其信息稳定状态分为静态信息、动态信息。

2. 信息资料收集的范围

秘书收集信息的范围主要有：

① 企业信息。包括企业概况、企业背景信息、企业经营活动信息等。

② 法律政策信息。

③ 交际活动信息。包括宾主双方会见、会谈的基本情况，明确上级主管部门对这次会见的指示或批示。

④ 平行客户信息。主要是指来自无隶属关系单位的相关信息，包括本行业客户的资信、经营方式、经营范围和经营能力、市场营销特点、市场占有率及客户的有关背景方面的信息。

⑤ 贸易信息。包括市场消费动态，供需趋势信息；各种贸易机会，如各种订货会、商品交易会、展示会、博览会的信息；新技术、新产品信息；外资市场信息；国际劳务市场信息；竞争企业与生意合伙人的信息等。

⑥ 国际市场信息。包括产品供应商、产品价格、同类产品的规格性能和特点、产品的消费需求、市场竞争情况方面的信息。

⑦ 国际金融信息。包括国际金融动态、外汇汇率变化、国际证券市场行情、贸易对象国的利息率、汇率、投资、信贷等信息。

信息收集可以从不同的渠道获得，一般而言，来自于大众传播媒介渠道、图书馆、数据库、供应商和客户、贸易交流、信息机构渠道、业务往来关系渠道等，或通过调查渠道获得。

第三节　商务秘书信息工作环节

根据商务秘书工作的程序，以下主要介绍信息工作程序中细分的各个环节。

一、信息的收集

（一）信息收集的渠道

1. 大众传播媒介渠道

大众传播媒介包括广播、电视、报纸、期刊及其他文献载体，是现代社会获取信息的重要途径。特别是随着电子科技的发展和电视卫星通信网的完善，广播电视已成为信息交流的重要载体，能跨时空、跨地域传递信息，是秘书获取信息的主要来源。

秘书要在大众传播媒介中搜寻新情况、新信息，为工作活动提供咨询和参考。但大众传媒的信息杂乱无序，许多信息未经核实，可能包含有虚假信息和垃圾信息，所以秘书要有鉴别地收集有价值的信息。

2. 图书馆

图书馆是信息的宝库，能提供借阅、阅览及访问计算机媒体等服务。到图书馆查找信息需查阅图书馆目录，填写索书单，办理借阅手续。

3. 联机信息检索渠道

联机信息检索是将用户终端与检索中心（计算机）用通信线路直接连接，用户通过终端输入提示、指令，使检索中心的多元计算机联合运行，是从众多数据库中直接找出信息提供给用户的信息检索过程。联机检索是快速检索获取信息的有效途径，可快速收集信息网中所提供的各种信息。

互联网上有许多搜索引擎，能使你迅速找到信息的系统。为保证搜索成功，需认真选择输入搜索引擎的关键词，不然，将得到大量参考项，其中有许多是不相干的。如果选项范围太窄，搜索引擎又可能会毫无发现。

4. 供应商和客户

供应商可提供的信息有：产品目录、广告材料；需要其提供的特定服务的信息。客户能提供的信息有：调查表形式的市场信息、服务的反馈信息；竞争对手提供的服务和产品的信息；产品和服务的需求信息。

5. 贸易交流渠道

利用各种贸易交流机会，如展销会、交易会、洽谈会了解情况、索取信息材料，在相互交流之中获得能满足需求而又相对集中的信息内容。

6. 信息机构渠道

信息社会需要庞大的信息传播中介机构储存信息。信息机构肩负着信息传播中介的使命，成为信息源的集散地，成为人们获取、利用信息的主要场所。秘书要善于利用信息机构所储存的丰富的信息资源，可委托信息机构定向收集相关信息。

7. 关系渠道

指业务往来关系、横向人际关系、纵向从属关系渠道。

秘书要在业务往来活动中获取信息，例如，在同海关、银行、商检、工商、税务、保险、统计等部门的业务往来中，不失时机地了解相关法规、条例，收集各种信息；要在人际关系交往中捕捉新情况、新动态、新信息，善于与人交友，利用交谈、来信、来访和接听电话了解信息，获取第一手材料；善于在上级主管部门的指导、监督工作中把握信息；在会议、会谈中收集信息；在有关收文、承办的文书、电报中获取有价值的信息。

8. 调查渠道

调查是有目的、有重点、主动收集信息的重要方法。秘书要有目的、有计划地进行市场调查，亲自深入现场，通过各种途径和方式，直接收集第一手资料，挖掘层次更深、质量更高的信息内容。秘书陪同领导出差时，是收集信息的极好机会，应利用考察、实地调查亲自感受和获取信息，深入了解市场情况。

（二）信息收集的要求

（1）价值性。必须了解各种信息源的信息含量、信息实用价值和可靠程度，对信息辨别真伪、去粗取精、去伪存真，获得真实、准确、可靠的信息。

（2）时效性。信息收集必须及时、适时，使有价值的信息不因错过时机而失效。

（3）层次性。从不同来源、不同渠道收集信息，从不同深度加工信息，针对不同对象开发利用信息。

（4）针对性。信息收集要明确服务对象的特点，针对实际需要，根据工作性质和任务，获取有使用价值的信息。

（5）全面性。全面性是指时间上的连续性和空间上的广泛性。要全面收集各种需求的信息，保持信息的历史联系或专业内容的联系，不仅要收集与工作活动直接相关的信息，同时也要收集对管理活动有间接影响的各种信息。

实　例：

黄秘书是H市电信公司的一位秘书，她工作非常努力，并且非常有心，注意在日常工作中总结各种经验。对于信息工作也不例外。

由于电信企业的技术性非常明显，作为秘书必须及时了解和本行业相关的各类信息，否则领导开会时会听不明白，替领导写稿子时也会不得要领。因此，黄秘书平时除了非常认真仔细地阅读集团公司的文件之外，还非常关注网络上尤其是局域网上提及的最新技术信息。

最近，公司为了让各位秘书更好地了解企业经营的各种具体情况，特别推出一项新政策，要求每位秘书每周必须有半天下到营业部上班。这虽然对黄秘书的工作有一定的影响，但的确让她深入地了解了企业的经营状况。而且，通过下部门，也和其他同事有了更多交流和沟通的机会。她认为这样的安排很好。

黄秘书是个有心人。她注意到，每次跟领导出去调研，领导在调研现场说的话特别值得留心。虽然不成系统，但往往是领导真实的想法，而且是领导一直考虑的问题。黄秘书在自己的电脑里建了一个文件夹，专门记录领导的这些零碎讲话。每次跟领导出去调研回来后，她都会把最新内容补充到这个文件夹中。她把这个文件夹进行了分类，把领导讲话的不同主题放到每个子文件夹中，这样就非常明了了。每次领导要求她写稿子的时候，她就会去这个文件夹中寻找相应的内容。这样写出来的东西，往往比较符合领导的真实想法，所以总能获得领导的肯定。

（三）工作程序

1. 明确信息收集范围

工作活动中的信息需求是不断变化的，具有针对性和灵活性。因此，秘书要以服务单位的各项工作为目标，确定收集信息的范围，按照工作活动的需要有针对性地收集原始数据信息。坚持调查研究，及时、准确地从大量信息中选取真实、适用、有价值的信息，为工作活动提供可靠的信息支持。

2. 熟悉信息来源

信息的来源非常广泛，秘书可以通过报纸、电视、广播、互联网、杂志、图书馆、档案馆等各种渠道获取信息。但要注意的是，从媒体、朋友或个人、广告、信息机构渠道中获得的信息的可信度是不一样的，秘书要根据工作的目的确定信息的来源，选择最佳信息来源。

3. 选择信息收集的方法

（1）观察法

人们直接用感官或借助其他工具认识客观事物，获取信息。观察法简单、灵活，能获得较为客观的信息，但获得的信息量有限、深层次信息少，秘书的观察能力也直接影响观察效果。观察法适宜对环境、人物、事件等实际状况的了解。

（2）阅读法

通过阅读书刊、杂志等获取信息。阅读法获取信息方便、获得信息量大、涉及面广、适用性强，但书刊、杂志中的信息可能有失真，要判断其真实与否。

（3）询问法

通过提问请对方作答获取信息的方法，包括人员询问、电话询问和书面询问。询问法灵活、实用，双方直接交流沟通，能获得语言信息和非语言信息，获得的信息价值大，但费用高、时间较长、规模小，这就要求秘书掌握询问技巧，具备良好的素质和能力。

（4）问卷法

由秘书向被调查者提供问卷并请其对问卷中的问题作答而获取信息的方法。问卷包括封面信、指导语、问题和答案及其他信息。问卷有封闭式问卷和开放式问卷。

问卷法的步骤是:设计问卷,试用和修改问卷,选定问卷调查方式,进行问卷调查,对信息进行统计分析。

问卷法可以减少主观性,收集的信息客观,便于定量处理和分析,节省人力、费用和时间,效率较高,但问卷的质量、回收难以保证。

问卷调查要求被调查者有一定的文化水平。

(5) 网络法

通过网络所提供的服务获取信息。网络法可以不受时间、地域的限制,获取的信息广泛、迅速、时效性强,但信息来源复杂,需要秘书掌握计算机知识,对收集的信息进行鉴别。

(6) 交换法

将自己拥有的信息材料与其他单位的信息材料进行交换,实现信息共享。交换法获得的信息及时、适用、针对性强,节省时间,能根据需要确定信息交换的方式、内容,但交换信息的范围窄。

信息交换要建立在自愿的基础上,应注意信息的保密。

(7) 购置法

通过订购、现购、邮购、代购等方式,购买文献资料、磁带磁盘。购置法能获得大量系统化、专业化的信息,信息来源广,但费用高,花费时间和人力,所以需要对信息进行筛选鉴别。

各种收集方法的优缺点总结结果如表 6-1 所示。

表 6-1 信息收集方法优缺点一览表

方 法	优 点	缺 点
观察法	① 方法简单、灵活 ② 获得较为客观的第一手信息材料 ③ 适用于对环境、人物、事件实际状况的了解	① 不易收集到深层次信息 ② 获得信息量有限 ③ 观察效果受秘书观察能力的影响
阅读法	① 获取信息方便 ② 获得信息量大、适用性强 ③ 能全面提供工作需要的参考信息	① 书刊、杂志的信息来源多,信息可能失真、有杂质 ② 需要筛选、判断信息的真实性
询问法	① 应用灵活、实用 ② 直接交流,互动沟通 ③ 能获得大量有价值的信息 ④ 能获得语言信息和非语言信息	① 要求秘书具有一定的素质和能力。能很好地运用询问技巧 ② 书面询问较复杂、难掌握 ③ 费用较高、时间较长、规范小
问卷法	① 避免主观偏见,减少人为误差 ② 节省时间、人力和经费,效率较高 ③ 收集的信息客观、真实 ④ 收集的信息便于定量处理和分析	① 问卷的回收难以保证 ② 问卷的质量难以保证 ③ 要求被调查者具有一定的文化水平
网络法	① 信息时效性很强 ② 最新信息补充及时 ③ 收集信息迅速、广泛 ④ 收集信息不受时间、地域的限制 ⑤ 能收集文字图表信息和声像信息	① 信息来源复杂,有大量未经核实的信息和信息垃圾 ② 需要掌握计算机知识

续表 6-1

方法	优点	缺点
交换法	① 实现彼此的信息共享 ② 获得信息及时、适用 ③ 节省信息收集时间 ④ 可临时交换各自感兴趣的专题性信息 ⑤ 可根据需要，商定交换信息的方式、内容，长期交换	① 信息交换建立在自愿、互惠的基础上 ② 要注意信息保密问题 ③ 交换信息的范围窄
购置法	① 相关信息比较集中 ② 许多出版机构和书店都有订购业务 ③ 获得大量系统化、专业化知识信息	① 费用高，花费时间和人力 ② 要从大量信息中筛选有价值信息 ③ 信息要经过真实性鉴别以后利用

4. 查找信息

根据要查找信息的主题、内容和用途，利用各信息渠道提供的信息介绍、信息目录、信息咨询或其他信息查询途径，找出所需要的信息。

（四）注意事项

1. 收集各种形态的信息

(1) 文字形态的信息。以书面文字为载体的信息资料。

(2) 声像形态的信息。以直接记录声音和图像为载体的信息资料。

(3) 记忆形态的信息。在人际交往中形成的存储在人脑中的信息。

2. 建立通讯联系索引卡

秘书经常在工作中与相关方面的人员打交道，应建立记载业务往来多的单位、个人或客户信息的卡片，便于迅速找到其通讯联系方式，及时进行业务联系。

3. 信息收集要有超前性

在竞争十分激烈的工作活动中，没有超前的信息，就难以制定有效的对策。因此，秘书收集信息要有超前性、预见性，要抢先捕捉信息，迅速加工传递，增强信息的指导性和预测性。

实　例：

天地伟业公司自创建以来与外商签订了大量合同，产品销路畅通，多数出口国外。公司的发展得益于在经营过程中始终注意对各种相关信息的收集积累。公司制定了信息收集范围与原则，要求员工加强对日常工作中形成的信息材料的收集，要求通过各种信息渠道，广泛收集来自各方面的有价值信息。在公司上下的努力下，公司的经营管理建立在信息充分、利用有效、对市场反应灵活的基础上。

实例评析：

在竞争日益激烈的市场环境下，信息作为可升值的资源已成为企业制胜的重要因素，在企业管理中发挥着重要作用。天地公司充分认识到信息的重要性，重视在经营管理活动中对产生形成的信息材料的收集、积累，使信息这一财富，在公司的经营活动中发挥了应有的作用。

二、信息的筛选

（一）信息筛选概述

1. 信息筛选的含义

筛选是对收集到的大量信息进行鉴别和选择，判断信息的价值，决定信息的取舍，提取真实、有价值、能满足需求的信息。

2. 办公室常备的信息资料

秘书在工作中经常要查阅和利用信息，所以在办公室中应备有常用的信息资料，以便随时翻阅。

办公室常备的信息资料有：参考书（包括工作用参考书、手册、百科全书、字典与词典、年鉴）、报纸期刊、统计资料、地图集、内部文献、人名地址录、广告材料和宣传品以及有关政府出版物、法律法规汇编、政策汇编等。

3. 阅读筛选信息资料的方法

(1) 留意标题。根据标题判断信息资料是否与需求相符。

(2) 复印、裁剪。对能满足需求的相关信息进行阅读，将阅读到的有价值的信息做记号、复印或剪裁。

(3) 摘记。将有保存价值的信息摘录到手册或卡片上。

(4) 标记说明。对筛选的信息资料做标注、注释或说明，注明剪裁下信息资料的日期、出处。

4. 信息筛选的要求

信息筛选要分析信息需求，选择对工作有指导意义、与业务活动密切相关的信息，带有倾向性、动向性或突发性的信息，能预见未来发展趋势、为决策提供超前服务的信息，剔除虚假、过时、重复、缺少实际内容的信息。

（二）信息筛选的工作程序

1. 看来源

不同来源的信息，重要性不尽相同。上级形成的信息带有全局性、综合性和权威性，而平级和下级形成的信息主要起参考作用。秘书要从多种信息来源中把握重点单位、部门和人员的信息。

2. 看标题

信息的标题一般可以反映信息的内容和价值，秘书要认真分析标题，把握信息的主题，根据信息的标题确定信息价值的大小。

3. 看正文

先浏览正文，了解其主要内容，然后初步确定是全部选用还是部分选用，甚至不用，即初选。初选后，对拟用信息再认真阅读，判断是否有价值。如果可用，再看有无内容不准确、不完整和表述不清楚的问题。

4. 决定取舍

对信息进行严格的选择，从中挑出能满足需求的信息及对工作具有借鉴作用、参考作用的信息，舍去虽真实但无用的信息。信息的取舍，一是要突出主题思想，凡是与反映信息主题无关的资料,要剔除;二是要注意典型性,从大量原始信息中发掘出能揭示工作本质的典型信息;三是要富有新意,尽可能抓住能反映工作新变化的信息;四是要具有特点,从各种工作的实际出发,有所侧重地选用信息。总之,要注意信息内容的宏观把握,按照所提供信息的任务对象,审视每一条信息。

决定取舍常常会遇到几份信息反映同一类问题的情况。对此,可采用两种方法:一是选择其重点、特点,综合成一份信息材料;二是择优选用,选择宏观的,淘汰微观的,或是选用典型的,淘汰一般的。

(三) 注意事项

对经过筛选的信息要分别处理。对选中的,分轻重缓急进行信息的加工处理;对暂时不用但可以备查的信息,进行暂存;对不用的信息,按有关规定进行暂存、移交或销毁。

实　例:

秘书钟苗平时非常注意信息的收集保存,将凡是工作活动中能接触到的各种信息材料都收集起来,存放在抽屉里。日积月累,文件材料、广告、宣传材料、参考书等已经填满了钟苗的好几个抽屉。一天,行政经理找到钟苗要查阅一份市场调查报告,钟苗望着几抽屉的信息材料真有些不知所措,急得满头大汗,翻来翻去却怎么也找不到行政经理要的那份报告。看到这种情景,行政经理对钟苗说:"收集信息是必要的,但不能什么信息都保存。对收集来的信息要筛选出今后有用的妥善保存,不然你很快就会被'文山'所淹没。"

实例评析:

办公室每天都会产生、形成各种信息,天长日久,信息就会堆积如山。所以秘书应对收集的信息材料进行筛选,将具有价值的信息材料保存起来,没有保存价值的信息就要及时处理掉。钟苗注意到了对文件的收集,但忽视了对信息的鉴别和筛选,影响了对信息的利用。

三、信息的分类

(一) 信息分类概述

1. 信息分类的含义

信息分类是根据信息所反映的内容性质和特征的异同,分门别类地组织起来的一种科学方法。

2. 信息分类的方法

(1) 字母分类法。按照作者姓名、单位名称、信息标题等的字母顺序分类组合。

(2) 地区分类法。按信息产生所涉及的地区或行政区域等特征,将信息分为各个类别,按字母的先后顺序排列。

(3) 主题分类法。按信息内容进行分类的方法。为了全面、准确地反映主题,便于利用,可以按多级主题分类。信息最主要的主题名称作为分类的首要因素,次要的主题作为第二个因素,依此类推。

(4) 数字分类法。将信息以数字排列,每一通讯者或每一专题给定一个数字,用索引卡标出数字所代表的类别。索引卡按所标类目名称的字母顺序排列,用分隔卡片显示每一个字母。索引卡一般用卡片式索引盒存储,占空间少,能放在桌子上,处理电话查询时容易找到信息。

有的单位使用计算机数据库保存索引。当要查找某信息时，先从索引卡中按字母顺序找出通讯者名或专题名，得到信息的数字，在相应的文件柜中找出标有该数字的文档。

(5) 时间分类法。按信息形成日期先后顺序分类的方法。信息分类方法有很多，企业信息采用何种分类方式，应根据单位业务工作的需要确定。秘书要按信息的不同内容、来源、时间、性质和作用，根据一定的规范要求，进行分门别类，使信息条理化。信息分类方法的优缺点如表 6－2 所示。

表 6－2　信息分类方法优缺点一览表

分　类	优　点	缺　点
字母分类法	① 不需要索引卡片 ② 分类规则容易掌握，操作简单 ③ 能与地理或主题分类法结合运用	① 查找信息须知道姓名或单位名称、标题 ② 某个字母下排列的信息较多时，查找费时 ③ 大型系统使用时，很难估计每一字母需要的存储空间
地区分类法	① 便于查找具有地区特性的信息，如某一地区内的有关公司信息、销售信息 ② 分类方法容易掌握	① 采用地区分类法需要有一定的地理知识 ② 只适用于某些单位或部门
主体分类法	① 相关内容信息材料集中存放 ② 信息能按逻辑顺序排列 ③ 方便检索	① 分类标准不好掌握 ② 标题不能很好地反映主题时，归类不易准确
数字分类法	① 信息按数字从低到高顺序排列，规则简单 ② 简便易行，适于电脑储存 ③ 适合于大型信息系统 ④ 通过在后面添加号码进行存储扩展	① 查找信息需参照索引卡片，花费时间 ② 如果分类号码有误，则查找信息麻烦
时间分类法	① 可用作大型信息系统的细分 ② 一个案卷内部的信息可按时间排序	① 需与索引系统配合使用 ② 仅适合于时间特性强的信息，如每年的会员资格

3. 信息分类的要求

(1) 讲究科学性、系统性、逻辑性和实用性。

(2) 认真确定分类体系，明确分类标准和分类层次。

(3) 准确归类，子类之间界限清楚，不互相交叉或包容。

(二) 信息分类的工作程序

1. 熟悉信息内容

翻阅信息，从题目和内容中了解信息的总体构成情况。

2. 选择分类方法

根据各种信息分类方法的特点进行选择。

信息分类方法很多，秘书要根据信息的来源、数量、内容和各种分类方法的特性，结合单位业务工作的需要，从便于保管和利用出发，选定分类方法。可以将时间分类法与其他分类方法结合运用。

3. 辨　类

分类是对各种信息按照一定的标准进行类别划分，分类的依据是信息的特征。特征相同的信息归为一类，成为母类。母类下再划分为不同的类别，叫子类。子类下还可根据具体情况细分，形成有秩序、有层次的分类体系。信息分类首先要辨类，对信息资料进行主题分析，分辨其所属类别。

4. 归　类

遵循特定的原则和方法，按照信息的不同内容、来源、时间、性质和作用，根据一定的规范要求，对收集的信息分门别类地组织起来，使信息条理化。

（三）注意事项

1. 利用颜色、标签区分类别

针对分类结果，将每个字母、地区、主题等的文档使用特定颜色文件夹或在文件夹外边加彩色标签，用以区分信息类别；给索引卡涂上不同颜色，以便检索。

2. 建立交叉参照卡

对于能归类到两个位置的信息，如公司更名信息、多主题信息，为了便于查找，可建立交叉参照卡。填写交叉参照卡存储在归档系统的相关位置。查找到该位置，查看卡片就知道另一个查找线索。如图 6－3 所示。

交叉参照卡
名称、主体

详见
相关名称/主题

图 6－3　交叉参照卡

实　例：

随着时间的推移，办公室形成的信息材料越来越多，已有很长时间没有进行整理了。办公室主任吩咐钟苗抽时间对信息进行一下分类整理。钟苗决定立即着手这项工作。她想："办公室的信息太多，还是采用时间分类法比较简单。"于是她将办公室这几年收集的信息，按照信息形成日期先后顺序分类、排列。过了几天，人力资源部的老张来到办公室要查一份关于奖惩办法的文件，钟苗问："这份文件是什么时间形成的？"老张回答："我也记不清了"。钟苗只好按照时间顺序一份一份地查找，费了很长时间才将这份文件找到。

实例评析：

信息分类方法多种多样，在进行信息分类时，一定要考虑利用信息的需求，结合信息形成的特点，采用适宜的信息分类方法，这样就会使信息的查找利用更加便捷。

四、信息的校核

（一）信息校核概述

1. 校核的含义

信息校核是对经过初步甄别的信息作进一步的校验核实，分析信息的可靠性和准确性，对信息的真实性进行认定。

2. 信息校核的范围

要对信息中的事实、观点、数据、图表、符号以及时间、地点、人物等进行核实。对有关政策、法规、重要计划、主要数据、典型事例的信息，要查对出处，核实原件、地名、人名、时间、事实、数据等。

3. 信息校核的要求

(1) 校核要以原始数据为基础。

(2) 校核要排除主观因素的干扰。

(二) 信息校核的工作程序

1. 确定校核的内容

收集的信息材料并非都要进行校核，主要是对信息材料中的时间、地点、人名、事实、数据等进行校核。要根据信息材料的用途，决定校核的具体内容。

2. 选择校核的方法

(1) 溯源法。对收集到的信息所涉及的有关问题进行审核查对。

(2) 比较法。对反映某一事实的各方面的信息材料进行比较，判断说法、结论是否一致。

(3) 核对法。依据直接的、最新的权威性材料进行对照分析，发现并纠正信息中某些差错。

(4) 逻辑法。对信息中表达的事实和叙述方法进行逻辑分析，从而辨别真伪。

(5) 调查法。对信息中所表达事物的运动变化情况，通过现场调查来验证它的真实性和准确性。

(6) 数理统计法。对原始信息中的数据和定性分析，运用数理模式进行计算鉴定。

3. 核实、分析信息

利用掌握的第一手资料和权威性材料，甚至进行实地调查，对收集的信息材料的某些事实进行核实，分析信息材料的内容。

4. 做出判断

通过核对、计算、定性与定量分析和逻辑推理，判断信息的真实性、可靠性，对信息是否失真加以认定，分析考证信息的可靠性与准确性，从而剔除虚伪和失真的信息。

(三) 注意事项

(1) 信息校核的各种方法可以互相补充，结合使用。

(2) 要综合运用自己的知识、经验和能力，提高校核信息的质量，透过现象看本质，保证信息的真实、可靠。

实　例：

天地伟业公司为要给员工的晋升、工资级别调整、进修、培训等提供更多的服务，进行了一次面向全体员工的个人基本信息登记，以全面了解员工的基本信息。钟苗和办公室的其他几名工作人员负责登记表的收集、汇总和处理。钟苗将自己所负责部门的登记表收集齐全，根据以往的登记材料进行核对，发现有些信息如工龄、学历、进修情况等，与以往的记载有出入。钟苗与有关部门或人员就相关内容和数据进行了校核，对经过校核确实有误的信息进行了修改，特别注明了修改的时间，确保了信息的真实、准确。

实例评析：

秘书通过各种渠道收集的信息中包含各种数据和事实，这些数据和事实如果不真实，就会丧失其自身的使用价值，甚至给工作带来损失。因此，秘书要对收集的信息进行校验核实，证明信息的真实性，剔除不真实的信息，更改已经变化的信息。

五、信息的传递

（一）信息传递概述

1. 信息传递的方向

（1）内向传递。内向传递是为了进行协调与合作，在单位内部进行信息交流，有信件、备忘录、通知或告示、传阅单、企业内部刊物等传递形式。

（2）外向传递。外向传递是在日常工作中有效利用各种媒介传递信息，一般通过信件、新闻稿、新闻发布会、报刊简短声明等形式进行。

2. 信息传递的要素

（1）信源。即信息的来源，分为原生源和再生源。前者生成的信息以原始信息的形式直接进入传递；而后者是指收集、加工后以二次信息的形式进入传递。

（2）信道。是信息传递的通道，包括信息传递的媒介和运行方式。

（3）信宿。是信息传递的终点，即信息接受者。要使信息源产生的信息能够被利用，必须具有接受者。信宿可以是人类个体、群体或组织体。

3. 信息传递的要求

（1）按不同的需要把握信息的传递对象、传递方式、传递时间。

（2）主动地、不失时机地将信息传递给接收者。

（3）保密信息按照保密范围进行传递。

（4）在传递信息的过程中保证内容不失真。

（二）信息传递的工作程序

1. 确定传递信息的内容

确定哪些内容是必须进行传递的，过滤出不需要的信息内容。

2. 选择并确定传递信息的形式

（1）信　件

信件是正式的书面交流信息，可用于外向传递（如给客户、供应商的信件）、内向传递（如晋升或提高工资的信件），通常在一些数量有限和需要特殊信息的人之间传递。信件具有凭证作用，便于阅读和参考，能发送至相应的地址，但邮寄花费时间，不便于交换看法。信件内容通常包括目的、主题、结束语三部分。

商务信件的格式如图 6 - 4 所示。

（2）备忘录

备忘录是通信的简化书面表格，用以通知有关工作事项，通常在公司内部使用，即企业内部之间进行信息交流，尤其是在相互了解的人之间使用。备忘录采用书面形式，文字不必像信件那样正式，便于查阅和参考，使用方便；但信息量较少，沟通较慢，不便于交换看法。

企业一般都有各自的标准备忘录格式，备忘录表格能预先打印或准备好。备忘录格式如

图 6 - 5 所示。

信头
日期——此信件书写的日期
收件人的姓名和地址

称呼

正文

结尾敬语
发信人姓名

附件

图 6 - 4　商务信件的格式

给——接收信息人姓名

从——发送信息人姓名

抄送——其他需要信息的人

日期

标题

内容

图 6 - 5　备忘录格式

(3) 报　告

报告是供他人阅读的正式文件，包含了有关内容的详细信息，被用来正式陈述事实性的信息，通常针对特定的利用者。报告的内容要正确，结构合理，重点突出，力求简洁，并得出确定的结论。如果想汇报自己参加的某项活动或针对特定的对象的某种需要汇报某一明确主题的事实、情况，则可采用报告的形式。

(4) 通　知

通知使用的范围最为广泛，使用频率最高。通知的事项或要求办理的事情往往有很强的时间性。即使是规定性通知，也具有时效。通知的语言要求精炼。通知的格式如图 6 - 6 所示。

关于××的通知

正文：

____

以上通知望认真执行。

××公司
××年××月××日

图 6 - 6　通知的格式

(5) 指　示

书面指示应简明清晰，要讲清应完成什么工作，以及完成这项工作的时间及工作方法。编写书面指示应讲清目标，指明工作方式，规定时限，指出实现预定目标应采取的措施，指出发送对象。

(6) 新闻稿

公司公布决定或政策时，可采用发布新闻稿的方式。新闻稿要简明扼要，直入主题，客观反映事实，不作评论说明。

(7) 企业内部刊物

企业内部刊物主要介绍公司动态和业务进展情况，是沟通上下、联系员工的桥梁。内部刊物的内容一般有：公司内部信息、职务升迁信息、员工信息、员工嘉奖榜、业务往来信息等。

(8) 传阅单

需要传阅内容多的信息时利用传阅单，上面列出所有应阅读该信息的工作人员的姓名和部门，阅读完信息后在传阅单上签字。表 6－3 是传阅单格式。

表 6－3　传阅单格式

传阅式		
姓　名	传递日期	签　名
传阅后返回给一姓名、房间		

(9) 新闻发布会

新闻发布会是在一定时间，根据工作需要，公布重要信息，发布有关新闻或阐述观点，并回答提问，属于权威性的信息发布。公司展示最新产品、演示技术上的最新成果、产品，展览会前或展览期间，都可举行新闻发布会。面对面地交流能产生好的效果。

秘书要落实发布会日期、地点、出席名单；准备展览用品、赠品；制作工作人员及展览会使用的标牌；发请柬和资料；拟写及印发有关信息材料；布置会场等。

(10) 声　明

在报刊上宣布新的任命或电话、地址的变更等，声明要简短，引人注目。

(11) 直接邮件

直接邮件是将公司的信息材料通过邮局寄出。秘书可以通过邮寄的方式，向经过选择的消费者推销某种产品或服务。

3. 确定传递信息的方法

(1) 语言传递

语言传递是将信息转化为语言传递给信息接受者，如对话、座谈、会议、提出请求、听取汇报、演说等，是使用语言、姿态、倾听来传递信息。语言传递简洁、直接、快速，信息反馈及时，较少受地点、场合的限制，但获得的信息零乱，对信息接收者来说较难储存。

(2) 文字传递

文字传递是将信息转换成文字、符号、图像传递给信息接受者，可避免信息失真变形，实现远距离多次传递，便于利用和存储。文字传递的表现形式是文本、表格、图表等。

文本是大多数信息传递的形式，人们可用文字处理技巧增加文本的影响力和清晰度。

表格用于对特定的、标准的信息进行展示，要有标题，信息简明，表明信息来源。如表6－4、表6－5所示。

表6－4　天地伟业公司2000—2004年员工人数

年　份	2000	2001	2002	2003	2004
人　数	70	99	116	135	170

表6－5　收到邮件登记表

收到的日期	投递方式	收件人	来　自	签　名	备　注

图表的基本类型有柱状图（图6－7）、饼状图（图6－8）、折线图（图6－9）等。柱状图中的信息用柱子标示，多用于统计数字的比较；饼状图是用环形的形式展示信息，其中的圆环被分成几个区域，每个区域信息在整体中占一定百分比；折线图用于表示趋势及比较性信息。秘书应根据传递信息的类型选择图表形式，并能用图表准确地表述信息。

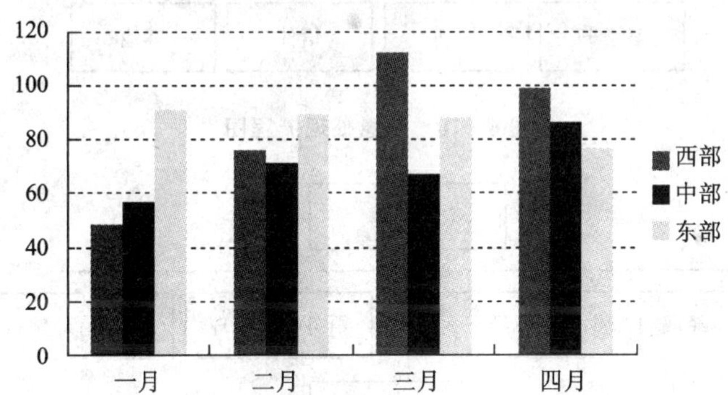

图6－7　天地伟业公司1～4月服装销售额柱状图（单位：万元）

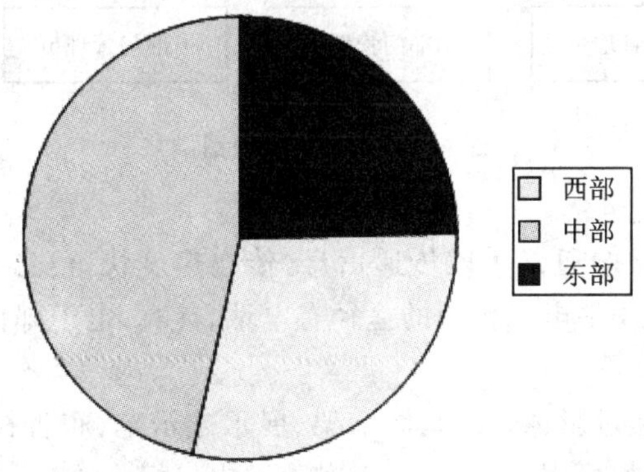

图6－8　天地伟业公司1月份地区服装销售额饼状图（单位：万元）

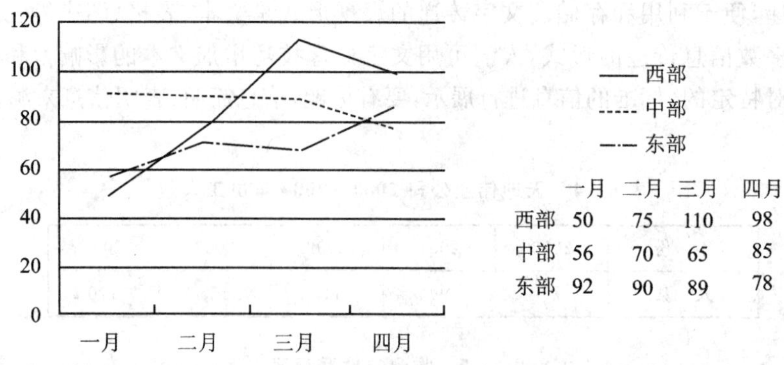

图 6－9　天地伟业公司 1～4 月份地区销售额折线图(单位:万元)

框图是用图解的形式表示信息,有流程图(图 6－10)、组织图(图 6－11)。流程图是以简单直观的图解表示某项工作的程序,用于分析任务的逻辑进程;组织图显示一种线性关系。

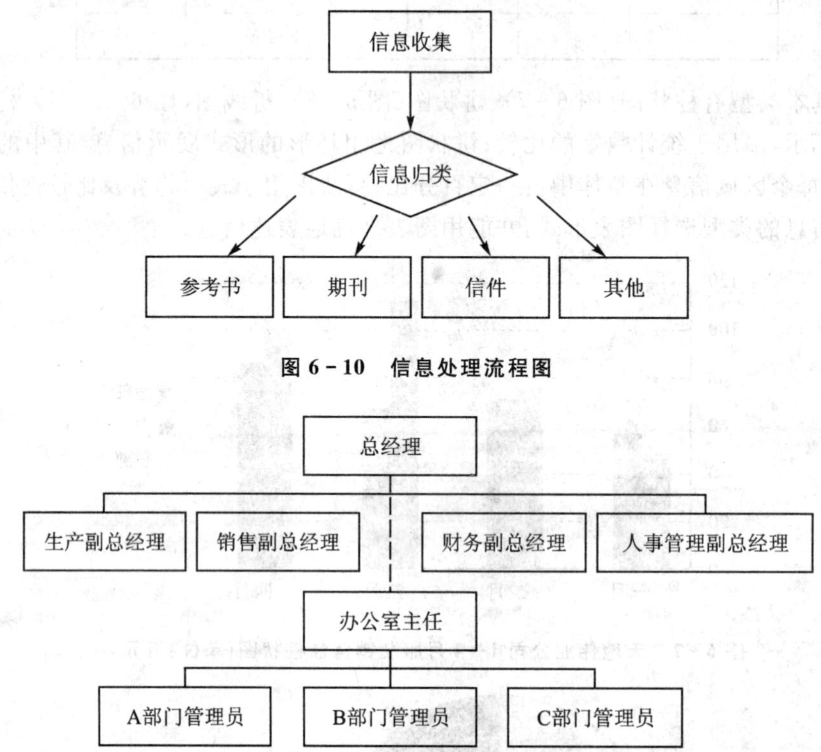

图 6－10　信息处理流程图

图 6－11　企业组织图

(3) 电讯传递

电讯传递是利用现代化的通讯手段传递信息,传递速度快,信息量大,效果好,抗干扰力强,能够跨越空间的限制。秘书电讯传递的途径有电话、传真、电子邮件。

(4) 可视化辅助物传递

可视化辅助物传递可通过影像、投影、展示架、展示或示范、布告栏等形式进行,可以用来帮助理解工作任务和信息,如可用于消防、安全布告及出口标志等。

4. 进行信息传递

将用一定形式表现的信息，按照所选择的信息传递方法，及时准确地传递给信息接收者。

5. 确认信息传递质量

对于传递出去的信息，应该确保接收者能够接收。秘书可以通过反馈或检查来了解接收者的反应和接收效果。

（三）注意事项

秘书应根据需求区别对象传递信息，做好例行信息的传递工作，加强非例行的信息传递工作，充分运用现代化信息技术，如全球联网的电话、电视和数据传递网络、光盘和多媒体技术传递信息，实现信息的共享。

实　例：

随着电器市场竞争的日益激烈，天地公司准备进行价格调整。为使制定的价格合理，公司组织有关人员进行了市场调研。秘书钟苗了解到同类产品的不同市场价格信息，她将几种不同的价格数据信息绘制成一张图表交给经理，经理看了这张直观、清晰的图表后，对钟苗的做法称赞不已。

实例评析：

针对特定的信息需求对象和需求内容，可将获得的数据信息采用书面图表的形式进行传递，能够达到迅速、明了、效果比较突出的作用。秘书应该明确信息的传递方向，能够运用适当的信息传递方式，按照信息传递的要求及时、准确、有效地传递信息。

六、信息的存储

（一）信息存储概述

1. 信息存储的载体

(1) 纸质载体。纸质载体是目前使用最多的信息存储载体，具有记载和阅读方便的特点，比磁性或其他媒体的存储程序更具标准化。

(2) 磁性载体。磁性载体的类型主要有：

1) 软盘。软盘是一种很薄的磁性盘片，能随时存取信息，成本低、体积小、重量轻，可脱机存放，但存储的信息难以长期保存，数据容易丢失。

2) 硬盘。它是计算机系统中最常用的外存储器，存储容量大，存取速度快，传输率高，可靠性高，但内置式硬磁盘不易拆卸，不易脱机保存，不适于保存期长的文件。

3) 磁带。它是一种磁性带状存储介质，可脱机保存，比软盘存储容量大，但存取速度慢，易磨损，存储信息需要配置相应的磁带机。

4) 光盘。光盘有只读式光盘、一次写入光盘和可擦式光盘之分，可用于记录图像、声音和文字信息，是理想的多媒体存储介质。光盘存储容量巨大，可靠性高，保存信息时间长，数据传输速度快，单位成本低，应用范围广。

5) U 盘。U 盘，全称“USB 接口移动硬盘”，英文名“USB removable(mobile) hard disk”。U 盘的称呼最早来源于朗科公司生产的一种新型存储设备，名曰“优盘”，也叫“移动硬盘”，使用 USB 接口进行连接。USB 接口连接到电脑的主机后，U 盘的资料就可放到电脑上了，电脑上的数据也可以放到U盘上。

6）缩微品。它包括缩微胶卷和缩微胶片，是利用专门的光电摄录装置，把纸质载体的信息或机读文件按一定的缩小比例拍摄于感光材料上，制成缩微复制品。特点是存储密度高，可以节省存储设备，便于存储和管理，查找迅速，传递方便，保存时间长，利于保护信息原件。

秘书无论采用何种载体存储信息，都要明确信息存储的意义，在信息存储中体现价值性、时效性、科学性、方便性，掌握不同信息存储载体的保管要求，根据各种信息存储载体的特点，采用相应的管理和保护措施。

2. 信息存储的装具与设备

信息存储装具与设备有：文件夹、文件盒、文件袋、文件柜与文件架（如：直式文件柜、横式文件柜、敞开式资料架、卡片式储存柜、显露式文件柜）等。

3. 信息存储管理系统

（1）信息集中管理系统

将所有类型的信息集中在一起存放管理，形成完整、标准的信息系统，建立高效的信息服务体系和案卷借调系统。信息集中管理系统便于实现科学化、现代化，具有整体性的特点，能有效利用存储空间，减少信息的重复存储，保证信息质量。使用标准化的分类系统，能实行有序的存储检索。但归档和查阅不太方便，不利于满足各部门的特殊需求。

（2）信息分散管理系统

稀有信息都由单位内各个部门分别保管。信息管理方式有灵活性和专门性，可根据实际情况采用适宜的立档方式，发挥熟悉业务的优势，提高文档质量。但不利于建立统一的分类体系，不利于信息的综合管理和利用。

（3）信息计算机辅助管理系统

在手工管理的基础上，用计算机对信息编目、整理、检索、利用和保管等工作进行辅助管理，用计算机进行数据处理。其功能有信息扫描、信息录入、信息加工处理及存储、信息目录或全文检索、信息传递等。

4. 信息存储的要求

（1）选择有使用价值的信息存储。

（2）按信息内容确定存储期，对过期的信息及时进行调整和清理。

（3）分类存储信息。

（4）防止存储信息受到损坏、失密。

（5）信息的存储要便于查找和利用。

（二）信息存储的工作程序

1. 登　记

登记是建立信息的完整记录，能系统地反映出信息存储情况。信息登记有总括登记和个别登记两种类型。总括登记反映存储信息的全貌，一般登记存入册数、种类及总量等；个别登记是按照信息存储的顺序逐件登记，便于掌握各类信息的具体情况。

2. 编　码

登记存储的信息要进行科学的编码。信息的编码由字母或数字组成基本数码，再由基本数码结合成组合数据。信息编码的方法有：顺序编码法，按信息发生的先后顺序或规定一个统一的标准编码，用于不很重要或无需分类的信息的存储；分组编号法，利用十进位阿拉伯数字，按后续数字来分别信息的大、小类，进行单独的编码。

3. 排 列

对经过编码的信息要进行有序化的存放排列。常用的排列方法有：时序排列法，按照接收信息的时间先后顺序存放排列；来源排列法，按信息来源的地区或部门结合时间顺序，依次排列；内容排列法，按信息所反映的内容分类排列；字顺排列，按信息的名称字顺排列。

4. 保 存

(1) 手工存储

通过手工将信息保存在信息存储装具与设备中。手工存储便于利用信息、阅读信息，存储设备便宜，但存储设备占用空间大，信息可能会受到火、潮湿、蛀虫的破坏，信息排放有误会影响查找效率。

(2) 计算机存储

以数据库、电子表格、文字处理或其他应用程序的形式形成的信息能以计算机存储保存。计算机存储的信息量大，节省存储空间，容易编辑或更新。保存于网络系统的信息，能迅速查找，但设备昂贵，信息也有可能被病毒破坏，容易丢失。所以以这种方式存储时要对信息进行定期备份，并将备份另行存放。重要信息要制作书面备份。

(3) 电子化存储

利用电子文档管理系统存储信息。文档存储在 CD－WROM(光盘，一次写入，多次读出)盘上，纸质的文档被扫描，而且计算机文档保存在 CD WROM 盘上。电子化存储节省空间，容易制作备份，信息查找容易，保存在网络系统上的信息能直接由用户从他们的计算机上访问，但设备昂贵，查找信息的质量和使用程度取决于系统初始设置。

(4) 缩微胶片存储

利用照相方法，将信息记录保存在缩微胶片上。缩微胶片存储节省空间，节省存储设备费用，但照相和阅读胶片需要昂贵的设备，缩微胶片图像的质量也会随时间的推移而下降。

5. 保 管

有序化保存的信息要进行保管，做到防火、防潮、防高温、防虫害，防失密、泄密、盗窃，要定期或不定期地进行清点，及时剔除失去保存价值的信息，及时存储更新，不断扩充新的信息，建立查阅、保管制度，实施科学保管。

(三) 注意事项

(1) 存储信息要选择质量好的存储载体。

(2) 加强存储载体的日常保管。

(3) 注意调节存储场所的温度与湿度。

(4) 防尘、防磁场，勿折、勿摸磁表面。

(5) 定期检查、复制。

(6) 计算机存储应采取必要的保护措施：制作备份；重要信息应制作书面备份；磁盘存放在磁盘盒中；不使用外来的磁盘，以防带来病毒。

实 例：

天地伟业公司部门多且分工明确，形成的信息材料数量大。为了使信息有序化、易查找，钟苗按照信息来源的部门，结合时间顺序进行了信息排列，然后将信息装入文件夹中，整齐地放入文件柜中保存。人们来查阅信息时，可以根据形成部门和形成时间迅速找到信息，提高了信息的利用率。

实例评析：

为了在工作中方便迅速地找到信息，要根据实际情况，对信息进行分类、登记、编码、排列，实现科学的存储，保证信息被及时、迅速地检索和利用。秘书要了解信息的存储方式，掌握信息存储的步骤和方法，按信息存储要求存储信息，更好地提供信息服务。

第四节　档案管理

一、档案与档案工作的内容

1. 档案的特点、作用和种类

掌握档案的特点、作用：档案具有社会性、历史性、确定性、原始记录性等特点，原始记录性是档案的本质特性；档案的作用包括行政作用、业务作用、文化作用、法律作用、教育作用和参考作用等。

掌握档案按不同标准划分不同类别。常用的种类是按所有权划分为公务档案和私人档案，按时间划分为历史档案和现行档案。

2. 档案工作的内容

档案工作基本内容包括档案的收集、整理、鉴定、保管、统计、检索、利用和编研。

二、档案的收集与整理

1. 档案收集

掌握档案收集的主要途径。

2. 立卷归档制度

立卷、归档是文书工作和档案工作相互衔接的一个环节。档案的归档制度主要包括归档范围、归档时间、归档份数、归档要求和归档手续等内容。掌握归档的时间、份数，根据各种文件的形成特点和规律，具体规定其归档时间。归档份数不能笼统要求，凡是需要归档的文件一般归档一份，重要的、使用频繁的则需多归档若干份。归档工作要有利于优化企业档案馆（室）藏资源，切实履行归档手续。

3. 档案分类的工作方法

档案分类方案的制订要根据本单位的实际情况。档案分类工作包括选择分类方法、制定分类方案、文件归类等具体内容。掌握档案特别是电子档案分类的基本方法，正确判定档案文件所属年度和所属机构。

4. 档案装订

第一，整理归档文件。归档文件以“件”为整理单位。

第二，修整归档文件。修裱破损文件，复制字迹模糊或易褪变的文件，对超大纸张进行折叠。

第三，装订归档文件。装订方法有线装式、变形材料、粘接式等。

要维护档案的完整与安全。使用金属装订材料的归档文件材料，不能使用微波设备进行消毒,否则可能会引起火灾。

三、档案管理

1. 档案鉴定工作

档案价值鉴定,在于把真正有保存价值的档案保留下来。了解判断档案价值的标准尺度应以反映单位基本职能活动为出发点,以分析档案内容为中心,结合考虑档案的来源、时间、形式、功能、有效性及完整程度等因素,用全面、历史、发展、效益的观点来判定档案的价值。

2. 档案的保管工作

档案保管工作的基本任务主要是防止档案的损害、延长档案的寿命、维护档案的安全。

了解档案保管的年限,掌握档案保管工作的防护措施,做到"八防",确保档案的完好无损。

3. 档案的检索工作

档案检索包括档案信息存储和查检两方面工作内容,掌握档案检索工作的内容和意义,认真编制各种档案检索工具,能运用正确的方法进行档案的检索。

实例 1:档案工作的基本内容

为使各部门能够配合秘书的档案工作,经理让秘书在内部期刊上专门出一期有关档案工作的专辑。秘书首先要解决的第一个问题是有关档案的基本内容。档案工作应把握好哪些内容呢?

解决方法:

档案工作的基本内容包括档案的收集、整理、鉴定、保管、统计、检索、利用和编研。

第一,档案收集。档案收集是做好秘书档案工作的前提和基础。必须建立健全文件材料的归档制度,主要包括明确归档范围、确定归档时间、制定归档份数、履行归档手续和满足归档文件要求。

第二,档案整理。档案整理是档案管理的核心内容。要遵循档案整理的原则,最大限度地保持文件之间的历史联系。

第三,档案鉴定。档案鉴定工作决定了档案的价值和存毁。

第四,档案保管。需要对档案采取适当的保护措施,进行系统的管理,维护档案的完整与安全,尽量延长档案的使用寿命,使档案得到妥善的保管。

第五,档案统计。秘书要对档案的收进、移交、保管、利用、销毁等情况随时以表册、数字等形式进行调查登记、综合分析,并把统计情况报送给业务管理机关,从而做到科学地管理档案。

第六,档案检索。数量庞大的档案,通常是根据其自然形成的规律,按照基本的体系整理和存放的,而社会各方面利用档案的要求是特定的,又是多方面的,为了满足各种特定的查找、利用要求,需要通过多种途径和形式揭示档案的内容和成分,提供查找档案的手段,由此形成了档案的检索工作。

第七,档案利用。要开辟各种途径,通过各种方式向利用者提供档案馆(室)藏可以利用的档案,实现档案的价值。

第八,档案编研。为了满足更多利用者的不同要求,也为了保护档案的原件,就需要对档案史料进行研究,汇编并出版档案史料,在更大范围内发挥档案的作用。

实例2:多渠道收集档案

公司为在建立20周年的时候出版公司历史与文化沿革的专辑,特让秘书借此时机收集、整理公司的历史档案。秘书应该从哪些渠道进行收集呢?

解决方法:

秘书可采取从本公司档案室、市区档案馆及向社会征集档案等多种途径进行收集。

第一,对本机关档案的收集。以维护机关历史真实面貌。

第二,市区档案馆。接收现行机关移交的档案。

第三,向社会征集档案。进一步收集、积累、补充档案馆档案,可通过撰文、提供实物等形式完成。

实例3:正确判断档案所属年度,确定归档时间和档案保管期限

公司档案室来电话让黄秘书将一些管理文件整理后两周内交给档案室,黄秘书如何确定交给档案室的文件呢?其他文件保管的期限是多少?而档案室进行档案保管的年限是多少呢?

解决方法:

根据各种文件的形成特点和规律,具体规定其归档时间。

(一)正确判断档案所属年度

第一,文件上有属于不同年度的几种日期。对此类文件要根据文件的特点,确定最能说明该文件特点的日期作为分类的根据。如,法律、法令和条例等法规性文件,以批准日期为根据(公布生效的文件,以公布日期为根据);指示、命令等领导性文件,以签署日期为根据;计划、总结、预算、决算、统计报表,以内容针对时间为根据,如跨年度的计划可放在开始年度,跨年度的总结可放入最后年度;案件或事故的文件一般归入其结案年度。

第二,文件上没有注明日期。对此类文件应运用多种方法,判定和考证文件的准确日期或接近日期。其方法是:分析文件的内容,研究文件的制成材料、格式、字体和各种标记,或者通过与已有准确日期的同类文件比较、对照来判定该文件的日期。

(二)确定归档时间

1. 管理文件的归档时间

管理文件,一般在形成的第二年上半年内向档案部门移交归档。

2. 科技文件的归档时间

科技文件,根据文件形成的具体情况有不同的归档要求。一般有以下五种情况:

(1) 按项目结束时间归档。若一项科技、生产活动周期不长,形成文件不多,该项目结束后,文件即可归档。

(2) 按工作阶段归档。若科技、生产活动的周期过长,可以在其按工作程序完成的每一个工作阶段之后,把该阶段形成的文件整理归档。

(3) 按子项结束时间归档。大型项目或研究课题,往往由若干子项组成,这些子项相对独立,工作进程也不尽相同,当一个子项工程结束后,所形成的文件可现行归档。

(4) 按年度归档。对活动和形成周期长的科技文件或作为科技档案保存的科技管理性文件,一般按年度归档。

(5) 随时归档。对于科技文件复制部门和科技档案部门合一的设计单位的施工图、机密性强的科技文件、外购设备的随机材料以及委托外单位设计的科技文件等,应随时归档。

3. 会计文件的归档时间

在会计年度终了后,暂由公司财务会计部门保管一年,期满后移交给档案部门保管。

4. 人事文件的归档时间

人事文件一般应在办理完毕后的10天或半个月内向档案部门归档。

5. 其他文件的归档时间

对于一些专业性强,特殊载体形式的或机密性强的文件、驻地分散的下属单位的文件、形成规律较为特殊的文件及新时期涌现出来的公司文件,为了便于实际的利用和管理,经过一段时间的实践和总结,可适当地调整归档时间,既要便于在文件形成后一定时间内公司工作人员的就近利用,也要便于有保存价值的文件及时归档。

(三) 确定档案保管期限

根据有关规定,我国现行的档案保管期限规定为永久、长期和短期三种。所谓永久保存,就是将档案无限期地永远保存下去;长期保存,一般指保存16年至50年;短期保存,一般指保存15年(含15年)以下。保管期限的计算,通常是从文件产生和形成后的第二年算起的。所以在归档的过程中,要根据档案的性质来确定该档案的保管期限。

实例4:履行归档手续

公司黄秘书在交给档案室档案时,档案室的小岩问有没有科技文件。黄秘书顺手将科技文件抽出来交给小岩。小岩的意图是什么?

解决方法:

科技文件归档时,还需要归档人员编写归档文件简要说明。

履行归档手续主要是指移交档案时必须填写归档文件移交清单。移交清单由档案部门设计、移交单位填制,一式两份,归档时交接双方按清单交点清楚,确认无误后,双方签字各留一份,以备查考。如公司没有设计专门的移交清单,交接双方应以案卷目录为依据清点文件,校对完毕后,双方在案卷目录上签字,各留一份,以备查考。

科技文件归档时,还需要编写归档文件简要说明,由归档人员编写。一般包括以下内容:项目的名称和代号、项目的任务来源、工作依据和实施过程;项目的科技水平、质量评价和技术经济效益、科技档案质量情况、项目主持人及参加者姓名和分工;文件整理者和说明书撰写人姓名、日期等。这是为便于对归档科技文件检查和验收之用,也有助于日后的管理和使用。

实例5:档案分类工作的方法

公司经理要求黄秘书将公司现有档案按科学的方法进行分类。档案分类的方法如何选择?电子档案有哪些分类要求呢?

解决方法:

档案分类方案的制订要根据本单位的实际情况。档案分类工作包括选择分类方法、制定分类方案、文件归类等具体内容。

(一) 选择分类方法

档案分类是指全宗内归档文件的实体分类,即将归档文件按其来源、时间、内容和形式等方面的异同，分成若干层次和类别，构成有机体系的过程。常用的档案分类方法主要有以下种类：

第一，职能分类法，即按档案内容所反映的管理职能分工来划分档案的类目；

第二，问题分类法，即按档案内容所反映的问题性质来划分档案的类目；

第三，组织机构分类法，即按单位内部设置的组织机构来划分档案的类目；

第四，年度分类法，即按文件形成或处理的所属时间阶段来划分档案的类目；

第五，型号分类法，即按产品或设备的种类与型号来划分单位的产品档案或设备档案的类目；

第六，课题分类法，即按独立的研究课题（或称专题）来划分科研档案的类目；

第七，工程项目分类法，即按独立的基建工程来划分基建档案的类目；

第八，专业性质分类法，即按档案内容所涉及和反映的专业性质来划分档案的类目；

第九，档案形式分类法，即按档案文件的外形、名称及制作载体等来划分档案的类目。

（二）复式分类方法与分类方案的编制

在单位档案部门的实际工作中，当归档文件数量较多时分类工作需要分层进行，所以大都采取将几种分类方法结合使用，并称之为复式分类法。几种常用的复式分类法如下：

第一，年度—组织机构分类法，即先把全宗内的档案按年度分开，然后在每个年度下面再按组织机构进行分类。这种分类方法适用于立档单位内部组织机构有变化但不复杂的全宗。现行机关的档案，采用年度—组织机构分类法最为适宜。

第二，组织机构—年度分类法，即先按组织机构分类，然后在组织机构下面再分年度。这种组织机构结合年度的分类方法，适用于立档单位内部组织机构多年一直固定，或在比较稳定的基础上有所调整的全宗，一般用于撤销机关档案和历史档案。

第三，年度—问题分类法，即先把全宗内的档案按年度进行分类，然后在年度下面再按问题分类。这种分类方法适用于立档单位内部机构变动频繁，档案已无法按组织机构进行分类的情况。也有一些单位内部机构设置非常简单，内部分工也不十分明确，机构形成档案的多少不一，在这种情况下较宜采用年度—问题分类法。

第四，问题—年度分类法，即先把全宗内的档案问题分开，然后在每个问题下面再分年度。问题结合年度的分类方法，适用于历史档案和撤销机关档案。对现行机关的档案，一般不宜采用这种分类方法。

编制科学、实用的分类方案应遵守具有包容性、伸缩性、合乎逻辑等规则。

（三）电子档案的分类

第一，按电子档案信息存在的形式分类，划分为字（表）处理文件、数据文件、图形文件、图像文件、影像文件、声音文件、命令文件等类别。

第二，按文件的功能分类，划分为主文件、支持性文件、辅助性文件、工具性文件等类别。

第三，按文件的生成方式分类，划分为计算机系统中直接生成的原始文件和将纸质或其他载体（如胶片）文件重新录入生成的转换文件。

实例 6：档案保管工作

黄秘书在保管有关的文件时出现丢失、毁损现象，经理针对这种情况让黄秘书限期了解有关保管的知识。档案保管中到底如何做才能避免类似情况的发生呢?

解决方法:

做到"八防",确保档案的完好无损。

档案保管工作要求采取一系列管理和维护档案完整与安全的防护措施。做到档案保管工作中"八防",即防火、防水、防潮、防霉、防虫、防光、防尘、防倒。

第一,档案库房的管理。凭借柜具或库房对档案实施日常管理,主要包括档案库房的使用与安排,档案及其柜具的有序化摆放和与档案检索、提供、利用等环节密切相关的档案移出、收进等。

第二,档案日常的管理。对一切可能损毁档案的社会的、自然的因素采取必要的措施,建立库房管理制度;房内温度和湿度的控制;防光、防虫措施;档案装具的摆放和编号;档案存放的位置;库房安全措施及卫生状况等。

实例7:档案检索工作

又是一年的年底了,经理让黄秘书将本年度的有关会议文件、上级文件、本年度重大活动的有关档案整理出来让他过目。秘书应如何进行档案检索呢?它与日常工作有何联系?

解决方法:

日常认真编写多种类型的检索工具。

(一)编制检索工具

检索工作是衡量秘书档案工作水平的一个很重要的尺度,有经验的秘书、档案工作者总是不惜时间和精力,认真编制各种档案检索工具。

一般来讲,根据公司的实际情况,编制检索工具如表6-6所示。

表6-6　编制检索工具一览表

分类标准	分　类
按检索范围分类	目录、索引、指南
	以一个全宗(或其部分)为对象的检索工具,有案卷目录、卷内文件目录汇集、全宗文件卡件(或目录)、文件卡片、全宗指南等
	以一个档案馆(室)的全部(或主要部分)档案为对象的检索工具,如,分类卡片,分类目录,主体目录(或索引)档案馆指南等
	以一定的专题为对象的检索工具,有专题卡片、专题目录、人名卡片(或索引)、地名卡片(或索引)、专题指南等
按载体形式分类	卡片式、书本式、缩微式、机读式(电子)

(二)电子档案检索步骤

(1)建立网站

(2)加工检索信息,组织检索数据库

第一步,收集数字形式的检索工具和著录条目,对它们之间的联系进行分析,每一种联系都可能成为检索的一条途径。

第二步,在分析的基础上,着手设计站点体系结构和导航方案,实际上就是设计检索的路径，包括按机构、主题、责任者、保管期限等多条途径。导航方案一般为网状结构，各个节点之间的关系包括层次结构、时间关系、水平关系、内容关系等，可以借鉴一些用户网站的经验，提供直接检索（键入主题词、分类号、关键词等）和间接检索（在目录间浏览）两种检索方式。

第三步，根据导航方案，设计数据库。

(3) 实现文件信息的共享

在完成内部检索信息加工后，还应将内部的信息与外部的信息相连，实现计算机联网检索，即链接相关站点，提供通向其他信息资源的途径，使档案信息系统成为通过网络利用电子档案的中心。同时，还可以通过各种途径，将档案站点作为一个链接点，放到其他信息服务机构或政府机构的主页上。

习　题

1. 信息管理工作有哪些流程？
2. 商务信息具体包括哪些方面？
3. 信息收集有哪些渠道？
4. 信息收集有哪些方法？各种方法有哪些优缺点？
5. 信息分类有哪些方法？各自的优缺点是什么？
6. 信息存储的工作程序有哪些？详细说明。

第七章　商务秘书与公共关系

本章导读

本章从商务秘书的活动特点与职业特点出发，详细介绍了商务公关的公众对象，包括内部关系与外部关系两大类。其中商务秘书与企业领导的关系是商务公关当中最重要的内部关系，应该正确处理、准确把握。商务公关活动程序也是本章的重点内容。当然在实际工作中，商务秘书人员还需要完成具体商务公关活动的策划与操作。掌握了公共关系基本理论与技巧，商务秘书就可以更好地为企业领导做好辅助工作，成为领导不可或缺的助手。

知识要点

★ 掌握商务秘书人际关系技巧；

★ 明确公共关系活动程序的四个步骤；

★ 掌握基本的商务公关活动策划的注意事项。

第一节　商务公关的公众对象

公共关系作为一种全新的思想、科学的理论和新型的职业，在 20 世纪 80 年代传入我国之后得到了迅猛的发展，并且越来越受到各类组织及各行各业的广泛应用。

我国著名经济学家于光远曾指出："现代社会有经济分工，就有关系，就要研究怎样搞好关系，怎样有组织地搞好关系。这门学问就是公共关系学。"作为商务秘书，要通过自己的工作能力与良好的行为自觉、主动、积极地处理、协调好工作中的各方面关系，并努力地使其达到和谐。正如《韦氏秘书手册》中所说："你必须与你的经理和其他上级、同级、下级以及来访者保持一种志趣相同的关系，能准确无误地、及时愉快地完成自己的工作，同时又能和每个人和睦相处。这正是秘书最优秀的品质。"

这种优秀品质也正是我们常说的人际关系技巧。概括地说，秘书的人际关系可分为对内与对外。对内的人际关系对象为上司、同事及属下等。对外则需面对顾客及与业务相关的单位。秘书必须能运用灵巧的人际关系技巧，才能替上司、主管建立起良好的人际关系网络，使其具有良好的形象。

对于同事，秘书要建立融洽相处的人际关系，业务才能顺利推展；对于下属，也需要好的人际关系，才能使上下人脉和谐；在对外处理业务时，和气待人，考虑周到，才能圆满达成任务。

关于秘书人际关系的处理，如表 7－1 所示的为一些最基础的但又非常重要的一些技巧。总体来说商务秘书人际关系可分对内、对外两方面，下面分别详细讲述。

表 7-1 商务秘书人际关系技巧

关系	人际关系技巧
上司	① 熟悉上司的个性及家庭 ② 熟悉上司的交际圈 ③ 勿拘泥于前任上司的处事习惯
同事	① 不该有优越感 ② 互相保持和谐的关系 ③ 在业务上互相帮助 ④ 多注意上司的业务内容与人际关系,以便增进沟通
属下	① 多照顾属下 ② 多伸出援助之手 ③ 传达属下的心声
客户及相关单位	① 诚实无欺 ② 努力维持长久的人际关系 ③ 秘书受客户私人邀请时,不论是否接受邀约,都应事前向上司报告,以尊重上司

一、内部公众

在企业中,如果各个成员之间彼此尊重、互相谅解、关系和谐,企业就能形成良好的人际关系环境,进而为企业的发展提供良好的工作空间及心理气氛。商务秘书,正处于联系上下、沟通左右的桥梁位置,在工作中必然要与各个部门及人员发生联系,因此,必须认真地对待搞好人际关系的问题,切实地掌握人际沟通的基本技巧。

商务秘书公共关系所面对的内部公众主要有上级领导、工作同事、单位下属的各部门人员等。

(一)与上级领导关系的处理

上级领导是商务秘书的顶头上司,这也是商务秘书公关中最重要的内部公众。在实际工作中,秘书是上司的助手和参谋,其工作重心就是领导,因此要想与上司保持和谐、默契的关系,商务秘书需做好以下几点。

1. 准确领会上司的意图

秘书工作的核心是辅助上司进行工作,为上司工作服务。基于这样的工作性质,就要求秘书在工作中必须准确地领会上司意图,这样才可能与上司切实地保持思想上、工作上的和谐关系。

上司的意图存在不同的表达方式,可以是直接授权、交代、指示、决定等明示性的意图表达;也可以是间接授权、暗示、言语流露等隐含性的表达方式。如果是明示性的上司意图,只需要按照上司直接交代的去做或提供辅助性的工作就行。但在实际工作当中有许多的意图不是上司直接交代的,而是在言谈举止中流露或暗示出来的,只有能够领会上司这种间接意图的秘书才算是真正的好秘书。因为上司需要的是能够为其排忧解难的助手和参谋,而不是“传话筒”或“应声虫”。所以秘书要善于察言观色,及时捕捉上司的意图。

领会上司意图是可以在工作中逐渐“悟”出来的,如上司的工作习惯、工作作风、思维方式、性格特点、人际关系的亲疏等,只要秘书在工作中处处做个“有心人”,就会提高自己的悟性,与上司相处起来,也会日趋默契、融洽。

2. 真诚尊重上司权威

秘书与上司相处融洽是一种理想的工作模式,但这种工作模式不是不分你我、不分上下。作为商务秘书不仅在工作上不能越权,在人际关系上也不能“越权”,只有真诚地尊重上司,才能获得上司的信任,才能更好地接近上司,才能真正地领会领导的意图。真诚地尊重上司的权威是协调与上司关系的基础,也是优秀的商务秘书所必须具备的心理要求。

3. 恰当地进行劝谏和建议

商务秘书是上司的助手与参谋,如果上司有错误,秘书必须及时地进行劝谏和建议。俗话说:“当局者迷,旁观者清。”工作中,上司可能会局限在自己的思维模式当中而导致工作失误。这时,秘书绝对不能扮演一味服从的角色,应当尽力地提醒上司,进行补救与修正。

当然,如何对上司进行劝谏和建议是商务秘书所面对的难题。因为上司是需要“面子”的,因此劝谏与建议一定要在尊重上司的权威基础之上进行,讲究一定的策略,才可能被上司所接受。秘书采用何种策略,可以针对实际的问题与所面对的不同上司从而采用不同方法。如旁敲侧击法、事先沟通法、巧妙提醒法等。

(二) 与同事关系的处理

与同事的关系也是商务秘书面对的较重要的一种内部关系。秘书在公司所处的地位很特殊,虽然他不管辖其他职能部门,但是由于他要为上司提供近身综合服务,是公司当中与上司走得最近的人,所以也应该是各种重要信息最先知晓的人,因此,秘书在公司中会备受瞩目。在实际工作中,秘书与同事接触频繁,彼此关系的好坏会直接影响秘书工作的开展。因此,秘书要做到以下几点。

1. 尊重同事

被尊重会让人感到个人的价值得到体现。秘书在工作中要尊重同事的工作、习惯、喜好及隐私等。在同一工作环境中,尊重同事会增强彼此之间的信任感与亲密感,从而有效地维系二者之间的联系。

2. 理解同事

由于秘书所处位置的特殊性,就使得秘书应该成为沟通上下的桥梁。秘书对于同事的了解与认识会比上司更清楚、更具体,因此在工作中就要多用些换位思维的方式,设身处地地从同事的角度去看待问题、协调矛盾。

3. 关心同事

秘书不仅要让同事感觉到在精神上受到尊重,更要实际地关心同事。优秀的秘书不仅要成为上司的助手,而且还要给同事以必要的关心,为他们解决实际困难。企业员工被喻为企业“最大的财富”,这些财富是需要经营与管理的,作为秘书应该帮助上司完成这些工作。并且更要将关心带给同事的家属,帮助他们解决后顾之忧,这样才能让他们全身心地投入到企业的建设与发展之中,同时也会以此缩短与同事的距离,获得同事的好感,赢得同事的支持。

4. 团结同事

运行良好的企业应该像一个“大家庭”,每个人都要为这个“家”的发展而尽心尽力,心向一处想,劲往一处使,作为秘书就要担起这项任务。不仅自身要与每个同事团结,而且还要使同事之间团结一心,在团结协作的氛围中充分地发挥每名员工的潜在能量,这也是企业能否获得发展的重要因素。而要做好这项工作并不容易,除需要表扬、激励之外,还要展开批评与自我批评,这样才能让企业内部产生强大的凝聚力与向心力,同时也能使企业内部的人际关系得到良好的维系。

(三)与单位下属部门人员关系的处理

在实际工作中,秘书还要与单位下属部门的人员等发生联系,因此与单位下属部门人员的关系也需要秘书正确地面对和处理。在处理这种关系的时候,秘书一定要摆正自己的位置,虽然自己是跟随领导的左右,但并不等于自己就是领导,所以绝对不能摆架子,使人有居高临下之感。在接待下属部门人员的具体工作中要热情、平等地对待,不能人为地设置障碍,这样才能够得到上下一致的认可与支持,在这种良好的人际氛围中也会更有利于秘书工作的开展。

二、外部关系

商务秘书在企业机构中处于非常重要的位置,参与并辅助企业领导进行事务管理与日常管理工作。除联系上下关系之外,还需协调内外,并且对企业的经营活动会产生一定的影响。

商务秘书在工作中应处理好以下几方面的关系。

(一)与客户关系的处理

21 世纪的市场结构,将是客户导向的市场,因此客户关系应该是商务秘书在企业工作中所面对的最重要的外部关系。它包括的内容是较宽泛的,如企业销售的对象、酒店的客人、企业产品的消费者等,都是与企业市场关系最直接、最具体的外部关系对象。商务秘书应该正确处理与客户的关系,以便为企业领导开展工作创造有利的外部环境。

美国华盛顿一家市场调查机构做了一次调查,结果是这样的:“在来企业办事受到非礼待遇的人当中,96%的人不直接抱怨,但有 91%的人不会再到这个企业来。而且,受到非礼待遇的人平均向他周围的 9 个人讲述。其中 13%的人要向他周围的 20 个人讲述。”可见企业客户的影响力之大、之广。因此,商务秘书应从以下几方面处理好与客户的关系。

1. 为客户提供最好的服务

商务秘书的中心工作是围绕企业领导工作而进行的,因此,在实际工作中,一定会跟随上司共同面对不同的客户,并与之打交道。而对于企业客户而言,要想长期建立联系,不在于企业的产品本身或销售能力,而是在于企业提供的服务能否满足客户的需求,甚至是超越客户的期望,这才是维系长久客户关系的根本。作为商务秘书,应该自觉培养“客户服务意识”,主动协助领导做好对客户的服务工作,并及时督促检查。

2. 建立客户管理档案,维系持久稳定的客户关系

良好稳定的客户关系可以增强企业品牌的美誉度,持久长远的客户关系可以增强企业品牌的忠诚度,而良好长久客户关系的建立,应该是一个循序渐进的过程。作为商务秘书应该辅助领导熟悉企业客户,尤其是重要的客户,必须做好资料管理工作,其中包括客户的基础资料、客户特征、业务状况等内容,越详细越好。

3. 提升自身素养,展现人格魅力

在与客户的交往中,商务秘书人员应当体现出良好的修养,以高雅的气质和干练的作风来吸引对方,取得对方的信任。严格地说,商务秘书人员应该是“社会活动家”,具备与形形色色的客户打交道的本领。

（二）与媒介关系的处理

媒介关系是组织机构与报纸、电视、电台、杂志等大众传播媒介的关系，主要是与新闻界的关系，也称新闻界关系。

在现代信息社会，企业的发展离不开新闻媒介的传播，二者是相互影响、相互扶助的关系。企业良好的形象需要依赖新闻媒介机构为其进行宣传，并与外界取得广泛的联系与沟通；而新闻媒介则需要将企业发展的相关情报与动向作为新闻的信息来源。在企业与新闻界发生联系时，商务秘书可以充分地发挥秘书工作的信息职能，建立良好的媒介关系，把组织机构需要输出的信息最大限度地传播出去，同时，又从媒介方面获取组织需要的信息，形成良好的双向传播的交流模式。

在实际工作中，良好的媒介关系会对企业的发展起着推波助澜的作用，因此，商务秘书应该与新闻界保持经常性的良性发展关系，这就需要秘书在工作过程中及时地与新闻机构进行沟通，可以协助企业领导定时地召开记者招待会、新闻发布会来发布企业的相关信息；真诚坦率地面对新闻机构，尤其是当企业发生重大危机情况时，不要刻意隐瞒，本着“以诚相待、公开事实”的原则让对方感觉到诚意；适时地给予新闻机构以帮助，配合其工作，如尊重对方采访的权利，不干扰阻挠对方的工作，积极提供对方所需要的有效信息等。

需要指出的是，目前某些企业在发展的过程中会在新闻媒介对自身的宣传中加入虚假的成分对公众进行欺骗，这不仅违反了新闻传播的职业道德，同样会对企业的长远发展产生不利的影响。因此，作为企业秘书在为上司提供决策服务的过程中应该发挥正确的作用，表现出较强的组织责任感，辅助上司与新闻媒介建立起融洽的合作关系。

第二节 商务公关活动的程序

秘书的公共关系是需要创意的功能来做其基础的。创意的工作，即要有“先见”。在处理人与人间的关系时，要能有洞察的能力，要能见微知著，要能以对方的立场来看，这样必能广获人缘，使业务畅通。

秘书的职务接触面很广，为了使业务能顺利进行，必须扮演着润滑剂的角色，在公司机构的里里外外，必须兼顾到各个层面的人物，能考虑到各种状况，能预见各类该办之事，妥善处理人际关系，圆满达成任务。一般而言，商务公关活动与一般的公共关系活动的程序是相似的，大体都可以分为公关调查、制订计划、实施计划、效果评估四个基本步骤，并且这四个步骤是相互独立又相互渗透的。

一、公关调查

公关调查，即公共关系调查。是运用各种科学的调查手段、方法对调查对象进行有目的、有意识、有针对性的考察及了解，从而掌握确凿的实际情况信息的过程。这是公关活动的基点，也是商务公关活动程序的第一个步骤。

（一）商务公关调查的内容

商务公关调查活动与专业的公关活动相比，有其自身的特殊性。商务秘书在调查活动的内容上具有很强的针对性，这主要是由秘书的工作性质所决定的。商务秘书要想对领导的工作及决策提供有用的信息，就必须主动围绕着本企业生产、经营及市场的热点服务、难点问题等深入开展调查研究，及时掌握生产经营动态，准确地反馈生产、经营、销售渠道、市场需求等动态信息，并提出建议来供领导决策。

（二）商务公关调查的方法

商务公关调查活动的方法主要表现为以下几个方面。

1. 访谈调查法

访谈调查法是指根据调查的需要，商务秘书人员通过与调查对象面对面地进行交谈，来获得所需口头资料的过程，这是一种最常用的调查方法。访谈调查法根据受访谈的人数不同，可以分为个别访谈及召开座谈会两种形式。

在调查中，需要秘书人员做好充分的准备，有计划，目的明确，并做好记录。采用访谈调查法需注意以下几个问题：

(1) 控制时间。无论是个别访谈还是召开座谈会，时间都不宜过长，应将时间控制在不引起访谈对象倦怠为宜。

(2) 控制场面。在访谈的过程中，一定要制造宽松的谈话氛围，并注意提问及体势语表达的技巧。

(3) 控制话题。访谈的目的是需要获得相关有用的信息，因此在调查过程中一定要对话题进行有效的控制，善于捕捉谈话的时机，不要令被访谈者产生突兀感或不愿直言，影响信息的传达。

2. 问卷调查法

问卷调查法是调查人员以问卷或表格的形式，由被调查者对所提出的问题作答，由此收集所需的公关信息的一种调查方法。

调查问卷的基本结构主要包括以下几个部分：

(1) 标题。调查问卷的标题能反映出调查的基本目的。

(2) 封面信。封面信是写在调查问卷具体内容之前的简短话语。主要是强调调查活动的目的，指导被调查者填写问卷，并对被调查者表示感谢。

(3) 调查内容。是调查问卷的主体，主要是包括调查的问题与答案。

(4) 编码。较大规模的问卷调查会采用编码的形式，编码就是赋予每一个问题及答案一个数字作为它的代码，其位置通常在每页问卷的最右侧或用纵线与问题隔开。编码有利于计算机进行数据处理及定量分析。

(5) 调查相关资料。有的调查问卷还需要在封面上标注调查者的姓名、日期、被调查者相关信息等资料。

调查问卷中最主要、最关键的是调查内容的设计，即调查的问题与答案的设计。

实　例：

兰州市八大商场服务质量及公共关系形象调查问卷

亲爱的顾客：您好！

为了促进兰州市商业系统服务质量的提高，为了您能享受到更好的服务，请您回答下列问题。答题时在您所选定的序号前划√，第 20 题则烦请您简洁地写上几句。谢谢合作！

兰州大学公关研究中心

1992 年 1 月

您的基本情况：

1. 您是：

A. 本地人

B. 外地人

2. 性别：

A. 男

B. 女

3. 年龄：

A. 22岁以下

B. 23～35岁

C. 36～49岁

D. 50岁以上

4. 文化程度：

A. 小学

B. 初中

C. 高中

D. 大专以上

5. 家庭月人均收入：

A. 200元以下

B. 200～300元

C. 300～500元

D. 500～800元

E. 800元以上

商场基本情况：

6. 您认为该商场外观设计及商品橱窗的装饰：

A. 很好

B. 较好

C. 一般

D. 不好

E. 很不好

7. 您认为该商场的内部布局：

A. 巧妙美观、井井有条

B. 没有特色、很一般

C. 乱七八糟

8. 您认为该商场的服务质量：

A. 很好

B. 较好

C. 一般

D. 不好

E. 很不好

9. 您认为该商场售货员的业务水平：

A. 很好

B. 较好

C. 一般

D. 不好

E. 很不好

10. 在大多数情况下，您在该商场受到售货员的接待：

A. 很好

B. 较好

C. 一般

D. 不好

E. 很不好

11. 您认为该商场的售后服务：

A. 很好

B. 较好

C. 一般

D. 不好

E. 很不好

12. 您认为该商场的商品种类：

A. 很齐全

B. 比较齐全

C. 一般

D. 不齐全

E. 很不齐全

13. 您每年光顾该商场的次数：

A. 10 次以下

B. 10～20 次

C. 20～30 次

D. 30～40 次

E. 40 次以上

14. 您每年在该商场购物的总金额大约在：

A. 500 元以内

B. 500～1000 元

C. 1000～2000 元

D. 2000 元以上

15. 您认为该商场的商品质量：

A. 很好

B. 较好

C. 一般

D. 不好

E. 很不好

16. 您在商场购得的商品不能令您满意时，一般来说：

A. 都能得到退换

B. 只有个别的能得到退换

C. 一个都不能退换

17. 在该商场买东西时，如果您的利益受到侵害，您是否想到去找消费者协会？

A. 想到过

B. 没有想到

C. 认为没有必要

D. 想找，但不知道到哪儿去找

18. 您认为该商场哪一类活动搞得最好？

A. 优质服务竞赛活动

B. 优惠展销

C. 有奖销售

19. 您认为该商场亟须解决的问题是什么？

A. 提高服务质量

B. 提高业务水平

C. 改变内部布局

20. 您认为应怎样解决这一(些)亟须解决的问题？

(资料来源：摘自穆建刚《现代企业公共关系操作示范》，兰州大学出版社 1996 年版)

3. 文献资料研究法

文献资料研究法是公共关系调查研究另一种常用的方法。文献资料包括：报纸、期刊、图书、档案资料、会议文献、政府出版物、新闻稿等。此调查法能够直接、迅速地为调查提供背景资料及历史情况，具有省时、省力、直接的特点。

4. 科学观察调查法

科学观察调查法是调查人员通过观察和记录被调查者的现场表现，掌握所要调查情况的一种方法。这种调查法由于是在被调查者毫无察觉、自然的状态下进行的，所得的信息较为真实、客观。但也因为只是观察其表面现象及行为，所以显得调查的深度不够。

5. 网络调查法

在信息社会，最大的特点就是信息量大、流量快，此调查法是以互联网为载体，将大量的调查信息拷贝给调查公众，从而广泛、快捷、深入地获得反馈信息。这种调查法是随着时代的发展应运而生的，并日渐成为许多大型企业最受欢迎的一种新型调查方式。

实　例：

长城饭店的“全方位”调查

一提到长城饭店的公关工作，人们立刻会想到那举世闻名的里根总统的答谢宴会、北京市副市长证婚的95对新人集体婚礼、颐和园的中秋赏月和十三陵的野外烧烤等一系列使长城饭店声名鹊起的专题公关活动。长城饭店的大量公关工作，尤其是围绕为客人服务的日常公关工作，首先缘于它周密细致的调查研究。

长城饭店日常的调查研究通常由以下几个方面组成。

1. 日常调查

(1) 问卷调查。每天将表放在客房内，表中的32项内容涉及客人对饭店的总体评价，通过评价判断客人再来北京时再住长城饭店的可能性有多大；对十几个类别的服务质量的评价；对服务员服务态度的评价；以及是否加入喜来登俱乐部和客人的游历情况等。

(2) 接待投诉。几位客服经理24小时轮班在大厅内接待客人反映情况，随时随地帮助客人解决困难、受理投诉、解答各种问题。调查表和投诉意见每天集中收回，由客房部和公关部进行统计整理，其结果当晚交给饭店总经理，使决策层及时了解情况，次日早晨在各部门经理例会上通报情况。

2. 月调查

(1) 顾客态度调查。每天按等距抽样向客人发送喜来登集团在全球统一使用的调查问卷。每日收回，月底集中寄到喜来登集团总部，然后进行全球性综合分析，并在全球范围内进行季度评比。根据量化分析对全球最好的喜来登饭店和进步最快的饭店给予奖励。

(2) 市场调查。前台经理与在京各大饭店的前台经理每月交流一次游客情况，互通情报，共同分析本地区的形势。

3. 半年调查

喜来登总部每年召开一次世界范围内的全球旅游情况调研会，其所属的各饭店的销售经理从世界各地带来信息，并互相交流、研究，使每个饭店都能了解世界旅游形势，站在全球的角度商议经营方针。

这种系统的全方位调研制度，宏观上可以使饭店决策者高瞻远瞩地了解全世界旅游业的形式，进而可以了解本地区的行情；微观上可以了解本店每个岗位、每项服务乃至每个员工工作的情况，从而使决策有的放矢。

综合调查表明，任何一家饭店，光有较高的知名度是远远不够的，要想保持较高的“回头率”主要靠优质的服务，使客人满意。怎样才能使客人满意呢？经过调查研究和策划，喜来登集团面对竞争推出了SGSS(Sheraton Guest Satisfaction System)方案，中文直译为“喜来登宾客满意系统”，意译为“宾至如归方案”。提出要在3个月内对该店上至总经理、下至一般服务员进行强化培训，不准请假，合格发证上岗。在每人每年100美元培训费的基础上另设资金，奖励先进。随着这一方案的推行，长城饭店更加闻名遐迩了。

（资料来源：熊源伟主编《公共关系案例》）

二、制订计划

完成公共关系调查研究之后，就可以据此来制订具体的公共关系计划。所谓公共关系计划，也可称为公共关系策划，就是在充分进行公共关系调查的基础上，确定出组织在一定时期内所要达到的公共关系目标，并根据公关目标来制订一系列公共关系活动方案的过程。在日本，策划又叫企划，并且日本著名的企划专家和田创先生认为：企划是通过实践活动获得更佳成果的智慧或智慧的创造行为。

公共关系计划的制订不是盲目的、随意的，而是根据企业发展的实际需要，紧紧围绕公共关系目标的实现而进行的。那么，商务秘书如何制定好公关计划呢？

（一）确定公共关系目标

公关目标是企业进行公关活动所要达到的目的和结果，商务秘书在对即将开展的公共关系活动做出详细的考量后，必须确定正确的公关目标。即在做好充分的公关调查之后，确定出所要达到的最好的活动效果，来集中体现公共关系的价值。这也是公关计划制订中的关键一环。

一个好的公关目标应该具有以下几个特点。

1. 明确性

一个公关活动会因企业的发展目标、发展策略不同而制定不同的公关目标，不管是为了提高知名度，还是增强美誉度或是解决企业危机，其目标必须制定得明确、清楚，这样才会使得整个公关过程具有极强的目的性。

2. 可行性

公关目标在选定的时候不要纸上谈兵或者建造空中楼阁，必须要考虑其具体实施的可能，能否发挥其真正的作用？能否给企业带来好的收益？凡是一个好的公关目标在经过努力之后都是可以达到的。

3. 具体化

公关目标的制定应该是具体的、可测量的，不能喊口号、人为地“拔高”或者抽象、空泛得难以理解。一个好的公关目标应该既有利于实施，又便于检验，执行起来也不会使人觉得无所适从。

4. 实需性

制定公关目标要为企业解决实际问题而服务，所以每个公关目标都要围绕企业的某一实际问题或需要完成的任务而确定，不能脱离或影响组织的总体发展目标。

（二）选择公共关系对象

即确定公众，确定对谁去做工作，确定与企业公关活动有关的公众对象是策划的基本任务。每个企业都会有其特定的公众，每次要进行公关活动时都要将所要面对的人群确定下来，了解他们的需求、特点、权利与义务、共同点、特殊性，并且在公关活动中必须体现出公共关系“互惠性”的特点，这样进行公共关系活动时才容易被大多数的公众所接受。

（三）确定公共关系活动的主题

公共关系主题是整个公共关系活动中的统帅及核心，是公关活动能否吸引公众、抓住人心的关键所在。公关活动的主题表现形式是多种多样的，但无论采用何种表现形式，都应该做到以下几点：

(1) 高度概括公共关系活动的内容，与公共关系目标相一致，并充分表现公共关系的目标。

(2) 活动主题的设计或朴素贴切，或独特新颖，或激动人心，或简明扼要，无论是何种形式都需体现公关活动的特色，要具有强烈的感召力。

(3) 活动主题要具体、形象，易于理解与记忆。

例如，日本精工计时公司的“世界的计时——精工表”公关活动主题、蒙牛公司的“举起你的右手，为中国喝彩”的公关活动主题，让人看过之后印象深刻，同时也提升了企业在公众心中的认可度。

（四）确定公共关系活动的时机

在制订公共关系计划时，一定要准确把握活动开展的良好时机，这会直接影响到公共关系活动的效果。古人有言：“机不可失，时不再来”，如果时机恰当，公关活动就能取得事半功倍的效果；反之，错过时机，公关活动则会事倍功半，甚至是“费力不讨好”。

例如，通用汽车公司 2003 年上海国际汽车展是抓住了 2003 年度的中国国际汽车展的时机；日本精工计时公司利用在东京举办奥运会的机会进行了以“让世界的人们了解：精工计时是世界第一流技术与产品”为目标的公关活动。

（五）做好公共关系活动经费预算

每次良好公关活动的开展，都要花费一定的人力、物力、财力。因此，做好公关活动经费预算是十分重要的，所需费用一般包括行政开支与项目开支，预算的方法有投资报酬法、量入为出法、销售量抽成法、目标作业法等。

（六）形成公共关系方案

形成公共关系计划方案，即将以上几项内容具体组合、编制，进入到实际策划阶段。并且还要对方案进行可行性论证，如进行目标分析，看是否合理及实现程度如何；分析方案在哪些条件下可以实行，会遇到哪些困难及障碍，防止和补救的方法；对预期结果进行综合效益评估，衡量计划能否付诸实施。方案论证的方式可由企业领导或专家、具体的操作人员进行提问，策划人员答辩认证，然后提交有关领导审核批准。

实　例：

金陵啤酒 1993 年专项公共关系活动策划书

“万瓶啤酒酬‘知己’活动”

活动主题：“万瓶啤酒酬‘知己’活动”

活动目的：

通过凌晨 5 时在南京市区沿街放置 3000 瓶金陵啤酒(号称“万瓶”供行人捡取)，并通过当天设在夫子庙、新街口、鼓楼、下关和中央门车站五处的销酒机免费品尝服务和 100 名大学生组成的宣传车的活动，提高金陵啤酒的美誉度。

活动时间和地点：

活动时间定于 1993 年 5 月 2 日(星期天)。3000 瓶金陵啤酒于周日凌晨 5 时投放；免费品尝服务和大学生的宣传活动当日上午 9:00 开始，下午 3:00 结束。地点在上述五处和闹市沿途。

参加人员：

在以上五处各由本公司员工组成 2 支(共 10 支)投放队伍，由三轮车 10 辆各装 300 瓶啤酒沿街放置。位置稍偏为好，这样发现的时间较晚。

活动必备物品：

印刷“心”形宣传品，套在啤酒瓶颈部，内容为“金陵啤酒”介绍、本次免费品尝、赠送活动介绍及感谢消费者支持。

媒体联络：

活动开展前，与省内主要媒体联系，并介绍活动主题和基本设想，争取活动结束后由省、市电视台和《扬子晚报》、《金陵时报》、《服务导报》等发布消息。

费用预算：

(1)金陵啤酒3000瓶，约4500元；

(2)免费品尝点共五处，耗酒约3000元；

(3)大学生车队，按每人25元计，约2500元；

(4)媒体联络、接待，2000元；

(5)印刷品、绶带及员工劳务，1500元。

共计13500元。

（资料来源：摘自《实用公共关系》，大连理工大学出版社）

三、实施计划

实施计划是把公共关系计划变为现实的过程，这是“公共关系四步工作法”当中最复杂、最难把握的环节，更是实现公共关系活动目标和解决公共关系实际问题最关键的环节。

在具体的公关活动中，可能会出现多方面影响方案实施的因素，所以要想取得预期的公关效果，商务秘书应该做好或协助做好以下几个方面的工作。

（一）排除沟通中的障碍，保障公关计划的实施

公共关系计划在实施的过程中，会表现为企业组织与公众互动和循环的双向沟通过程，为了保证双向沟通的顺畅，秘书人员可以提前排除可能出现的沟通障碍。常见的沟通障碍有观念变化、风俗差异、语言歧义、心理障碍等。

（二）正确选择实施计划的良好时机

在公共关系活动实施的过程中，为求得活动的最佳效果，可以选择恰当的时机来推出公关活动，如开业庆典、周年庆典、社会生活中的各种节目以及企业取得重大成果、推出新产品之时，都可以开展系列的公关活动，这样可以取得事半功倍的良好效果，为达到预期的公关目标提供有力的保障。

（三）整体协调计划实施过程中的各项内容

在具体的公关实践中，各个环节不能发生矛盾或者脱节，因此要经常检查各项工作内容，全面协调公关进程，使公关计划平衡推进，进而达到和谐、合理、配合、统一的状态。在不断调整、不断反馈的状态中，公关实施会更趋向于完善。

（四）及时妥善处理计划实施中的意外干扰

在实施公关计划时，极有可能出现难以预测的意外干扰，如危机事件，这是在公关活动实施过程中所出现的、并且严重损害组织形象、使组织受到严重损失的重大事件。在公关计划实施的过程中，面对意外的干扰要冷静处理，分析原因，加强控制，正确引导舆论，并认真做好善后工作，提供真实及时的消息，争取主动权。

四、公关效果评估

公共关系评估,就是依据特定的标准和方法,对公共关系计划、实施及实施效果等进行科学的衡量、检查、评价与判断的一种活动。这个环节不仅可以判定整个公关活动的优劣,具有“效果导向”作用,而且可以更好地总结经验与教训,为后续公关工作提供决策依据。

公关效果评估的内容是非常精细而具体的,主要针对公共关系目标、公共关系状态及所取得效益三个方面来进行评估,建议商务秘书可以采用专家评估法、公众舆论评估法、媒体调查评估法等方法进行具体评估。

第三节　商务公关活动策划与操作

一、企业内部报刊

企业内部报刊是在企业内部创办的出版周期固定、反映企业多方面信息、具有较强针对性的报纸、刊物、简报等。企业内部报刊可以报道与企业发展相关的各方面信息,定期沟通组织领导层与广大员工、员工与员工、企业与股东、企业与公众之间的关系,增进相互理解和信任,从而建立良好的公共关系状态。

据不完全统计,国内企业自办的内刊每年以25%左右的速度递增,到2005年国内共有企业自己创办的非营利性“企业内刊”多达一万三千多种,总印刷量达一千万份左右,并有“企业文化新军”之喻。而企业报刊也因内容丰富客观,时效性、针对性强而成为传播企业文化、交流信息和经验的有效途径,从而成为“外树企业形象、内聚企业合力”的桥梁与纽带。

企业内部报刊的重要性主要体现在以下方面。

1. 树立企业形象

企业内部报刊可以及时地报道企业的发展目标、企业最新的管理标准和制度、企业发展过程中取得的各项荣誉及成果、企业领导的活动动态等,因此其他企业及客户或社会读者群就可以此为着眼点,更多、更准确地了解某企业的发展动向及相关的信息。所以有人称企业内部报刊是企业的“金名片”。通过利用企业的“金名片”可以充分地打造企业的“形象工程”,提高企业的知名度,树立企业的良好形象,进而创造出更多的企业无形资产和较强的品牌效应。

在企业内部报刊塑造企业形象的过程中,商务秘书因其自身位置的特殊性,就不可避免地会成为主要信息的提供者或撰写者。因此,要求秘书能准确把握企业高层领导创办内刊的主导思想及意图,及时听取企业高层的意见,辅助企业领导完成在企业运行中的形象宣传工作。

2. 增强企业凝聚力

一个优秀的企业应该以内部报刊为载体,大力宣传企业的各项政策、制度及发生在企业内部的喜讯、新闻事件等内容,使企业员工能及时了解企业发展过程中各方面的内情,从思想观念上引导员工的职业生活,做到工作有共同的目标,努力有共同的方向。商务秘书可以动员本企业员工在企业内部刊物上表明自己的心声或者为企业发展贡献自己的智慧,从而来增强企业内部的凝聚力和向心力。

作为商务秘书,工作本身就承担着联系企业领导与员工的沟通作用,因此可以借助企业的内部报刊对企业的好人好事进行宣传报道,以鼓励先进,鞭策后进;通过弘扬正气、打击歪风邪气，使企业从上至下心向一处想，劲往一处使，凝聚人心，有力地推进企业发展。

3. 完成信息交流

企业内部报刊可以“宣传企业，推介产品，探讨行业环境及兄弟企业、竞争对手的得失，居于相对中立的姿态审视企业的决策与经营管理活动”，成为内外信息交流的良好平台。

在信息交流时，尤其是对外的信息交流过程中，商务秘书会更多地参与其中。因此商务秘书应做到及时地将企业内部信息发布出去，将企业外部有价值的信息有效、迅速地引进来，使企业内刊不断地有所创新，并与企业发展目标相得益彰，成为企业经济发展的“助推器”及内外信息交流的联络桥梁。

4. 传播企业文化

企业的竞争，从某种角度来讲应该是企业文化力的竞争，而企业内部报刊则是宣扬企业文化理念、增强企业核心竞争力的一个重要载体及组成部分。并且企业也可以通过创办企业内部报刊与其他企业进行文化交流，充分提高自身的文化沉淀与文化塑造。

曾有一种观点称“企业文化就是一把手文化”。这种说法虽不免有些绝对，但是却有其提出的理由。作为商务秘书，是与企业“一把手”最近的人，会对“一把手文化”理解与阐释得最为准确、全面、深刻。因此，商务秘书在实际的工作中应当辅助上司正确审视自己的企业，促进企业改进工作，提升竞争力，从而完成企业文化的积淀与传播的工作。

二、企业宣传橱窗

在现代商业活动中，企业宣传橱窗是用道具、背景经过合理布局之后，以达到吸引公众注意的目的的一种重要的广告宣传形式。一个构思新颖、主题鲜明、风格独特、手法脱俗、装饰美观、色调和谐的企业宣传橱窗，是展示企业产品、传递企业文化、树立企业形象的窗口。

橱窗直观展示效果，比电视媒体和平面媒体具有更强的说服力和真实感。有人说“让顾客的眼睛在店面橱窗多停留 5 秒钟，就获得了比竞争品牌多一倍的成交机会”。

一般来说，企业橱窗的设计应注意以下几个方面：

(1) 确定主题及展示目的。

(2) 体现企业的文化与整体形象。

(3) 橱窗所选择的展示样品要突出企业产品的精华。

(4) 橱窗宣传的产品应与本企业的营销目标相一致。

(5) 橱窗的布置体现一定的“艺术感”，具有较强的视觉冲击力。

(6) 橱窗陈列需勤加更换，尤其是有时间性的宣传及陈列容易变质的商品尤应特别注意。

实　例：

精品橱窗里的城市传奇和企业灵魂

古典与现代交融，速度与高度共存，典雅和华丽辉映，中式与西式合璧……老上海的旧梦和新上海的胜景都将被浓缩在 280 平方米的“海派生活馆”里。

“海派生活馆”由上海华普汽车设计，是以“构建和谐社会、享受海派生活”为主题的展示，将在 2006 年北京国际汽车展览会期间揭开神秘面纱。“海派生活馆”将通过与众不同的路径，诠释正统的“海派生活”，演绎上海华普汽车的企业文化，阐述城市传奇与企业灵魂。

据介绍，“海派生活馆”的整体风格以时尚、精致为主，倡导和谐的生活方式，总体设计以时尚名品店形式，凸显海派文化生活。过道前方及后方左右两边，融入了类似于拱门形式的设计元素，直观地展示主题。进入“海派生活馆”，犹如踏入精品馆，定能让你流连忘返，回味无穷。

“海派生活馆”

橱窗的设计融合了上海独有的建筑风格，四款展车散落在玻璃精品橱窗里，强烈地冲击着你的视觉神经，传达一种无声的言语。

“海派生活馆”里的海炫，色彩迷人，外形别致，不但展现“精. 彩. 关爱”，同时还彰显时尚、精致，让你犹如身临上海顶级购物广场等时尚、高档的场所，充分体现中国第一款女性车的时尚、精致。

“海派生活馆”除了展示企业灵魂外，还向你无声地述说着一座城市与一个企业的关系：城市是树，企业是根，根深方能叶茂；企业是源，城市是水，源远才能流长。城市的繁荣离不开企业的蓬勃发展，企业的发展关系每一座城市的经济实力。城市是企业赖以生存和持续发展的载体，功能完善、稳定和谐的城市必将激发企业的活力、竞争力和创造力。

在这个偌大的北京国际车展当中，“海派生活馆”也许面积并不起眼，但她的创意绝对是新颖的，并已向人们展示：上海华普汽车这家坚持自主创新发展道路、倡导海派汽车文化的中国自主民族品牌企业，以及上海华普汽车这个品牌所在的上海这座现代化大都市的精神特质。

（资料来源：青年创业网 www. smehb. gov. cn）

三、企业网站与多媒体宣传

20 世纪 90 年代出现的互联网，为公共关系活动的开展提供了新的理念及视角，并逐渐形成网络公关新时代。企业网站作为一种新的形象传播途径，可以帮助企业与消费者建立更亲密、更稳固的联系，同时也为企业发展带来了新的契机，建立企业自己的网站逐渐成为企业网络营销的基石。

作为一种新兴的媒介，在互联网上建立企业网站已经成为了众多企业与外界进行沟通和交流的最便捷、最实用的方式。如海尔集团建立了“海尔客户关系网”，其中包括海尔文化、培训园地、专卖店信息、广告在线、业务在线等内容，做到了与国际业务更好地接轨；而哈药集团制药六厂的网站制作得更是精美，不仅信息内容非常丰富而全面，甚至包括健康资讯，同时用中文与英文进行说明，可谓是“用心良苦”。

四、展览布置与参观组织

展览会是对要宣传的商品、技术成果或组织形象通过实物展示和示范表演的形式直观地、真实地陈列出来的一种公共关系活动。成功的展览会可以更好地给公众极强的心理及视觉刺激，增进公众对组织的了解和沟通，进而增强组织产品及其形象在公众心中的认知度和美誉度。

展览会是企业公关实务活动中最常见的一种方式，它综合运用各种传播媒介及手段来推广产品，宣传组织形象，从而建立企业良好的公共关系。

（一）展览会的特点

1. 媒介方式的多样性

展览会可以根据实际情况采用多种多样的媒介方式，如实物媒介、声音媒介、文字媒介、图像媒介等多种方式来达到与公众沟通的最好效果。

2. 受众方式的直观性

展览会的显著特点就是采用直观、形象、生动的传播方式来展示实物，并且配以专人当场讲解和示范等，让公众能够“身临其境”地真切感受，从而达到吸引公众、强化公众记忆和加深公众印象的目的。

3. 现场沟通的双向性

在展览会现场，公众可以方便快捷地对参展组织进行有选择的了解和交流，同时，作为参展者的企业也可以及时地了解公众对组织产品的反馈及意向，从而实现沟通的直接性、双向性。

4. 展览活动的高效性

同一主题的展览会可以有许多组织及产品进行参展，这样就为参展方提供了非常好的横向交流的机会，而公众也可以在有限的时间内，高效、集中地与不同组织进行沟通。

5. 传播效能的广泛性

一场成功的展览会具有很强的渲染力和感染力，从而可制造出较强的新闻效应，并可以此来扩大组织的社会影响，提高组织的知名度。

（二）展览会的组织和策划

举办展览会需要投入较多的人力、物力及财力，因此在展览会开始之前，企业必须考虑此次展览会的举办是否有必要、是否可行、是否能够达到预期的效果，否则不仅企业利益受损，甚至还会事与愿违，造成不良的社会影响。

举办展览会需要做好以下几项工作：

1. 明确展览会的主题和目的

企业在举办任何一次展览会之前，必须明确展览会的主题及目的，这样不仅可以使参展组织的思想认识得到统一，更能准确地以此来决定展览会的展览形式、展览规模、沟通方法及接待方式等要素。展览会的主题可以通过宣传口号、活动徽标、展览会纪念品等形式表现出来。

2. 确定参展单位、展览项目

如果企业举办较大型的展览会，需要许多商家来共同参展，可以采用广告或者邀请的方法来联系有意合作的参展组织。但无论采取何种形式，都需要为参展组织提供展览所需的资料，如展览宗旨、展出项目类型、参观展览人数的预测、展览会的费用、相关要求及注意事项等。

3. 明确参观者类型

展览会的参观者是指展览会所针对的公众，在企业举办展览会之前必须要对展览会的公众做出准确的估测，这将直接影响到展览会对所采用的信息传播手段的定位。

4. 选择展览场所

展览场所即展览会安排的地点，应选择交通便利、环境适宜、辅助设施安置齐全的展览地点。

5. 布置展厅

展厅的布置要合理、美观。可以考虑在入口处设置咨询台和签到处，在展厅明显位置贴出展览会平面图，以方便参观者有一个全面的掌握及参观的方向指南。

6. 培训展览会工作人员

在举办展览会之前，企业一定要对展览会工作人员，如讲解员、接待员、服务员、业务洽谈人员等进行展览技能及相关专业知识的培训，明确各部门人员的工作职责，以保障展览会各环节的正常运转,同时在展览过程中满足参观者的要求。

7. 准备展览宣传资料

展览会的宣传资料很多,包括展览会的各种影像资料、展览会目录表、各种小册子、展览会的徽志及纪念品等,这些必须在展览会举办之前就做好充分准备。

8. 成立专门的新闻机构

为展览会成立的新闻机构是专门对外发布展览会相关信息的机构,负责与新闻界进行联系一切事宜。这个专门对外宣传的新闻机构必须将展览会中有新闻价值的内容发布出去,制造广泛的新闻效应,扩大展览会的影响力。

9. 制订展览会经费预算

有计划地分配展览会的各项资金,避免超支和浪费。

10. 做好展览会的后勤工作

举办展览会,还需要做好相关的后期服务工作,如参观者的住宿、交通运输、停车场等。

习　题

1. 商务秘书公共关系的对象包括哪些方面?具体的关系应该如何把握?
2. 企业制订公共关系活动计划的内容有哪些?
3. 成功地举办展览会,需要做好哪些工作?
4. 商务公关活动中四个步骤之间的关系如何?
5. 假设你是某企业的商务秘书,请为其设计一份企业宣传刊物。
6. 对本地某一知名企业的形象进行调查与分析,如产品形象、服务形象、员工形象、外观形象等,并制定一份详细的企业新产品的宣传方案。
7. 假设你参加的某社团将举办周年庆典活动,需要通过拉赞助商的方式筹集资金,请你策划一份富有特色的公关活动方案,以说服企业投资赞助。

第八章　商务秘书与谈判

本章导读

商务谈判是一个谈判各方利用自身综合素质进行较量的竞技场。为了赢得谈判，谈判人员必须在谈判之前做好充分的准备，在谈判中要善于采用各种行之有效的谈判策略和技巧，同时又要善于随机应变，处惊不乱。商务秘书在谈判中要充分意识到自己在谈判中参与及辅助的角色，自觉使自己的心理和行为与角色的内涵相一致。要深入地领会领导意图，使自己的思维和行为紧紧围绕领导活动的需要来进行，积极做好谈判中的各项辅助工作。

知识要点

★ 明确商务谈判的类型；
★ 掌握商务谈判的程序；
★ 掌握商务谈判的策略和技巧；
★ 明确商务秘书在商务谈判中的工作及工作技巧。

第一节　商务谈判的类型

商务谈判，是指人们为了满足各自的需要、协调彼此之间的利益关系，而在一定时空条件下通过沟通、协商、妥协、合作、策略等各种方式，达成交易的行为和过程。

商务谈判是由谈判利益主体的需求驱动而引发的，谈判各方是既合作又竞争的关系。一方面，只有满足了对方的需求，才能满足自己的需求，因此需要合作；另一方面，满足了对方的需求，又会反过来影响到自己一方需求满足的程度，所以免不了要竞争。因此，谈判各方在合作中有竞争，在竞争中有合作。

俗话说，“不打无准备之仗”，要想取得谈判的成功，必须学会“领悟”对方的需要。成功的谈判不应该产生失败者与成功者，而应以双赢为结局，力图让双方都取得满意的结果。

商务谈判的类型较多，从不同内容、不同角度，对商务谈判也有不同的分类。这里介绍在商务活动中常见的几种类型。

一、投资谈判

资金或资本是物质财产的货币表现，投资谈判实质上也是商品交易谈判。按照不同的分类依据，投资活动具有不同的类别。投资谈判时，谈判双方应着重考虑以下几个问题。

（一）投资项目和投资方式的选择

投资谈判中的投资方首先要考虑的是选择什么投资项目，即将资金投到什么“地方”，是准备建一座新厂房，还是引进新机器和装配流水线，或是用于培训工人或其他项目等，这关系到投资效益的高低问题。因此，投资项目的选择过程也是投资的可行性分析过程。影响投资项目选择的因素主要有市场因素、技术因素、投资的比较利益、投资资金的来源和数量、政府的规划、法律和场所等。投资方式在这里指单独投资和合伙投资两种。作为一个投资谈判者，谈判的动机不一样，所采用的谈判策略则也有显著差异。

（二）获得资金的谈判行动

获得资金的谈判主要是指贷款谈判。贷款谈判的程序，首先是投资者向银行或其他金融组织机构提出项目贷款申请，再由银行或其他金融组织机构对项目进行可行性论证。谈判的内容主要包括贷款金额、利率、期限、偿还贷款的方式及保证项目顺利进行所应采取的措施。谈判达成协议后要签订贷款合同。

（三）投资谈判合同

投资谈判合同是指经过谈判获得资金所须签订的合同和联合投资谈判的合同。投资谈判合同一经签订，便具备法律效力。它的主要条款包括：用款项目、贷款数额、利率、借款期限、保证条件及还款方式、违约责任等。联合投资谈判的合同是两个或两个以上投资主体。主要内容包括：投资各方的情况、各方的地位、各方的权利义务、各方对共同投资经营所得的分配比例和方法及承担的责任等。

二、商品供求谈判

商品供求谈判，主要是指有形商品的供应和需求的谈判，包括期货贸易谈判。

商品供求谈判是商务谈判中最普遍的形式，其内容十分广泛。不论什么种类的商品供求谈判，在一般情况下其内容应包括：名称、数量、质量、价格、日期、验收及责任等条款。当谈判的内容通过双方谈判达成一致意见后，就应签订商品供求协议（或合同）。在签协议时，不同类别的商品供求协议有不同的要求。商品供求协议一般要包括产品的名称、数量与单位，产品的技术标准、等级和质量，产品包装标准和包装物的供应与回收，产品交货单位、交货方法、运输方式、交货地点、接（提）货单位或接（提）货人、交货期限，产品的价格、产品的结算、结算方式与期限及开户银行、账户名称、账号、结算单位、违约责任等，另有当事人协商同意的其他事项等条款。

三、价格谈判

价格谈判是商务谈判中最常见和最基本的谈判类型。在价格谈判中，谈判双方关心的是如何接受对方提出的条件，将会对价格带来什么样的影响。谈判始终围绕着什么是“公道”的价格而进行意见沟通，求得对方的让步。在价格谈判中，商谈的题目包括总价、折价、再订货价格保证、装备费用、特殊服务、质量要求、包装、运输、交货期限或备运时间及商业周期等其他因素。就商务谈判的整体而言，价格谈判易于筹划，因为交易双方在过去的经验和随时获得的市场信息基础上，能够建立起一整套目标，定价的依据也很容易从招标和公布的物价指数中得到。为了能够认识定价的规律并做出正确的预测，最便当的方法莫过于趋势分析法。然而，影响价格的因素是多方面的，包括竞争状态、买主购买的数量、交易双方过去的关系及支付期限等，对此，交易双方都应该有充分的认识。同时，交易双方要注意对方所采取的各种谈判策略，并且要制定出相应的对策。

四、租赁谈判

租赁谈判是指出租方与承租方就财产的租赁问题所进行的协商。租赁谈判在出租人和承租人之间进行，谈判主要内容包括租金的确定及支付方式、手续费、租期、利息等。租赁费用是租赁谈判的核心问题。作为出租方最关心的是租金、财产的保养、维修及违约责任等；而作为承租方所关心的则主要是租金问题。

第二节 商务谈判的程序

一、谈判准备阶段

商务谈判是一项十分复杂的业务工作，它受到各种主观与客观、可控与不可控因素的影响。谈判者要想在错综复杂的局势中处于主动、从容应付，就必须有充分的准备。

(一) 选定谈判对象

任何一项商务谈判，不论是哪一方首先都要明确自我的主要需求和所要追求的经营目标。其次，要对所有可能的谈判对手，在资格、信誉、注册资本和法定地位等方面进行审核，并请对方提供公证书予以证明或取得旁证。最后，要寻找己方目标与对方条件的最佳结合点。即通过比较，择定一个或两个最有利于实现己方经营目标的可能谈判者作为正式洽谈的伙伴。

选择谈判对象应从组织的总体效益出发，以己方付出较小代价而能获得较大收益为标准。

(二) 了解谈判对手

在商务谈判中，应做到知己知彼，充分了解谈判对手。主要包括：谈判对手的基本情况、谈判对手的实力、谈判对手中主谈判者的情况及谈判对手的意图和打算，了解和分析谈判对手的弱点，获得谈判对手过去的对外合作资料等。

(三) 确定谈判的主题和目标

谈判主题就是通过谈判要解决的问题。谈判主要涉及的问题有：谈判双方均认为重要的问题、可能引发双方冲突的问题、需要双方共同合作才能得以实现各自目标的问题。还要明确不能进行谈判的问题，如公司已经严格规定的贸易条款、违犯法规的问题、违犯公司纪律规定的问题、已经公布于众的决策性问题及谈判各方均未提出的问题等。

谈判目标是根据谈判主题来制定的，包括必须达到的目标、可以接受的目标、最高目标等三个层次。

(四) 组织谈判小组

选择适当的人员组成谈判小组是谈判成功的关键。谈判小组的构成应根据谈判的类型和内容来确定，通常一个谈判小组由3～5人组成，有决策人员、主谈判人员、专业技术人员、法律人员和其他人员，涉外谈判还需要翻译人员。参加谈判的人员各有各的位置，各有各的角色，在谈判中要责任分明、彼此呼应，形成一个强有力的整体。

谈判小组负责人一般应具有较强的组织工作能力，其工作重点应该放在促进谈判代表团整体力量的发挥上。主谈判人员要准确领会决策者意图，具有丰富的谈判经验，应精通商务，有娴熟的策略技能，知识广博，思维敏捷，表达能力强，善于应变。其他人员在各有技术专长的基础上，应善于从思想上、行为上紧密配合，确保内部的协调一致。

（五）确定谈判的时间和地点

谈判时间是否适当也会影响到谈判的成效，因此选择恰当的谈判时间十分重要。一般来说，选择谈判时间要考虑到以下因素：① 己方要有充分的准备，不在准备不充分时开始谈判；② 谈判人员的情绪状况要好，不在疲倦、烦躁、情绪不佳时谈判；③ 气候、季节等自然因素，要力求与谈判内容相协调。谈判地点是谈判活动进行的场所，一般应选择己方熟悉的地方，避免到对手的根据地去进行谈判。

（六）拟订谈判方案

谈判方案即谈判计划，它是谈判者在谈判前对谈判的目标、内容、步骤等所作的预想性安排。谈判方案是一项谈判活动的具体纲领和导向，在谈判中起着重要作用。有了谈判方案，谈判人员就会心中有数，明确努力的方向，按照方案的要求去进行各项工作，使谈判沿着预定的方向前进。

（七）物质准备

重要的、较大规模的商务谈判，还要考虑到房间的选择、座位的安排、谈判场所的布置、食宿的提供、礼品的准备及办公设备的准备等问题。

（八）模拟谈判

所谓模拟谈判，亦即模仿谈判，就是从己方人员中抽出部分人员扮演谈判对手的角色，从对手的谈判立场、观点、风格出发同己方另一些人员对执，预演谈判的过程，检查实施既定谈判方案可能产生的效果。模拟谈判可帮助己方人员从中发现问题，对既定谈判方案做出某种修改或加以完善，使谈判计划的安排更具实用性和有效性。

二、正式谈判阶段

经过谈判前的准备工作之后，便进入正式谈判阶段。从谈判开局到达成协议的全过程，内容错综复杂，情势千变万化，由于谈判人员的心理素质、观念、性格等多种可控因素的影响，谈判过程中会经常出现许多令人意想不到的情况，甚至发生戏剧性的变化。谈判的组织者必须随时根据谈判的基本结构和议事日程，理清头绪，纠正偏差，把握谈判的进程和动向，确保谈判的有效进行。

虽然不同类型的谈判有不同的程序，但一般都要经过摸底、讨价还价和达成交易三个基本环节。

（一）摸底环节

摸底环节又叫探测环节，是指从双方见面入座开始洽谈，到话题进入实质内容之前的这一过程。在本阶段要做好下列三项工作。

1. 建立洽谈气氛

商务谈判是互惠互利的行为，因此在洽谈之初就应建立起一种诚挚合作的气氛，这对于下面的谈判是十分有利的。双方进入谈判场所之后，谈判人员的服饰、仪表、表情、动作和说话都在创造着气氛，为谈判奠定着基础。

2. 交换意见

在实质性内容开始之前，双方可先交换一下意见，对谈判的目标、计划进度、人员等方面先取得一致的意见。

3. 开场陈述

在报价和磋商之前，双方可分别阐明自己对有关问题的看法和基本原则。开场陈述的主旨是双方的利益，不是具体的，而是原则性的。陈述应该能够加强已经建立起来的良好洽谈气氛，因而要认真斟酌。双方分别陈述后，还需要提出一种能把双方引向寻求共同利益的倡议，以选择可行的方案来进行谈判。

（二）讨价还价环节

一般情况下，谈判的一方报价以后，另一方决不会无条件地接受，于是谈判便自然而然地进入讨价还价环节。

1. 开盘价

开盘价可能由卖主提出，也可能由买主提出。对卖主来说，开盘价往往是最高的可行价。对买主而言，开盘价则往往是最低的可行价。开盘报价的最高、最低值要通过仔细研究对手来确定，务求合理，不可随意。报价得当与否，对实现自己既定的经济利益具有举足轻重的意义，所有的谈判者在报价问题上都应采取审慎的态度。

谈判者在报价环节应考虑的问题：根据市场行情、产品质量及供求关系变化的趋势，反复权衡利弊，确定或修正报价的标准；根据谈判的气氛、对方的心理状态，择定报价的方式和报价的时机；根据谈判对手的气质、性格和以往的经验揣摩，促使对方首先报价。

2. 讨　价

如果认为对方的价格不合理，离自己预想的相差甚远，则可要求其从整体上改善价格。讨价应本着尊重对方的态度进行，采用说理的方式，不可“硬压”，以免过早进入僵局。

3. 还　价

在一方作了数次调价后，需要还价以指明谈判方向，也表示对对方的尊重。由于还价会将买卖双方的命运连在一起，因此，谈判人员在还价时往往十分谨慎。讨价还价并非一次可以完成，而是一个艰难、复杂、争锋激烈的过程，双方都应求大同，存小异，合情合理地做好这项工作。在讨价还价的过程中，应注意既要坚持原定的原则立场，又要不伤害对方的感情；既要据理力争，又要不失风度。

（三）达成交易环节

经过一番艰苦的讨价还价，谈判接近尾声，形势渐趋明朗，随之进入达成交易环节。

1. 最后的总结

在交易达成之前，有必要对本次谈判进行最后的回顾和总结，对谈判的目标、结果、让步项目及幅度等进行再度确认。

2. 最后的报价

在本环节，双方都需要做最后一次报价。报价不可过于匆忙，让步的幅度大小要针对对方的需要和己方的利益来确定。

3. 拍板定案

拍板是指谈判双方经过“舌战”，已就问题的解决找到了适当的方法，双方的意图在各自做了修正之后已十分接近，并就主要交易内容达成了原则性的协议。

三、谈判结束阶段

这里所讲的谈判结束阶段，并不是指一项谈判的全部了结，而是特指通过正式谈判达成原则性协议以后的工作阶段。

（一）正式签署协议

正式谈判停止以后，双方谈判人员都会有如释重负的轻松愉快感，这时，谈判双方的代表都应真诚、热烈地祝贺交易或合作的成功，而不要再重述谈判过程的细节，以免引起不愉快的回忆，给协议的正式签署、执行及其他方面的合作带来不利的影响。

签约是谈判工作人员以双方主谈人达成的原则性协议为基础，对其内容加以整理，并用准确规范的文字加以表述，最后由主客双方代表正式签章或签字，使协议生效并具有法律效力的工作。

当正式协议通过之后，双方代表应以庄重的姿态和整洁的仪表，全体出席正式签字仪式。

（二）总结评价谈判

谈判工作结束之后，谈判代表团就其工作的基本情况及主要经验教训进行总结，主要包括这几个方面：一是总结己方谈判战略的实施情况。例如如何确定谈判目标及谈判对手，如何制定谈判计划及其执行情况等。二是评价己方谈判技术的发挥情况。例如谈判前期的准备工作是否充分，谈判程序的安排是否合理，修改是否适度，谈判日期、地点的选择于己之利弊等。三是评价谈判代表团内部的组织工作情况。例如谈判成员的职责及职权界限的划定是否分明合理，代表团负责人的组织是否有效及团员的配合是否密切，对谈判过程中内部出现的问题解决得是否及时、是否成功等。四是对企业或公司给予谈判工作的后援、通信联络的保证等作出鉴定，提出具体的建议。五是畅谈对谈判对手的印象和与之合作的感受。六是总结谈判成功的主要经验及对重大失误做出分析，以便在下一次谈判中扬长避短等。

第三节　商务谈判的策略与技巧

商务谈判的策略是指谈判者根据形势的发展变化而制定的行动方针和应变方式，目的在于选择最佳时机进攻或撤退，以便最后赢得谈判。谈判策略不是处于被动的“服从”状态，而是处于主动的“干预”状态，具有很强的主观能动性。它不是以不变应万变的决策，而是要针对复杂多变的形势不断采取行动。商务谈判在运用策略的同时要讲究一定的语言技巧。

一、商务谈判的价格策略

（一）报价策略

1. 制定报价的策略

1）制定合理报价的依据。报价前需全面、详细地掌握价格信息。报价的内涵，既包含对商品价格的准确把握，也包括对报价策略的制定，所以必须对商品信息作全面详细的了解和掌握。如己方产品质量的优势、规格的种类、各规格产品的成本、市场行情及地区或季节的差价；对方的需求数额、经营能力、政治背景；对方对产品质量、价格、规格的要求等。这些材料有的是只有技术人员才懂，有关信息需要依靠技术人员来获得；有的是只有采购人员或推销员才能掌握，有关信息必须依靠营销人员来获得；有的是生产人员或财会人员才能了解，这又需要依靠生产人员或财会人员来获得；有的是对方对外保密，只有采用特殊的技术手段或逻辑手段，通过侦察或推理才能获得。这就需要来自各方面力量的通力合作，谈判人员的报价依据才会真实、可靠、有效。所以正规的谈判代表团都应建立起自己的网络情报系统。

秘书要把信息管理看做是日常工作，对随时而来的信息及时进行整理，不断向谈判人员提供最新、最准确的报价依据。谈判人员对信息资料的掌握除了需要全面、详细之外，还要即时、准确。“即时”就是要求各种信息资料来得快，不论哪里的情况一经发生变化，这里便能立刻得知。特别是对谈判双方都极为重要的资料发生变化时，如一方情报来得快，就能使对方处于不利的地位，为己方赢得主动。“准确”就是要求信息的内容要真实。真正真实的信息，一要能够反映出某一特定时间内的客观情况，二要能够伴随时间的推移反映出情况发生的种种客观变化，优秀的谈判人员往往会依靠一两点比对方更精确的情报，形成对对方的强大心理压力。而要做到这一点，除建立起网络的情报系统外，还要做到把信息的管理看做是日常工作。在整个谈判期间，由专门的工作人员不间断地梳理各种信息并及时向报价员通报。这样，谈判人员才能根据己方提供的新信息，结合对方承受的能力，掌握好价格变动的幅度和可行性。

2）制定合理报价的原则。要使自己报价的成功率达到较高水平，就必须遵守以下两大基本原则：首先必须反复核实验证，确定己方商品价格所依据的信息资料的可靠性、所定价格数额及备调幅度的合理性。这是因为，如果定价依据虚假，所报的期望价过高或可调幅度不实际，在以后阶段的洽谈中，对方一旦提出异议，自己又讲不出道理，就会使自己丧失信誉，轻则影响谈判的顺利进行，重则导致整个谈判向不利于己方的方向发展。其次，应尽快摸准对方的真实意图，并设法找到己方报价欲得利益与对方接受可能性之间的最佳吻合点，制定出一个报价的最佳方案。这是因为，成功的谈判需要依赖最佳的报价方案，而最佳报价方案的产生，不仅取决于对方某商品单价的讨论，还取决于双方对商品支付手段、交货条件、质量要求及其他一系列内容的磋商。己方报价的欲得利益和对方接受的可能既然由多种因素影响和决定，从而也就必须从这多种因素出发，在综合性的考虑中谋求报价的成功。也就是说，在对己方和对方诸多要求都了如指掌的情况下，只有在找到对方的诸多要求与己方诸多要求一一对应的最佳吻合点，又把握了其可能的发展趋向时，才能在头脑中产生一个完整的设想，进而对自己报价的成功与否做出正确的估计。以上两条，既是选择最佳报价的基本原则，也是报价的策略问题。

2. 确定报价的策略

1）己方为买方时的策略。如果己方为买方时，卖方又为谈判的新伙伴，那首先就要集中精力压低对方的报价，同时注意找出对方商品的瑕疵，以挑剔的态度迫使卖方降低其报价。关键是要想尽一切办法造成卖方对这笔交易难以成交的担心，然后抓准时机，突破其设置的报价防线，扩大成果。如果卖方已是交往多次的伙伴，则应尽可能坦诚相见，并各自作出适当让步，使买卖高效率地成交。

2）己方为卖方时的策略。如果己方为卖方，则其期望价应为防御性的最高报价。如果对方运用种种策略迫己让步，己方要仔细分析对方的意图并以分析的结果作为回应的根据。假定对方的意图是凭借某种优势，运用“战而胜”的方式，一味压己迁就他的种种要求，己方就应采取破坏其策略、打乱其妄想念头的攻击性行动。假如对方采用的是“互利型”的“胜对胜”的态度，或双方已经彼此了解，在谈判中已出现了合作的趋势气氛，报价就应取较为实际的守势，以确保谈判顺利成交。

3. 表达报价的策略

1）报价时的表达要明确、清楚。表达明确是要求己方谈判人员在报价时所运用的概念的内涵、外延准确无误；表达清楚是指用于表达概念的语辞要恰如其分，而不是含混模糊。在手段上，为了确保报价的明确、清楚，应有印刷成文的产品报价单。在双方初步交涉之后，有礼貌地向对方递上一份报价单，会使对方产生一种严肃且合法的感觉。如果是口头报价，在准确地表达之后，也应该注意给对方造成一种视觉印象，把所报价格写在纸上交给对方。这主要是为了避免因单凭记忆而可能造成的含混不清，或因口误而可能造成的误解。

2）报价时的态度要严肃、坚决而果断。当双方都在察言观色揣摩对方的意图、判断虚实之际，无论谁的报价表现出犹豫或虚弱，都会相对地提高对方进攻的信心。这一点的真正意义在于用脸色、语辞和语气等，向对手显示己方的立场坚如磐石，条件合理，并很难改变。

3）报价时尽可能坚持不解释、不说明。谈判人员对自己所报价格一般不做任何解释或说明。如对方提出问题，也只宜作简明答复。谈判者主动作出的解释或评价，常常会使人产生“此地无银三百两”的感觉，甚至会形成一个越抹越黑的状况。

（二）还价策略

在谈判的一方报价以后，一般情况下，另一方不会无条件地全部接受报出的价格，而是会相应地做出这样或那样的反应，这样双方很自然地就会由报价阶段进入还价阶段。双方在还价阶段的洽谈通常是紧张而激烈的。其目的都在于尽力推动谈判朝着对自己有利的方向发展，使自己所拟定的交易价格得到对方的承认，欲得的经济利益得以实现。

1. 还价的方法

总结国内外营销谈判中的做法，还价方式从性质上可分为两类：按比价还价；按分析的成本价还价。这两种性质的还价又可具体分为以下三种做法：逐项还价——如对主要设备逐台还价，对技术费、培训费、技术指导费、工程设计、资料费分项还价等；分组还价——根据价格分析划出的价格差距的档次分别还价，即报价过高，还价时压得多，报价稍低，还价时压得也少，故应区别对待，实事求是；总体还价——把货物硬件与资料软件分别集中起来之后，按项还两个不同的价，或仅还一个总价。以上方式取哪种合适，应根据实际情况分析采用，不能生搬硬套。

如果对方出价解释清楚，自己手中比价材料丰富，对方又成交心切，己方且有耐心及时间，这时采用逐项还价对己方有利。如果对方出价解释不足，掌握的价格材料较少，但对方有成交的信心，然而个性急，时间紧张，这种情况下采用分组还价方式对双方都有利。若对方出价粗糙且态度强硬，或双方相持时间很长，但皆有成交的愿望，在对方已作一两次调价后，己方也可以分块还价。不过，该价应还得巧妙，既要考虑对方改善报价的态度，又要抓住他们无理的地方；既要考虑己方的支付能力，又要注意掌握对方的情绪，给己方留有合理的妥协余地；既做到保护己方利益，又使对方感到有利可图而不失成交的信心。若非单项采购，所有大系统或成套项目的交易谈判中是第一次还价，不宜以“总体价”来还价。因为这样做难度大，不易做好，不易说理，容易伤感情。此外，对价格差距较大的商务谈判，对方都会急于知道己方总的价格态度，以决定其最终立场。这时若己方过早甩总价，也许在较大压价之下会把对方赶跑，使谈判中断。对方若未拿到总还价，便意味着谈判没有结束，在这种状态下，对方便不会轻易做出放弃谈判的决定。

2. 还价的次数和时间

1)还价的次数。还价次数取决于谈判双方手中有多少回旋余地。如第一次还价高，手中余地不大，则自然还价的机会就少。商务谈判中还价到底还几次才好，要视具体情况而定。谈判中，如果项目较小其报价水分不大，则还价的台阶不宜太多，以免浪费时间。如项目小但水分大，则可用“台阶”去挤他。但要注意还价时一定要留有退路。

2）还价的时间。还价时间，也是己方“退”的时刻，应十分讲究，否则会影响退的成效。时间即“火候”，若掌握得好，可少退一阶，反之则会多退。原则上讲，要求双方靠拢，对方不进，己方也不退。具体做法有三：

第一，走在对方后面还价。这是指让对方先出价，己方后还价。不过也应该注意，若对方坚持不让时，为了打破僵局，己方也应考虑先采取行动。如某项目的谈判陷于僵局，己方可选择一零部件单价先谈，主动出价，对方接受，打破僵局，鼓励了谈判信心。但要注意这时自己的出价既要有吸引力而又要保证损失不大。

第二，选择适当的还价时间。时间早晚对谈判心理有一定影响。谈判人员应根据谈判的类型和内容以及谈判的时间、地点、环境及对手状况，判断出适当的还价时间和次数。

第三，看准条件再还价。这是以对方价格条件改善的状况为还价前提。有时对方为了少退让，会虚张声势，着力渲染气氛：“这是我们的最后出价”，“我还有一天时间”等，逼迫己方后退，这时己方应随时判断对方所给出的条件是否“合理”，是否“进入己方的成交线”，不能过分在意对方的宣传攻势，乱了阵脚。己方的每一次还价最好是针对对方每一次新的出价。

（三）让价策略

1. 让步的基本原则

谈判中形成的各种僵持局面是让价现象的主要原因。谈判者抱有的力求在谈判中避免僵局的主观愿望，有时很难实现。实际谈判中的双方，由于对所谈问题思考的角度不同，看法会有很大差异，又各持己见，互不相让，很容易出现僵局。不少人认为，打破僵局最有效的方法莫过于让步，然而让步却不可简单实施。因为就让步本身而言，也具有积极让步和消极让步之分。积极的让步是以某些谈判条款上的妥协来换取主要方面或基本方面的胜利；消极让步是以单纯的自我牺牲求得僵局的缓解，实际上是为对方的胜利创造了条件。

积极的让步应注意遵守五条基本原则：决不做无谓的让步，即让步必须在对己方有利或能换取对方在其他方面做相应让步时才可进行；让步要恰到好处，通常是以己方的小让换得对方较大的满足为原则；一次让步幅度不应过大，让步次数不宜过多；以己方在非重要条款的让步，换取对方在重要条款上的让步；如果己方做出的让步失当，在协议尚未正式签字之前，可采取巧妙策略收回。比如，借在某项条款上对方坚持不让步的时机，己方乘机收回原来做出的让步，重新提出谈判条件。

2. 打破让价僵局策略

(1) 打破意见性对立僵局的策略

1) 巧于疏导。当谈判出现意见性对立僵局以后，双方除了要注意冷静聆听对方对己方观点的阐述外，还要变换己方谈话的角度，善于从对方的角度解释己方的观点，或寻找双方共同的感受，鼓励对方以利己的动机，从共同的信念、经验、感受和已取得的合作成果出发，积极、乐观地看待暂时的分歧。

2）改变议题。这是运用横向型谈判方式来打破僵局的一种策略。比如，双方在价格条款上僵持不下，可以把这个问题暂时放下，转而就双方易于通融的其他问题交换意见。事情常会这样，当另一些条款的谈判取得了进展以后，如对方在付款方式、技术代培等方面得了优惠，再回到价格条款上来讨论时，对方已从态度、方法上都发生了根本性的转变，谈判中商量的气氛也随之浓厚起来。

3）共解困难。共同解决困难策略意在揭示：当僵局出现以后，不要人为地制造紧张气氛，可以暂时把话题拉出谈判的正式议题之外，如谈谈自己的心里话，摆摆自己的困难等。这样慢慢地使谈判改变方向，从硬邦邦的讨价还价转为对如何才能解决共同面临的困难的探讨。由于利害所在，双方必然都会关心并认真思索解决困难的方案，僵局自然而然地就可能被打破。

4）休会调整。这一策略说明，当僵局程度较大，谈判一时进行不下去时，可提议双方暂时休息一会儿。但应注意在退席前，建议对方充分考虑己方提出的要求和方案。假如双方在做了积极努力并采取了许多重要步骤之后，僵局仍无缓解迹象，就可以将其算作情绪性对立来进一步加以处理。

（2）打破情绪性对立僵局的策略

1）更换谈判环境。不同的谈判场所给人的感觉不一样，当谈判双方各持己见、互不相让时，谈判场所气氛会非常压抑，不利于谈判成员之间的磋商，在这种情况下，主办方应考虑中止谈判，更换谈判场所。运用这一策略的通常做法是：组织双方谈判人员游览观光，使谈判人员在兴致勃勃的游玩过程中无拘无束地个别交换意见；组织召开联谊会或座谈会，使双方人员在友好热烈的气氛中讨价还价；在畅谈合作历史及展望美好前景的交往中，表明希望能坦诚相见的意愿。

2）调整谈判人员。如果谈判僵局是由于谈判人员经验不足、语言使用不当造成的，一方对另一方中一名或几名谈判成员主观上有意见，产生对立情绪，不易调和时，双方应及时调整谈判组成员或者请双方都认可的有权威、有影响力的第三人出席谈判，从中斡旋，使双方得以和解。

实　例：

美国通用汽车是世界上最大的汽车公司之一，早期通用汽车曾经启用了一个叫罗培兹的采购部经理，他上任半年，就帮通用汽车增加了净利润20亿美金。他是如何做到的呢？汽车是由许许多多的零部件组成的，其大多是外购件，罗培兹上任的半年时间里只做一件事，就是把所有的供应配件的厂商请来谈判，他说，我们公司信用这样好，用量这样大，所以我们认为，现在要重新评估价格，如果你们不能给出更好的价格的话，我们打算更换供应的厂商。这样的谈判下来之后，罗培兹在半年的时间里就为通用省下了20亿美金！

二、商务谈判的时空策略

（一）商务谈判的时间策略

1. 忍耐克制策略

所谓忍耐克制，就是强忍焦虑，等待时机，或是不立即回答、或延缓答复、或迟做决定的一种谈判策略。这种方法使得己方和对方都有充裕的时间思考，能使自己保持冷静的头脑，从而避免直接的冲突。

在谈判中，有时对方会提出意想不到的苛刻条件；有时对方态度暴躁，而且实属“吹毛求疵”；有时对方为了压倒己方，不择手段，在宣传中有意诋毁己方形象等。在这种情况下，如果操之过急，与其针锋相对，立即就会呈现紧张气氛。己方也许为了这次谈判已经花费了很多精力，如果因在个别环节上沉不住气，就会前功尽弃，这是不值得的。因此要学会忍耐，克制自己的行动。

2. 出其不意策略

所谓出其不意，就是运用“特殊”的手段，以令人惊奇、出人意料、变幻莫测的竞争谋略与方法取胜对方。出其不意、令人惊奇的策略，能在短期内起到震惊对方的作用，从而起到出奇的效果。例如，我国云南化工配件厂有一年抽出一支队伍出厂承接机电设备安装任务，在与云南龙陵县糖厂洽谈时，糖厂对配件厂搞安装缺乏信任感。尽管化工配件厂前身是云南化工安装大队，化工安装的技术标准不低于糖业设备安装要求，但由于化工配件厂没有安装过糖厂，所以无论怎样解释，糖厂一方仍半信半疑。合同不能签订，交易难以做成。这时化工配件厂谈判主管想出一个奇招：主动提出如果安装不能保质保量按期榨糖，该厂自愿受罚，每推迟一天，罚款一万元，四天以后每天以两万累计。这一出人意料的承诺很快吹散了对方心头的疑云，合同当即签订。事后提前5天竣工，一次试车成功，双方满意。

3. 既成事实策略

所谓既成事实策略，就是在谈判中利用相同的概念，抢先行动，达到有利于己方的目的，然后看对方如何动作的一种谋略。例如，有一位塑胶厂商，一次他的律师告诉他一个控制价格非常有效的办法，这位厂商马上就付诸试验，他用电报通知所有的用户，告诉他们单位价格就要上涨0.5元了。不久以后，这位厂商便开始和每一位客户谈判，结果大部分客户都很乐意地接受了少于0.5元的涨幅。由此可见，已造成的事实是很难再变动的。

4. 以退为进策略

所谓以退为进策略，就是谈判中不仅不反对对方方案，反而还不断地向对方让步，必要时在重要或关键之处稍作休顿，等待有利时机，再发起攻击的一种策略。例如，美国一家大航空公司要在纽约建立一个大的航空站，欲求爱迪生电力公司优待电价。但是，电力公司却推说公共服务委员会不给批准而予以拒绝，因此，双方谈判陷入僵局。后来航空公司索性不再谈判了，声称自己要建厂发电，不再依靠电力公司。消息传出，电力公司吃了一惊，便立即改变态度，请求公共服务委员会从中调解，表示愿意给予这类新用户以价格优待，于是电力公司与航空公司达成协议。从此以后，这种大量用电的客户，都享受相同的优待价格。从这一实例可以看出，谈判开初，其主动权完全掌握在电力公司一方，因为航空公司有求于电力公司。但当要求被拒绝之后，航空公司便采取策略，给电力公司施加压力，迫使电力公司改变态度，主动找航空公司谈判。这时谈判的主动权又转到航空公司一方，因为电力公司知道，如失去为航空公司供电的机会，就意味着损失了一个非常大的客户。这样，航空公司先退一步，然后前进了两步，交易最终便谈成了。

5. 设立限制策略

在谈判过程中，一方或双方对某些条款从时间上、区域上、范围上、质量上及价格上设定限制，以求获得最大限度利益的做法，就是设立限制策略。在商务谈判中，双方都可能设立限制。

卖方设立的限制可以使原本无心购买的买方决定购买，如7月1日价格就要上涨了；这个大优惠只在1个月内有效等。买方一般有设立最后限制来刺激卖方完成交易，如我8月底以后就没有钱购买了；在明天12点以前，我需要知道一个确定的价钱等。

6. 声东击西策略

所谓声东击西策略，是指假装要朝某个方向行动，把对方的注意力引离真正的目标或对象，或者使对方产生一种错误的印象，以为己方真的掌握了许多情报和材料的一种策略。这项策略之所以在谈判时卓有成效，是因为谈判的目的并不一定都是完成交易，有的只是利用此策略在谈判时先发制人或者阻挠、缓延对方的行动。

（二）商务谈判的空间策略

1. 以逸待劳策略

所谓以逸待劳，就是以己之静劳彼兴师动众，然后瞅其弱点，各个击破的一种策略。以逸待劳策略运用在商务谈判中，就是把谈判地点选在自己的单位。这种策略具有以下优点：① 如果谈判发生意外，可直接向上级汇报并取得指示；② 可多方面使用有利条件；③ 以逸待劳，心理上占优势；④ 能有规律地起居、饮食和睡眠；⑤ 临时找专业技术人员或查找技术资料比较方便；⑥ 节约时间和费用等。当然，选择自己的单位谈判也有一定的缺陷。表现在：① 可能受到干扰；② 产生烦琐的接待工作；③ 对方可以借口资料不全摆脱没有把握的决策压力，甚至要求休息等。

2. 主动出击策略

所谓主动出击，就是不闭门固守自己的地域，而是到别人的地域开展相应攻势的一种策略。主动出击运用在谈判上，就是当己方在谈判中处于逆境或谈判准备不足时，要主动到对方单位去谈判。主要原因是退出方便，如在这时仍选己方单位进行谈判，就没有正当理由、也不可能拖延决策时间。同时，在主场上拖延会暴露出己方的许多弱点。所以，选择主动出击，到对方单位进行谈判具有以下优点：① 己方可以不受干扰，全心全力地进行谈判；② 可以产生凝聚人心的作用，是自信心强的表示，会使对方感到震惊和困惑；③ 必要时，可与对方上司直接谈判；④ 己方减去烦琐的接待工作。当然，主动到对方单位去谈判也有以下缺陷：① 如果谈判发生意外情况，不能及时请示上级；② 临时需要查找技术资料或文件不方便。

当需要选择到对方单位谈判时，应注意几点问题，首先，只有在下列条件下才可选择到对方单位：必须亲自查看和检查某些事实时；必须对外开拓，寻找新市场时；有助于争取把决定性的一轮谈判放在本单位时；即使谈判在对方单位进行，对谈判结果也不会有很大影响时，等等。其次，必须保持头脑冷静，与对方保持适当的距离，时刻牢记自己的使命。第三，必须拒绝对方把谈判场地定在娱乐场所。

3. 中立地点策略

所谓中立地点，就是撇开谈判双方的地域，到第三处地域去交涉的一种策略。中立地点常作为选择谈判空间时考虑的因素之一。若谈判双方陷入僵局或敌意正浓，把双方引入主场不利于谈判的进行，这时选择中立地点是明智的。如果谈判之前就预料到谈判的紧张程度，那就应选择中立地点，尽量使紧张程度得到缓解。

三、商务谈判的技巧

商务谈判技巧指的是谈判时使用的最合适、最有效的方法或手段，也可以解释为人们在谈判过程中所表现出来的语言、肢体、迂回方式等的巧妙技能。

技巧不是投机取巧,尤其是在商业谈判中,技巧来自实践,来自于经验。

实际上,技巧也来自于本能。每个人为了生存,都会下意识地采用一些方法来保护自己,当这些方法屡试不爽时,或者发现别人用这些方法获得成功时,自然会将这些方法作为自己的经验而在今后的人生中使用。所以,虽然技巧有许许多多种,但如果不去深思,恐怕很少有人会将这些技巧作一番归类与设定,更不要说有意识地选择运用了。

然而秘书对此却必须十分清楚,因为秘书参与商业谈判时,需要积极掌握谈判的主动权,而这种掌握完全依赖于技巧的运用。因此,你对各种有效的谈判技巧应该了如指掌,运用自如。

(一)入题的技巧

针对商务谈判,入题的方式大致有以下四种:

第一,迂回入题,避免直截了当造成的突兀和尴尬。

第二,以具体话题作引子,切入谈判正题。

第三,先谈一般原则,后谈细节。

第四,先谈次要细节,再谈主要内容。

(二)阐述的技巧

商务谈判进入正题之后,双方都得向对方交代自己的主张,这时候,向对方阐述和听对方阐述就成了我们唯一的工作。

首先,谈判的阐述需要注意以下事项:

第一,坦诚相见。这种朴实的态度会获得相当高的印象分。

第二,让对方先谈。在商务谈判过程中,礼让对方无疑能够获得极好的人缘,即使你有时话题比较敏感,说法比较尖锐,对方也不会很在意。

第三,运用语言的感染力。人与人相互沟通时,语言本身的感染力最容易说服及影响对方。开场白用语要通俗明白,紧扣主题,措词得体,语调清晰,声音温和,抑扬顿挫,富有感染力。

正确使用语言技巧并不是虚伪做作,关键还在于开场白阐述所表述的主题是否能够让对方感兴趣,譬如在无关紧要之处轻描淡写地交代几句,在需要引起注意之处提高声调,在悬念之处有意停顿卖关子,等等。

总之,你的语言表达需要细心观察对方的反应而随时做出必要的调整,如果对方对你的开场白毫无兴趣,那以后你所作的努力就有可能全是白费。

向对方阐述时,在谈判主体上应该注意以下几点:

第一,明确指出本次谈判所要解决的主要问题,借此提醒对方引起高度重视,并尽快达成共识。

第二,明确指出己方的最佳期望目标,以及己方对此次谈判所持的态度和所抱的希望。

第三,开场白应简明扼要,言简意赅,态度真诚,强调原则,但是具体的细节不宜在开场白中提及。

第四,开场白的目的是为本次谈判定基调,并且让对方明白己方的意图。见面皆因有缘,和谐才能深交,开场白应以诚挚和轻松的方式来表达。

听对方阐述时，你也应该注意以下三点：

第一，认真、耐心倾听对方的开场白，明白对方的真实意图，理解对方阐述的重点，避免误会。

第二，对对方的开场白如有异议，必须在对方讲完之后再委婉地谈出你自己的想法与观点。

第三，用赞赏的态度对待对方的开场白，充分肯定对方开场白所表示的积极内容，并用重复的方式强调对方的要点，一是加深印象，二是给予确认，三是引出话题，四是从你的角度曲解那些对你明显不利的观点与主张，巧妙地影响对方作出适当的改变。

开场白的阐述是最注重个人礼仪与谈话技巧的一个环节，因为在任何交往中，第一印象往往是决定交往成功与否的关键因素。

（三）陈述的技巧

商务谈判中的陈述，是阐述开场白之后的下一个环节，是指谈判者将本次交易的有关情况及本方的立场、看法、解决办法等介绍给对方的行为和过程。陈述的最终目的是为说服对方接受最终达成协议作铺垫。

陈述的语言应该是简洁、准确、婉转得体。陈述本身不是目的，因此不可占时过长。陈述语言要避免啰嗦、词不达意。陈述时礼貌得体是任何时候都必须注意的语言要求。

陈述的技巧体现在何时陈述、陈述什么和如何陈述三个方面。

陈述的第一诀窍在于：只有自己感到对方想听或对方明确要求自己陈述时才开口说话。

陈述内容的取舍标准应该是什么呢？一定要讲那些对方听后的第一反应及评价对本方有利的，而回避或淡化那些对方了解后可能对自己作出消极评价的内容。

（四）发问的技巧

在商务谈判中，谈判者应根据实际情况，选择不同的提问方式，并合理地使用提问技巧，以便在谈判中取得良好的提问效果。尽量使对方能够听懂己方的叙述，少用专业语言，以简明惯用的语言来解释表达。掌握提问技巧应从以下几个方面入手。

(1) 由于谈判双方是平等互利的，谈判中应对对方保持最起码的尊重，不应当抱着敌视心理或轻视心理同对方进行谈判。

(2) 提问时不能带有威胁的口吻。

(3) 不提带有刺激性的问题。

(4) 本着先宾后主的原则进行提问。

(5) 不要打断对方的提问。

(6) 对于对方一时难以回答的问题不要过分地追问。

(7) 选择合理而有效的提问方式。谈判者在谈判中应当随机应变，认真考虑如何切中要害，有针对性地合理提问。对不同情况采取不同的提问方式，如启发式提问、探寻式提问、选择式提问或反问式提问等。

(8) 把握合理的提问时机。谈判人员应审时度势，在对方心情愉悦时进行提问，对方一般会愿意接受。什么时候向对方提问，什么时候让对方让步，什么时候让对方作出承诺，什么时候扩大战果，谈判人员应当把握时机，及时提问，运用技巧，步步紧逼。

（五）答复的技巧

谈判过程中双方通过提问和回答来了解对方观点，阐明己方的观点。谈判中合理应答和正确发问同样重要，对同一问题的不同回答，产生的谈判效果也大相径庭。合理回答能使谈判起死回生，错误回答往往导致自己被动、尴尬。因此，对于在谈判中如何运用技巧来回答对方的问题，谈判人员可以从以下几个方面去把握。

1. 以问代答，以退为进

当对方提出某一问题时，我方尽管很明确，但是不直接回答，而是按照我方的思路向对方反问，从而诱使对方有问必答，使对方适应我方的谈判策略。这种回答方式是我方在对方回答的基础上加以总结，并充实我方的观点，对方这时再想反驳也不容易，从而接受我方的谈判条件。运用这种方式时一定要把准时机、巧妙设计、不露痕迹。

2. 避实就虚，避重就轻

一些重大的谈判涉及面广，内容复杂，对于对方提出的一些比较尖锐的问题，不作回答显得很被动，如回答又一时无从下手，这时谈判者应运用在谈判前充分准备的资料，利用自己擅长的专业理论从侧面予以回答，有意避开问题实质，只就无关痛痒的一些细枝末节详细回答，借以转换谈判话题。切不可草率回答，尤其是对对方那些模棱两可的提问，更要慎之又慎。

3. 局部应答，留有余地

谈判中的任何一方在谈判中都会积极采取各种手段和措施打听对方信息，以求掌握对方的最终意图，有些发问针对性极强，回答时必须认真考虑。例如，询问企业财务状况等，对这类问题如果如实回答，会将自己完全暴露在对方面前，谈判中会很被动。这种情况下谈判者应当有保留地进行回答，使对方不能准确了解自己的意图，为后面的谈判留有余地。

4. 含糊应答，答非所问

在谈判中难免会遇到一些比较敏感的问题，一时难以做出确切的回答，如果拖延或转换话题，又会影响谈判气氛，谈判者可以采取回避或者模棱两可的回答方法，使自己既回答了对方提出的问题，又留有一定的回旋余地。

（六）说服的技巧

商务谈判中的说服是谈判一方成功地引导对方为共同解决某个问题而进行的游说，不是靠乞讨或引诱来使对方改变自己的想法，而是包含着细致的准备、合理的讨论、生动的事实依据，也包含着劝说者利用恰当的情感。让他人改变自己并不容易，但说服对方，在商务谈判中十分重要。

商务谈判中各方利益不同，看问题的角度不同，难免会产生分歧。为了自己的利益，就要善于说服对方接受自己的观点。两千年前的古希腊大哲学家苏格拉底创立了一种劝导他人接受自己观点的问答方法。其具体做法是：先对分歧点避而不谈，而只谈双方的共同点，让对方在对共同点的无数次的认可中自然而然地同意自己的观点。很多谈判者却不愿意或忘记了自己应该成为一个高水平的倾听者和提问者，因此，秘书人员对将要参与谈判的人进行必要的提示和培训是有益的。

（七）战术技巧

谈判技巧中最多涉及的是战术技巧，它包括：强风式、马拉松式、虚实相间式、步步紧逼式、调和式、电话式、稻草问题、双簧戏、僵局、代理人、叫停、投石问路、数字游戏等。

1. 强风式

意思是立场强硬,迫使对方止步。具体做法如下:

第一,针锋相对,但要有风度。

第二,下最后通牒,千万不要让对方感觉这是儿戏。

第三,要无赖相,要有退路和台阶,否则会非常被动和难堪。

第四,坚持限度,当然也要留有余地。

2. 马拉松式

意思是有意拖长谈判时间,消磨对方耐性,使对方放弃立场,其具体做法如下:

第一,搞疲劳轰炸,把日程安排得非常紧凑,根本不留任何时间。

第二,当泥菩萨,装糊涂也能有效地消磨对方的意志。

第三,寻找挡箭牌,用假设的决策者或反对者来增加谈判的难度,拖延时间,使对方失去耐心。

3. 虚实相间式

意思是有虚有实,根据需要进行变换。具体做法如下:

第一,以假乱真,制造虚假竞争对手迷惑对方。但是采用这种方式必须注意前后一致,否则会露出破绽。

第二,虚张声势,做卖方时开出最高价,做买方时还以最低价。

第三,欲擒故纵,越是想要得到的东西,越是要装得满不在乎。

第四,声东击西,在无关紧要的问题上有意纠缠不休来分散对方对主要问题的注意力。

第五,木马计,先假装认可对方的观点,待了解对方真实意图后再想法反击对方。

4. 步步紧逼式

意思是不断给对方压力,迫使对方就范。具体做法如下:

第一,挤海绵,就像犹太人谈生意一样,善于连续不断地施加压力,挤压对方,迫使对方让步。

第二,连环马,就像中国的江浙人那样,你要我一个条件,我也要你一个条件,彼此互换,彼此不吃亏,尽量力争以小换大。

5. 调和式

就是和稀泥,具体做法如下:

第一,折中调和,双方分担,互相让步。

第二,配套交易,搭售就是调和的方法。

第三,引鱼上钩,就像日本人所擅长的以小利为诱饵使对方中招。

6. 电话距离式

谈判未必要见面,运用电话照样也能达成交易,而且运用电话还有以下这些显而易见的优点:

第一,快速。

第二,对方没有准备。

第三,不会因外界因素影响交易。

第四,容易找借口打岔。

第五,可以继续执著地说话而故意不听对方的话。

第六,可以使自己态度强硬而避免尴尬。

运用电话技巧时有以下几点必须引起注意：

第一，尽量争取当打电话者，以占据主动。

第二，当对方来电时应听清楚少表态，找个理由挂断电话，然后等自己准备充分后再打电话给对方，重新掌握主动权。

第三，准备一个充分的理由来中断电话。

第四，运用电话费用制造压力或减少压力，譬如对方来电时你有意拖延谈论实质性问题，这样可有意增加对方的电话费开支。如果是你打电话给对方，则简明扼要地告诉对方你的想法，迫使对方迅速做出反应，这样能减少你的电话费用。

7. 稻草问题

意思是无关紧要而且零乱琐碎的小事。有时候人们最烦心的并不是什么特别重要的事情，而是那些剪不断理还乱的杂七杂八的事情。如果利用大量的这些小问题来搞乱对方的正常思维，以使对方忽略了对重要问题的重视，就会使对方因小失大。具体做法如下：

第一，准备尽可能多的稻草问题。

第二，用大量的稻草问题扰乱对方的判断。

第三，在众多小事上让步来换取对方在某件大事上让步。

第四，充分的讨价还价甚至斤斤计较，让对方感觉得来非常不易，一旦你放弃稻草问题，对方就会感到有利可图。

8. 双簧戏

双簧戏是我们常说的红白脸战术，一人扮红脸做恶人，一人扮白脸做好人，软硬兼施，能够有效影响对方的心理，使其在不知不觉中接受你的条件。

人类具有回避冲突的心理，在一般情况下，如果不是被红脸的强硬所征服，那就会被白脸的温和所感化，这也是人性的弱点。因此，在商务谈判中，对一些非常棘手的问题采用红白脸战术，效果会出人意料的好。

然而在运用红白脸战术时，也应注意以下几点：

首先是选好角色，扮演红脸的应有进攻性和威慑性，扮演白脸的应非常理智，态度温和并且善于化解矛盾。

其次，红脸白脸应配合默契，不露表演痕迹，注意分寸和有理有据。

最后，注意选择时机和场合。

如果对方采用红白脸战术，你则应能及时识破，并且分化瓦解对方的战术，而又不让对方知道你的聪明。此时，最好的方法就是大智若愚，越聪明的人，表面上就越是傻呵呵的，如果你太精明，对方就会对你严加防范。

9. 僵　局

制造僵局是为迫使对方让步，你要注意，制造僵局前，你应有把握打破僵局，否则就会陷入被动之中。

使商务谈判陷入僵局最多的原因是价格，在对方没有足够思想准备之前，你绝不能透露价格。

千万不要尝试用人身攻击来制造僵局，因为一旦出现这种情况，结果往往不是僵局而是冲突。

人类具有回避冲突的心理，因此，在谈判过程中，人们总是倾向于采取各种措施来避免僵局出现。当你认识到僵局也许无法为谈判双方带来任何好处时，你应拓宽考虑问题的思路，探寻多种解决问题的方法。当你面临僵局时，不妨采用下述这些措施来打破僵局：

第一，你可以提出暂停谈判的建议，让双方都能重新冷静地考虑；

第二，善意并且郑重其事地提醒对方僵局可能产生的后果；

第三，以让步换让步，给对方台阶和面子，或者通过场外非正式交换意见来寻求双方都能接受的解决僵局的办法，或者借助第三方或中间人的调解，或者干脆调换谈判人员来化解僵局。

10. 代理人

代理人通常比委托人更了解某一方面的情况，在谈判时往往会有更强的处理能力。用代理人作为谈判代表更具有专业性和针对性，而且也能在发生矛盾时起到缓冲作用。

选择代理人的标准是能力较强，忠诚可靠。

采用代理人战术只是你不在谈判第一线，但幕后联络与参谋仍是你的责任。

如果对方采用代理人战术，那么你就应该摸清对方代理人所获授权的程度，在尊重对方代理人的同时，不轻易向其做出承诺，并积极要求与对方有决策权的人谈判，以减少中间环节，确保谈判成功。

11. 叫　停

适当运用叫停技巧，既可利用时间调节谈判紧张的气氛，也可借此机会进行内部协调，研究下一步的对策。

但是，叫停应有充分的理由，并且与对方商定暂停的时间。

那么，什么样的情况下才适合叫停呢？

第一种是预感谈判会出现僵局，为避免僵局出现。

第二种是一个谈判阶段已经结束，另一个谈判阶段即将开始。

第三种是当谈判双方生理或心理感觉疲劳时。

第四种是对谈判气氛不满时。

叫停虽然可以控制谈判的节奏，但过多叫停也会引起对方反感，可能适得其反，因此，采用叫停战术必须慎重。

12. 投石问路

通常是在你无法确知对方意图的时候。为了减少谈判的盲目性，你用假设做成多种条件供对方选择，从对方的直觉选择中判断对方的真实意图。

四、商务谈判中的误区

（一）知己不知彼

知己知彼才能百战不殆。了解对方有两个阶段：第一阶段是正式谈判之前的案头或实地研究工作；第二阶段便是正式谈判开始之后。第二阶段是继续深入了解对方，掌握对方真实意图的绝好机会。而了解的最好途径便是善于倾听和善于提问。

唯恐自己说得太少，为了证明自己观点的正确性而拼命讲，在事实上也有不利的一面，有时说得太多不但没有说服对方，还会把很多重要的信息暴露给对方。同样，忽略了倾听对方，就等于放弃了进一步了解对方的机会，也封闭了己方了解对方愿望的通道。如果对对方的真实意图把握不当，说服对方也就失去了目标和基础。

正如倾听一样，提问也是了解对方的绝佳途径之一，只不过后者是希望对方针对自己感兴趣的内容说得更多，自己则听得更多。有些谈判者似乎担心自己问得太多会引起对方的不快，或者怕对方认为自己无知，怀疑自己问了对方等于把谈话的主动权让给对方；也有人担心对方会给出令自己失望的答复，所以不去利用提问这一有力的谈判武器。

（二）谈判变争论

谈判难免遇到僵局。不少谈判者在遇到僵局时，认为对方“不可理喻”而失去常态，同对方争论甚至争吵起来。要知道，成功的谈判是不需要争论和争吵的。谈判与争论的区别在于：谈判是可协商的，而不是对立的；谈判是柔性的，争论是刚性的；谈判中做出让步是正常的，争论则从不做出让步；谈判的目的是赢，但同时也以适当满足对方的要求为条件，而争论则是完全忽视对方的需求和愿望。争论只能使谈判游离于谈判的最终目标之外。

（三）节奏太快

善于控制谈判的进程是赢得谈判的重要一环。但很多谈判者过快地把信息全部透露给对方，这等于打牌时把大牌迅速出完，到后来没什么牌可出了一样，而此时后悔已晚。因此，一点一点地把信息透露给对方，同时又不断地套出对方的情报，才是上策。

（四）不愿意退而求其次

谈判中各方利益不同，看问题的视角有异，对谈判条款作适当修改是常有的事。可是不少谈判者却“宁为玉碎，不为瓦全”，一定要坚持原来的条件，致使谈判破裂。其实，替代方案很可能是双方在现有条件下能达成的最好方案。

（五）强迫对方接受

有时谈判者一着急会用威胁的方式试图强迫对方就范。事实证明，威胁只能招来对抗和不合作。如果己方遭遇对方威胁自己，则可明确指出我方不喜欢这种方式，希望对方能冷静处置目前的僵局。这样对方一般马上会清醒过来。

（六）失去自我

有时碰到的对手能言善辩、经验老到又温文尔雅，自己内心不得不佩服甚至喜欢对方，因此在对方的循循善诱之下，竟失去了自我，稀里糊涂地接受了对方的所有条件。事后发现自己让步实在太多，不免顿生悔意。所以碰到谈判老手，不要为对方所迷惑，而要始终守住自己的底线。要牢牢记住：守住“底线”不会错。

第四节　商务秘书在谈判中的工作

现代领导工作与经济活动有着越来越紧密的联系，因此，商务谈判成为领导者尤其是企业领导者的一项重要工作内容，发挥着独特的作用。秘书人员作为领导者的特殊参谋和助手，要充分掌握商务谈判的有关理论和知识，尤其要做好商务谈判中的辅助工作。

一、收集谈判资料

孙子云：“知己知彼，百战不殆。”成功的谈判者，总是把搜集信息资料作为自己谈判行动的基础。商务秘书应根据谈判的具体内容和要求，积极协助己方的谈判组织进行商务谈判前有关信息资料的收集，主要是对方信息资料的收集提供。

（一）己方信息资料

己方信息资料的收集包含己方的经济实力、技术实力、竞争实力、参加谈判成员与对方的关系及需求等，这样能客观地了解自己，力争在谈判中取得主动权。

（二）对方信息资料

1. 谈判对手的基本情况

了解对方的法人资格、法定地址、本人身份、经济性质和经营范围、商业信誉、法律纠纷、信用额度及经银行认可的往来资信证明等，这是商务谈判的基础。对这些基本情况应予审查或取得旁证。外商必须出示法人资格、本人身份证明，以及经中国银行认可的外国银行的资本和信誉证明。

2. 谈判对手的经营情况及历史沿革

主要收集对手的历史背景、管理人员背景、公众记录、关于对手的媒体报道等资料。

3. 谈判对手的实力

主要包括：对方的财务状况（包括资产、负债等）；对方的生产状况（包括生产的产品、技术含量、生产数量和质量等）；对方的经营状况（包括主要的货源、供应商、主要的市场等）；对方的盈利状况和产品成本、履约能力；对方在同行业中的地位等。

4. 谈判对手中主谈判者的情况

如主谈判者的年龄、学历、资历、个性爱好、行为习惯、价值观念、处理事情的风格及其在团队中的声望；主要是代表个人还是代表谈判组？是否被授权可以自作决定？是否能够履行诺言？谈判的经验如何？是否有取得谈判目标所需的见识和事实？

5. 谈判对手的意图和打算

例如，谈判对手对这次谈判的准备工作做得如何？对方的主要意图、谈判目标是什么？退让的幅度有多大？对方可能感兴趣的利益有哪些？最为关注的利益是什么？对方可能提出什么问题，以及有多大的合作诚意？对手在压力之下是否会速战速决？对方成员之间有什么分歧？

6. 谈判对手的弱点

通过对谈判对手各方面情况的了解分析，找出其弱点，以便在谈判的关键时刻实现一击即破的效果。

7. 谈判对手过去的对外合作资料

收集到资料后可将重点内容制成表格，以方便利用。如表8-1所示。

表8-1　对方组织及人员情况表

<table>
<tr><td>组织情况</td><td></td><td>参加谈判人员情况</td><td></td></tr>
<tr><td>公司类型</td><td></td><td>年龄</td><td></td></tr>
<tr><td>组织机构</td><td></td><td>家庭</td><td></td></tr>
<tr><td>职工人数</td><td></td><td>经历</td><td></td></tr>
<tr><td>资金情况</td><td></td><td>爱好</td><td></td></tr>
<tr><td>生产情况</td><td></td><td>个性</td><td></td></tr>
<tr><td>销售情况</td><td></td><td rowspan="2">态　度</td><td rowspan="2">1. 对公司的态度（　）
2. 对此次谈判的态度（　）
3. 对谈判对方的态度（　）</td></tr>
<tr><td>目前面临的问题</td><td></td></tr>
</table>

（三）其他信息资料

商务秘书除了重点收集对手的信息资料外，还要了解、收集与本次谈判密切相关的国家和地方有关的方针、政策、法律、法规。还要了解行业和市场的信息，如合作生产或经营的产品的销路、档次等。

（四）获得资料的方法

要获得上述资料，并不是一件简单容易的事，需要商务秘书人员下工夫、花力气、多途径、多渠道想方设法获取信息。下面几种方法可供参考。

1. 文献调查法

即通过查阅各种文献资料来了解对方的有关情况。如查阅各类档案、报刊杂志、报表年鉴、历史资料等。这种调查方法投入少，见效快，简便易行，是值得秘书人员重视的有效方法。

2. 直接调查法

即由谈判人员通过直接接触来搜集有关情况。这种方法有很多具体形式，比如可以向本企业那些曾与对方有过交往的人员进行了解；通过函电方式直接同对方先行联系；而对于重要的谈判，则可先安排非正式的初步洽谈。

3. 购买法

即通过付费方式从有关咨询机构购买所需信息。目前许多银行和咨询公司均有此类业务，在本身力量不足的情况下，可以利用这些机构为本方谈判服务。

二、制作谈判文件

在商务谈判中，商务秘书需要制作或参与制作一些谈判文件。如拟订谈判方案、起草谈判协议(合同)、谈判总结等。

（一）拟订谈判方案

谈判方案即谈判计划，它是谈判者在谈判前对谈判的目标、内容、步骤等所作的预想性的安排。谈判方案是一项谈判活动的具体纲领和导向，在谈判中起着重要作用。有了谈判方案，谈判人员就会心中有数，明确努力的方向，按照方案的要求去进行各项工作，使谈判沿着预定的方向前进。秘书人员要协助领导者拟订谈判方案，做好这项重要的谈判准备工作。

谈判方案的制订和写作，力求重点突出，简明扼要，富有弹性。在文字表达上要用高度概括的语言加以表述，使谈判者在头脑中留下深刻印象。在内容上既要有明确具体的要求，又不可事无巨细，面面俱到，要考虑到各种不可控的随机因素和无规律可循的事项，以利于谈判人员根据实际情况灵活调整。

谈判方案主要包括以下内容：

1. 谈判主题和目标

谈判主题就是参加谈判要达到的目的，谈判目标则是谈判主题的具体化。谈判主题必须简洁而明确，一般可用一句话加以概括和表述，如“以最优惠的条件引进某项技术”。谈判主题确定后，接下来的工作是根据这一主题制定出具体的谈判目标。谈判目标可分为三级：第一级是必须达到的目标，即最低目标；第二级是可以接受的目标；第三级是最高目标，确定了谈判目标，谈判人员心中就有了一个明确的方向和“度”了。

2. 谈判议程

谈判议程就是谈判的程序。这是影响谈判效率高低的重要一环。多数谈判都是根据事先所规定的议程进行的。谈判议程的安排,可视具体情况而定,一种是先易后难,即先讨论容易解决的问题,为下面讨论困难的问题创造气氛,打下基础。一种是先难后易。即先集中时间和精力讨论重要的、困难的问题,以主带次,推动其他问题的解决。还有一种是混合型,即不分主次先后,先把所有要解决的问题都提出来讨论,再加以概括和归纳。拟定议程时,既要符合己方需要,也要兼顾对方的实际利益和习惯做法。

3. 谈判时间和地点

谈判时间是否适当也会影响到谈判的成效,因此选择恰当的谈判时间十分重要。

4. 其他准备工作

设计方案时,一要对对方可能提出的方案作预测,并提出己方的应对方案;二要坚持互利互惠的原则,使方案切实可行;三要在谈判中虚心听取对方的意见,吸收其合理成分,及时调整己方方案。秘书作为参与设计谈判方案者及方案的起草、打印者,要注意保密。

(二) 拟定协议

谈判成功,要形成协议作为日后双方合作的依据。协议可能由秘书起草,起草时要注意以下几点:

(1) 协议书涉及的条款不能与国家法规发生矛盾。与国际惯例相左的,应慎重处理。

例如,我国某公司与英国一家航运集团签订了一份买卖合同,其中有"有关各方同意以英国法律理解本合同及其章节的效力释义"的内容。

此做法显然失当。这一条款明显对外方有利。因为英国经济法律繁多,我国公民很难具体理解合同中所涉及的英国各项法律释义,况且这些合同的签订地和履行地都在中国,因此按照国际惯例,理应在合同中规定适用中国法律。

(2) 对重要条款必须认真斟酌,不要轻易让步;必须让步时应尽量以次要条款的损失来替代。条款是否重要取决于谈判的主要目标。

(3) 协议的内容要具体,不能含糊;文字表达要严谨,措辞要明确肯定,不能有歧义。否则,会给以后执行或出现纠纷时留下隐患。

(4) 把任何模棱两可的词语明确化,如"最大限度"、"适当"等。

商务协议拟定后,由双方签字,并和《法定代表人证明书》、《法人授权委托证明书》一起互换。协议最好经公证处公证,以保护双方的合法权益。

(三) 撰写谈判总结

见本章第二节中的"总结评价谈判"。

三、谈判的参与和配合

现代领导的工作与经济活动有着越来越紧密的联系,因此,商务谈判成为领导者尤其是企业领导者的一项重要工作内容,发挥着独特的作用。秘书人员作为领导者的特殊参谋和助手,要充分掌握商务谈判的有关理论和知识,尤其要做好商务谈判中的辅助工作。

秘书人员无论是直接参与谈判还是协助谈判,都应持积极参与、密切配合的态度。除了做好谈判资料的收集、谈判文件的制作等工作外,还要做好以下工作。

（一）会务工作

（1）将确定好的谈判人员名单、时间、地点及时通知对方，以便对方早作安排，重要的安排可由双方秘书事先进行预备性磋商。

（2）做好谈判场所的布置及座位的安排工作，如果是涉外谈判还要准备好双方国家的国旗。

（3）准备好计算机、打印、复印、通讯、传真设备及必要的文具，并调试好各种扩音设备。

（4）准备好谈判所需的资料，及时分发到谈判人员手中。

（5）安排好各种仪式，包括谈判开始仪式、签约仪式、礼赠仪式等。

（二）做好谈判记录

商务谈判中秘书要做好谈判的全程记录。记录的内容应包括谈判的主题，谈判双方的出席人员，谈判的时间、地点，谈判的议题、议程及双方谈判的具体对话等。

谈判记录既可供会后研究，以便调整谋略，也可以整理上报，作为向上司请示的材料，既能保证谈判的连续性，又是草拟协议的原始材料。所以，秘书要全面、准确地做好记录，必要时应与谈判小组核对，有时还需双方过目、签字。记录过程中秘书若有不明白之处，可请发言人再重复一遍。会后应立即起草一份详细的备忘录，给对方一份，并要求他们书面确认备忘录所表述的内容。

（三）做好翻译工作

如果是涉外谈判，对方是外国人，双方沟通出现语言障碍，秘书可兼做翻译工作或请专门的翻译。翻译工作要做到以下几点：

（1）谈判前向主谈人了解谈判的内容，翻阅有关资料，向专家请教有关技术问题，熟悉并记熟技术术语。

（2）翻译要准确，不能擅自增减谈话内容或掺杂个人意见，更不可不懂装懂。

（3）未经主谈人同意，其他成员的谈话不得进行翻译。

（4）笔译协议要忠于原文，不许有歧义和疏忽，译文打印好后，要认真校对，避免差错。

（四）做好谈判的善后工作

商务谈判结束后，秘书要主动协助上司做好各项善后工作，主要包括以下几个方面：

（1）回收有关文件资料，并进行整理和存储。

（2）上报整理后的材料。

（3）清理并报销有关账目。

（4）协助总结谈判经验。

（5）收拾谈判场所。

（6）做好谈判结果公布前的保密工作等。

习　题

1. 商务谈判方案的基本内容有哪些？
2. 谈判的准备阶段要做好哪些工作？
3. 商务秘书如何获得谈判所需的资料？

4. 商务谈判中要做好哪些策略准备？

5. 商务谈判中应防止出现哪些误区？

6. 简述在商务谈判中秘书应做的工作。

案例分析

1. 日本一钢铁公司欲从澳大利亚购买铁矿石和煤炭。日本是铁和煤炭资源贫乏的国家，而澳大利亚的矿产品在国际贸易中却占据着卖方市场的有利地位。

分析：

(1) 买方将如何选择谈判地点？

(2) 买方应采取何种对抗策略？

2. 在一场涉及机械设备买卖的国际谈判中，谈判双方在价格问题上出现分歧，买方代表提出卖方所提供的设备价格比其他国家的同类产品价格要高出近10%。面对买方代表对价格的反对意见，卖方代表应如何应对？

3. 一家电子公司的小李和小张被派往外地，向制造商推销芯片。出发前，他们进行了排练，决定由小李游说制造商。抵达后，工厂经理同意与他们商谈，经理的神情看起来很高兴。然而在小李游说时，小张听到一种说法：当地人认为他们从不接受第一个报价，所以当对方提出他们的价格时，小张打断了他们的谈话。小李大吃一惊，因为他认为对方的报价完全合理。然而，最终的结果是小李很高兴被打断，因为对方同意将价格提高10%。最后双方满意成交。

分析：

(1) 小李和小张在谈判时是否应该有分工？

(2) 小张根据自己掌握的信息打断了小李的游说合适吗？

(3) 遇到分歧谈判成员之间该怎样合作？

第九章　商务秘书工作的相关知识

本章导读

本章主要介绍了与商务秘书工作中需要掌握的基础知识，包括企业管理、办公室财税、金融基础知识、法律基础常识等内容。通过本章学习，使学习者了解企业创办的基本程序，掌握现代企业制度的基本内容和基本特征，并掌握企业文化的相关知识；了解企业经营管理中的财税金融及法律知识，使商务秘书具备相应的企业管理常识。

知识要点

★ 掌握企业管理的特性、企业制度的基本特征；

★ 掌握企业文化的构成层次和主要功能；

★ 掌握会计核算的基本方法、基本原则及基本的会计科目；

★ 掌握税收的基本分类和税种要求；

★ 掌握货币的基本职能、金融机构体系；

★ 掌握公司法、劳动法、合同法等的基础知识。

第一节　企业管理与企业文化

一、企业的基本特征和类别

1. 企业的基本特征

掌握企业经营性、组织性、稳定性、独立性等基本特征。企业是以营利为目的、具有法人资格、实行独立核算的经济实体。

2. 企业的基本分类

企业按照不同的分类标准可以有不同的分类。以企业的所有制性质可分为全民所有制企业、集体所有制企业、私有企业、混合所有制企业和外商投资企业；企业按其股权形式可分为股份合作制企业、有限责任公司和股份有限公司；以企业资产的构成形式可分为个人业主制企业、合伙制企业、公司制企业。

二、现代企业管理的特性

1. 企业管理的职能与本质

企业管理职能包括计划、组织、领导和控制，其本质上是对人的管理，人道、民主、公正、效率的基本准则贯穿于全部管理活动。掌握企业管理的两重性:自然属性和社会属性。

现代企业的运作就是投入、转换、产出和反馈这四个过程要素加以合理的配合,并在此基础上不停运转而形成的一系列转换过程。投入—产出系统的基本模型是:

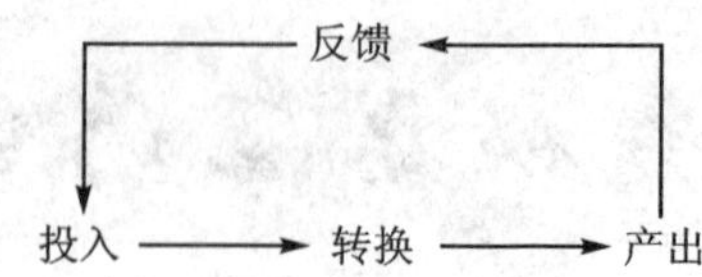

2. 企业管理要素

企业管理要素包括管理者、被管理对象和管理手段。秘书需要了解企业管理者的基本素质与技能要求。

三、现代企业制度

要使企业真正成为自主经营、自负盈亏、自我约束、自我发展的独立产权主体和市场运行主体,就必须建立起现代企业制度。现代企业制度的典型形式是公司制企业。秘书必须掌握现代企业制度的基本特征。

(一)现代企业制度

企业制度以规范和完善的法人制度为主体,以产权制度为基础和核心,以股份有限公司为重点。掌握现代企业制度的主要内容是现代企业法人制度、现代企业组织制度、现代企业管理制度三个方面。如表 9-1 所示。

表 9-1　现代企业制度基本情况一览表

组　成	目的和要求	主要内容
现代企业法人制度	明确产权关系,实行政企分开,使企业成为独立自主的市场主体	① 确立企业独立的法人资格 ② 理顺产权关系,使企业拥有独立的法人财产权 ③ 实行所有权和经营权分离,政企公开
现代企业组织制度	适应市场经济的客观要求,既要赋予经营者充分的自主权,又要保障所有者的权益,还要调动劳动者的积极性	① 建立符合现代经营管理要求的权力机构、决策机构、执行机构和监督机构 ② 通过法律和企业章程明确各机构的权责 ③ 通过法律和企业章程使各机构形成各自独立、权责分明、相互制约的关系
现代企业管理制度	企业的机构设置和管理制度能适应现代企业经营管理的需要,提高管理效率和经济效益	① 建立科学合理的企业经营管理机构 ② 建立现代企业的用工制度 ③ 建立现代企业的分配制度 ④ 建立现代企业的财务会计制度

1. 现代企业法人制度

现代企业法人制度确立了企业的法人地位和企业法人的财产权,真正做到了不但企业有人负责而且有能力负责,还实现了企业民事权利能力和行为能力的统一,使企业真正作为自负盈亏的法人实体进入市场。其主要特征是在确立法人财产基础上,实现了原始所有权、公司产权与经营权的三权分离,具有明晰的产权关系。

现代企业法人制度能明晰企业的产权关系,拥有独立的法人地位和法人财产所有权,并据此享有民事权利和承担民事责任，使企业成为真正的市场主体。因此，现代企业法人制度是企业做到产权清晰、权责明确、政企分开和管理科学的根本前提，是现代企业制度最重要的组成部分。

2. 现代企业组织制度

现代企业组织制度以合理的企业组织结构，确立了所有者、经营者和职工三者之间的制约关系，做到出资者放心，经营者尽心，生产者用心，从而使企业始终保持较高的效率和长期稳定的发展。

在现代市场经济条件下，现代企业的组织形式主要是公司制。现代企业制度要求公司必须建立一整套完善的“公司法人治理结构”。公司治理结构是：所有者——股东、公司法定代表——董事会、执行管理部门——经理之间形成的一定关系。这种关系使公司权力机构权责分明又相互制衡，形成企业一种良好的发展机制。这种组织制度既赋予了经营者充分的自主权，又切实保障了所有者的权益，同时又能够调动劳动者的积极性。公司组织机构主要是由股东大会、董事会、监事会及总经理四者构成。

3. 现代企业管理制度

现代企业管理制度通过科学的生产管理、质量管理、销售管理、人力资源管理、研究与开发管理、财务管理等一系列管理体系的建立，有效地保证了企业内部条件与外部环境相适应，使企业各项资源得到了合理的利用。

根据我国现有企业管理制度的现状，为提高企业经济效益，建立现代企业管理制度可以从建立合理的企业经营机构、现代企业的用工制度、现代企业的分配制度和现代企业的财务制度四个方面入手。

（二）现代企业制度的基本特征

产权清晰、权责明确、政企分开、管理科学是现代企业制度的基本特征。现代企业制度要求公司必须建立一整套完善的“公司治理结构”或称“公司法人治理结构”，了解和掌握股东大会的基本权利。

1. 产权清晰

现代企业制度的典型形式是公司制企业，公司制企业的产权关系明晰。产权，即财产权，是指以财产所有权为基础的若干权利的组合。企业财产的所有权属于投资者，企业拥有一切出资者投资形成的全部法人财产权，出资者所有权与法人财产权相分离。产权以两种形式存在：一是产权的法律形式，即法权，这是指法律上的财产所有权，它明确了财产的归属问题；二是产权的实现形式，即财产的营运权利（也称为企业产权或法人产权），是指经济上的所有权，它体现的是财产的经营问题。

产权清晰是指要以法律形式明确企业投资者与企业的基本财产关系责任，即企业在产权关系方面的资产所有权及相关权利的归属要明确、清晰，它是现代企业制度在产权方面所体现出来的特征。

2. 权责明确

权责明确是指企业资产的最终所有者与企业法人财产权的拥有者，在企业中享有的权利和承担的责任清楚、明确、具体。它是现代企业制度在权利和责任关系方面所体现出来的特征，这就从制度上实现了投资者对经营者的监督和控制，明确了企业内部的民主决策与统一指挥的关系，使权责明确落到实处。

3. 政企分开

政企分开是指政企关系要合理，即政府与企业在权利和义务等方面的关系要明确，要符合客观经济规律，适应市场经济体制的要求。这是现代企业制度在政府与企业关系方面所表现出来的特征。

4. 管理科学

管理科学是指企业管理制度、管理方法和管理手段等要科学合理，符合市场经济规律的客观要求。这是现代企业制度在企业管理方面所体现出来的特征。

管理科学要求企业制度合理、规范，管理制度先进、科学，必须按照法律和法规办事，在政府的宏观调控下从事经营管理活动，使企业行为规范化。现代企业制度要求通过管理制度的运作，调节所有者、经营者、职工之间的关系，形成激励和约束相结合的经营机制，从而提高企业的效率和效益。为此，企业应有一套科学的管理制度，企业的权力机构、经营机构和监督机构要权责分明、相互制约、各司其职；企业内部要建立科学的管理体制，包括形成合理的领导体制、科学民主的决策体制、职工参与管理的民主管理制度、体现效率和竞争的劳动人事制度与分配制度等。管理科学的内涵是动态变化的，它随着生产力的发展和社会的进步而不断改善和变化。

现代企业制度的四个特征是个有机整体，缺一不可，不能只强调某一方面而忽略其他方面，必须全面、准确地领会和贯彻。

四、现代企业文化

企业文化是企业在长期经营实践中形成的全体员工共同的精神、观念、风格、心理、习惯的总和。

现代企业文化在企业管理中具有激励功能、导向功能、约束功能、凝聚功能、稳定功能、辐射功能六大功能。

商务秘书应掌握现代企业文化的三个构成层次和基本特征及功能。

（一）企业文化的结构

现代企业文化由三个层次构成，即物质层、制度层和精神层。精神层是企业文化的核心层次。其关系如图 9－1 所示。

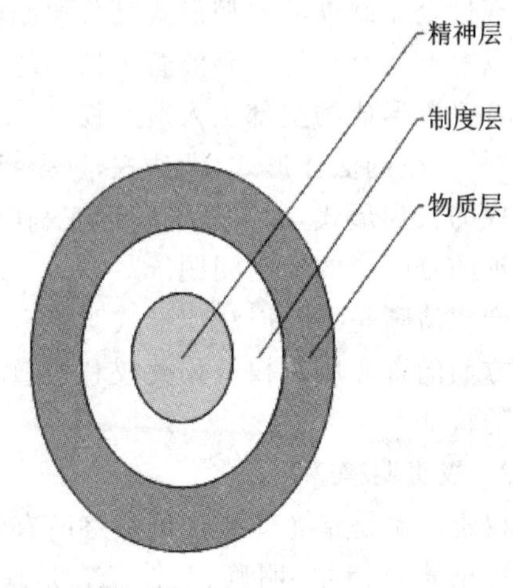

图 9－1　企业文化构成图

1. 精神层

精神层主要是指企业的领导和职工共同信守的基本信念、价值标准、职业道德及精神风貌。精神层是企业文化的核心和灵魂，是形成物质层和制度层的基础和原因。精神层是企业文化构成要素的最深层次，以企业价值观念为核心内容。企业文化中有无精神层是衡量一个企业是否形成了自己的企业文化的标志。企业文化精神层包括以下六个方面：

(1) 企业最高目标

企业最高目标是企业全体职工的共同追求,有了明确的最高目标就可以充分发动企业的各级组织和干部职工,增强他们的积极性、主动性和创造性,使广大职工将自己的岗位工作与实现企业奋斗目标联系起来,把企业的生产经营发展转化为每一位职工的具体责任。因此,企业的最高目标是企业全体职工凝聚力的焦点,是企业共同价值观的集中表现,也是企业对职工进行考核和实施奖惩的主要依据。企业最高目标又反映了企业领导者和职工的追求层次和理想抱负,是企业文化建设的出发点和归宿。

(2) 企业哲学

企业哲学又称之为企业经营哲学,它是企业领导者为实现企业目标而在整个生产经营管理活动中的基本信念,是企业领导者对企业长远的发展目标、生产经营方针、发展战略和策略的哲学思考。企业哲学的形成首先是由企业所处的社会制度及周围环境等客观因素决定的,同时也受企业领导者的思想方法、政策水平、科学素质、实践经验、工作作风以及性格等主观因素的影响。企业哲学是在企业长期的生产经营活动中自觉形成的,并为全体职工所认可和接受,具有相对稳定性。

(3) 企业精神

企业精神是企业有意识地提倡、培养职工群体的优良精神风貌,是对企业现有的观念意识、传统习惯、行为方式中的积极因素进行总结、提炼及倡导的结果,是全体职工有意识地实践所体现出来的。企业文化是企业精神的源泉,企业精神则是企业文化发展到一定阶段的产物。

(4) 企业风气

企业风气是指企业及其职工在生产经营活动中逐步形成的一种带有普遍性的、重复出现且相对稳定的行为心理状态,是影响整个企业生活的重要因素。企业风气是企业文化的直观表现,企业文化是企业风气的本质内涵。企业风气是约定俗成的行为规范,是企业文化在职工的思想作风、传统习惯、工作方式、生活方式等方面的综合反映。企业风气一旦形成就会在企业中造成一定的气氛,并形成企业职工群体的心理定势,导致多数职工一致的态度和共同的行为方式,因而成为影响全体职工无形的巨大力量。企业风气所形成的文化氛围对一切外来的信息具有筛选作用。

(5) 企业道德

企业道德是指企业内部调整人与人、单位与单位、个人与集体、个人与社会、企业与社会之间关系的行为准则。企业道德就其内容结构来看,主要包含调节职工与职工、职工与企业、企业与社会三方面关系的行为准则和规范。作为微观的意识形态,它是企业文化的重要组成部分。道德与制度虽然都是行为准则与规范,但制度具有强制性,而道德却是非强制性的。一般来讲,制度解决是否合法的问题,道德解决是否合理的问题。道德的内容包括道德意识、道德关系和道德行为三部分。

(6) 企业宗旨

企业宗旨是指企业存在的价值及其作为经济单位对社会的承诺。作为从事生产、流通、服务活动的经济单位,企业对内、对外都承担着义务。对内,企业要保证自身的生存和发展,使职工得到基本的生活保障并不断改善他们的生活福利待遇,帮助职工实现人生价值。对外,企业要生产出合格的产品、提供优质的服务、满足消费者的需要,从而为社会的物质文明和精神文明的进步作出贡献。

2. 制度层

这是企业文化的中间层次，主要是指对企业组织和企业职工的行为产生规范性、约束性影响的部分，是企业规章制度、道德规范和职工行为准则所具有的企业文化特色的总和。制度层规定了企业成员在共同的生产经营活动中应当遵守的行为准则，它主要包括以下三个方面：

(1) 一般制度

一般制度是指企业中存在的一些具有普遍意义的工作制度和管理制度，以及各种责任制度。这些成文的制度与约定及不成文的企业规范和习惯，对企业职工的行为起着约束的作用，保证整个企业能够分工协作，井然有序、高效地运转。

(2) 特殊制度

特殊制度主要是指企业的非程序化制度，如职工评议干部制度、总结表彰会制度、干部职工平等对话制度、干部"五必访"制度(职工生日、结婚、生病、退休、死亡时，干部要访问职工家庭)、企业成立周年庆典制度等。与工作制度、管理制度及责任制度等一般制度相比，特殊制度更能够反映一个企业的管理特点和文化特色。

(3) 企业风俗

企业风俗是指企业长期相沿、约定俗成的典礼、仪式、行为习惯、节日、活动等。企业风俗由精神层所主导，又反作用于精神层。企业风俗可以自然形成，也可以人为开发，一种活动、一种习俗，一旦被全体职工所共同接受并沿袭下来，就成为企业风俗中的一种。

3. 物质层

这是企业文化的表层部分，它是企业创造的物质文化，是生产经营过程和产品所具有的企业文化特色的总和，是形成企业文化精神层和制度层的条件。从物质层中往往能折射出企业的经营思想、管理哲学、工作作风和审美意识。它主要包括以下几方面：

(1) 企业名称、标志、标准字、标准色。这是企业物质文化最集中的外在体现。

(2) 企业外貌。自然环境、建筑风格、办公室和车间的设计与布置方式、绿化美化情况、污染的治理等是人们对企业的第一印象，这些都是企业的文化反映。

(3) 产品的特色、式样、外观和包装。产品的这些要素是企业文化的具体反映。

(4) 技术工艺设备特性。

(5) 厂徽、厂旗、厂歌、厂服、厂花。这些因素中包含了很强烈的企业物质文化内容，是企业文化中一个较为形象化的反映。

(6) 企业的文化体育生活设施。

(7) 企业造型和纪念性建筑。包括厂区雕塑、纪念碑、纪念墙、纪念林、英模塑像等。

(8) 企业纪念品。

(9) 企业文化的传播网络。包括企业自办的报纸、刊物、有限广播、闭路电视、计算机网络、宣传栏(宣传册)、广告牌、招贴画等。

综上所述，企业文化的三个层次是紧密联系的，物质层是企业文化的外在表现和载体，是制度层和精神层的物质基础；制度层则约束和规范着物质层及精神层的建设，没有严格的规章制度，企业文化建设无从谈起；精神层是形成物质层和制度层的思想基础，也是企业文化的核心和灵魂。

（二）企业文化的特征

1. 独特性

企业文化是一种独特的文化，它不同于其他文化，不同的企业具有不同的文化。现代企业文化是一个企业的“个性”。

2. 普遍性

企业的经营管理实践都客观存在着企业文化。成功的企业有优秀的文化，而失败的企业往往是由于不良的文化造成的。企业文化观念对职工影响深刻，就是强企业文化；反之是弱企业文化。

3. 可塑性

作为一种文化，企业文化有一定的稳定性，但作为管理手段的企业文化总是发展变化的，总是依靠人们的能动创造不断塑造和不断丰富着优秀的企业文化。

（三）企业文化的功能

1. 激励功能

通过企业文化，将会产生一种积极的激励机制，引导职工树立正确的价值取向、道德标准和整体信念，使职工充分认识到自己工作的意义，从而焕发出高度的主人翁责任感，激发出奋发向上的拼搏精神，充分发挥其聪明才智，积极搞好本职工作，为企业的生存和发展作出更大的贡献。集中体现了“以人为本”的管理思想，通过奋发向上的价值观念的引导和良好的文化氛围的熏陶，激励职工为实现自我价值和企业目标而勇于献身。

2. 导向功能

企业文化对企业成员的思想行为、对企业整体的价值取向起着导向作用。企业文化导向作用的发挥，强调通过文化的培育来引导成员的行为与心理，使人们在潜移默化中接受共同的价值观念，自觉地调整个人的追求目标，并使之与企业目标协调一致。价值观念能引导职工增强敬业精神和责任感，为实现企业目标而奋斗。

3. 约束功能

职工按价值观的指导进行自我管理和控制。约束行为的表现形式是企业的规章制度，道德规范、人际关系准则，是深深扎根于企业群体之中的。企业文化所传播的价值观告诉职工提倡什么、反对什么。文化形成的约束通过群体归属感、认同感、自豪感的诱导来实现，是一种“软性”约束。它对企业成员具有强大的同化作用和说服作用，企业的每一个职工都会以遵守为荣。

4. 凝聚功能

通过企业文化建设产生对本职工作的自豪感、使命感、认同感和归属感，从而产生强大的凝聚力。企业文化是企业全体成员共同创造并一致认同的价值观、企业精神、企业目标、道德规范及行为准则等，它反映了企业成员的共同意识。在这种“共同意识”支持下，会大大增强个体的“主人翁”意识和个体对群体的依赖性，从而产生强大的向心力和凝聚力。

5. 稳定功能

企业文化能为企业的长期稳定发展提供保障。

6. 辐射功能

通过各种渠道对社会产生影响，让消费者认知企业。企业文化不但对本企业产生作用，而且还会对社会产生影响。

实例1:现代企业管理者的技能要求

作为企业的管理者,特别是高层管理者的管理水平直接影响到企业的发展和命运。现代企业管理者应具备的基本能力是什么呢?

实例评析:

管理学者R. L. 卡兹提出管理者必须具备三方面技能,即技术技能、人际技能和概念技能。

企业管理者的素质主要表现为实际管理过程中管理者的管理技能。

技术技能是指企业管理者掌握与运用某一专业领域内的知识、技术和方法的能力。包括专业知识、经验;技术、技巧;程序、方法、操作与工具运用熟练程度等。

人际技能是指企业管理者处理人事关系的技能。包括:观察人、理解人、掌握人的心理规律的能力;人际交往,融洽相处,与人沟通的能力;了解并满足下属需要,进行有效激励的能力;善于团结他人,增强向心力、凝聚力的能力等。

概念技能是指企业管理者观察、理解和处理各种全局性的复杂关系的抽象能力。包括对复杂环境和管理问题的观察、分析能力;对全局性的、战略性的、长远性的重大问题的处理与决断的能力;对突发性紧急处境的应变能力等。其核心是一种观察力和思维力。

实例:现代企业制度的组织形式

现代企业制度的主要组织形式是公司制。它赋予股东大会何种权利?有限责任公司和股份有限公司有何区别?

实例评析:

公司组织结构的特色是"公司治理结构"。按公司股东对公司债权人所负责任的不同,公司可划分为有限责任公司和股份有限公司两种形式。

(一)现代企业制度的组织形式

现代企业制度要求公司必须建立一整套完善的"公司治理结构"或称"公司法人治理结构"。公司治理结构是指三个独立部分即所有者——股东、公司法定代表——董事会、执行管理部门——经理之间形成的一定关系。这种关系使公司权力机构权责分明,又相互制衡,形成企业发展的一种良性机制。

公司组织机构主要是由股东大会、董事会、监事会及总经理四者构成。股东大会是股份公司的最高权力机构,由全体股东参加。股东大会一般是一年一次(特殊情况下可以召开特别大会),由董事会召开,董事长是大会的主席。股东大会具有选举和罢免董事会、监事会成员,制定和修改公司的章程,审议和批准公司的财务预决算及投资及收益分配等重大事项的职权。

(二)有限责任公司与股份有限公司的区别

按公司股东对公司债权人所负责任的不同,公司可划分为有限责任公司和股份有限公司两种形式。其区别可见表9-2所示。

表9-2　有限责任公司和股份有限责任公司的区别一览表

组织形式 / 主要区别 / 具体项目	有限责任公司	股份有限公司
股份特征	股份不等额，责任有限，出资证明书不上市	股份等额，责任有限，股票可上市
设立方式	资合（认购），并具有人合因素	资合（认购、募集）
设立操作	要求宽松，程序较简单	要求严格，程序较复杂
出资方式	签发出资证明书	发行股票或签发股权证
股东人数	有上下限（1～50人）	有下限无上限（不少于5人）
注册资本最低限额	生产经营为主的公司50万元； 商品批发为主的公司50万元； 零售业为主的公司30万元； 科技开发、咨询和服务性公司10万元 （以上均为人民币）	1000万元人民币及以上
筹资范围	公司	社会
筹资规模	小	大
出资转让	出资证明上的转让须经公司同意，并向原登记机关办理交更登记和公告	股票可以转让，没有严格限制
出资管理	简单	复杂
股东的权利与义务	按出资额享受权利，承担义务，并拥有表决权	按所持股份类别或份额享受权利，承担义务，每一股都拥有同等权利和义务
股东承担债务责任	仅以其所认缴的出资额为限对公司承担有限责任	仅以其所认购的股份为限对公司承担有限责任
经营规模	小	大
受外部影响和冲击	小	大
机构设置	可不设股东会，董事可以由股东委派	必须设股东会，董事必须由股东选举
信息披露	保密	公开

第二节　办公室财税基础知识

信息社会要求秘书具有综合素质，不仅要从事一些传统的办公室日常事务工作，而且还要懂得与办公室业务有关的财税基本常识，如现金和银行业务等，了解和遵守有关会计、税务相关的法律法规。

一、办公室财务基础知识

（一）会计职能

会计的两个基本职能是核算和监督。会计核算职能，主要体现在从数量上反映企事业单位已发生或已完成的各项经济活动，是会计最基础的工作。记账、算账、报账是会计核算的主要形式。会计监督职能主要是利用会计资料对经济活动加以控制和指导。监督的核心就是要干预经济活动，使之遵守国家有关法律和法规，保证财经制度的贯彻执行，并从本单位的经济效益出发，检查经济活动是否合理，防止损失浪费。

（二）会计要素与会计科目

1. 会计要素

会计的对象，即会计核算和监督的内容。概括来说，是企事业单位能够用货币表现的经济活动。企业会计的对象包括以下六大要素，如表 9－3 所示。

表 9－3　会计要素一览表

会计报表分类	会计要素分类	会计要素释义
资产负债表	资产	核算企业因过去事项、交易而形成的能为企业拥有或控制并将带来经济利益的资源
	负债	核算企业因过去交易事项而应承担的经济责任和义务
	所有者权益	核算企业所有者对企业净资产的所有权
损益表	收入	企业在销售商品、提供劳务等经营活动所形成的经济利益的总流入
	费用	企业在生产和销售商品、提供劳务等生产经营活动所产生的各种耗费
	利润	企业在一定期间内收入与费用的差额，即最终形成的财务成果

2. 会计科目

对会计要素的进一步细化，就是会计科目。它是对会计对象的具体内容进行科学分类的项目。会计科目分为总分类科目和明细分类科目。总分类科目，又称一级科目；明细分类科目，具体又包括二级科目和明细科目。秘书应了解和掌握的会计科目如下：

(1) 资产类。包括现金、银行存款、其他应收款、原材料、固定资产、无形资产。

(2) 负债类。包括短期借款、长期借款、应付工资、应付福利费、应交税金。

(3) 所有者权益类。包括实收资本(或股本)、资本公积、盈余公积。

(4) 损益类。包括管理费用、财务费用、所得税。

（三）会计核算方法与账户的一般结构

1. 会计核算方法

会计核算方法是对企事业单位的经济活动进行连续、系统、完整的核算和监督所应用的方法。主要包括以下七种：设置会计科目和账户、复式记账、填制和审核凭证、登记账簿、成本计算、财产清查、编制会计报表。它们相互联系地构成会计方法的完整体系。如图 9－2 所示。

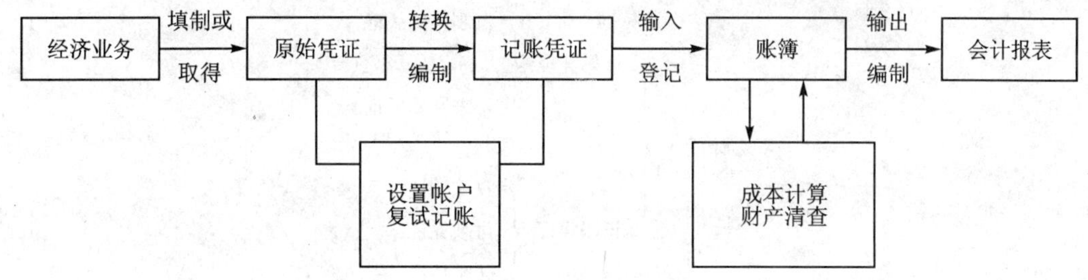

图 9－2　会计核算方法关系图

2. 账户的一般结构

账户是用来记载经济业务的，它必须具有一定的结构和格式，基本结构相应分为记载增加额、减少额、余额共三栏。

3. 会计科目

通过账户记载的金额可提供期初余额、本期增加发生额、本期减少发生额、期末余额四个核算指标。四项金额的关系，可以用等式表示为：期末余额＝期初余额＋本期增加发生额－本期减少发生额。

账户格式可用下列“T”字形账户格式。

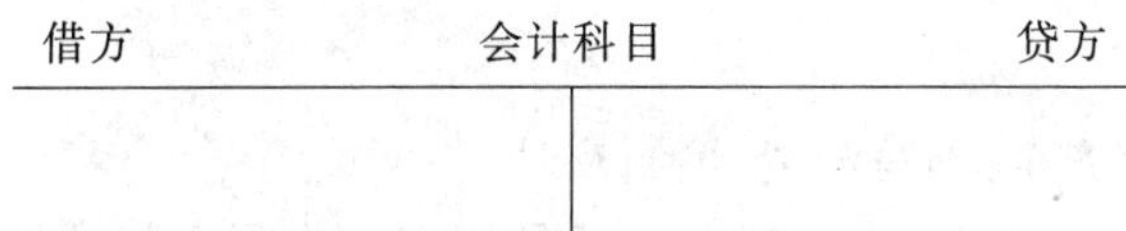

借贷记账法的账户结构可归纳为：

借方　　　　　　账户	贷方
资产增加	资产减少
负债、所有者权益减少	负债、所有者权益增加
成本费用增加	成本费用减少（或结转）
收入减少（或结转）	收入增加

（四）会计凭证的分类与填制要求

会计账务处理最直接最根本的基础是会计凭证。只有真实、完整、合理的会计凭证才能保证会计信息的质量，因此会计人员必须严格把关。

会计凭证，简称凭证，是记录经济业务、明确经济责任的书面证明，是登记账簿的依据。原始凭证是在经济业务发生时取得或填制的、记录业务的执行或完成情况的书面证明，它是进行会计核算的原始资料和重要依据。记账凭证是由会计人员根据审核后的原始凭证编制，用来确定会计分录，作为登记账簿依据的凭证。

1. 会计凭证的分类

会计凭证包括原始凭证和记账凭证。原始凭证是在经济业务发生时取得或填制的、记录业务的执行或完成情况的书面证明，它是进行会计核算的原始资料和重要依据。记账凭证是由会计人员根据审核后的原始凭证编制，用来确定会计分录，作为登记账簿依据的凭证。其主要分类如图 9－3 所示：

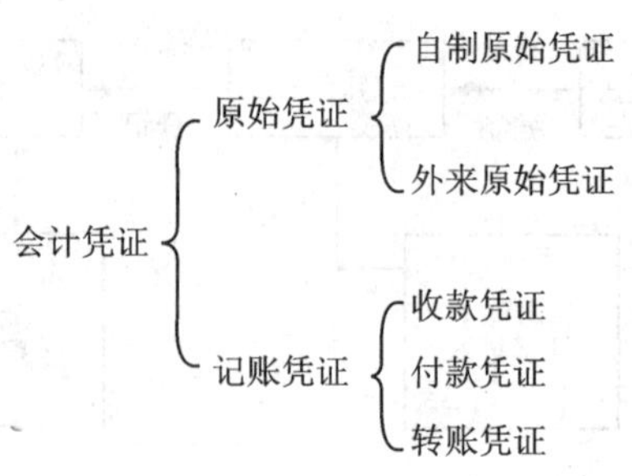

图 9-3　会计凭证分类

2. 原始凭证的填制内容和要求

(1) 会计凭证填制内容

- 原始凭证的名称、日期；
- 填制凭证的单位或填制人姓名；
- 经办人员签名或盖章；
- 接受凭证单位的名称；
- 经济业务的内容；
- 经济业务的实物数量、单位和金额。

(2) 会计凭证填制要求

会计凭证的填制必须记录真实，内容齐全，书写清楚，填制及时。

原始凭证的各项内容，必须详尽地填写齐全，不得遗漏。凡是填有大小写金额的原始凭证，大写与小写金额必须一致；购买实物的原始凭证，必须有验收证明；支付款项的原始凭证，必须有收款单位和收款人的收款证明。

原始凭证的书写格式要规范。原始凭证要用蓝色或黑色笔书写，字迹清楚、规范，填写支票必须用碳素笔，属于需要套写的凭证，必须一次套写清楚。合计的小写金额前应加注币值符号，如"￥"、"HK"、"US＄"等，且与阿拉伯金额数字之间不得有空白。凡阿拉伯数字前写有币值符号的，数字后面不再写"元"字。所有以元为单位的阿拉伯数字，除表示单价等情况外，一律填写到角分。无角分的，角位和分位可写"0"，或符号"—"；有角无分的，分位应写"0"，不得用"—"代替。大写金额有分的，后面不加"整"字，其余一律在末尾加"整"字；大写金额前还应加注币值单位，注明"人民币"、"港币"、"美元"等字样，且币值单位与金额数字之间，以及各金额数字之间不得留有空隙。大写金额一律用正楷字或行书字写，如壹、贰、叁、肆、伍、陆、柒、捌、玖、拾、佰、仟、万、亿、圆、角、分、零、整等。阿拉伯金额数字中间有"0"时，汉字大写要写"零"，若有一个或多个"0"时，只写一个"零"字，"元"位是"0"时，可省略"零"字。

原始凭证各项内容均不得涂改。内容有错误的，应当由出具单位重开或更正，更正应当加盖出具单位印章；金额有误的，应当由出具单位重开，不得在原始凭证上更正。原始凭证中的发票的基本联次为三联，有些发票为多联次。一式几联的发票和收据，必须用双面复写纸套写，并连续编号，作废时应加盖"作废"戳记，连同存根一起保存，不得撕毁。

原始凭证的审核是会计信息真实、可靠的必要保证。对原始凭证的审核要从其合法性、真实性、完整性和准确性四方面进行。包括形式的审核和实质的审核。

表 9-4 所示为会计凭证填制内容与要求的一览表。

表 9-4 会计凭证填制内容与要求一览表

凭证类别	基本内容	填制要求
原始凭证	(1) 原始凭证的名称、日期 (2) 填制凭证的单位或填制人姓名 (3) 经办人员签名或盖章 (4) 接受凭证单位的名称 (5) 经济业务的内容 (6) 经济业务的实物数量、单位和金额	(1) 记录真实 (2) 内容齐全 (3) 书写清楚 (4) 填制及时
记账凭证	(1) 填制单位的名称 (2) 记账凭证的名称 (3) 填制凭证的日期 (4) 记账凭证的编号 (5) 经济业务内容摘要,即对经济业务的简要说明 (6) 会计科目(包括一级科目、二级科目和明细科目)的名称、记账方向和记账金额 (7) 附原始凭证的张数 (8) 填制凭证人员、稽核人员、会计主管人员的签名或盖章	(1) 凭证摘要简明 (2) 业务记录明确 (3) 科目运用准确 (4) 附件数量完整 (5) 凭证顺序编号

3. 原始凭证实例举证

表 9-5 所示为借款审批单。

表 9-5 借款审批单

部　门		借款人	
借款事由			
借款金额	(大写) 拾 万 仟 佰 拾 元		
预计还款报销时间			￥
审批意见		借款人签收	年 月 日

会计主管　　　　出纳

(五) 货币资金的管理

商务秘书应了解现金业务,掌握现金管理的基本要求。

1. 现金业务与现金管理

对现金业务的理解,中西方不同。在我国,现金是指存于企业、用于日常零星开支的现钞,包括集中在企业会计部门的库存现金和分散在企业内部各个部门周转使用的备用金。在西方国家,现金不仅仅指库存现金,还包括支票、汇票、银行汇票和银行存款等。

现金的使用范围、库存现金限额及现金日常收支管理的内容,如表 9-6 所示。

(1) 现金出纳的职责权限

一般在财会工作中规定凡涉及货币、资金和财务的收付、结算、登记工作,不得由一人监管。现金出纳从事日常现金的收支工作,即“管钱”。除了根据审核后的现金收款凭证、现金付款凭证，逐日逐笔登记现金日记账和银行存款日记账之外，不得登记任何账簿。现金出纳登记现金日记账和银行存款日记账后，应将各种收付款凭证交由会计人员据以登记总分类账和有关的明细分类账。

表 9-6　现金管理要求一览表

现金的使用范围	① 职工工资、津贴
	② 个人劳务报酬
	③ 出差携带的差旅费
	④ 结算起点(现行规定为 1000 元)以下的零星支出
	⑤ 向个人收购农副产品和其他物资等价款
	⑥ 国家定额发给个人的科学技术、文化艺术、体育等各种奖金
	⑦ 各种劳保、福利费以及国家规定的对个人的其他支出
	⑧ 中国人民银行确定需要支付现金的其他支出
库存现金限额	① 企业的库存现金限额由其开户银行根据实际需要核定，一般为 3～5 天
	② 边远地区和交通不便地区的企业，库存现金限额 5～15 天
	③ 企业必须严格按规定的限额控制现金结余额，超过限额的部分，必须及时送存银行
现金日常收支管理	① 现金收入应于当日送存银行，如当日送存银行确有困难，由银行确定送存时间
	② 企业从银行提取现金时，应当在取款凭证上写明具体用途，并由财会部门负责人签字盖章后，交开户银行审核后方可支取
	③ 企业可以在现金使用范围内支付现金或从银行提取现金，但不得从本单位的现金收入中直接支付(坐支)。因特殊情况需要坐支现金的，应事先报经开户银行审查批准，由开户银行核定坐支范围和限额。企业应定期向开户银行报送坐支金额和使用情况
	④ 因采购地点不固定、交通不便、生产或者市场急需、抢险救灾以及其他情况必须使用现金的，企业应当提出申请，经开户银行审核批准后，方可支付现金
	⑤ 企业必须建立健全现金账目，逐笔登记现金收入和支出，做到账目日清日结，账款相符

(2) 日常的现金管理

日常的现金主要是现金收支和现金清查。

① 现金收支

现金收支出现在日常现金活动中，每笔现金收支都要有凭证作依据，并经过必要的审批、复核。收付款时必须与交款人或收款人当面点清，并在凭证上加“现金收讫”、“现金付讫”戳记，以防重收重付。使用收银机的公司，销售收入现金由收款机收存，每日营业终了时，要与销售单核对，并编制“现金清点汇总日报表”，据以收入有关账户和填制送款单，将现金送存银行。

日常现金的支出须将日期、收据编号、金额和支出用途登记清楚，并让收款人签字。许多企业单位印有“零用现金收据”，用以反映该企业日常现金的支出情况。

现金日记账一般采用三栏式订本账格式，由出纳人员根据审核以后的原始凭证或现金收款凭证、现金付款凭证逐日逐笔按时登记，每日营业终了时计算当日现金收入、现金支出和现金结存额，并与现金实存额核对。月末，现金日记账余额应与现金总账余额核对一致。

日常现金和支票、单据等应当存放在上锁的保险柜中，由专人(一般是现金出纳)保管和支出。

② 现金清查

现金清查的方法采用账实核对法。出纳人员每日营业终了时需要进行账款核对，清查小组要进行定期或不定期的盘点和核对。当企业(公司)收款或存有的现金数量多时，可以向开户银行交送存储。这时需要填写在开户银行购买的“现金送款簿”，一式两份，在单子上要详细填写所交现金中各种票面的张数及金额，并用大小写填写交送钱款的总数，将单子和现金一起送入银行，经银行验收盖章后，回单可作为记账凭单。

对现金进行账实核对，如发现账实不符，应立即查明原因，及时更正。现金清查和核对后，应及时编制“现金盘点报告表”，列明现金账存额、现金实存额、差异额及其原因，对无法确定原因的差异，应及时报告有关负责人。

2. 银行事务

银行存款是企业存入银行或其他金融机构的款项。银行存款的管理主要包括银行存款开户管理和结算管理两个方面。

为了详细反映银行存款的收付与结存情况，企业除了设置“银行存款”科目进行总分类核算外，还必须设置银行存款日记账。银行存款日记账由出纳人员根据收付款凭证逐日逐笔进行登记，定期与银行存款总账核对。月末，应与银行对账单进行校对，确定两者是否相符。多数情况下，核对出现余额不一致的原因主要有两个：一是双方记账错漏；二是双方未达账项。双方记账错漏可能是金额写错、漏记、重记账等，出现这种情况，企业应查明原因。属于银行方面的原因，应及时通知银行进行更正；属于本单位原因的，应按错账办法进行更正，并编制错漏账更正记录。双方未达账项是由于企业和银行之间对同一笔业务入账时间上的差异造成的一方已入账而另一方尚未入账的款项。确属未达账项的，应督促有关人员办理结算手续或记账手续。

二、办公室税收基础知识

(一) 税收的作用和基本特征、构成要素以及我国企业纳税的基本程序

1. 税收的作用与基本特征

税收具有筹集资金、调节经济和监督纳税人行为的职能，起着组织收入、调节经济、调整社会分配关系、处理对外经济关系和监督经济活动的多方面作用。税收的基本特征有三方面：强制性、无偿性和固定性。

税收的构成要素包括纳税人、征税对象、税率、减免与加征、纳税环节、纳税期限、违章处理等。其中，纳税人、征税对象和税率是税制的三个基本要素。秘书要了解和掌握我国现行税制中的税率。

我国企业纳税的基本程序主要包括：税务登记、纳税申报、税款缴纳、税务检查和违章处理等环节。

(二) 税收的分类

掌握税收的分类标准，将税收按不同标准划分为不同类别，不同的分类标准说明不同的问题。税收的分类如表 9 - 7 所示。重点掌握以课税对象为标准，税收分为流转税、所得税、财产税、行为税和资源税。了解和掌握各种税的纳税范围和税率规定。

表 9-7　税收分类一览表

分类标准	分类项目	释　义
以课税对象为标准	流转税	是以商品流转额和劳务收入额为课税对象的税种，如增值税、消费税、营业税、关税
	所得税	对纳税人的各种所得或收益课征的税，如企业所得税、个人所得税
	财产税	对纳税人所有或归其支配的财产课征的税，如房产税、遗产税
	行为税	对某些特定行为课征的税，如印花税、车船税
	资源税	对纳税人使用、开采自然资源课征的税，如资源税、土地使用税
以税负能否转嫁为标准	直接税	指纳税人与负税人一致，不发生税负转嫁行为的税，如个人所得税、财产税
	间接税	指纳税人与负税人不一致，纳税人可将税收负担转嫁给他人负担的税，如流转税
以税收与价格关系为标准	价内税	指税金包含在商品价格之内作为商品价格组成部分的税，我国现行税种绝大部分是价内税，如消费税
	价外税	指税金附加在商品价格之上并随商品销售实现，不作为商品价格组成部分的税，如增值税
以计税标准为标准	从量税	以课税对象的实现量为计税依据，按一定的税额计征的税，如资源税。从量税随课征数量而变化，计算简便，但与价格无关
	从价税	以课税对象的价值量为计税依据，按一定的税率计征的税，如增值税的计税依据是销售额，营业税的计税依据是营业额。从价税的应纳税额随商品价格的变化而变化，能体现合理负担的原则
以税收的收限归属为标准	中央税	由中央政府开征，收入归中央政府所有的税种，如消费税、关税
	地方税	由地方政府开征，收入归地方政府所有的税种，如营业税、城建税、企业所得税
	共享税	由政府和地方共同享有，按一定比例分别管理和支配的税种，如增值税、资源税、证券交易税

1. 流转税

流转税，就是以流转额为征税对象而征收的一类税收的总称，包括增值税、消费税、营业税、关税。具体内容如表 9-8 所示。

2. 所得税类

所得税类，又称收益税。我国的现行所得课税包括企业所得税、外商投资企业与外国企业所得税、个人所得税。我国的农业税一般也归入所得课税。

（1）企业所得税

① 企业所得税的征收范围和纳税人：凡在我国境内的企业，除外商投资企业和外国企业外，应当就其生产、经营所得和其他所得依法缴纳企业所得税。纳税人是实行独立核算的企业或组织。

② 企业所得税额的缴纳：采用33%的比例税率。缴纳企业所得税，按年计算，分月或分季预缴，年终汇算清缴，月份或季度终了后 15 日内预缴；年度终了后 4 个月内汇算清缴，多退少补。

表 9-8　流转税分类一览表

流转税类	纳税人	计税方法、形式、税率
增值税	增值税是我国第一大税种，划分为小规模纳税人与一般纳税人。包括在我国境内销售货物或者提供加工、修理修配劳务以及进口货物的单位和个人	计税方法：一般计算方法、简易计算方法、进口货物计算方法 一般纳税人税率： ① 标准比例税率为 17% ② 低税率为 13% ③ 适用于出口货物的零税率 小规模纳税人税率： ① 生产销售货物，提供加工、修理修配劳务，征收税率为 6% ② 商业企业小规模纳税人销售货物的征收税率为 4%
消费税	消费税包括在我国境内生产，委托加工和进口应税消费品的单位和个人	比例税率、定额税率
营业税	营业税包括在我国境内从事交通运输业、建筑业、金融保险业、邮电通信业、文化体育业、娱乐业、服务业，转让无形资产或销售不动产的单位和个人为营业税的纳税义务人	差别比例税率
关税	① 进口货物的收货人 ② 出口货物的发货人 ③ 进口物品的所有人或收件人 ④ 上述人员的代理人	进口货物税率、出口货物税率、进口物品税

（2）外商投资企业和外国企业所得税

① 外商投资企业和外国企业所得税的征税范围和纳税人：征税范围包括外商投资企业和外国企业取得的生产经营和其他所得。纳税人有：中外合资企业；中外合作经营企业；外资企业；在中国境内设立机构、场所，从事生产经营的外国公司、企业和其他经济组织；在中国境内没有设立机构、场所而有来源于中国境内的股息、利息、租金、特许权使用费和财产收益等项所得的外国公司、企业和其他经济组织。

② 外商投资企业和外国企业所得税的税率及缴纳：实行比例税率，即外商投资企业和外国企业在中国境内设立的从事生产、经营的机构、场所取得的应纳税所得税，按 30%税率征收企业所得税，另外按应纳税所得税征收 3%的地方所得税。两项合计税率为 33%。

对外国企业在中国境内未设立机构、场所，而源于中国境内的利润、利息、租金、特许权使用和其他所得，或者虽设立机构、场所，但上述所得与机构、场所没有实际联系的，按 20%税率征收所得税。

外商投资企业和外国企业所得税，采用按年计算、分季预缴的办法。季度终了后 15 日内预缴；年度终了后 5 个月内汇算清缴，多退少补。

（3）个人所得税

个人所得税征收范围、征收对象如表 9-9 所示；工资、薪金所得税税率表如表 9-10 所示；个体工商户的生产、经营所得税税率如表 9-11 所示。

表 9-9　个人所得税征收范围、征税对象一览表

征税范围	① 在我国有住所或者无住所而在境内居住满一年的人，不论是中国公民，还是外籍人员，均属我国居民。我国政府可根据居民管辖权的原则，对其从境外取得的所得征税 ② 在我国境内无住所又不居住，或者无住所且在境内居住不满一年的个人，属于非居民。我国政府可根据地域管辖权的原则，对其从中国境内取得的所得征税
纳税人	① 根据个人所得税法规定，在中国境内有住所，或者无住所但在境内居住满一年的个人，从中国境内和境外取得所得，应依照税法缴纳个人所得税 ② 在中国境内无住所又不居住，或者无住所且在境内居住不满一年的个人，从中国境内取得所得，也应依法缴纳所得税表
征税对象	个人所得税法规定的应税所得有 11 项： 工资、薪金所得 个人独资企业、合伙企业、个体工商户的生产经营所得 企事业单位的承包经营、承租经营所得 劳务报酬所得 稿酬所得 特许权使用费所得 储蓄存款利息、股息、红利所得 财产租赁所得 财产转让所得 偶然所得 经国务院财政部门确定征税的其他所得
税率	① 工资、薪金所得，适用 5%～45%的超额累进税率(税率见表) ② 个体工商户的生产、经营所得和对企事业单位的承包经营、承租经营所得，适用 5%～35%的超额累进税率(税率见表) ③ 稿酬所得，适用比例税率 20%，并按应纳税额减征 30% ④ 劳务报酬所得，适用比例税率为 20%。对劳务报酬所得一次收入极高的，可以实行加成征收，即个人取得劳务报酬收入的应纳税所得额一次超过二万至五万元的部分，按税法规定计算应纳税额后，再按照应纳税额加征五成，超过五万元的部分，加征十成
征收和缴纳的方法	① 纳税人自行申报应纳税款 ② 由支付所得单位或个人代扣代缴应纳税款

表 9-10　工资、薪金所得税税率一览表

级　数	全月应纳税所得额	税率/%	速算扣除数/元
1	不超过 500 元的	5	0
2	500 元～2000 元的部分	10	25
3	2000 元～5000 元的部分	15	125
4	5000 元～20000 元的部分	20	375
5	20000 元～40000 元的部分	25	1375
6	40000 元～60000 元的部分	30	3375
7	60000 元～80000 元的部分	35	6375
8	80000 元～100000 元的部分	40	10375
9	超过 100000 元的部分	45	15375

表 9-11 个体工商户的生产、经营所得税税率一览表

级 数	全月应纳税所得额	税率/%	速算扣除数/元
1	不超过 5000 元的	5	0
2	5000 元～10000 元的部分	10	250
3	10000 元～30000 元的部分	20	1250
4	30000 元～50000 元的部分	30	1250
5	超过 50000 元的部分	35	6750

3. 财产税、行为税、资源税

(1) 财产税

我国目前已开征的财产税类有房产税、契税、车船使用税、城市房地产税、土地增值税、城镇土地使用税等。

凡在我国境内拥有房屋产权的单位和个人，都是房产税的纳税人。在我国境内转移土地、房屋权属，承受的单位和个人为契税的纳税人。

(2) 行为税

现行税制中属于行为课税的税种主要有印花税、城市维护建设税、车船使用税等。

印花税的征税对象是书立和领受应税凭证(如经济合同、产权转移书据、营业账簿、权利许可证照等)的行为。

印花税的税率采用比例税率和定额税率。

(3) 资源税

目前我国开征的资源税类有资源税、城镇土地使用税、土地增值税、农(牧)业税、耕地占用税等。

第一，资源税的纳税人和征税范围：在我国境内开采应税矿产品或者生产盐的单位和个人。征税范围是矿产品和盐。其中矿产品包括原油、天然气、煤炭，其他非金属矿产品和金属矿产品。

第二，资源税的税率采用定额税率。

资源税税目、税额幅度如表 9-12 所示。

表 9-12 资源税税目、税额幅度一览表

税 目		税额幅度
一、原油		(8～30)元/吨
二、天然气		(2～15)元/千立方米
三、煤炭		(0.3～5)元/吨
四、其它非金属矿原矿		(0.5～20)元/吨
五、黑色金属矿原矿		(2～30)元/吨
六、有色金属矿原矿		(0.4～30)元/吨
七、盐	固体盐	(10～60)元/吨
	液体盐	(2～10)元/吨

实例 1:税率与纳税期限

问题:在税收法律关系中,纳税人必须依法纳税,如果不履行纳税义务,就要承担相应的法律责任。我国现行税制中的税率是什么?纳税期限是如何规定的呢?

实例评析:

我国现行的税率有三种。纳税人须按规定照章纳税。

(一)税　率

税率是制定税法、执行税法的中心环节。我国现行税制中主要有三种税率,即比例税率、累进税率和定额税率。

比例税率还可具体分为统一比例税率和差别比例税率两种。累进税率主要有超额累进税率和超率累进税率。定额税率又称"固定税额"或"定额税",它是税率的一种特殊形式,适用于从量税。

(二)纳税期限

纳税期限是税法规定的纳税人应当缴纳税款的期限。纳税期限是由税收的固定性特征所决定的,也是税收收入具有稳定性和及时性的重要保证。纳税期限包括计税期限、申报期限和缴纳期限(税款缴库期限)等。缴纳期限是纳税人缴纳税款的法定期限。如现行的增值税暂行条例第 9 条规定,纳税人以 1 个月为一期纳税的,自期满之日起 10 日内申报纳税。纳税人以 1 日、3 日、5 日、10 日或者 15 日为一期纳税的,自期满之日起 5 日内预缴税款,于次月 1 日起 10 日内申报纳税并结清上月应纳税款。纳税人进口货物,应当自海关填写税款缴纳证的次日起 7 日内缴纳税款。

实例 2:个人所得税与营业税的征收

按税法规定,个人所得税工资、薪金所得,以每月收入额扣除 1600 元后的余额为应征税所得额;营业税按次纳税为每次(日)营业额 50 元(含 50 元)以上为应纳税所得额。1600 元与 50 元的含义是否相同呢?

实例评析:

二者含义不同。1600 元为免征额,50 元为起征额。

个人所得税的 1600 元是免征税,对于每个纳税人而言,这 1600 元都要从其所得中扣除,是对所有纳税人的照顾。全月应纳税所得额是依据每月收入额减除费用后的余额,即:应纳税所得额=月工资、薪金总收入－1600 元。而营业税中的 50 元是指营业额低于 50 元的免收营业税,而一旦达到或超过 50 元即照章全额纳税,是对部分低收入者的照顾,所以 50 元属于起征点。

第三节　金融基础知识

货币资金融通的方式是信用方式,而组织这种融通的机构则是银行及其他金融机构。金融是现代经济的核心,对国民经济起支撑作用。货币是金融工作的起点、核心和归宿。

一、货　币

（一）货币的形式、职能

掌握货币的形式。货币形式大体经历了实物货币、金属货币、纸币、信用货币、复合货币、超国家性质的货币、电子货币等形式。

（二）货币的职能

掌握货币的职能和基本职能。货币具有价值尺度、流通手段、贮藏手段、支付手段、世界货币五种职能。各职能之间存在着有机的联系。其中价值尺度和流通手段是其最基本的职能。

（三）通货膨胀

理解通货膨胀这一经济现象及政府的治理政策。

通货膨胀是在一定时间内价格持续上升的过程，或者说是一种货币价值持续贬值的过程。通货膨胀是一种极为有害的经济现象，它会破坏生产发展、扰乱流通秩序、引起国民收入盲目分配并造成信用危机等。

政府治理通货膨胀的主要政策有：实行紧缩性宏观经济政策，实行币值改革，控制工资和物价等。要维持正常的社会再生产和商品流通，纸币的发行量就应与流通中实际所需要的金属货币量保持一致。

二、信用、利息与汇率

（一）信　用

掌握信用的特点和形式。信用是以偿还和付息为基本特征的借贷行为，具有还本和付息两个最基本的特点。信用作为一种借贷行为，表现为商业信用、银行信用、国家信用、消费信用、民间信用及国际信用等多种形式。

（二）利息与利息率

了解利息的计算方法，掌握利息率的作用和分类。

1. 利　息

利息的计算方法分为单利法和复利法两种。我国除活期存款带有一定的复利性质外，其余各类存款均按单利计息。在国外，短期贷款采用单利计算法，中长期贷款采用复利计算法。

2. 利息率

利息率简称利率，用公式表示就是：

$$利息率＝利息额/本金额\times 100\%$$

在日常生活中，利率的表示方法有三种，即年利率、月利率和日利率，亦称年息、月息和日息。以整个借贷期限内利率是否发生变化与否为标准，利率划分为固定利率和浮动利率。固定利率一般适用于短期借贷。浮动利率适用于借贷期限较长、市场利率多变的借贷关系。

在存在通货膨胀的经济环境里，利率有名义利率和实际利率的区别。实际利率＝名义利率－通货膨胀率。我国平时所说的利率通常是名义利率。

3. 外汇与汇率制度

掌握汇率的表示方法。外币具有国际性、可偿还性和可兑换性等特征。外汇分为自由外汇、贸易外汇和即期外汇三种。

汇率的表示方法有直接标价法、间接标价法、美元标价法。

各国实行的汇率制度一般有两种:固定汇率制度和浮动汇率制度。发达国家基本上都实行浮动汇率制度。人民币汇率实行直接标价法。

三、金融体系

金融体系主要包括金融机构体系和金融市场体系。了解和掌握金融机构体系和金融市场体系、金融工具。

了解和掌握金融机构体系及其职能。全球性金融机构典型的是国际货币基金组织和世界银行。

(一) 金融机构体系

1. 我国金融机构体系

我国金融机构体系结构如图 9-4 所示。

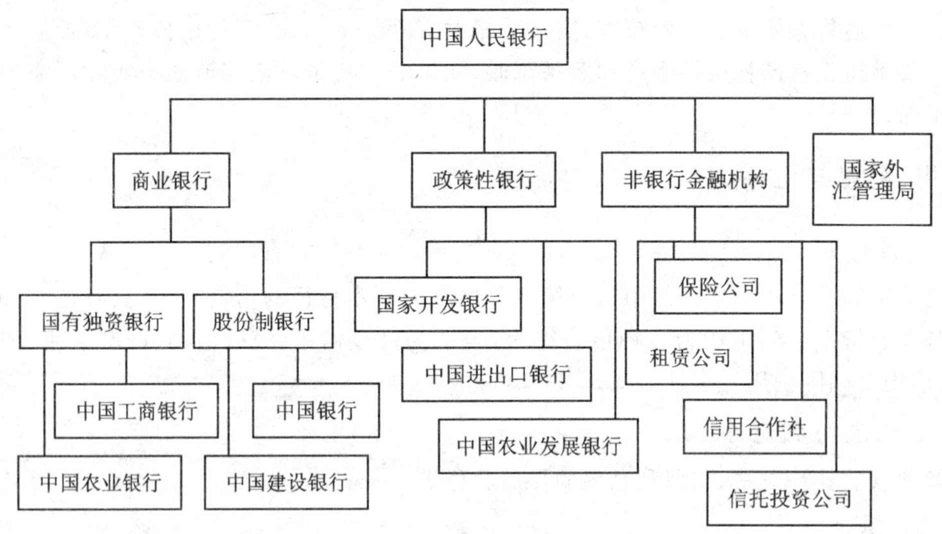

图 9-4 我国金融机构体系结构

(1) 中央银行

中央银行在一个国家的金融体系中处于主导地位。我国的中央银行是中国人民银行,其全部资产属国家所有,是非盈利性机构;它不经营普通银行业务,与其交往的对象仅限于金融机构和政府部门。中国人民银行的性质——享有货币的垄断权,决定了它的特殊地位。

根据《中国人民银行法》规定,中国人民银行主要履行下列职责:制定和实施货币政策,保持货币币值稳定;依法对金融机构进行监督管理,维护金融业的合法、稳健运行;维护支付、清算系统的正常运行,为金融机构提供清算服务;持有、管理、经营国家外汇储备和黄金储备;经理国库和负责金融统计业务;代表我国政府从事有关的国际金融活动。

(2) 专业银行

专业银行主要包括投资银行、开发银行、储蓄银行、不动产抵押银行。

(3) 外资(合资)银行

目前我国外资银行的主要业务是外币存款、外币贷款、外币投资及国际结算等中间业务。

2. 国际金融机构体系

国际金融机构体系掌握全球性金融机构和国际结算业务。

国际金融机构,也称为国际金融组织。它是从事国际金融活动的超国家性质的专门机构。国际金融机构按地域划分为全球性金融机构和区域性金融机构。全球性金融机构典型的是国际货币基金组织(IMF)、世界银行;区域性金融机构典型的是亚洲开发银行、欧洲投资银行、非洲开发银行、泛美开发银行等。

国际结算包括贸易结算和非贸易结算。贸易结算指一国进出口商品所发生的国际货币收支和债权、债务结算,是国际结算的主要内容;非贸易结算指除了贸易结算之外的其他国际结算业务,主要包括劳务输出(入)、国际旅游、侨民汇款、邮电、民航、保险等外汇收支,以及国际援助、国际馈赠和战争赔款等。国际结算方式有汇款结算方式、托收结算方式、信用证结算方式和保函结算方式。

(二) 金融市场体系

了解和掌握金融机构体系和金融市场体系、金融工具。

金融市场,也称资金市场。广义的金融市场包括了社会上一切金融业务,如存贷款业务、保险业务、信托业务、贵金属买卖业务、外汇买卖和各类有价证券的买卖业务。狭义的金融市场只把典型的金融商品的买卖看作金融市场行为。

(1) 金融市场的特征与功能

金融市场上的交易方式是以借贷方式为主(证券的买卖其实也是资金的借贷),金融商品交易所形成的信用关系不随买卖关系的结束而结束。融通资金,这是金融市场最主要的功能。

国际金融市场主要经营国际性的资金借贷、结算,以及证券、外汇和黄金的交易等。

(2) 金融工具

金融工具,即金融商品,从债权人的角度来说也称之为金融资产。金融工具一般应具有期限性、流动性、风险性和收益性的特征。从金融工具本身的性质看,大多数金融工具可分为商业票据、债券、股票、可转让大额存单票据四类。

四、保　险

掌握我国目前保险的种类及保险合同的内容和投保程序。

实例1:我国的法币——人民币

人民币是我国唯一合法的货币。在人民币流通过程中假币时有出现,有的场合拒收"分"的硬币。这是否违背了对人民币的有关规定呢?

实例评析:

人民币的使用应参照《中华人民共和国中国人民银行法》的相关规定。

《中华人民共和国中国人民银行法》规定,我国法定货币是人民币。以人民币支付中华人民共和国境内一切公私债务,任何单位和个人不得拒收;人民币以元为货币(主币)单位,辅币单位为角、分,主币与辅币具有同等无限法律效力;人民币由中国人民银行统一印制、发行;禁止伪造、变造人民币;禁止出售、购买、运输、持有、使用伪造、变造的人民币;禁止故意毁损人民币;禁止在宣传品、出版物或其他商品上非法使用人民币图样;任何单位和个人不得印制、发售代币票券,以代替人民币在市场上流通;残缺、污损的人民币按中国人民银行的规定兑换,并由中国人民银行负责收回、销毁。

实例2:保险

在企业的生产经营活动中,不可避免地要遭受自然灾害、意外伤害和经营破产等因素的影响和威胁,自觉不自觉地承担由此带来的损失。保险为人们的此类损失提供了一定的经济补偿。保险有哪些类别?保险合同的特性及投保基本程序如何?

实例评析:

保险是经济行为、法律关系和社会功能三者的统一。

(一)保　险

保险是保险人和投保人以经济合同方式建立起的一种信用经济关系。保险种类繁多,按保险性质分类,划分为商业保险、社会保险和政策保险;按保险标的分类,划分为财产保险、人身保险、责任保险和信用保证保险。

(二)保险合同

保险合同是商业保险所必须采取的形式。投保人和保险人作为依据保险合同建立保险关系的双方当事人,具有平等的法律地位,任何一方不得将自己的意志强加于对方。根据双方当事人的约定,一方(投保人)向另一方(保险人)支付对方保险费,另一方在保险标的发生合同约定事件发生时,承担其经济损失补偿责任。

第四节　法律基础知识与要求

一、《公司法》

《公司法》是为了适应建立现代企业制度,规定公司的组织和行为,保护公司、股东和债权的合法利益,维护社会经济秩序及促进社会主义市场经济的发展而根据宪法制定的。

《公司法》是调整我国经济运行过程中发生的公司经济关系的法律规范。

(一)《公司法》的基本常识

1. 公司法的基本原则

第一,出资者所有权与企业法人财产权相分离;

第二,公司自主经营、自负盈亏;

第三,公司实行权责分明、管理科学、激励和约束相结合的内部管理体制;

第四,公司必须依法经营,其合法权益受法律保护;

第五,保护职工合法权益等。

2.《公司法》的基本制度

第一,公司的名称和地址。公司的名称是以文字的形式表示公司的性质和特点,实现司法人的人格特定化。公司的地址是指公司的主要办事机构所在地。

第二,公司章程。公司章程是规定公司内部关系的基本原则,公司章程在公司注册后对股东、董事、监事和公司经营管理人员等都具有约束力。

第三，公司的权利能力与行为能力。公司的权利能力是指公司依法享有的权利和承担责任的资格，公司的经营范围必须由公司章程做出规定，并且应依法进行登记。公司的权力能力是指公司按照自己的意志依法独立进行生产经营活动取得权利和承担义务的能力。公司的行为能力包括民事行为能力、侵权行为能力和刑事责任能力等。

第四，公司的资本。公司资本是以盈利为目的而集聚在公司法人名下的财产。常见的公司资本包括注册资本、发行资本、认购资本和实缴资本等。

第五，公司财务与会计制度。财务制度是指公司的资金管理、成本费用计算、营业收入分配、货币管理、财务报告、清算和纳税等方面的规范；会计制度是指公司的会计记账、会计核算和会计监督等方面，它是财务制度的具体实现。

（二）公司的分类

1. 有限责任公司

有限责任公司是指依照公司法的有关规定设立的，股东以其出资额为限对公司承担责任，公司以其全部资产对公司的债务承担责任的企业法人。

(1) 有限责任公司的主要特征

第一，有限责任公司的股东均负有限责任。

第二，有限责任公司的资本不分为等额股份。证明股东出资份额的权利证书称为出资证明书。

第三，有限责任公司的股东有最高人数限制，即股东最高人数为 50 人。

第四，有限责任公司的设立程序比股份有限公司的设立程序简单。

(2) 有限责任公司的组织机构

有限责任公司的组织机构包括股东会、董事会及经理、监事会，即权力机构、执行机构和监督机构。

(3) 有限责任公司的股权

第一，股权证书。有限责任公司成立后，向股东签发由公司盖章的出资证明书就是股权证书。公司应当置备股东名册，载明下列事项：股东的姓名或者名称及住所、股东的出资额、出资证明书编号；股东有权查阅股东会会议记录和公司财务会计报告，并享有按出资比例分取红利和公司新增资本时优先认缴出资的权利。

第二，股权转让。公司法不允许股东向公司转让股份，但允许股东向本公司的其他股东或者本公司股东以外的其他人转让股份。

(4) 有限责任公司的公司债券

公司债券是指公司依照法定条件和程序发行的，约定在一定期限还本付息的有价证券。公司债券必须记载公司名称、债券票面金额、利率、偿还期限等事项，并由董事长签名、公司盖章。国有独资公司、两个以上的国有企业或者其他两个以上的国有投资主体投资设立的有限责任公司和股份有限公司，为筹集生产经营资金，可以依照公司法发行公司债券。

(5) 国有独资公司

国有独资公司是指国家授权的投资机构或国家授权的部门单独投资设立的有限责任公司。公司法规定，国务院确定的生产特殊产品的公司或者属于特定行业的公司，必须采用国有独资公司形式。

国有独资公司不设股东会,其投资者权利由国家授权机构行使。国有独资公司设董事会,董事会每届任期三年。董事会成员为三至九人,由国家授权机构委派或者更换。成员中应当有公司职工民主选举的职工代表。董事会设董事长一人,由国家授权机构在董事会成员中指定。国有独资公司设经理,由董事会聘任或解聘。国有独资公司的董事,一律不得兼任其他公司或经营组织的负责人。国家授权机构依法对国有独资公司的国有资产实施监督管理。

2. 股份有限公司

(1) 股份有限公司的特征

第一,公司的全部资本分为等额股份,股份采取股票形式;

第二,股东以所持股份为限对公司承担责任;

第三,公司的股东有最低人数限制,而没有最高人数限制;

第四,股份有限公司的设立程序较为复杂。

(2) 股份有限公司的设立

第一,股份有限公司的设立条件:① 发起人符合法定人数。设立股份有限公司,应当有五人以上为发起人,其中须有过半数的发起人在中国境内有住所;国有独资公司改建为股份有限公司的,发起人可以少于五人,但应当采取募集方式设立。② 股份有限公司发起人认缴和社会公开募集的股本达到法定注册资本的最低限 1000 万元人民币。③ 股份发行筹办事项符合法律规定。④ 发起人制定公司章程,并经创立大会通过。⑤ 有公司名称,建立符合股份有限公司要求的组织机构。⑥ 有固定的生产经营场所和必要的生产经营条件。

第二,股份有限公司的设立方式。股份有限公司的设立,可以采取发起设立或者募集设立的方式。

第三,公司创立大会。认股人缴清股款并验资完毕后,发起人应当在 30 日内主持召开公司创立大会。创立大会由认股人组成。发起人应于创立大会召开前 15 日内通知或公告会议日期。会议应有代表股份总数二分之一以上的认股人出席方可举行。

(3) 股份有限公司的组织机构

股份有限公司的组织机构由三部分构成:股东大会、董事会和监事会。

(4) 股份有限公司的股份发行和转让

第一,股份发行。① 股份发行的原则。股份发行实行公开、公平、公正的原则,必须同股同权、同股同利。同一次发行的股票,每股的发行条件和价格应当相同。② 股票发行的价格。可以按票面金额,也可以超过票面金额,但不得低于票面金额。以超过票面金额为股票发行价格的,须经国务院证券管理部门批准。以超过票面金额发行股票所得溢价款列入公司资本公积金。③ 股票的形式。股票一般采用纸面形式或国务院证券管理部门规定的其他形式。股票应当载明下列事项:公司名称、公司登记成立的日期、股票种类、票面金额及代表的股份数、股票的编号。股票由董事长签名,公司盖章。发起人的股票应当标明“发起人股票”字样。④ 股票的记名和无记名股票。公司向发起人、国家授权投资的机构、法人发行的股票应当为记名股票,并应当记载该发起人、机构或法人的名称,不得另立户名或者以代表人姓名记名。对社会公众发行的股票可以为记名股票,也可以为无记名股票。公司发行记名股票应当置备股东名册。⑤ 股份有限公司登记成立后,即向股东正式交付股票。公司登记成立之前不得向股东交付股票。⑥ 公司发行新股应当具备法定条件。股东大会作出发行新股的决议后,董事会必须向国务院授权的部门或者省级人民政府申请批准;属于向社会公开募集的,须经国务院证券管理部门批准。公司经批准向社会公开发行新股时，必须公告新股招股说明书和财务会计报表，并制作认股书。公司发行新股募足股款后，必须向公司登记机关办理变更登记并公告。

第二，股份转让。① 股东转让股份的权利和对转让的限制。股东持有的股份可以依法转让。发起人持有的本公司股份，自公司成立之日起三年内不得转让；公司董事、监事、经理应当向公司申报所持有的本公司的股份，并在任职期间内不得转让。②转让股份的场所和方式。股东转让其股份必须在依法设立的证券交易场所进行。记名股票，以背书方式或法律、行政法规规定的其他方式转让；无记名股票由股东在依法设立的证券交易所交付给受让人后，即发生转让的效力。③ 公司不得非法收购本公司的股票。《公司法》规定公司不得收购本公司的股票，但为减少公司资本而注销股份或者与持有本公司股票的其他公司合并时除外。公司不得接受本公司的股票作为抵押权的标的。

(5) 上市公司

上市公司必须符合以下条件：① 股票经国务院证券管理部门批准已向社会公开发行。② 公司股本总额不少于 5000 万元人民币。③ 开业时间在三年以上，最近三年连续盈利。④ 持有股票面值达人民币 1000 元以上的股东人数不少于 1000 人，向社会公开发行的股份达到公司股份总数的 25%以上；公司股本超过人民币 4 亿元的，其向社会公开发行股份的比例为 15%以上。⑤ 公司在最近 3 年内无重大违法行为，财务会计报告无假记载。⑥ 国务院规定的其他条件。

股票上市的程序是：① 报请国务院或者国务院授权证券管理部门批准。申请时提交的文件，要依照法律、行政法规的规定。② 经批准后，被批准的上市公司必须公告股票上市报告，并将其申请文件存放在指定地点供公众查阅。③ 向证券交易所提出申请，经批准，发出上市公告。④ 依照有关法律、行政法规的规定，将被批准的上市股份投入合法证券交易场所进行交易。

对上市公司的监管：① 信息公开制度；② 暂停上市制度；③ 终止上市制度。

(三) 公司的合并、分立、终止和清算

1. 公司的合并与分立

公司合并包括两种形式：一是吸收合并，吸收方保留，被吸收方解散。二是新设合并，即合并以后形成一个新公司，合并各方解散。公司分立的形式有两个：一是原公司解散，在此基础上形成两个以上新的法人；二是原公司继续存在，由其中分离出来的部分形成新的法人。

公司合并与分立、登记事项发生变更的，应当依法向公司登记机关办理变更登记；公司解散的，应当依法办理公司注销登记；设立新公司，应当依法办理公司设立登记。

2. 公司的终止与清算

(1) 公司终止事由

第一，宣告破产。

第二，自愿解散。《公司法》规定，有下列情形之一的可以解散：公司章程规定的营业期限届满或者公司章程规定的其他解散事由出现；股东会决议解散；因公司合并或分立需要解散。

第三，强制解散。

(2) 公司的清算

第一，清算组的组成。在自愿解散的情况下，有限责任公司的清算组应由股东担任。股份

有限公司的清算组人选应由股东大会确定。在强制解散的情况下，清算组成员应由主管机关从股东、有关机关及有关专业人士中指定。

第二，清算组的职权。清算组在清算期间负责清理公司财产，分别编制资产负债表和财产清单，通知或者公告债权人，处理与清算有关的公司未了结的业务，清缴所欠税款、清理债权、债务、处理公司清偿债务后的剩余财产，代表公司参与民事诉讼活动。

第三，清算组的义务。清算组成员应当忠于职守，依法履行清算义务。清算组成员不得利用职权收受贿赂或获得其他非法收入，不得侵占公司财产。清算组成员因故意或者重大过失给公司或者债权人造成损失的，应当承担赔偿责任。

第四，清算程序。申报债权，制订清算方案，剩余财产的分配。

二、《外商投资企业法》

（一）《中外合资经营企业法》

1. 中外合资经营企业及其设立

中外合资经营企业是指中国合营者与外国合营者依照中华人民共和国法律的规定，在中国境内共同投资、共同经营，并按照投资比例分享利润、分担风险及亏损的企业。中外合资经营企业属于股权式的合营企业。

(1) 中外合资经营企业的设立条件

中外合资经营企业的设立条件：① 采用先进技术设备和科学管理方法，能增加产品品种，提高产品质量和产量，节约能源和材料；② 有利于技术改造，能做到投资少、见效快、收益大；③ 能扩大产品出口，增加外汇收入；④ 能培训技术人员和经营管理人员。

但是有下列情形之一的，不予批准：① 有损中国主权的；② 违反中国法律的；③ 不符合中国国民经济发展要求的；④ 造成环境污染的；⑤ 签订的协议、合同、章程内容不公平，损害合营一方权益的。

(2) 设立中外合资经营企业的申请制度

在中国境内设立合营企业，应由中国合营者向企业主管部门报送拟与外国合营者设立合营企业的项目建议书和初步可行性研究报告。企业主管部门审查同意并报审批机关批准后，合营各方才正式进行谈判，从事以可行性研究为核心的各项工作，并在此基础上商谈签订合营企业协议、合同和章程。申请设立合营企业由中国合营者负责向审批机关报送设立合营企业的申请书，可行性研究报告，合营企业协议、合同和章程，合营企业董事人选名单以及由合营各方确定或由董事会选举产生的董事长、副董事长人选名单等文件。

(3) 设立中外合资经营企业的审批与登记制度

在我国设立的中外合资经营企业，必须经国家对外经济贸易主管部门审查批准。审批机关自接到中国合营者按规定报送的全部文件之日起，要在三个月内决定批准或不批准。合营企业办理开业登记应当在收到国家对外经济贸易主管部门发给批准证书后 30 日内由企业组建负责人向登记主管机关提出申请登记。主管机关应当在受理申请后 30 天内做出核准登记或者不予核准登记的决定。登记主管机关核准登记注册，领取企业法人营业执照，企业即告成立，取得中国法人资格。

2. 中外合资经营企业的组织形式与注册资本

第一，中外合资经营企业的组织形式。中外合资经营企业的组织形式为有限责任公司，合营各方对合营企业的责任以各自认缴的出资额为限，合营企业以其全部资产对其债务承担责任。

第二，中外合资经营企业的出资方式和注册资本。合营各方可以用货币、实物、工业产权、专有技术等方式出资。中方还可以用土地使用权作价出资。外国合营者的投资比例一般不低于25%。经合营他方同意或审批机关批准，合营一方可以向第三者转让其全部或部分出资额。合营一方转让其全部或部分出资额时，合营他方有优先购买权。

3. 中外合资经营企业的权力机构和经营管理机构

第一，中外合资经营企业的权力机构。合营企业的权力机构是董事会。董事会的职权是按照合营企业章程的规定，讨论决定合营企业的重大问题。董事会的人数由合营各方协商在合营企业合同章程中确定，但不得少于三人。董事的任期为四年，经合营者继续委托可以连任。

第二，中外合资经营企业的经营管理机构。合营企业的经营管理机构负责企业的日常经营管理工作。经营管理机构设总经理一人，副总经理若干人，其他高级管理人员若干。

4. 中外合资经营企业的经营管理工作

第一，中外合资经营企业的计划管理。合营企业的基本建设计划，应根据批准的可行性研究报告编制，并纳入企业主管部门的基本建设计划当中，企业主管部门应当优先予以安排并保证其实施工作的进行。

第二，中外合资经营企业的物资购买。《合资企业法》规定，合营企业在批准的经营范围内所需的原材料、燃料等物资，按照公平、合理的原则，可以在国内市场或者在国际市场购买。合营企业自行决定从国外购买其所需物资的，如果这些物资属于需要领取进口许可证的产品，要每年编制一次进口计划，每年年中领一次许可证。合营企业在国内购买物资和所需服务的价格，除国家另有规定外，应与国有企业同等看待，并以人民币支付。

第三，中外合资经营企业的产品销售。中国政府鼓励合营企业向中国境外销售产品。出口产品可由合营企业直接或与其有关委托机构向国外市场出售，也可通过中国的外贸机构出售。合营企业生产的产品也可在中国市场销售。

第四，中外合资经营企业的财务与会计管理。合营企业应当在中国境内企业所在地设置财务会计机构。规模较小设置财务机构有困难的可以不设，但须报知主管财政机关或企业主管部门。合营企业应当配备合格的财务会计人员依法办理财务会计业务。

第五，中外合资经营企业的劳动管理。合营企业职工的录用、辞退、报酬、福利、劳动保护、劳动保险等事项，应当依据中国相关法律，通过订立合同加以规定。《合资企业法》还规定，合营企业的各项保险应向中国境内的保险公司投保。

（二）《中外合作经营企业法》

1. 中外合作经营企业及其设立

中外合作经营企业是指中国合作者与外国合作者依照中国法律的规定，在中国境内设立的按合作企业合同的约定分配收益或者产品，并分担风险和亏损的企业。

（1）设立中外合作企业的条件

国家鼓励兴办产品出口的或者技术先进的生产型合作企业。

（2）设立中外合作经营企业的申请和审批

应当由中方合作者向审查批准机关报送设立中外合作企业的项目申请书、合作各方共同编制的可行性研究报告、合作企业协议、合同和章程、合作各方的营业执照、资信证明及法定代表人的有效证明文件；外国合作者是自然人的，应提供有关其身份、履历和资信情况的有效证明等文件。

中外合作经营企业的设立由对外经济贸易合作部门或者国务院授权的部门和地方人民政府批准。设立中外合作经营企业的申请经批准后，应当自接到批准件之日起 30 日内向工商行政管理机关申请登记，领取营业执照。营业执照签发日期为企业的成立日期。合作企业自成立之日起 30 日内向税务机关办理税务登记。

2. 中外合作经营企业的组织形式与注册资本

(1) 中外合作经营企业的组织形式

合作企业符合中国法律关于法人条件规定的，依法取得中国法人资格。也就是说，可以申请设立具有法人资格的合作企业，也可以申请设立不具有法人资格的合作企业。具有法人资格的合作企业，其组织形式为有限责任公司；不具有法人资格的合作企业，合作各方的关系是合伙关系。

(2) 中外合作经营企业的注册资本

合作各方应依法和依合同的约定向合作企业投资或提供合作条件。合作各方投资提供合作条件的方式可以是货币，也可以是实物、工业产权、专有技术、土地使用权等财产权利。中外合作经营企业的注册资本，是指在工商行政管理机关登记的合作各方认缴的出资额之和，注册资本可以用人民币表示，也可以用合作各方约定的一种可自由兑换的外币表示。合作企业的注册资本在合作期限内不得减少。但是，因投资总额和生产规模等变化确需减少的，须经审查批准机关批准。

3. 中外合作经营企业的组织机构

第一，董事会制；

第二，联合管理制；

第三，委托管理制。

4. 中外合作经营企业的物资购买、收益分配和投资回收

(1) 中外合作经营企业的物资购买

合作企业可以在经批准的经营范围内，进口本企业需要的物资，出口本企业生产的产品。合作企业在经批准的经营范围内所需的原材料、燃料等物资，按照公平、合理的原则，可以在国内市场或者在国际市场购买。

(2) 中外合作经营企业收益分配

合作企业收益和产品的分配，一般在合作企业合同中约定。收益分配的比例，也是由中外合作者在合作企业合同中约定。

(3) 中外合作经营企业外国合作者的投资回收

在实践中，中外合作经营企业在合作期限届满时，其全部固定资产往往归中国合作者所有。如果中外合作者在合作企业合同中约定合作期满时合作企业的全部固定资产归中国合作者所有的，可以在合作企业合同中约定外国合作者在合作期限内先行回收投资。

(三)《外资企业法》

1. 外商独资企业及其设立

外商独资企业简称外资企业，是指依照中国法律的规定，在中国境内设立的、全部资本由外国投资者投资的企业。不包括外国的企业和其他经济组织在中国境内的分支机构。

(1) 外商独资企业的设立条件

设立外资企业必须有利于中国国民经济的发展,能够取得显著的经济效益。国家鼓励外资企业采用先进的技术和设备从事新产品开发,实现产品升级换代,节约能源和原材料,并鼓励举办产品出口的外资企业。禁止或者限制设立外资企业的行业,按照国家指导外商投资方向的规定及外商投资产业指导目录执行。

(2) 设立外商独资企业的申请

外国投资者在提出设立外资企业的申请前,应当就下列事项向拟设立外资企业所在地的县级或者县级以上地方人民政府提交报告。县级或县级以上人民政府应当在收到外国投资者提交报告之日起 30 日内以书面形式答复外国投资者。

外国投资者设立外资企业,应当通过拟设立外资企业所在地的县级或县级以上人民政府向审批机关提出申请,并报送设立外资企业申请书、可行性研究报告、外资企业章程、外资企业法定代表人或董事会人选名单、外国投资者的法律证明文件和资信证明文件等材料。两个或两个以上外国投资者共同申请设立外资企业,应当将其签订的合同副本报送审批机关备案。

(3) 设立外商独资企业的审批、登记

设立外资企业的申请,由国家对外经济贸易主管部门或者国务院授权的机关审核批准。审批机关应当在收到申请设立外资企业的全部文件之日起 90 日内决定批准或者不批准。设立外资企业的申请经批准后,外国投资者应当在接到批准证书之日起 30 日内,向国家工商行政管理总局或经国家工商行政管理总局授权的地方工商行政管理局申请开业登记。登记主管机关应当在受理申请后 30 日内,作出核准登记或者不予核准登记的决定。申请开业登记的外国投资者,经登记主管机关核准登记注册,领取营业执照后,企业即告成立。外资企业的营业执照签发日期,为该企业的成立日期。外资企业应当在企业成立之日起 30 日内在税务机关办理税务登记。

2. 外商独资企业的组织形式与注册资本

(1) 外商独资企业的组织形式

外商独资企业的组织形式为有限责任公司,经批准也可以为其他组织形式。

(2) 外商独资企业的注册资本

外国投资者可以用可自由兑换的外币出资,也可用投资者所有的机器设备、工业产权、专有技术等作价出资。外资企业在经营期内不得减少其注册资本。但是,因投资总额和生产经营规模等发生变化确需减少的,须经审批机关批准。外资企业注册资本的增加、转让,须经审批机关批准,并向工商行政管理机关办理变更登记手续。

3. 外商独资企业的用地及其费用

(1) 外商企业用地的解决

外资企业的用地,由外资企业所在地的县级或者县级以上地方人民政府根据本地的情况审核后,予以安排。外资企业应当在营业执照签发之日起 30 日内,持批准证书、营业执照到外资企业所在地县级或者县级以上地方人民政府的土地管理部门办理土地使用手续,领取土地证书。

(2) 外商独资企业用地的费用

外资企业在领取土地证时,应当向其所在地土地管理部门缴纳土地使用费用。

4. 外商独资企业的经营管理工作

第一,外商独资企业的物资采购;

第二,外商独资企业的产品销售;

第三,外商独资企业的财务会计管理;

第四,外商独资企业的劳动管理。

外资企业法还规定外资企业与其他公司、企业或者经济组织以及个人签订合同适用《中华人民共和国合同法》。

三、《合同法》

(一) 合同与《合同法》

1. 合同及其特点

(1) 合同的概念

合同是平等主体的自然人、法人、其他组织之间设立、变更、终止民事权利和义务关系的协议。

(2) 合同的特点

① 合同是一种民事法律行为,即民事主体实施的能够引起民事权利和民事义务设立、变更和终止的合法行为;② 合同以设立、变更或终止民事权利和义务关系为目的;③ 合同是两个以上主体意思表示相一致的协议,是当事人协商一致的产物。

(3) 合同的分类

① 根据合同的成立是否以交付标的物为要件,合同可分为诺成性合同与实践性合同;② 根据合同成立是否需要特定的形式,将合同分为要式合同与非要式合同;③ 根据双方当事人权利和义务的分担方式,合同分为双务合同与单务合同;④ 根据双方当事人取得权利有无代价,可将合同分为有偿合同与无偿合同;⑤ 根据两个合同之间的主从关系,将合同分为主合同与从合同。

2.《合同法》

《合同法》是调整平等主体之间的合同关系的法律规范。合同法的基本原则是为了保护合同当事人的合法权益,维护社会经济秩序,促进社会主义现代化建设而制定的。合同法的基本原则主要有:① 平等自愿的原则;② 公平原则;③ 诚实信用原则;④ 合法的原则。

(二) 合同的订立

1. 合同成立的要件

第一,主体合格。当事人订立合同,应当具有相应的民事权利能力和民事行为能力。当事人依法可以委托代理人订立合同。

第二,当事人意思表示一致。

第三,合同的客体合法、确定。

第四,符合法律规定的形式。当事人订立合同有书面形式、口头形式和其他形式。法律、行政法规规定采用书面形式的,应当采用书面形式。

2. 合同的内容

合同的内容主要有:当事人的名称或者姓名和住所;标的;数量;质量;价款或酬金;履行期

限、地点和方式；违约责任；解决争议的方法。

3. 合同订立的程序

合同法规定，当事人订立合同要采取要约、承诺两种方式。

第一，要约合同须符合下列条件：① 要约须是特定人所为的意思表示；② 要约的内容必须具体确定；③ 要约中应当明确表明该要约一经受要约人承诺，要约人就要受该意思表示的约束。

第二，承诺合同必须具备下列条件才能产生法律效力：① 承诺必须由受要约人做出；② 承诺必须向要约人做出；③ 承诺必须表明受要约人决定与要约人订立合同。

4. 合同的成立

当事人采用合同书形式订立合同的自双方当事人签字或者盖章时合同成立。当事人用信件、数据电文等形式订立合同的，可以在合同成立之前要求签订确认书。签订确认书时合同成立。

承诺生效的地点为合同成立的地点。当事人采用合同书形式订立合同的，双方当事人签字或者盖章的地点为合同成立地点。采用数据电文形式订立的合同，收件人的主营业地为合同成立地点；没有主营业地的，其经常居住地为合同成立地点。当事人另有约定的按照其约定。

法律、行政法规规定或者当事人约定采用书面形式订立合同，当事人未采用书面形式但一方已经履行主要义务，对方接受的，该合同成立。采用合同书形式订立合同，在签字或盖章之前，当事人一方已经履行主要义务，对方接受的，该合同成立。

5. 缔约过失责任

当事人在订立合同过程中有下列情形之一，给对方造成损失的，应当承担损害赔偿责任：① 假借订立合同，恶意进行磋商；② 故意隐瞒与订立合同有关的重要事实或者提供虚假情况；③ 有其他违背诚实信用原则的行为。

缔约过失的损害赔偿范围为信赖利益的损失，即因上述情形致使合同不能成立、无效或被撤销等而造成的损失，包括订立合同的费用、准备履行所支出的费用、丧失与第三人另订合同的机会所产生的损失。

此外，合同法还规定，当事人在订立合同过程中知悉的商业秘密，无论合同是否成立，不得泄露或者不正当使用。否则给对方造成损失的，应当承担损害赔偿责任。

（三）合同的效力

1. 合同生效的条件

第一，行为人必须具有与订立合同相适应的民事行为能力；

第二，行为人订立合同的意思表示真实；

第三，合同内容不违反法律和社会公共利益。

2. 附条件、附期限合同

合同当事人对合同的效力可以约定附条件、附生效条件的合同，自条件成立时生效；附解除条件的，自条件成立时失效。当事人为自己的利益不正当地阻止条件成立的，视为条件已成立；不正当地促成条件成立的，视为条件不成立。当事人对合同的效力可以约定附期限。

3. 几种特殊情形合同的效力

第一种，限制民事行为能力人订立的合同，经法定代理人追认后，该合同有效。

第二种，行为人没有代理权、超越代理权或者代理权终止后以被代理人名义订立的合同，未经被代理人追认，对被代理人不发生效力，由行为人承担责任。行为人没有代理权、超越代理权或者代理权终止后以被代理人名义订立合同，相对人有理由相信行为人有代理权的，该代理行为有效。

第三种，法人或者其他组织的法定代表人、负责人超越权限订立的合同，除相对人知道或者应当知道其超越权限的以外，该代表行为有效。

第四种，无处分权的人处分他人财产，经权利人追认或者无处分权的人订立合同后取得处分权的，该合同有效。

4. 合同无效

有下列情形之一的，合同无效：一方以欺诈、胁迫的手段订立合同，损害国家利益；恶意串通，损害国家、集体或者第三人利益；以合法形式掩盖非法目的；损害社会公共利益；违反法律、行政法规的强制性规定。

合同法还规定合同中的下列免责条款无效：造成对方人身伤害的；因故意或者重大过失造成对方财产损失的。

5. 可变更、可撤销合同

有下列情形之一的，当事人一方有权请求人民法院或者仲裁机构变更或撤销合同：

第一，因重大误解订立的合同；

第二，在订立合同时显失公平的；

第三，一方以欺诈、胁迫的手段或者乘人之危，使对方在违背真实意愿的情况下订立的合同。

当事人请求变更的合同，人民法院或仲裁机构不得撤销。

有下列情形之一的，撤销权消灭：① 具有撤销权的当事人知道或者应当知道撤销事由之日起一年内没有行使撤销权。② 具有撤销权的当事人知道撤销事由后明确表示或者以自己的行为放弃撤销权。

6. 无效合同和被撤销合同的法律后果

无效的合同或者被撤销的合同自始没有法律约束力。合同部分无效，不影响其他部分效力的，其他部分仍然有效。合同无效、被撤销或者终止的，不影响合同中独立存在的有关解决争议方法的条款的效力。

合同无效或者被撤销后，因该合同取得的财产，应当予以返还；不能返还或者没有必要返还的，应当折价补偿。有过错的一方应当赔偿对方因此所受到的损失，双方都有过错的，应当各自承担相应的责任。

当事人恶意串通，损害国家、集体或者第三人利益的，因此取得的财产应当收归国家所有或者返还集体、第三人。

（四）合同的履行

1. 合同的履行原则

① 全面履行原则；② 诚实信用原则。

2. 合同内容约定不明时的履行规定

合同的履行当事人就有关合同内容约定不明、协议补充仍不能确定的，按照下列规定履行：

第一，质量要求不明确的，按照国家标准、行业标准履行；没有国家标准、行业标准的，按照通常标准或者符合合同目的的特定标准履行。

第二，价款或者报酬不明确的，按照订立合同时履行地的市场价格履行；依法应当执行政府定价或者政府指导价的，按照规定履行。

第三，履行地点不明确，给付货币的，在接受货币一方所在地履行；交付不动产的，在不动产所在地履行；其他标的，在履行义务一方所在地履行。

第四，履行期限不明确的，债务人可以随时履行，债权人也可以随时要求履行，但应当给对方必要的准备时间。

第五，履行方式不明确的，按照有利于实现合同目的的方式履行。

第六，履行费用的负担不明确的，由履行义务一方负担。

3. 执行政府定价或指导价的合同履行

执行政府定价或者政府指导价的，在合同约定的交付期限内政府价格调整时，按照交付时的价格计价。逾期交付标的物的，遇价格上涨时，按照原价格执行；价格下降时，按照新价格执行。逾期提取标的物或者逾期付款的，遇价格上涨时，按照新价格执行；价格下跌时，按照原价格执行。

4. 合同履行的抗辩权

抗辩权是指对抗请求权的权利，通过行使这种权利使对方的请求权在一定期限内不能行使。合同履行的抗辩权包括以下几个方面：

第一，同时履行抗辩权。当事人互负债务，没有先后履行顺序的，应当同时履行。一方在对方履行之前有权拒绝其履行要求。一方在对方履行债务不符合约定时，有权拒绝其相应的履行要求。

第二，后履行抗辩权。当事人互负债务，有先后履行顺序，先履行一方未履行的，后履行一方有权拒绝其履行要求。先履行一方履行债务不符合约定的，后履行一方有权拒绝其相应的履行要求。

第三，不安抗辩权。应当先履行债务的当事人，有确切证据证明对方有下列情形之一的，可以终止履行：① 经营状况严重恶化；② 转移财产、抽逃资金以逃避债务；③ 丧失商业信誉；④ 有丧失或者可能丧失履行债务能力的其他情形。债权人分立、合并或者变更住所没有通知债务人，致使履行债务发生困难的，债务人可以中止履行或者将标的物提存。

5. 合同的保全

合同的保全是指为防止因债务人的财产不断减少而给债权人的债权带来危害，从而允许债权人采取一定的法律手段以保护其债权的法律制度。合同的保全措施主要有两种，即债权人享有的代位权和撤销权。

6. 合同履行的担保

根据我国民法和担保法的规定，合同履行的担保方式有：定金、保证、抵押、质押、留置。

（五）合同的变更和转让

1. 合同的变更

合同的变更是指在合同成立以后，尚未履行或者尚未完全履行之前，当事人在原合同的基础上达成协议，修改或者补充原合同的内容。变更合同需具备下列条件：

第一，已存在原合同关系，这是合同变更的前提；

第二，双方当事人必须就变更的内容协商一致；

第三，变更合同的协议必须符合民事法律行为的生效要件；

第四，变更合同必须遵守法律规定的程序，法律、行政法规规定变更合同应当办理批准登记等手续的，当事人应当遵守该规定。

合同的变更对于已按原合同所作的履行无溯及力。当事人对合同变更的内容约定不明的，推定为未变更。

2. 合同的转让

合同的转让是指合同当事人依法将其合同的权利、义务的全部或者部分转让给第三人，或者将合同的权利和义务一并转让给第三人的行为。

(1) 合同权利的转让

合同权利的转让是指合同的债权人将其权利全部或者部分转让给第三人。但有下列情形之一的，合同权利不得转让：① 根据合同的性质不得转让；② 按照当事人的约定不得转让；③ 依照法律规定不得转让。

(2) 合同义务的转移

合同义务的转移是指合同的债务人将其合同义务的全部或部分转移给第三人的行为。债务人将合同的义务全部或者部分转移给第三人的，应当经债权人同意。

(3) 合同权利和义务一并转让

合同权利和义务一并转让是指原合同的一方当事人将其债权债务一并转让给第三人，由第三人享有和承担依原合同约定的权利和义务。

法律、行政法规规定转让权利或转移义务应当办理批准、登记等手续的，当事人应当遵守该规定，而且自批准、登记之日起，合同的转让才发生法律效力。

(六) 合同的权利和义务终止

1. 合同的权利和义务终止的事由

合同权利和义务的终止是指合同双方的当事人终止合同关系，合同所确定的权利和义务关系归于消灭。有下列情形之一的，合同的权利和义务终止：

第一，债务已经按照约定履行。

第二，合同解除。有下列情形之一的，当事人可以解除合同：① 因不可抗力致使不能实现合同目的的；② 在履行期限届满之前，当事人一方明确表示或者以自己的行为表明不履行主要债务的；③ 当事人一方迟延履行主要债务，经催告后在合理期限内仍未履行的；④ 当事人一方迟延履行债务或者有其他违约行为致使不能实现合同目的的；⑤ 法律规定的其他情形。合同解除后，尚未履行的，终止履行；已经履行的，根据履行情况和合同性质，当事人可以要求恢复原状。采取其他补救措施，并有权要求赔偿损失。

第三，债务相互抵消。

第四，债务人依法将标的物提存。有下列情形之一难以履行债务的，债务人可以将标的物提存：① 债权人无正当理由拒绝受领；② 债权人下落不明；③ 债权人死亡未确定继承人或者丧失行为能力未确定监护人；④ 法律规定的其他情形。

第五，债权人免除债务。

第六，债权、债务同归于一人，即混同。混同的效力使合同关系消失。

第七，法律规定或者当事人约定终止的其他情形。

2. 合同的权利和义务终止的效力

合同的权利和义务的终止，使当事人双方的合同关系不复存在，合同所确定的权利和义务关系消灭。合同的权利和义务终止后，当事人应当遵循诚实信用原则，根据交易习惯履行通知、协助、保密等义务。合同的权利和义务的终止，不影响合同中结算和清算条款的效力。

（七）违约责任

1. 违约责任的构成

第一，行为人从事了违反合同的行为，这是承担违约责任的前提条件；

第二，违约行为给当事人一方造成损失的；

第三，行为人的违约行为与其给对方当事人造成的损失之间存在因果关系，即非违约方所受损失，是由违约方的违约行为造成的。

2. 承担违约责任的原则

合同法对违约责任采取的是严格责任原则，即不管主观上是否有过错，只要不履行合同义务或者履行合同义务不符合约定的，除不可抗力可以免责外，都要承担违约责任。

3. 预期违约

预期违约又称先期违约，是指在合同履行期限届满前，一方当事人无正当理由明确肯定地向另一方当事人表示他将不履行合同，或者以自己的行为表明他将不履行合同。当事人一方明确表示或者以自己的行为表明不履行合同义务的，对方可以在履行期限届满之前要求其承担违约责任。

4. 承担违约责任的方式

承担违约责任的方式有以下几个方面：一是支付违约金；二是支付赔偿金；三是继续履行；四是修理、更换、重作、退货和减少价金；五是定金制裁；六是采取补救措施的合理费用。

5. 违约责任的免除

《合同法》规定，因不可抗力不能履行合同的，根据不可抗力的影响，部分或者全部免除责任，但法律另有规定的除外。当事人迟延履行后发生的不可抗力的，不能免除责任。不可抗力是指不能预见、不能避免并且不能克服的客观情况。当事人一方因不可抗力不能履行合同的，应当及时通知对方，以减轻可能给对方造成的损失，并应当在合理期限内提供证明。

四、《劳动法》

（一）《劳动法》及其适用范围

1.《劳动法》的概念和调整对象

《劳动法》是调整劳动关系以及与劳动关系密切联系的其他社会关系的法律规范的总称。《劳动法》调整的劳动关系是指劳动者与用人单位之间在实现劳动过程中发生的社会关系。

《劳动法》调整的对象主要是劳动关系，同时还调整与劳动关系密切联系的其他社会关系。

2.《劳动法》的适用范围

第一，在中华人民共和国境内的企业、个体经济组织和与之形成劳动关系的劳动者。

第二，国家机关、事业组织、社会团体的工勤人员。

第三，实行企业化管理的事业组织的非工勤人员。

第四，其他通过劳动合同与国家机关、事业组织、社会团体建立劳动关系的劳动者。劳动法不适用于公务员和比照实行公务员制度的事业组织和社会团体的工作人员，以及农村劳动者（乡镇企业职工和进城务工、经商的农民除外）、现役军人、家庭保姆、在中华人民共和国境内享有外交特权和豁免权的外国人等。

3. 劳动者的基本权利和义务

第一，劳动者的基本权利。劳动者享有平等就业和选择职业的权利、取得劳动报酬的权利、休息休假的权利、获得劳动安全卫生保护的权利、接受职业技能培训的权利、享受社会保险和福利的权利、提请劳动争议处理的权利以及法律规定的其他劳动权利。

第二，劳动者的义务。劳动者应当完成劳动任务，提高职业技能，执行劳动安全卫生规程，遵守劳动纪律和职业道德。

（二）促进就业和就业原则

1. 促进就业

促进就业是指国家为保障公民实现劳动权所采取的创造就业条件、扩大就业机会的各种措施的总称。促进就业是国家的基本职责，促进就业的目标是实现充分就业。

2. 就业的原则

第一，劳动者有平等的就业机会和就业条件，不因民族、种族、性别和宗教信仰不同而受到歧视。妇女享有与男子平等的就业权利，在录用职工时，除国家规定的不适合妇女的工种或者岗位外，不得以性别为由拒绝录用妇女或者提高对妇女的录用标准。

第二，劳动者享有选择职业的权利。劳动者与用人单位在平等自愿、协商一致的基础上，通过签订劳动合同实现劳动者就业。

第三，对残疾人、少数民族人员、退役的军人的就业实行特殊政策，给予特别保护。

第四，禁止使用童工。禁止用人单位招用未满 16 周岁的未成年人，文艺、体育和特种工艺单位招用未满 16 周岁的文艺工作者、运动员和艺徒时，须报经县级以上（含县级）劳动行政部门批准，并保障其接受义务教育的权利。

（三）劳动合同

1. 劳动合同的概念与特征

劳动合同是劳动者与用人单位之间建立劳动关系、明确双方权利和义务的协议。劳动合同主要有以下几个方面：

第一，劳动合同的主体一方是劳动者，另一方是用人单位，这是劳动合同在主体方面与其他合同的重要区别。

第二，劳动合同的内容具有权利和义务的统一性和对应性。劳动者与用人单位之间通过劳动合同确认双方的权利和义务，双方的权利和义务互为对应，统一于劳动就业和劳动力价值的实现。

第三，劳动合同的客体具有单一性，即劳动力。劳动者与用人单位的权利和义务共同指向劳动者体力和智力结合构成的劳动能力。

第四，劳动合同是要式、有偿合同。劳动法规定，劳动合同应当以书面形式订立。劳动合同订立后，用人单位根据劳动者的劳动数量和劳动质量给付劳动报酬。

2. 劳动合同的订立

（1）订立劳动合同的原则

订立和变更劳动合同，应当遵循平等自愿、协商一致的原则，不得违反法律、行政法规的规定。

(2) 劳动合同的内容

劳动合同应当以书面形式订立，并应具备以下条款：① 劳动合同的期限；② 工作内容；③ 劳动保护和劳动条件；④ 劳动报酬；⑤ 劳动纪律；⑥ 劳动合同终止的条件；⑦ 违反劳动合同的责任。劳动合同除前款规定的必备条款外，当事人可以协商约定其他内容。

(3) 劳动合同的期限

劳动合同期限分为固定期限、无固定期限和以完成一定工作为期限。劳动者在同一用人单位连续工作满十年以上，当事人双方同意续延劳动合同的，如果劳动者提出订立无固定期限的劳动合同，应当订立无固定期限的劳动合同。劳动合同可以约定试用期，试用期最长不得超过六个月。

(4) 劳动合同的效力

劳动合同依法订立即具有法律约束力，当事人必须履行劳动合同规定的义务。劳动法规定，下列劳动合同无效：① 违反法律、行政法规的劳动合同；② 采取欺诈、威胁等手段订立的劳动合同。无效的劳动合同，从订立之日起，就没有法律约束力。劳动合同的无效，由劳动争议仲裁委员会或者人民法院确认。

3. 劳动合同的变更、解除和终止

(1) 劳动合同的变更

根据劳动法和其他相关法律的规定，存在下列情形时允许变更劳动合同：① 经双方当事人协商同意的；② 订立劳动合同时所依据的法律、行政法规和规章已经修改或废止的；③ 劳动合同条款与集体合同规定不同的；④ 企业经上级主管部门批准或根据市场情况变化决定转产或调整生产任务的；⑤ 企业严重亏损或因发生自然灾害，确实无法按照原约定的条件履行合同的；⑥ 因其他客观情况发生重大变化，致使劳动合同无法履行的；⑦ 劳动者因健康原因不能从事原工作的；⑧ 法律、法规允许的其他情况。

(2) 劳动合同的解除

劳动合同的解除有以下几种情况：

第一种，协商解除劳动合同，经劳动合同双方当事人协商一致，劳动合同可以解除。协议解除劳动合同的，须达成书面协议，且不得损害第三方的合法权益。

第二种，劳动者解除劳动合同，应当提前三十日以书面形式通知用人单位。有下列情形之一的，劳动者可以随时通知用人单位解除劳动合同：在试用期内的；用人单位以暴力、威胁或者非法限制人身自由的手段强迫劳动的；用人单位未按照劳动合同约定支付劳动报酬或者提供劳动条件的。

第三种，用人单位单方解除劳动合同。

有下列情形之一的，用人单位可以单方解除劳动合同：在试用期间被证明不符合录用条件的；严重违反劳动纪律或者用人单位规章制度的；严重失职，营私舞弊，对用人单位利益造成重大损害的；被依法追究刑事责任的。

有下列情形之一的，用人单位可以解除劳动合同，但是应当提前 30 日以书面形式通知劳动者本人：劳动者患病或者非因工负伤，医疗期满后，不能从事原工作也不能从事由用人单位另行安排的工作的；劳动者不能胜任工作，经过培训或者调整工作岗位，仍不能胜任工作的；劳动合同订立时所依据的客观情况发生重大变化，致使原劳动合同无法履行，经当事人协商不能就变更劳动合同达成协议的；用人单位濒临破产进行法定整顿期间或者生产经营状况发生严重困难，确须裁减人员的，应当提前三十日向工会或者全体职工说明情况，听取工会或者职工意见，经向劳动行政部门报告后，可以裁减人员；用人单位根据规定裁减人员，在六个月内录用人员的，应当优先录用被裁减人员。

有下列情形之一的，用人单位不得解除劳动合同：患职业病或者因工负伤并被确认丧失或部分丧失劳动能力的；患病或者负伤，在规定医疗期限内的；女职工在孕期、产期、哺乳期的；法律、行政法规规定的其他情形。

(3) 劳动合同的终止

劳动合同期满或者当事人约定的劳动合同终止条件出现，劳动合同即行终止。根据实际情况，出现下列情形时，劳动合同终止：① 劳动合同期限届满的；② 企业宣告破产或者依法解散、关闭、撤销的；③ 劳动者被开除、除名或因违纪被辞退的；④ 劳动者完全丧失劳动能力或者死亡的；⑤ 劳动者达到退休年龄的；⑥ 法律、法规规定的其他情况。

(四) 集体合同

1. 集体合同的概念与特征

集体合同是指企事业组织的工会代表或职工代表与企事业组织的代表，就职工的集体劳动事项签订的书面协议。集体合同有如下特点：

第一，集体合同当事人一方是企业或事业组织工会或职工代表，另一方是企业或事业组织。

第二，集体合同内容是职工集体劳动事项，包括劳动报酬、工作时间、休息休假、劳动安全卫生、社会保险和福利等事项。

第三，集体合同是要式合同，报送劳动行政部门登记、审查、备案，方为有效。

第四，集体合同适用于企业或事业组织及其工会和全体职工。

第五，集体合同效力高于劳动合同，劳动合同规定的职工个人劳动条件和劳动报酬等标准不得低于集体合同的规定。

2. 集体合同的订立、履行、变更和解除

(1) 集体合同的订立

集体合同由工会代表职工与企业签订；没有建立工会的企业，由职工推举的代表与企业签订。订立集体合同应当遵循平等自愿、协商一致的原则，不得违反法律和法规的规定，兼顾国家、企业或事业组织、职工的利益。

(2) 集体合同的履行

集体合同当事人必须按照集体合同规定的条件全面履行自己承担的各项义务并且行使各项权利。集体合同的履行应坚持全面履行原则、相互监督原则和协作履行原则。

(3) 集体合同的变更和解除

在集体合同的有效期内，有下列情形之一的，允许变更或解除集体合同：① 经劳动合同当事人协商一致，劳动合同可以解除；② 订立集体合同依据的法律、法规已经修改和废止的；③ 因不可抗力的原因致使集体合同部分或全部不能履行的；④ 企业转产、停产、破产、被兼并的，致使集体合同无法履行的；⑤ 工会组织依法撤销的。

3. 集体合同争议的处理

因签订集体合同发生争议，双方当事人不能自行协商解决的，当事人一方或双方可向劳动行政部门的劳动争议协调处理机构书面提出协调处理申请；未提出申请的，劳动行政部门认为必要时可视情况进行协调处理。

因履行集体合同发生争议，当事人双方应力求协商解决；如协商不成的，可以向劳动争议仲裁委员会申请仲裁；对仲裁裁决不服的，可以自收到仲裁裁决书之日起15日内向人民法院提起诉讼。

（五）工作时间和休息休假

1. 工作时间和工作日的分类

工作时间是指法律规定的劳动者在一昼夜和一周内从事生产和工作的小时数。职工每日工作 8 小时，每周工作 40 小时。

工作日是指法律规定的劳动者在一昼夜内工作时间的小时数。工作日分为定时工作日和无定时工作日。

(1) 定时工作日

定时工作日包括以下几种情形：第一种，标准工作日。在我国，标准工作日为 8 小时工作制。第二种，缩短工作日，即少于 8 小时的工作日。它适用于特殊条件下从事劳动和有特殊情况的下列职工，如从事矿山井下、高山、有毒有害、特别繁重或过度紧张等作业的职工。第三种，延长工作日。它是指超过标准工作日长度的工作日，即超过 8 小时的工作日。第四种，综合计算工作日。它是指以一定时间为周期，集中安排工作和休息，平均工作时间与标准工作日时数基本相同的工作日。它主要适用于交通、铁路、邮电等行业的部分职工。第五种，弹性工作日。它是指在工作周时数不变的前提下，在标准工作日基础上，按照预先规定的办法，由职工个人自主安排工作时间的工作日。

(2) 无定时工作日

无定时工作日适用于工作时间和职责不受固定工作时间限制的职工，主要包括高级管理人员、外勤人员、推销人员等。

2. 休息休假时间及其种类

休息休假时间包括以下几个方面：

第一，工作日内间歇时间是指在工作日内给予劳动者休息和用膳的时间，一般为 1 至 2 小时，最少不得少于半小时。

第二，工作日间的休息时间是指两个邻近工作日之间的休息时间，一般不少于 16 小时。

第三，公休假日是指劳动者在一周内享有不少于 24 小时的连续休息时间，星期六和星期日为公休假日，企业和不能实行国家统一工作时间的事业组织，可根据情况灵活安排公休日。

第四，法定节日是指法律规定用以开展纪念、庆祝活动的休息时间。用人单位在下列节日期间应当依法安排劳动者休假：元旦、春节、国际劳动节、国庆节、法律法规规定的其他休假节日。

第五，年休假是指职工工作满一定年限后，每年享有照领工资的连续休息时间。劳动者连续工作一年以上的，享受带薪年休假。具体办法由国务院规定。

3. 加班加点的条件与限制措施

有下列情形之一的，延长工作时间不受限制：

第一，发生自然灾害、事故或者因其他原因，威胁生产者生命健康和财产安全，需要紧急处理的；

第二，生产设备、交通运输线路、公共设施发生故障，影响生产和公共利益，必须及时抢修的；

第三，法律、行政法规规定的其他情形。

4.《劳动法》对加班加点的限制性规定

为保护劳动者身体健康，《劳动法》对加班加点做出了限制性规定：

第一，加班加点的时间限制。用人单位由于生产经营需要，经与工会和劳动者协商后可以延长工作时间，一般每日不得超过一小时；因特殊原因需要延长工作时间的，在保障劳动者身体健康的条件下延长工作时间每日不得超过 3 小时，每月不得超过 36 小时。

第二，较高的加班加点工资报酬。有下列情形之一的，用人单位应当按照下列标准支付高于劳动者正常工作时间工资的工资报酬：① 安排劳动者延长工作时间的，支付不低于工资 150%的工资报酬；② 休息日安排劳动者工作又不能安排补休的，支付不低于工资 200%的工资报酬；③ 法定休假日安排劳动者工作的，支付不低于工资 300%的工资报酬。

（六）工资制度

1. 工资及其特征

工资是指用人单位依据国家有关规定或集体合同、劳动合同的约定，以货币形式直接支付给本单位劳动者的劳动报酬。一般包括计时工资、计件工资、奖金、津贴和补贴、延长工作时间的工资报酬及特殊情况下支付的工资。

2. 工资分配原则

我国的工资分配主要有以下原则：一是工资总量宏观调控原则；二是用人单位自主分配的原则；三是按劳分配为主体、多种分配方式并存原则；四是效率优先、兼顾公平原则。

3. 企业基本工资制度

企业的基本工资制度主要有等级工资制度、结构工资制度、岗位工资制度、岗位技能工资制度、经营者年薪制度。

4. 最低工资保障制度

国家实行最低工资保障制度。最低工资的具体标准由省、自治区、直辖市人民政府规定，报国务院备案；用人单位支付给劳动者的工资不得低于当地最低工资标准。

5. 工资支付保障制度

工资应当以货币形式按月支付给劳动者本人，不得克扣或者无故拖欠劳动者的工资；劳动者在法定休假日和婚丧假期间以及依法参加社会活动期间，用人单位应当依法支付工资。

（七）劳动安全卫生制度

1. 劳动安全卫生的概念

劳动安全卫生是指国家为了改善劳动条件，保护劳动者在劳动过程中的安全健康而制定的各种法律规范的总称，它包括劳动安全和劳动卫生两方面内容，用人单位必须建立、健全劳动安全卫生制度，严格执行国家劳动安全卫生规定和标准，对劳动者进行劳动安全卫生教育，防止劳动过程中的事故，减少职业危害。

2. 劳动安全卫生制度的主要内容

劳动安全卫生工作的方针是安全第一，预防为主。劳动安全卫生制度主要包括以下几项内容：

第一，劳动安全卫生设施必须符合国家规定的标准。

第二，用人单位必须为劳动者提供符合国家规定的劳动安全卫生条件和必要的劳动防护用品，对从事有职业危害作业的劳动者应当定期进行健康检查。

第三，劳动安全卫生教育制度。从事特种作业的劳动者必须经过专门培训并取得特种作业资格。

第四，劳动安全卫生检查制度。

第五，劳动防护用品发放和管理制度。

第六，劳动安全卫生监察制度，劳动者在劳动过程中必须严格遵守安全操作规程。劳动者对用人单位管理人员违章指挥、强令冒险作业，有权拒绝执行；对危害生命安全和身体健康的行为，有权提出批评、检举和控告。

第七，国家建立伤亡事故和职业病统计报告和处理制度。

（八）女职工和未成年工特殊保护制度

1. 女职工的特殊劳动保护

女职工特殊劳动保护是指根据女职工生理特点和抚育子女的需要，对其在劳动过程中的安全健康所采取的有别于男子的特殊保护。

第一，女职工禁忌劳动范围。禁止安排女职工从事矿山井下、国家规定的第四级体力劳动强度的劳动和其他禁忌从事的劳动。

第二，怀孕期保护。不得安排女职工在怀孕期间从事国家规定的第三级体力劳动强度的劳动和孕期禁忌从事的劳动。对怀孕七个月以上的女职工，不得安排其延长工作时间和夜班劳动。

第三，生育期保护。女职工生育享受不少于九十天的产假。

第四，哺乳期保护。不得安排女职工在哺乳未满一周岁的婴儿期间从事国家规定的第三级体力劳动强度的劳动和哺乳期禁忌从事的其他劳动。

第五，月经期保护。不得安排女职工在经期从事高处、低温、冷水作业和国家规定的第三级体力劳动强度的劳动。

2. 未成年工特殊劳动保护

未成年工特殊劳动保护是指根据未成年工生长发育的特点和接受义务教育的需要，对其在劳动过程中的安全健康所采取的特殊保护。对未成年工特殊劳动保护的主要措施有：上岗前的培训；禁止安排有害健康的工作；提供适合未成年工身体发育的生产工具；定期进行健康检查。

（九）职业培训

1. 职业培训及其形式

职业培训是指对要求就业的或已就业的劳动者进行专业技术知识与实际操作技能的教育和培训。职业培训的形式一般分为就业前的培训和就业后的培训；根据参加培训的时间不同又可分为脱产培训、半脱产培训和业余培训。

2. 职业培训的职责及考核鉴定

第一，国家的职责。国家通过各种途径，采取各种措施，发展职业培训事业，开发劳动者的职业技能，提高劳动者素质，增强劳动者的就业能力和工作能力。

第二，各级人民政府的职责。各级人民政府应当把发展职业培训纳入社会经济发展的规划，鼓励和支持有条件的企业、事业组织、社会团体和个人进行各种形式的职业培训。

第三，用人单位的职责。用人单位应当建立职业培训制度，按照国家规定提取和使用职业培训经费，结合本单位实际情况，有计划地对劳动者进行职业培训。

第四，职业技能考核鉴定。国家规定职业分类，对规定的职业制定职业技能标准，实行职业资格证书制度，由经过政府批准的考核鉴定机构负责对劳动者实施职业技能考核鉴定。

（十）社会保险和福利制度

1. 社会保险

第一，社会保险的概念与特征。社会保险是指国家通过立法设立社会保险基金，使劳动者在暂时或永久丧失劳动能力以及失业时能获得物质帮助和补偿的社会保障制度。我国的社会保险有以下几个特点，即强制性、补偿性、互济性。

第二，社会保险制度。我国的社会保险制度是实行国家基本保险、单位补充保险、个人储蓄保险的多层次社会保险制度。

第三，社会保险项目。劳动者在下列情形下，依法享受社会保险待遇：退休、患病、负伤、因工伤残或者患职业病、失业、生育等。

第四，社会保险基金的管理。社会保险基金的经办机构依照法律规定收支、管理和运营社会保险基金，并负有使社会保险基金保值增值的责任。社会保险基金监督机构依照法律规定，对社会保险基金的收支、管理和运营实施监督。任何组织和个人不得挪用社会保险基金。

2. 福利制度

国家发展社会福利事业，兴建公共福利设施，为劳动者休息、休养和疗养提供条件。用人单位应当创造条件，改善集体福利，提高劳动者的福利待遇。

（十一）劳动争议处理制度

1. 劳动争议及其种类

劳动争议是指劳动者与用人单位之间因执行劳动法律、法规或履行劳动合同、集体合同发生的争议。

按照不同的标准划分，劳动争议有以下几类：按照劳动者人数划分，劳动争议划分为个人劳动争议和集体劳动争议；按合同类型划分，劳动争议分为劳动合同争议和集体合同争议；按争议的内容划分，劳动争议分为因开除（除名、辞退）职工和职工辞职或离职发生的争议、因执行国家劳动法律和法规发生的争议、因履行劳动合同或集体合同发生的争议等。

2. 劳动争议处理机构

劳动争议处理机构主要有劳动争议调解委员会、劳动争议仲裁委员会、人民法院等。

3. 劳动争议的解决途径

劳动争议的解决途径主要有协商、调解、仲裁、诉讼等。

五、《知识产权法》

知识产权，也称智力成果权，是指公民、法人对自己创造性的智力活动成果依法享有包括人身权利和财产权利在内的民事权利。一般说来，知识产权包括著作权、专利权、商标权、发现权以及其他科技成果权等。

(一)《著作权法》

1. 著作权及与其相邻近的权利

著作权是指作者对自己的文学、艺术和科学创作作品依法享有的人身权和财产权的民事权利。作者的创作作品,即智力创作成果包括文学、艺术和自然科学、社会科学、工程技术等作品。我国著作权法规定的与著作权相邻近的权利是指作品利用者和传播者的权利,即出版者、表演者、音像制作人及电台、电视节目的播放单位对使用和传播他人的作品应享有的权利。

2. 著作权的内容

(1) 人身权

著作人身权包含下列几项:发表权、署名权、修改权、保护作品完整权。

(2) 财产权

著作财产权的内容具体包括:复制权、发行权、出租权、展览权、表演权、放映权、广播权、信息网络传播权、摄制权、改编权、翻译权、汇编权以及应当由著作权人享有的其他权利。

3. 著作权的主体和客体

(1) 著作权的主体

著作权的主体是依法享有著作权的人。著作权法保护的著作权主体:①中国公民、法人或者其他组织的作品,不论是否发表,依照本法享有著作权;②外国人、无国籍人的作品根据其作者所属国或者经常居住地国同中国签订的协议或者共同参加的国际条约享有的著作权,受本法保护。

按照著作权取得的不同,著作权主体分为:① 原始著作权主体,即作品的作者;② 继受著作权主体,即根据合同或继承、遗赠等方式取得著作权的人。

按照作品类别,著作权主体分为:① 合作作品的著作权主体;② 集体作品著作权主体,则指期刊、年鉴、百科全书或词典的著作权主体;③ 职务作品著作权主体;④ 委托作品著作权主体;⑤ 演绎作品著作权主体;⑥ 电影、电视、录像作品著作权主体。

(2) 著作权的客体

著作权的客体是指作者的创作活动取得的具有一定形式的成果。它包括:① 文字作品;② 口述作品;③ 音乐、戏剧、曲艺、舞蹈、杂技艺术作品;④ 美术、建筑作品;⑤ 摄影作品;⑥ 电影作品和以类似摄制电影的方法创作的作品;⑦ 工程设计图、产品设计图、地图、示意图等图形作品和模型作品;⑧ 计算机软件;⑨ 法律、法规规定的其他作品。

著作权的客体,必须具备法律规定的条件:① 作品必须具有独创性;② 作品必须能以某种物质形式复制。

不属于著作权客体的作品:① 法律、法规,国家机关的决议、决定、命令和其他具有立法、行政、司法性质的文件,及其官方正式译文;② 时事新闻;③ 历法、通用数表、通用表格和公式。

4. 著作权的取得、期限和许可使用

(1) 著作权的取得

著作权法规定,对公民、法人或者非法人单位的作品,不论是否发表,实行自动保护原则。在时间上,是作品完成时即取得保护,并非作品发表的时间;在内容上,不论作品是否发表,既保护作者著作人身权,也保护作者著作财产权。

(2) 著作权保护的期限

《著作权法》以著作权的内容所包含的具体权利不同为标准，对其保护期分别作出规定。人身权，除对作者的署名权、修改权、保护作品完整权的保护期不受限制外，对公民的作品，属于人身权的发表权和属于财产权的使用权及获得报酬权的保护期规定为作者终生及其死亡的50年。法人或非法人单位的作品及其享有著作权(署名权除外)的职务作品，其发表权、使用权和获得报酬权的保护期以及电影、电视、录像和摄影作品的保护期，均为50年。但上述作品自创作完成后50年内未发表的，则不予保护。

(3) 著作权的许可使用

著作权的许可使用，即授权使用，是指著作权人授权他人在一定期限和范围内以一定方式使用其作品的制度。使用他人作品应当同著作权人订立许可使用合同，可以不经许可的除外。

5. 著作权的限制

著作权属于绝对权，只有著作权人本人可依法对自己的作品行使发表、使用、修改等权利，任何人未经著作权人同意，擅自发表、利用、篡改著作权人作品的行为，就是侵犯著作权的行为，应承担法律责任。但为了公共利益，我国著作权法同时对著作权某些权利予以限制，以保护合理利用人的权益。

(二)《专利法》

专利权是指专利权人对其发明、实用新型和外观设计依法享有的专有权，即独占权。专利权的基本特征取决于客体专利的排他性和垄断性。专利权人对发明创造依法享有专利权，即在法定期限内独占制造、使用、销售其专利产品和使用其专利方法的权利。

1. 专利权的主体和客体

(1) 专利权的主体

专利权的主体即专利权人，也就是有权申请并取得专利权及享有专利法规定的权利和担负义务的人，包括专利权的所有人和持有人。在我国，自然人、法人或其他组织都可以依照法定程序申请专利，取得专利，成为我国专利权的主体。

(2) 专利权的客体

专利权的客体，是指符合专利条件的发明、实用新型和外观设计。

(3) 不授予专利权的对象

下列对象不授予专利权：科学发现、智力活动的规则和方法、疾病的诊断和治疗方法、动物和植物品种、用原子核变换方法得到的物质。此外，对于违反国家法律、社会公德或者妨害公共利益的发明创造，也不授予专利权。

2. 专利权的取得、期限、终止和无效

(1) 专利权的取得

专利权的申请人：非职务发明创造的发明人、设计人和职务发明者的所在单位是专利申请人，有权依法申请专利。① 专利申请的原则：一件发明只能授予一件专利的原则；先申请原则。② 专利的申请和审查：专利权必须按法定程序申请，专利局对申请按法律规定，经过初步审查、早期公开、实质审查、复审等步骤，对审查合格的授予专利权。

(2) 专利权的期限

专利权的期限是指专利的有效期限。我国发明专利权的期限为20年，实用新型和外观设计的专利权期限为10年，均自申请日起计算。

(3) 专利权的终止和无效

① 专利权的终止。专利权的终止就是专利权的消灭。专利权的终止有两种情况：一是自然终止，即因专利权的期限届满而终止。二是因一定法定事由而终止；② 专利权的无效。自专利权被授予之日起满6个月后，任何单位或个人认为该专利权的授予不符合专利法规定的，都可请求专利复审委员会宣告该专利无效。宣告无效的专利视为自始即不存在。

3. 专利权人的权利和义务

(1) 专利权人的权利

在专利权的有效期限内，专利权人对其所获得的专利有制造、销售专利产品、使用专利方法、订立实施许可合同和获得报酬的权利。

(2) 专利权人的义务

专利权人有义务实施其专利，缴纳年费。

4. 专利权的保护

(1) 专利权的保护范围

我国专利法规定，对于发明与实用新型专利的保护范围以权利要求书内容为依据，而权利要求书应当以说明书附图为依据。对于外观设计专利权的保护范围以外观设计图片或者照片上的专利产品为准。

(2) 侵犯专利权的行为

侵犯专利权的行为是指在专利权的有效期间未经专利权人同意而实施其专利的行为。就专利产品而言，侵权是指未经专利权人许可，为生产经营目的而仿制或制造、使用、销售或进口该专利产品的行为。就专利方法而言，侵权是指未经专利权人的许可，而使用了该专利方法以及使用、销售或者进口依照其专利方法直接获得产品的行为。此外，假冒他人专利产品以及对未经专利权人许可、在其非专利产品或包装上标明专利号或标记的行为及冒充专利方法的行为，都是侵权行为。

(3) 不属于侵犯专利权的行为

有下列情形之一的，不视为侵犯专利权：专利权人制造、进口或者经专利权人许可而制造、进口的专利产品或者依照专利方法直接获得的产品售出后，使用、许诺销售或者销售该产品的；在专利申请日前已经制造相同产品、使用相同方法或者已经做好制造、使用的必要准备，并且仅在原有范围内继续制造、使用的；临时通过中国的领陆、领水、领空的外国运输工具，依照其所属国同中国签订的协议或者共同参加的国际条约，或者依照互惠原则，为运输工具自身需要而在其装置和设备中使用有关专利的；专为科学研究和实验而使用有关专利的。

此外，为生产经营目的使用或者销售不知道是未经专利权人许可而制造并售出的专利产品或者依照专利方法直接获得的产品，能证明其产品合法来源的，不承担赔偿责任。

(三)《商标法》

1. 商标和商标权

(1) 商标和商标权的定义

商标主要是用来区别一个商品生产者或经营者的商品和其他生产者或经营者的商品的一种标记。商标权是商标所有人依法对自己注册的商标享有的专用权。经商标局核准注册的商标为注册商标，包括商品商标、服务商标和集体商标、证明商标；商标注册人享有商标专用权，受法律保护。

(2) 商标权的特征

商标权的特征主要是:专有性;时间性;地域性。

(3) 商标的作用和保护商标权的意义

商标被称为“无声的推销员”,它对商品生产和商品销售以及在开拓市场上起着重要的作用。因此,保护商标权对于促使生产者经营保证商品质量和维护商标信誉及保障消费者的利益、促进社会主义市场经济的发展,具有重要意义。

2. 商标权的主体和客体

(1) 商标权的主体

商标权的主体,即商标权人或商标专用权人。商标权人,包括申请商标注册并经主管部门依法核准,取得商标专用权的人和经合法转让而取得商标专用权的人。

一个注册商标只能有一个商标权。在转让注册商标时,转让人和受让人应当共同向商标局提出申请,而且受让人应当保证其使用注册商标的商品质量。经核准后,正式公告,受让人才能取得商标专有权的主体资格。

(2) 商标权的客体

《商标法》规定,任何能够将自然人、法人或者其他组织的商品与他人的商品区别开的可视性标志,包括文字、图形、字母、数字、三维标志和颜色组合,以及上述要素的组合,均可以作为商标申请注册。为了维护社会公共利益,我国商标法规定不得使用的文字、图形除外。认定驰名商标应当考虑下列因素:相关公众对该商标的知晓程度;该商标使用前的持续时间;该商标的任何宣传工作的持续时间、程度和地理范围;该商标作为驰名商标受保护的记录;该商标驰名的其他因素。

商标中有商品的地理标志,而该商品并非来源于该标志所标示的地区,误导公众的,不予注册并禁止使用。但是,已经善意取得注册的继续有效。

3. 商标权的取得和期限

(1) 商标权的取得

商标权的取得,有原始取得和继受取得之分。原始取得,世界各国采取两种方式:一是注册商标取得商标权,亦称注册原则,为大陆法系各国所采用。只有注册商标取得的专用权,才受法律保护;二是使用商标取得商标权,亦称使用原则。商标专用权,根据使用商标的事实而发生,采取使用原则的多为英美法系国家。

我国商标权的取得,应遵循下列原则:① 注册原则;② 先申请原则。能够取得商标权的商标标识必须符合法律规定的要求。它必须由文字、图形或文字与图形的组合构成,并应具有显著的特征,以便于识别。

商标注册的程序:① 申请;② 审查、公告;③ 核准注册。

(2) 商标权的期限和续展

我国商标权的期限是注册商标专用权的有效期限。注册商标的有效期为10年,自核准注册之日算起。期限届满,可以续展。注册商标的续展,应在期满前6个月内申请,在此期间未能提出申请的,可给予6个月的宽展期。宽展期满仍未申请续展的,注销其注册商标。每次续展的有效期为10年,续展注册经核准后,予以公告。

4. 商标权人的主要权利和义务

(1) 商标权人的主要权利

商标权人的主要权利,即商标专用权的主要内容。它包括对商标的使用、转让、许可等权利。

(2) 商标权人的义务

商标权人必须依法行使注册商标专用权,不得自行改变注册人名义、地址或其他注册事项;不得自行转让注册商标。商标的使用人应对其使用商标的商品质量负责,不得粗制滥造,以次充好,欺骗消费者。商标权人有义务缴纳因取得和使用注册商标所规定的各项费用。

六、《世界贸易组织法》

(一) 世界贸易组织的建立及其法律地位

1. 世界贸易组织的建立

自 1948 年关贸总协定临时生效以来,为了实现发展国际贸易的目标,关贸总协定进行了不懈的努力。1994 年 4 月 15 日,在摩洛哥举行的部长会议上,《建立世界贸易组织》协定连同乌拉圭谈判达成的其他协议以一揽子协议的方式,由乌拉圭谈判的 104 个参加方政府代表(包括中国政府代表)签署。1995 年 1 月 1 日,世界贸易组织在日内瓦正式成立,担负起调整国际贸易秩序的责任。

2. 世界贸易组织的职能与法律地位

(1) 世界贸易组织的职能

第一,促进世界贸易组织章程和各项多边贸易协定的实施、管理和运作,并推动其各项宗旨的实现;

第二,为多边贸易协定的实施、管理和运作提供组织保障,为成员方提供谈判场所;

第三,管理世贸组织的争端解决机制;

第四,负责管理贸易政策审查机制;

第五,负责与国际货币基金组织、世界银行及其附属机构进行合作,以便更好地协调制定全球的经济政策。

(2) 世界贸易组织的法律地位

第一,世界贸易组织具有法律人格,各成员应赋予世界贸易组织享有执行其职责需要的法律资格;

第二,世界贸易组织各成员应赋予世界贸易组织为履行其职责所需的特权与豁免。

3. 世界贸易组织的宗旨

世界贸易组织的基本宗旨:是指通过建立一个开放、完整、健全和持久的多边贸易体制,促进世界货物和服务贸易的发展,有效而合理地利用世界资源改善生活质量、扩大就业、确保实际收益和有效需求的稳定增长。同时,遵照可持续发展的目标以及不同成员的实际经济发展水平和需要,保护环境并提高和完善环境保护的方式。

4. 世界贸易组织多边贸易体制的基本内容

世界贸易组织多边贸易体制是由世界贸易组织协定正文以及四个附件两大部分规则组成的。世界贸易组织协定正文有 16 个条款。条文本身并未涉及多边规则和管理多边贸易的实质内容,只是就世界贸易组织的建立、范围、职能、机构、决策、成员资格、接受、加入、生效等问题作了原则规定。这些条款主要属于世界贸易组织体制中的组织机构规则和程序性规则条款。世界贸易组织体制中有关协调多边贸易关系、解决贸易争端以及规范国际贸易竞争规则的实质性规定均体现在四个附件中。附件一包括多边货物贸易协议、服务贸易总协定和与贸易有关的知识产权保护协议。附件二是争端解决规则与程序谅解。附件三是贸易政策审议机制。附件四是诸边贸易协议。

（二）世界贸易组织的组织机构

世界贸易组织的主要机构有：

第一，部长会议，由世界贸易组织全体成员方代表组成，是世贸组织的最高决策机构。

第二，总理事会，在部长会议休会期间，行使部长会议各项职权。

第三，专门理事会，下设三个分理事会，货物贸易理事会、服务贸易理事会和与贸易有关的知识产权理事会。三个理事会在总理事会的指导下工作。

第四，专门委员会，部长会议设立了贸易与发展委员会，国际收支限制委员会，预算、财务和政委员会等。

第五，总干事及秘书处，总干事由部长会议任命，秘书处职员由总干事任命。

（三）世界贸易组织法的基本原则

世界贸易组织法的基本原则主要有：最惠国待遇原则；国民待遇原则；互惠原则；透明度原则；逐步削减关税原则；一般取消数量限制原则。

（四）与货物贸易有关的法律规则

与货物贸易有关的法律规则主要有：贸易自由化承诺；市场准入承诺；保障措施；反倾销措施；反补贴措施；减少和消除非关税壁垒；进口许可证制度；原产地规则；技术贸易壁垒协议；装运前检验协议；海关估价制度；卫生与植物检疫措施；政府采购协议。

习　题

1. 企业管理都有哪些特性？
2. 企业制度有哪些基本特征？
3. 企业文化的构成层次和主要功能有哪些？
4. 会计核算的基本方法有哪些？
5. 会计凭证怎样分类？各自都有哪些内容？
6. 以课税对象为标准，税收分为哪几个税种？并说明各自的纳税范围。
7. 货币的基本职能是什么？
8. 合同订立的程序是怎样的？合同在什么情况下才能正式成立？

参考文献

[1] 陈枫. 最新文秘范本写作与培训全书. 北京:北京工业大学出版社. 2004.
[2] 葛长银. 大众会计学:完全会计学习教程. 北京:中国商业出版社. 2002.
[3] 张丽莉. 商务秘书实务. 北京:中国人民大学出版社. 2004.
[4] 劳动和社会保障部组编. 秘书国家职业资格培训教程. 北京:海潮出版社. 2003.
[5] 吕世平. 商务秘书理论与实务. 北京:中国水利水电出版社. 2006.
[6] 姜浩编. 办公自动化系统及其应用. 北京:清华大学出版社. 2004.
[7] 范立荣. 现代秘书学教程. 北京:首都经济贸易大学出版社. 2005.
[8] 刘爱华. 如何进行有效沟通. 北京:北京大学出版社. 2004.
[9] 谭一平. 秘书工作案例分析与实训. 北京:中国人民大学出版社. 2007.
[10] 赵元哲. 办公自动化技术及应用教程. 西安:西安电子科技大学出版社. 2004.
[11] 张锐昕. 办公自动化概论. 北京:清华大学出版社. 2004.
[12] 余向平. 企业管理原理. 2 版. 北京:经济管理出版社. 2004.
[13] 孟庆荣. 秘书职业技能实训教程. 北京:清华大学出版社. 2007.
[14] 秘书国家职业资格培训教程. 北京:中央广播电视大学出版社. 2006.
[15] 劳动与社会保障部教材办公室. 文书与档案管理. 北京:中国劳动社会保障出版社. 2003.

参考文献